Walther L. Bernecker

Port Harcourt, 10. November 1995

Aufbruch und Elend in der Dritten Welt

Deutscher Taschenbuch Verlag

Ein Überblick über die gesamte Reihe findet sich auf S. 322/323

Originalausgabe
Juni 1997

Umschlaggestaltung: christof berndt & simone fischer
Umschlagfoto: Ken Saro-Wiwa, 1995 (dpa)
Satz: Oreos GmbH., Waakirchen
Druck und Bindung: C. H. Beck'sche Buchdruckerei, Nördlingen
Gedruckt auf säurefreiem, chlorfrei gebleichtem Papier
Printed in Germany · ISBN 3-423-30619-X

Inhalt

Port Harcourt, Nigeria, 10. November 1995

Augenzeugen berichten, daß Ken Saro-Wiwa fünfmal den Galgen besteigen mußte, bis der Scharfrichter dem Leben des Schriftstellers schließlich ein Ende setzte. Es war 11.30 Uhr vormittags. Gut sechs Stunden zuvor war der Ogoni-Führer mit acht seiner Mitarbeiter aus der Gefängniszelle des Militärlagers Bori, wo sie bis dahin festgehalten wurden, nach Port Harcourt gebracht worden. Am Vortag hatte man Henker aus der nordnigerianischen Stadt Sokoto eingeflogen, da im Gefängnis von Port Harcourt seit 1961 keine Hinrichtung mehr stattgefunden hatte. Bis zuletzt glaubte Saro-Wiwa nicht, daß er tatsächlich hingerichtet würde. Erst als die neun Bürgerrechtler an Handgelenken und Fußknöcheln aneinandergefesselt wurden, als sie weder Nahrung noch Wasser erhielten und schließlich jedem einzelnen ein schwarzer Sack über den Kopf gestülpt wurde, schwand jede Hoffnung. Der Todeskampf Ken Saro-Wiwas muß gräßlich gewesen sein und lange gedauert haben, da das Eigengewicht des kleinen Mannes zu gering war, um den Nackenwirbel sofort vom Kopf zu trennen. Nachmittags kurz nach 3.00 Uhr wurden die neun Leichen auf dem Friedhof von Port Harcourt verscharrt.

Ken Saro-Wiwa war erst kurz zuvor, am 30. Oktober 1995, zum Tode verurteilt worden. Das nigerianische Militärregime hatte es mit der Hinrichtung des Bürgerrechtlers eilig; üblicherweise müssen in Nigeria Verurteilte jahrelang auf ihre Exekution warten. Die überstürzte Hinrichtung erklärt der im Exil lebende nigerianische Friedensnobelpreisträger Wole Soyinka mit dem Bestreben des Regimes, die Spaltung innerhalb des Ogoni-Volkes zu vertiefen. Es habe den Hingerichteten als Verantwortlichen für die Spirale von Blutvergießen und Racheakten hinstellen wollen, die in den Jahren zuvor die verschiedenen Ethnien des Nigerdeltas immer stärker entzweit hatte, um so die Entlarvung der wahren Urheber – Provokateure im Regierungsauftrag – unmöglich zu machen.[1]

Während Ken Saro-Wiwa zusammen mit den anderen Todeskandidaten kurz vor seiner Hinrichtung die Hymne des Ogoni-Volkes sang, wurde in Auckland (Neuseeland) der Gipfel der Commonwealth-Staaten eröffnet. Das alte Weltreich der Briten war versammelt, auch Südafrika gehörte wieder dazu. Nelson Mandela hatte tags zuvor eine Eilbotschaft von Ken Wiwa, dem Sohn des Ogoni-Führers, erhalten, der ihn bat, alles zur Rettung seines Vaters zu unternehmen. Nigeria müsse aus dem Commonwealth ausgeschlossen werden, forderte der Sohn; die Androhung wirtschaftlicher Sanktionen und Boykottmaßnahmen sollte die nigerianische Militärregierung zu einer Begnadigung bewegen. Mandela sprach sich jedoch gegen spektakuläre Maßnahmen aus, setzte vielmehr auf »stille Diplomatie«. Als er von der Exekution erfuhr, soll er entsetzt gewesen sein.

Sofort nach der Verkündung der Todesurteile am 30. Oktober 1995 riefen Intellektuelle und Künstler zum Widerstand gegen die Militärregierung und zum Boykott von Firmen auf, die mit dem Abacha-Regime zusammenarbeiteten. Wole Soyinka plädierte für eine vollständige »Austrocknung« des Regimes, die Literaturnobelpreisträgerin Nadine Gordimer und der Friedensnobelpreisträger Desmond Tutu schlossen sich dem Boykottaufruf an. Menschenrechts- und Umweltorganisationen riefen die Ölgesellschaften, vor allem Shell, dazu auf, sich aus Nigeria zurückzuziehen und die Zusammenarbeit mit dem Militärregime aufzukündigen. Alle Appelle fruchteten nichts.

Als die Hinrichtungen bekannt wurden, ließen die Reaktionen nicht auf sich warten: Nigerias Mitgliedschaft im Commonwealth wurde suspendiert und ihm der Ausschluß aus dem Staatenbund angedroht, falls das Land nicht binnen zweier Jahre zur Demokratie zurückkehre. Die USA und die Europäische Union zogen ihre Botschafter zu »Konsultationen« ab, die europäische Entwicklungshilfe wurde eingefroren, einzelne Länder beschlossen Strafmaßnahmen. Die Vollversammlung der Vereinten Nationen, die UN-Menschenrechtskommission und viele andere Organisationen verurteilten die Exekutionen und forderten die Freilassung sämtlicher politischer Gefangener, Pressefreiheit, die Berücksichtigung der Rechte von Minderheiten. Eine Verurteilung des nigerianischen Militärregimes durch den UN-Sicherheitsrat erfolgte allerdings nicht, da es sich bei den Hinrichtungen um eine »innere Angelegenheit« Nigerias handele, von der »keine Bedrohung des Friedens« ausgehe. In Port Harcourt vertrieb die Polizei Trauernde vom Grab der Hingerichteten; die Lehrer im Ogoni-Land wurden aufgefordert, mit den Schülern nicht über Saro-Wiwa zu sprechen.

Die Hinrichtungen vom 10. November 1995 waren der Höhe- und vorläufige Endpunkt einer fatalen Entwicklung für das Volk der Ogoni, die vierzig Jahre zuvor begonnen hatte: Mitte der fünfziger Jahre begannen Bohrtrupps in Nigeria, nach Öl zu suchen. Schon 1958 entdeckten sie ausgedehnte Ölfelder in der Nähe der Siedlung Bomu, im Land der Ogoni. Das im Nigerdelta, dem größten Mündungsgebiet Afrikas, gefundene Öl ist schwefelarm und daher hochwertig. Der Wert des seither geförderten Öls beläuft sich nach Schätzungen auf 100 Milliarden Dollar. Theoretisch müßte jeder Ogoni steinreich sein – zum Stamm gehören nur eine halbe Million Menschen. Doch die große Mehrheit der Ogoni hatte niemals an den Segnungen des schwarzen Goldes teil. Statt dessen ist die Umwelt der Ogoni heute praktisch vernichtet, das Land ökologisch weitgehend zerstört. Im Nigerdelta, das zu den empfindlichsten Ökosystemen der Welt zählt, brennen Flußläufe, Äcker sind ölgetränkt, die riesigen Bestände an Mangroven und Regenwald stark gefährdet.

Im Land der Ogoni stehen Fortschritt und Rückständigkeit in krassester Form nebeneinander: Auf der einen Seite wurde, seit die Royal Dutch/Shell-Gruppe die Ölvorkommen ausbeutet, das Küstengebiet Nigerias zum Motor der wirtschaftlichen Entwicklung des ganzen Landes, Nigeria zum größten Erdölexporteur Schwarzafrikas; im Nigerdelta befinden sich zahlreiche Raffinerien und petrochemische Fabriken, allein Shell unterhält dort 94 Produktionsstätten. Auf der anderen Seite sind es überwiegend die Ogoni, die die sozialen und ökologischen Kosten für diesen wachstumsorientierten Entwicklungsweg zahlen müssen. Die Analphabetenrate dürfte unter den Ogoni etwa 80 Prozent betragen, in vielen Dörfern gibt es weder Wasser noch Strom. Die medizinische Versorgung wie das Bildungswesen sind äußerst mangelhaft. Die Ogoni rangieren am Ende der sozialen Skala. Sie leben zusammengepfercht auf einem etwa 1000 Quadratkilometer großen Gebiet im Rivers State, östlich von Port Harcourt auf einer Küstenhochebene. Ein dichtes Netz an Bohrtürmen und Pipelines durchzieht die Region. Shell hat rund

6200 Kilometer Röhren im Nigerdelta verlegt. Ständig kommt es zu Bränden; Lecks und Öllachen sind überall zu sehen. Einer Weltbankstudie zufolge ist das Trinkwasser häufig verseucht, die Artenvielfalt an Tieren schrumpft, die Mangrovenwälder – und mit ihnen deren Tierwelt – werden zerstört.

Seit mehr als dreißig Jahren wird im Nigerdelta Erdgas abgefakkelt. Die Folgen sind katastrophal: Verschmutzung der Luft, Minderung der Tiervielfalt, Ablagerung von Rußschlacke auf Pflanzen und Häusern. Mediziner haben festgestellt, daß bei den Ogoni Atemwegserkrankungen, Krebs und Mißbildungen häufiger als in anderen Teilen des Landes auftreten. Die durchschnittliche Lebenserwartung ist mit 51 Jahren um drei Jahre niedriger als im Landesdurchschnitt.

Es dauerte außerordentlich lange, bis das Bauern- und Fischervolk der Ogoni auf die drastische Verschlechterung seiner Lebensbedingungen reagierte. Die Ogoni organisierten sich erst dann selbst, als sie merkten, daß weder von den Ölfördergesellschaften noch von der Regierung in Lagos substantielle Verbesserungen zu erwarten waren. Anfang der neunziger Jahre schlossen sich einzelne Gruppen zum Dachverband MOSOP (*Movement for the Survival of the Ogoni People;* »Bewegung für das Überleben des Ogoni-Volkes«) zusammen. Präsident und Leitfigur wurde der Kolumnist, Journalist, Drehbuchautor und Romanschriftsteller Ken Saro-Wiwa, der seit Jahren für eine Verbesserung der Lage seines Volkes kämpfte. Im Gründungsdokument der MOSOP heißt es, die Ogoni seien zu Sklaven der anderen Völker Nigerias geworden, das Land unterscheide sich nicht von Südafrika zu Zeiten der Apartheid.

Die nigerianische Militärregierung reagierte sehr schnell auf die MOSOP-Aktivitäten. Sie ließ deren Führer unter Hausarrest stellen oder verhaften und ging schließlich immer brutaler gegen jede Form von Dissens vor. Wole Soyinka bezeichnete die Vorfälle im Nigerdelta als »erstes nigerianisches Experiment mit ›ethnischer Säuberung‹, autorisiert und unterstützt vom nigerianischen Despoten General Sani Abacha«. Dieser hatte sich 1993 gegen den damaligen Übergangspräsidenten an die Macht geputscht. Sieht man von zwei kürzeren Perioden ab (1960 bis 1966 und 1979 bis 1983), so wird Nigeria seit seiner Unabhängigkeit 1960 von Militärdiktaturen beherrscht. Wole Soyinka schreibt über das Vorgehen des »Sadisten,

Killers und Folterers« Abacha: »Saro-Wiwas Volk hat sich in die umliegenden Wälder und Mangrovensümpfe gerettet, um zu überleben. Wer in den Townships und Dörfern bleibt, ist Vertreibung, Enteignung, Gewalt und Vergewaltigung ausgesetzt. Ogoni-Land ist zur ›Militärzone‹ erklärt worden, einem ›Sonderkommando für innere Sicherheit‹ unterstellt [...] Ogoni-Land ist leider nur der Modellraum für den lang erträumten totalitären Schlag gegen die liberalen, politisch gebildeten Teile des nigerianischen Staates, die es gewagt haben, sich mit der Machtbesessenheit einer winzigen, aber halsstarrigen militärisch-zivilen Hegemonie anzulegen.«[2]

In einem vorbereiteten Plädoyer Ken Saro-Wiwas, das er während seines Prozesses aber nicht halten durfte, heißt es: »Weder Gefängnisse noch Hinrichtungen können unseren Sieg verhindern. Wenn wir uns alle vor der Geschichte verantworten müssen, dann sind meine Mitstreiter und ich nicht die einzigen, die hier vor Gericht stehen. Auch der Ölkonzern Shell ist angeklagt. In diesem Prozeß stehen auch die gegenwärtige Regierung Nigerias und jene vor Gericht, die sie unterstützen.«[3] Shell ist zwar die am längsten und intensivsten in Nigeria tätige Ölgesellschaft, aber nicht die einzige: Chevron, Mobil, Agip, Elf und Texaco profitieren ebenso von dem üppig sprudelnden schwarzen Gold. Seit der Verstaatlichung der Ölindustrie 1973 arbeiten die ausländischen Ölgesellschaften mit der staatlichen *Nigerian National Petroleum Corporation* (NNPC) in »joint-ventures« zusammen.

Als die Aktivitäten der MOSOP und die Unruhen im Ogoni-Gebiet 1993 zu erheblichen Ertragseinbußen der Ölgesellschaften führten, stellte Shell seine Produktion im Nigerdelta ein. Der Konzern behauptete, die zahlreichen Pannen und Lecks seien nicht die Folge von Betriebsunfällen oder Materialfehlern, sondern auf Sabotageakte der Ogoni zurückzuführen. Die entstandenen Konflikte spiegelten nicht unterschiedliche Interessen zwischen den Ölgesellschaften und der einheimischen Bevölkerung wider, so Shell, sondern das seien »Streitigkeiten zwischen benachbarten Gemeinden um Land«. Viele Indizien weisen allerdings darauf hin, daß es sich bei den »Unruhen« um von der Armee inszenierte Angriffe handelte, die der Regierung den Vorwand zu militärischem Eingreifen liefern sollten. Einem *Greenpeace*-Bericht zufolge sind bis 1994 aufgrund »kommunaler Auseinandersetzungen« etwa 30000 Menschen aus ihren

Dörfern vertrieben worden, *Amnesty International* spricht von 80000 vertriebenen Ogoni. Und was das ständig auslaufende Öl betrifft, so räumte Shell selbst ein, daß es jährlich zu mindestens zweihundert kleineren Rohrleitungsbrüchen komme; rund 40 Prozent sämtlicher Shell-Leckagen auf der Welt ereignen sich in Nigeria. Eine Studie des nigerianischen Erdölministeriums kam zu dem Ergebnis, daß höchstens 18 Prozent der Schadensfälle auf Sabotage zurückzuführen seien; Hauptgründe für die Pannen seien vielmehr Korrosion, Bedienungsfehler, Rohrbrüche, Explosionen und Überalterung der Ölförderanlagen. Einer unabhängigen Studie zufolge sollen zwischen 1982 und 1992 allein bei Shell 1,6 Millionen Barrel (1 Barrel = 159 Liter) Öl in Erdreich und Flüsse gesickert sein.

Ein großer Teil von Saro-Wiwas Leben war der Politik gewidmet. Sein Kampf galt mindestens so sehr der Überwindung von Diktatur und Menschenrechtsverletzungen wie der Eindämmung der Umweltzerstörung. In einer ›Bill of Rights‹ erklärten die Ogoni-Wortführer 1990, daß die stärksten Volksgruppen Nigerias das Land in den Krieg gestürzt hätten und für die Diktatur verantwortlich seien. Sie forderten politische Autonomie, Mitspracherecht in den nationalen Institutionen, Förderung ihrer bedrohten Kultur, Gewinnbeteiligung am Erlös für die Bodenschätze. Nicht alle Ogoni teilten so weitreichende Forderungen. Selbst in der MOSOP trat ein Flügel für einen versöhnlichen, regierungsfreundlicheren Kurs ein. Als im Mai 1994 vier Politiker dieses gemäßigten Kurses gewaltsam starben, wurde Saro-Wiwa für den Anschlag verantwortlich gemacht und inhaftiert. Er sollte die Freiheit nicht wiedererlangen. »Aufstachelung zu Stammesauseinandersetzungen« lautete der Vorwurf gegen ihn.

Als Schriftsteller und Literaturwissenschaftler hatte sich der 1941 geborene Ken Saro-Wiwa (sein eigentlicher Name lautete Kenule Beeson Tsaro-Wiwa) schon länger einen Ruf erworben.[4] Während des Biafrakrieges war er Regierungsbeauftragter im neugeschaffenen Rivers State gewesen, später verdiente er sich seinen Lebensunterhalt in der Wirtschaft. Von Anfang an war Ken Saro-Wiwa ein Gegner der Sezessionsbestrebungen, die Biafra im Osten des Landes gegen die Föderation unternahm (1967–1970). Über seine Erfahrungen in diesem ersten großen Bürgerkrieg Nigerias berichtet er in seinen Memoiren ›On a Darkling Plain‹. Wie sich später zeigen sollte, wurde sein Kampf gegen das Militär bereits in jenen Jahren des Biafrakrieges eigentümlich vorgezeichnet: Auch damals schon ging es um die Hilflosigkeit einer ethnischen Minderheit gegenüber einer Militärdiktatur und auch damals ebenso schon um Erdöl und Reichtum als zerstörerische und korrumpierende Faktoren der nigerianischen Gesellschaft.

Viele Jahre war Saro-Wiwa Vorsitzender des nigerianischen Schriftstellerverbandes. Die Figuren seiner Werke klagen die Korruption, das Militärregime, die verantwortungslose politische und ökonomische Elite an. 1994 erhielt der Schriftsteller den »Alternativen Nobelpreis«, kurz vor seinem Tod wurde er für den Friedensnobelpreis nominiert. Das eigentliche Thema seiner Bücher ist das von Schwarzen an Schwarzen begangene Unrecht. Ihm geht es vor allem um sein Volk, die Ogoni, die er durch die »politische Sklaverei der neuen schwarzen Kolonialherren unter der Maske des nigerianischen Patriotismus«[5] unterdrückt und ausgebeutet sieht. Stammesdenken, Rücksichtslosigkeit gegenüber den Rechten von Minderheiten, ein überhandnehmender Materialismus, Ineffizienz und die Bereicherung durch Amtsmißbrauch sind in seinen Augen die übelsten Hypotheken seines Landes.

Die Umstände und die Vorgeschichte, die zur Hinrichtung Ken Saro-Wiwas am 10. November 1995 führten, lassen bereits jene »typischen« Erscheinungsformen der Dritten Welt erkennen, die in diesem Band unter verschiedenen Perspektiven und an unterschiedlichen Beispielen analysiert und dargestellt werden:

Obwohl in Nigeria einige Grundübel der Dritten Welt in krasser Form zutage treten, waren die Startbedingungen dort an sich nicht schlecht. Der größte Staat Westafrikas, Land alter Hochkulturen, begann seine Unabhängigkeit 1960 als eine Demokratie. Doch dann stürzte die Entdeckung der Ölvorkommen im Nigerdelta das Land in einen Bürgerkrieg (1967–1970), der mit der Rückeroberung des sezessionistischen Biafra durch Regierungstruppen endete. Die Wunden des Krieges waren noch nicht verheilt, als der Ölboom der siebziger Jahre das auf ethnischem Proporz beruhende, labile Gesellschaftsgefüge Nigerias vollends zerrüttete. Anstatt die Grundbedürfnisse der rapide wachsenden Bevölkerung zu berücksichtigen, wurden Milliarden von Petrodollar für Prestigeobjekte verschleudert oder verschwanden auf geheimen Konten im Ausland. Zivil- und Militärregierungen, die die Kapitalflucht einzudämmen suchten, versanken selbst im Treibsand der Korruption.

Der seit nunmehr über dreißig Jahre anhaltende Ölboom verweist auf ein wirtschaftliches Charakteristikum vieler Länder der Dritten Welt, nämlich der extremen Abhängigkeit von einem einzigen Produkt. Rund 90 Prozent seiner Exporteinnahmen erzielt Nigeria aus dem Ölgeschäft, die Steuereinnahmen hängen zu etwa 80 Prozent am Öl. Damit ist das Land in bedrohlicher Weise auf den »Weltmarkt« angewiesen und den internationalen Preisschwankungen ausgesetzt. Beinahe überflüssig zu erwähnen, daß das Ölgeschäft das Wirtschafts- und Sozialgefüge des Landes in den letzten 25 Jahren radikal verändert hat. Nigeria wurde von einem Agrar- zu einem Erdölland, das Öl war und ist der Schlüssel zu politischer und ökonomischer Macht. Innerhalb weniger Jahre entstanden in Nigeria asphaltierte Straßen, es wurden Flugplätze angelegt, selbst entlegene Orte bekamen Verkehrsanbindung, der Wohnungsbau florierte. Mit dem Wachstum der Ölindustrie korrespondierte ein rasanter Niedergang der Landwirtschaft. Der Agrarsektor verfiel, bald mußten fast alle Lebensmittel importiert werden.

Als der Ölpreis in den achtziger Jahren weltweit ebenso rapide fiel, wie er in den Jahren zuvor gestiegen war, endete das nigerianische »Wirtschaftswunder«. Nun rächte es sich, daß das Land von ausländischem *know-how* abhängig war und keine solide Grundlage für eine krisensichere Entwicklung und Wohlstand aus eigener Kraft geschaffen hatte. Seit Mitte der achtziger Jahre mußte sich die nigerianische Regierung überdies dem Druck des Internationalen Währungsfonds und der Weltbank beugen und ebenso schmerzhafte wie notwendige Strukturanpassungen durchführen. Trotz (oder gerade wegen) seines Ölreichtums war das Land nämlich in die Schuldenfalle getappt. 1995 betrugen die Auslandsschulden Nigerias etwa 37 Milliarden Dollar, rund 15 Milliarden Dollar unterschlagenes Geld soll in den Drogenhandel investiert worden sein. Entstanden waren die Schulden im wesentlichen durch den Größenwahn im Jahrzehnt des Ölbooms, durch hemmungslosen Luxuskonsum der nigerianischen Eliten und durch Kapitalflucht.

Die ökonomische und gesellschaftliche Umstrukturierung des Landes hat zwar einen »modernen« Wirtschaftssektor geschaffen, der »Fortschritt« durch Ölförderung hat vielerorts allerdings zur Vernichtung der traditionellen Kultur geführt. Heilige Stätten wurden zerstört, Totemtiere vertrieben oder getötet. Religiöse Rituale, die abgeschieden und bei Dunkelheit vollzogen werden müßten, können nur noch unter größter Behinderung stattfinden, da die Gasabfackelung das Land der Ogoni ständig taghell erleuchtet.[6] Der industrielle Arbeitsrhythmus zerstört das überkommene Zusammenleben in der Dorfgemeinschaft. Viele Entscheidungen im Entwicklungsrausch der vergangenen Jahrzehnte orientierten sich also ausschließlich am ökonomischen Wachstum und ließen die Bedürfnisse der Bevölkerung unberücksichtigt.

Daß der nigerianische Entwicklungsweg derart einseitig auf Wachstum durch Erdölförderung ausgerichtet werden konnte, ohne auf ethnische oder ökologische Belange Rücksicht nehmen zu müssen, ist vor allem auf die fehlende politische Kontrolle der Regierung durch die Betroffenen zurückzuführen. Die kleine Minderheit der Ogoni etwa hat keine Möglichkeit, Einfluß auf die nigerianische Politik zu nehmen. Die politische Struktur des Landes geht auf die Zeit der britischen Kolonialherrschaft zurück.[7] Nigeria ist heute mit rund 100 Millionen Einwohnern das bevölkerungsreichste afrikanische Land. Die drei größten der etwa 430 verschiedenen ethnischen Gruppen sind die Hausa-Fulani (21 Prozent) im Norden, die Yoruba (20 Prozent) im Südwesten, die Igbo (17 Prozent) im Südosten; letztere riefen 1967 ihren eigenen Staat Biafra aus, der nach einem grausamen Bürgerkrieg 1970 zusammenbrach. Schon kurz nach dem Zweiten Weltkrieg, lange vor Erringung der Unabhängigkeit, war eine »Kolonialföderation« aus der Nord-, West- und Ost-Region entstanden. Großbritannien übertrug einflußreichen Nigerianern der drei Mehrheitsethnien eingeschränkte Mitwirkungsmöglichkeiten in ihrer jeweiligen Region. Damit war eine Vorentscheidung für die spätere Verwaltungsgliederung des Landes gefallen, die regionale Dreiteilung beibehalten, die Dominanz der drei Mehrheitsvölker über die Minderheitenvölker festgeschrieben. Ethnische Konflikte waren damit vorprogrammiert. Tatsächlich kam es nach Erlangung der Unabhängigkeit (1960) trotz der föderativen Strukturen des Landes bald zu derart heftigen Auseinandersetzungen, daß 1967 eine radikale Umstrukturierung des Staates in zwölf Bundesstaaten vorgenommen werden mußte. Die neue Landesgliederung entsprach eher den Interessen der ethnischen Minderheiten, von denen sich allerdings viele nach wie vor diskriminiert fühlten; sie erzwangen weitere Verwaltungsreformen. Heute besteht Nigeria aus 21 Bundesstaaten – eine Struktur, die vor allem auf die anhaltenden Kämpfe der kleineren Völker im Staatsverband zurückzuführen ist. Seit das Selbstvertrauen der Minoritäten gestiegen ist, haben sie sich zu einem eher stabilisierenden Faktor des politisch-administrativen Systems und damit zu einer treibenden Kraft im *Nation-building*-Prozeß entwickelt.

In den ersten Jahren der Unabhängigkeit lag die politische Macht vor allem in den Regionalzentren, während die Bundesregierung in Lagos nur über geringe Kompetenzen verfügte. Im Kampf der wichtigsten Ethnien um Macht und Einfluß im Staat griffen Korruption und Stimmenkauf ebenso wie Erpressung und Mord zur Ausschaltung politischer Gegner immer mehr um sich; die Republik drohte im Chaos zu versinken. Nach einem fehlgeschlagenen Staatsstreich jüngerer Offiziere ergriff das Militär Anfang 1966 die Regierungsgewalt. Sehr bald geriet das labile Gleichgewicht zwischen den drei Mehrheitsvölkern in Gefahr, die Föderation wurde aufgelöst und Nigeria zum Einheitsstaat erklärt. Nach dem Biafra-Krieg blieb die Militärregierung an der Macht. Die verstärkte Ölförderung verschaffte ihr Milliarden, der neue Reichtum ließ Korruption und Vetternwirtschaft wuchern. Erst 1979 kehrte das Land vorübergehend (bis 1983) zur Demokratie zurück; die Korruptionsstrukturen blieben freilich bestehen, ja sie verfestigten sich noch. Als die Finanzkrise zu immer erbitterteren Kämpfen um die staatlichen Pfründe führte und die auf 20 Milliarden Dollar gestiegene Schuldenlast die wirtschaftliche Lage des Landes immer hoffnungsloser zu machen schien, putschten die Militärs 1983 erneut.

Die folgenden Jahre sahen zahlreiche innere Unruhen. Das wirtschaftliche Anpassungsprogramm traf vor allem die verarmten städtischen Schichten, die ihre Unzufriedenheit immer wieder in Protesten und Aufständen zum Ausdruck brachten. Auch innerhalb des Militärs gab es schwere Auseinandersetzungen über den politischen Kurs. Im Süden hielt sich bei vielen Nigerianern die Vorstellung, die Hausa-Fulani des Nordens unterdrückten die Minderheiten der übrigen Landesteile; das latente Mißtrauen zwischen Nord und Süd, zwischen Muslimen und Christen, zwischen den Mehrheitsvölkern und den zahlreichen Minderheiten konnte nicht abgebaut werden. Der *Nation-building*-Prozeß kam nur langsam voran.

General Sani Abacha, der Ken Saro-Wiwa hinrichten ließ, kam 1993 an die Macht. Eigentlich sollte er nur die Rückgabe der Staatsgewalt in die Hände einer Zivilregierung beaufsichtigen.[8] Abacha erklärte jedoch die Wahlen für ungültig, setzte die Verfassung außer Kraft und regierte mit Willkür und Gewalt. Menschenrechtsverletzungen sind an der Tagesordnung, demokratische Politiker und Journalisten werden verhaftet, ohne Prozeß gefangengehalten und gefoltert. Die politische und wirtschaftliche Situation hat sich seit Abachas Machtantritt nicht gebessert. Eher ist das Gegenteil der Fall. Zahlungen an Kommunen und Institutionen zur Durchführung von Entwicklungsprojekten blieben oft bei Bürgermeistern, Behörden und Offizieren hängen. Der ehemalige nigerianische Minister Bolaji Akinyemi wies darauf hin, daß ein Großteil der Einnahmen aus dem Erdölexport in die Privatkassen der Militärherrscher fließe, ein Embargo somit vor allem der herrschenden Clique die Möglichkeit zu weiterer korruptionsbedingter Bereicherung nehmen würde. Ein Ölembargo Nigerias kam aber nicht einmal nach der Ermordung Ken Saro-Wiwas zustande; zu groß sind die Interessen verschiedener Industrieländer an einer Aufrechterhaltung der Wirtschaftsbeziehungen.

Der »Fall« Shell in Nigeria illustriert noch einen weiteren globalen Zusammenhang: Industrieländer beschaffen sich Rohstoffe in Entwicklungsländern und nutzen dabei jene Verhältnisse aus, deren Abschaffung sie unablässig einklagen. Alle Militärregime in Nigeria sorgten seit der Unabhängigkeit des Landes dafür, daß das schwarze Gold floß, die Ölgesellschaften verdienten und die jeweiligen Machtcliquen sich bereichern konnten. Die multinationalen Ölkonzerne störten sich weder übermäßig an der Kleptokratie der Machteliten noch an der permanenten Verletzung der Menschenrechte; letztlich profitierten sie von beidem, da durch die Repressionsmaßnahmen der Regierungen strenge Umweltauflagen vermieden, Umweltschützer in Schach und aufmüpfige Gewerkschaften kleingehalten werden konnten.

Verfolgung und Ermordung Ken Saro-Wiwas verweisen aber noch auf einen weiteren, für die Dritte Welt generell außerordentlich wichtigen Aspekt: Einer ökologischen Bürgerrechtsbewegung wie der MOSOP wird heute weltweite Aufmerksamkeit zuteil. Ken Saro-Wiwa ist ein Vorbild für Widerstand geworden. Darüber hinaus beunruhigt der Erfolg von MOSOP die Regierung sehr, denn diese Bewegung ist die erste Organisation, die Entschädigung für die zerstörten Ressourcen der Natur fordert. Überall auf der Erde – vor allem in Ländern der Dritten Welt – treten Bewegungen der »Urbevölkerungen« an die Öffentlichkeit und klagen die ihnen über Jahrhunderte hinweg vorenthaltenen Rechte ein. Was ihr Selbstbewußtsein angeht, so scheint die Dritte Welt in einem Aufschwung zu sein, so sehr diese Stimmungslage auch mit ihrer wirtschaftlichen Lage kontrastieren mag.

Kapitel 1

Die Problembereiche: Wirtschaft, Schulden, Ökologie

Die Dritte Welt: Ein Problemaufriß

Ken Saro-Wiwa, Wole Soyinka und Chinua Achebe haben übereinstimmend auf die große Verantwortung der politischen und ökonomischen Eliten ihres Landes für die enormen Probleme Nigerias hingewiesen. Sie suchen damit die »Schuld« für die Misere ihres Kontinents zuerst einmal bei sich selbst, nicht bei den Vertretern der Industriestaaten. Solche selbstkritischen Stimmen aus Ländern der Dritten Welt sind keine Seltenheit. Anfang der neunziger Jahre protestierte Axelle Kabou, eine Entwicklungsökonomin aus Kamerun, gegen den Mythos, Afrika sei arm, weil es ausgeplündert werde.[1] Diesem angeblichen Irrglauben hielt sie die These entgegen, Afrika wolle sich aus verletztem Stolz nicht entwickeln. Der schwarze Kontinent müsse aufhören, sich selbst zu belügen, indem er die Schuld an seinem Elend dem Kolonialismus und dem »Westen« zuschiebe. Kabou stellt ihrem Kontinent, vor allem dessen politischen und geistigen Eliten, ein verheerendes Zeugnis aus. In Afrika werde Geld, Zeit, Tatkraft und Können verschwendet. Planung, Organisation, Transparenz und Motivation seien weitgehend unbekannt. Statt sein Schicksal selbst in die Hand zu nehmen, habe sich Afrika der Bettelei verschrieben; der Kontinent betrachte Entwicklung als eine Sache der Weißen und gehe an seiner Mittelmäßigkeit zugrunde. Eigene Entwicklungsanstrengungen empfänden Afrikaner als »Eingeständnis der Ohnmacht, der Schwäche, der kulturellen und rassischen Unterlegenheit«. Afrika habe damit den rassistischen Mythos verinnerlicht, der Entwicklung mit einer Verneinung des »afrikanischen Wesens« gleichsetze. Nach dem Ende des Kalten Krieges stehe Afrika als Verlierer da. Es habe sich durch Korruption, Menschenrechtsverletzungen und Bürgerkriege diskreditiert. Mit der überall feststellbaren Krise habe sich aber auch eine Erosion der afrikanischen Mythen vollzogen. Die Afrikaner müßten ihr Schicksal in die eigenen Hände nehmen. Voraussetzung dafür sei allerdings eine sozio-kulturelle Revolution: die Veränderung der afrikanischen Mentalität, ein Überdenken der geltenden Wertsysteme und, vor allem, die Ablösung der bisherigen Machteliten.

Mit ihrer Streitschrift griff Axelle Kabou in provozierender Form in eine Debatte ein, die seit Jahrzehnten in Wissenschaft und Politik geführt wird. Aber auch andere Autoren wandten sich deutlich gegen das in weiten Teilen der Dritten Welt vorherrschende Anspruchsdenken. Der Entwicklungssoziologe Pierre Pradervand etwa beschreibt »die stille Revolution der afrikanischen Bauern«.[2] Als Afrika in den sechziger Jahren das koloniale Joch abschütteln konnte, produzierten die meisten schwarzafrikanischen Staaten Lebensmittelüberschüsse. Doch Bürgerkriege, Korruption und Planwirtschaft hätten den afrikanischen Bauern inzwischen den Produktionsanreiz genommen. Abholzung, Bodenerosion und Versteppung seien weitere Gründe für die wiederkehrenden Hungersnöte. Drei Jahrzehnte Entwicklungshilfe hätten keine Besserung der Lage gebracht. Statt zu immer neuen Finanzspritzen fordert Pradervand dazu auf, die afrikanischen Bauern »mit Ideen zu unterstützen«. Nur so könne die Flucht von Millionen Afrikanern nach Europa verhindert werden.

In Studien wie dieser geht es immer wieder um die Suche nach Wegen zur Überwindung der Unterentwicklung. Eine erfolgversprechende Therapie bedarf aber zunächst einer klaren Diagnose. In den letzten Jahrzehnten standen sich die »großen Theorien« gegenüber, die im Rahmen der Ost-West-Systemauseinandersetzung Entwicklungstheorien zu einem Nord-Süd-Nebenschauplatz machten. Bei aller Differenziertheit im einzelnen ging es im Grunde immer wieder um die Frage, ob die Unterentwicklung der Dritten Welt primär von außen induziert sei oder innere Gründe habe, ob Kolonialismus und neokolonialistische Praktiken die Unterentwicklung herbeigeführt hätten und aufrechterhielten oder ob die Misere im Mangel an dynamischen Impulsen und in den traditionellen Wertordnungen ihre Ursachen habe, kurzum: ob am Elend der Dritten Welt zu viel oder zu wenig Kapitalismus schuld sei.[3] Dieser Dogmenstreit gehört zwar – nach dem »Scheitern der großen Theorie«[4] – der Vergangenheit an, die entwicklungspolitische Debatte aber hält an.

Auf der einen Seite stehen diejenigen Gruppen, die immer mehr finanzielle Hilfe für die Ärmsten der Erde fordern und hoffen, damit die Hauptprobleme lösen, zumindest aber lindern zu können. An erster Stelle sind hier die meisten Entwicklungsländer selbst – und ihre entwicklungspolitischen Fürsprecher in den Industrieländern – zu nennen. Sie forderten zu Beginn einer jeden der von der UNO ausgerufenen vier »Entwicklungsdekaden« stets größere Finanzunterstützung zu jeweils besseren Bedingungen. Die Begründungen für die angebliche Zahlungsverpflichtung der Industrieländer sind dabei unterschiedlich. Unter Rückgriff auf historische Argumente wird darauf verwiesen, daß die heutige Erste Welt ihren Reichtum durch koloniale und neokoloniale Ausbeutung errungen habe und daher moralisch zu Wiedergutmachung verpflichtet sei. (Die sozialistischen Staaten der Zweiten Welt lehnten jegliche Zahlungsverpflichtung ab, da sie in den Ländern der heutigen Dritten Welt ja nie kolonialistisch und ausbeuterisch gewirkt hätten.) Ein Beispiel, wie mit der kolonialen Erblast argumentiert wird, sind historische Untersuchungen, die den »weißen Kreuzzug gegen den schwarzen Müßiggang« thematisieren.[5] Zu den schlimmsten Erblasten des Kolonialismus für die afrikanischen Staaten, heißt es dort, zähle die Einführung der Arbeitsgesellschaft nach europäischem Vorbild. Ganze Völker seien durch Arbeit »zivilisiert« worden. Enteignung des Landes und Erhebung von Steuern habe einen Zwang zur Wander- und Lohnarbeit erzeugt. Dabei seien soziale Zusammenhänge zerstört worden, das Individuum habe ein ihm bis dahin völlig fremdes Zeitbewußtsein implantiert bekommen, bis es im Sinne der Kolonialherren »funktioniert« habe. Die meisten Europäer hätten die anderen Kulturen nur unter dem Gesichtspunkt eines vermeintlichen Disziplindefizits gesehen. Die Spannung zwischen dem Stereotyp des »faulen Negers«, der mit Lethargie, seltener mit Gegendruck auf die über ihn hereinbrechende Verrechtlichung, Monetarisierung und Disziplinierung reagiert, und der »Maschinenhaftigkeit« des Europäers prägt viele Facetten der langen Geschichte des Kolonialismus in Afrika. Die Einführung des Geldes als Inbegriff weißer Zivilisation ermöglichte die vollständige Verwaltbarkeit der schwarzafrikanischen Völker. Das Versprechen der Europäer, Lohnarbeit garantiere Wohlstand und Entwicklung – eine Vorstellung, die von Entwicklungsexperten kaum verhüllt weiterpropagiert wird –, ist freilich bis heute uneingelöst geblieben.

Auch andere Entwicklungstheoretiker verweisen darauf, daß »ungeachtet verschiedener geschichtlicher Hintergründe, unterschiedlicher Ursachen der Unterentwicklung [...] die heutige Teilung der Welt in arme und reiche Länder ohne die koloniale Herrschaft, ohne die Entstehung industrieller Produktionsweisen nicht erklärbar« sei.[6] Aktualitätsbezogener ist der Hinweis auf die Verluste durch ungünstige Austauschbedingungen zwischen exportierten Rohstoffen und importierten Fertigwaren; die unfairen Handels- und Kapitalbeziehungen müßten durch Entwicklungshilfe ausgeglichen werden. Vor allem in der ersten Entwicklungsdekade der sechziger Jahre – sie wird allgemein als »Jahrzehnt der Frustration« bezeichnet – wurde häufig der Vorwurf einer außenpolitischen und kommerziellen Instrumentalisierung der Entwicklungshilfe laut. Gestützt wurde dieser Vorwurf durch den ›Pearson-Bericht‹ von 1969, der die »Krise der Entwicklungshilfe« auch auf die von den Geberländern verfolgten Interessen zurückführte.[7] Hieraus leitete sich sehr schnell die Forderung nach einer Verbesserung der *terms of trade* ab, da der Handel – schon die erste Dekadenstrategie hatte unmißverständlich darauf hingewiesen – als »Hauptinstrument der wirtschaftlichen Entwicklung« galt. *Trade not aid* (»Handel statt Hilfe«) lautete denn auch der Slogan der Welthandelskonferenzen (UNCTAD) der sechziger Jahre, aus dem sich die Forderung nach einer neuen Weltwirtschaftsordnung ergab.

Auf der anderen Seite stehen jene Kritiker, die vor allem auf die Fehlentwicklungen in der Dritten Welt verweisen und Finanzhilfen für verfehlt halten, solange die »Staatsklassen« dort nicht vor allem die Armut in ihren Staaten bekämpfen, zu grundlegenden Strukturveränderungen bereit sind und Repression und Korruption unterbinden. Als wichtiger endogener Faktor für fehlende Entwicklung wird auf die Rücksichtslosigkeit der Eliten in den Ländern der Dritten Welt verwiesen, die ihre Macht nicht zuletzt ihrer Verfügung über die Entwicklungshilfegelder verdanken – Gelder, die letztlich aus einem ständig neu geschürten und in die falsche Richtung gelenkten schlechten Gewissen der Industrieländer herrühren.[8] In moderner Abwandlung älterer Modernisierungstheorien entdeckt man die eigentlichen Entwicklungsblockaden in den Köpfen der Führer in der Dritten Welt; Einstellung und Verhalten der Menschen müßten sich ändern, überkommene Sozialstrukturen und kollektive Wertsysteme der traditionellen Gesellschaften seien die entscheidenden Hindernisse.

Die Vertreter dieser Position können auch auf die Selbstkritik verweisen, die der Bericht der Süd-Kommission unter Leitung des früheren tansanischen Präsidenten Julius Nyerere an den Entwicklungsländern übte. Diese Schrift mit dem Titel ›Die Herausforderung für den Süden‹ (1991) stellt die entwicklungshemmenden Verhältnisse in vielen Staaten der Dritten Welt heraus, die aufgeblähten Staatsapparate etwa, die Verschwendung von Geld für Rüstung oder die interne Marginalisierung der Armen.

Schließlich gibt es noch eine dritte Gruppe: Das sind die Fachleute und Technokraten, die zwar für entwicklungspolitische Maßnahmen der Industrieländer eintreten, aber von den Empfängerländern grundsätzlich klare Gegenleistungen fordern. Entwicklungsbanker zum Beispiel verweisen darauf, daß diejenigen europäischen Staaten, die seinerzeit von der Marshallplanhilfe profitierten, zur Bildung von »Gegenwertfonds« in einheimischer Währung unter der Bedingung verpflichtet wurden, daß die einheimische Währung konvertibel wurde.[9] Dieses Verfahren sei später nie wieder praktiziert worden. Damit sei aber der größte Teil der Finanzhilfe an die Dritte Welt versickert, da die zentrale Bedeutung einer stabilen und konvertierbaren Währung als Voraussetzung für Wiederaufbau und Entwicklung nicht erkannt worden sei. Die Bedeutung einer stabilen Währung ist in der Tat gar nicht zu überschätzen: Schon 1955 sprach Pandit Nehru, einer der Väter der Blockfreienbewegung, auf der Bandung-Konferenz von den »drei Welten« – damit dürfte er wohl der Schöpfer dieser Begrifflichkeit sein –, welche er vor allem nach ihren Konvertibilitätskriterien unterschied: Die Staaten der

»Ersten Welt« verfügten über frei konvertierbare Währungen, die der »Zweiten Welt« könnten ihre Währungen nur innerhalb des sozialistischen Blocks tauschen, die Währungen in der »Dritten Welt« seien »weich« und überhaupt nicht konvertierbar. Diese Begrifflichkeit wurde später vom Wirtschafts- und Sozialrat der Vereinten Nationen aufgenommen und ist inzwischen allgemein gültig. Die Erste Welt besteht demnach aus marktorientierten Volkswirtschaften, die Zweite aus zentral geplanten Volkswirtschaften, die Dritte aus Tauschwirtschaften. Es sind die weichen Währungen, die in dieser Perspektive als das eigentliche Unterentwicklungsproblem angesehen werden, weil ein Weichwährungsland keinen eigenen Kapitalmarkt kenne, die Wechselkurse der Währung nicht marktkonform seien, weil der Außenhandel nicht ordentlich funktionieren könne und Exporte vor allem dem Eintausch von Devisen dienten.

Auch wenn diese Sicht allzu technokratisch klingen und die Perspektive des Bankers zu stark betonen mag, andere Schlüsselfaktoren (etwa rechtliche und administrative Rahmenbedingungen, Investitionen in Humankapital, Umwelt- und Ressourcenschutz) dagegen als Voraussetzung für nachhaltige Entwicklung unberücksichtigt läßt – von einer reibungslosen Umsetzung ganz zu schweigen –, so ist doch ein wichtiger Kritikpunkt nicht von der Hand zu weisen: Die Unsummen an Entwicklungshilfe, die seit dem Zweiten Weltkrieg geflossen sind – allein die Nettozahlungen der Bundesrepublik Deutschland aus öffentlichen und privaten Quellen belaufen sich auf eine Summe von mehr als 400 Milliarden DM –, haben volkswirtschaftlich nur sehr begrenzt »Erfolg« erzielt.

Es kann im folgenden nicht darum gehen, das jeweils »Richtige« oder »Falsche« an den kurz vorgestellten Positionen darzulegen; wie so häufig, dürfte *ein* Ansatz nicht ausreichen, um völlig unterschiedliche Erscheinungsformen von fehlender Entwicklung zu erklären: Obwohl der europäische Kolonialismus als Erklärungsfaktor für Unterentwicklung berücksichtigt werden muß, dürfen die nachkolonialen Fehlentwicklungen nicht außer acht gelassen werden; obwohl das Verharren in der von überkommener Religion bestimmten Tradition in vielen Fällen ein Faktor für Unterentwicklung sein kann, zeigt das Beispiel der »kleinen

Tiger« Asiens, daß Traditionsgebundenheit sehr wohl mit entwicklungspolitischer Dynamik verbunden, Tradition als Ressource der Systemstabilität genutzt werden kann; obwohl die Eingliederung ehemaliger Kolonien – wie von Dependenztheoretikern behauptet – in den von kapitalistischen Metropolen beherrschten Weltmarkt zur Unterentwicklung beitragen konnte, läßt sich diese mitnichten ausschließlich auf außenwirtschaftliche Abhängigkeit zurückführen. Die Aufzählung ließe sich fortführen. Sie ist Ausdruck einer intensiven entwicklungspolitischen Diskussion, die in den letzten Jahrzehnten unterschiedliche Schwerpunkte hatte und verschiedenartige Erklärungen zur Unterentwicklung in den Vordergrund rückte: Richtete sich der Blick zuerst auf kapitalistische Strukturen und den Weltmarkt, auf wirtschaftliche Abhängigkeiten und (neo-)koloniale Zwänge, so konzentrierte sich die Aufmerksamkeit später auf das Versagen des »Entwicklungsstaates« und der parasitären Staatsklassen, die Lähmung der Bürokratien durch Korruption, die Blockierung der Eigeninitiative und der Marktkräfte durch Staatsinterventionismus. Immer seltener gaben die Entwicklungstheoretiker globale Antworten, immer häufiger dagegen differenzierte Empfehlungen. Im Gegensatz zu früher, als die Devise Integration in den Weltmarkt *oder* Abkoppelung von den internationalen Handelsstrukturen lautete, geht es nunmehr je nach Region und Land um unterschiedliche Mischungsverhältnisse.

Das wirtschaftliche und soziale Nord-Süd-Gefälle hat nach dem Zweiten Weltkrieg nicht ab-, sondern zugenommen. Die Zahlen sprechen für sich: Mitte der siebziger Jahre betrug das Pro-Kopf-Einkommensgefälle zwischen den OECD-Ländern und der Gesamtheit der Entwicklungsländer 15:1, zu Beginn der neunziger Jahre 22:1; das Verhältnis zur Vierten Welt der am wenigsten entwickelten Länder (*Least Developed Countries*, LLDC) betrug 57:1. In letzterer Länderkategorie erhöhte sich die Anzahl der Staaten zwischen den siebziger und den neunziger Jahren von 31 auf 42; die meisten liegen im subsaharischen Afrika. Vier Fünftel der Menschheit müssen sich ferner mit knapp einem Fünftel, das ärmste Fünftel mit nur 1,4 Prozent des Weltsozialprodukts begnügen. Die Entwicklungsländer haben lediglich einen Anteil von 14,5 Prozent an der weltweiten Indu-

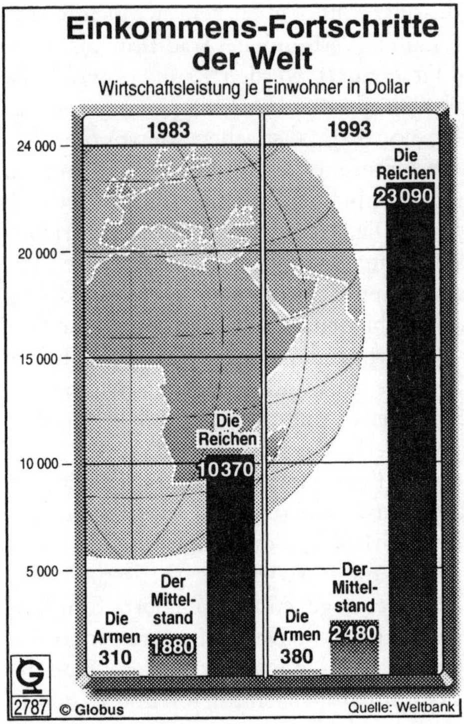

Abbildung 1: Einkommens-Fortschritte der Welt Quelle: Weltbank.

strieproduktion und nur einen Anteil von 22 Prozent an den Weltexporten. Die Wirtschaftsleistung in der Ersten Welt hat sich von 1983 bis 1993 je Einwohner mehr als verdoppelt, in der Dritten Welt ist sie nur um rund 20 Prozent gestiegen; die Schere zwischen Nord und Süd öffnet sich immer mehr.

Die technologische und ökonomische Lücke zwischen Industrieländern und Entwicklungsländern ist auch eine Lücke der Produktivität und Innovationsfähigkeit. Diese Lücke wird im Außenhandel der Entwicklungsländer besonders deutlich: Da viele Entwicklungsländer über Bodenschätze und billige Arbeitskräfte verfügen, exportieren sie vor allem Rohstoffe sowie rohstoff- und arbeitsintensive, standardisierte Güter. Diese sind auf den Weltmärkten zumeist besonders preisempfindlich und

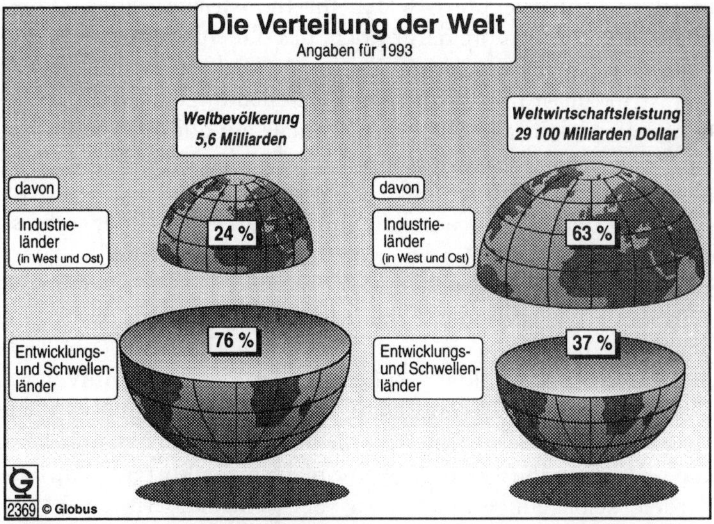

Abbildung 2: Die Verteilung der Welt
Quelle: Globus-Kartendienst.

deswegen großen Preisschwankungen ausgesetzt. Die Entwicklungsländer sind aber in hohem Maße von ihren Exporten abhängig, um relativ kapital- und technologieintensive Güter sowie Fertigwaren importieren zu können. Seit längerem ist trotz vereinzelt steigender Exporte der Entwicklungsländer keine greifbare Verbesserung, sondern eher eine Stagnation oder sogar Verschlechterung der *terms of trade* festzustellen.

Um die Unterentwicklung des Südens zu charakterisieren, kann nach wie vor auf viele Elemente des Kriterienkataloges zurückgegriffen werden, der bereits vor mehreren Jahrzehnten von Sozialwissenschaftlern als Unterscheidungsmerkmal von Entwicklungsländern im Vergleich zu Industrieländern aufgestellt worden ist: Entwicklungsländer weisen häufig eine unzureichende Faktorausstattung auf, ihre Export- und Produktionsstruktur ist wenig diversifiziert, ihre Wirtschaft ist stark vom Weltmarkt abhängig, ihre Außenhandelsstatistiken spiegeln einen hohen Exportanteil an Rohstoffen und einen hohen Importanteil an Industriegütern wider, ihr Industrialisierungsgrad ist gering, die Agrarquote dafür hoch, das ohnehin schon hohe Bevölkerungswachstum nimmt mit dem Grad der Armut zu, die Infrastruktur ist in nahezu allen Bereichen ungenügend. Sicherlich treffen nicht alle Strukturmerkmale auf alle Entwicklungsländer zu, doch in sehr vielen gibt es die hier aufgeführten Probleme in der einen oder anderen Form. Vor allem aber sind Gesellschaft und Volkswirtschaft nur unzulänglich integriert, so daß bei Entwicklungsländern von desintegrierten Gesellschaften gesprochen werden kann.

Ebenso wie sich die Erklärungshypothesen für Unterentwicklung änderten, so entstand auch, namentlich nach dem Ende des Ost-West-Konflikts, eine Debatte darüber, ob es sinnvoll sei, die überkommene Terminologie beizubehalten. Wenn es keine »Zweite Welt« mehr gebe, so wurde argumentiert, dann könne auch der Terminus »Dritte Welt« nicht mehr korrekt sein. Außerdem seien einige Staaten zu »Schwellenländern« avanciert, andere in die »Vierte Welt« der absoluten Armut abgesackt. So richtig das ist, so sprechen doch überzeugende Gründe für die Beibehaltung des Terminus »Dritte Welt«.[10] Zum einen ist darauf zu verweisen, daß die Zweite Welt zwar als ideologischer Block verschwunden ist, als entwicklungspolitische Gruppe der »Transitionsländer« mit einem relativ hohen Industrialisierungsgrad und Bildungsstand aber fortbesteht. Zum anderen muß betont werden, daß die Dritte Welt lange vor dem Zusammenbruch des militärisch-ideologischen Blocks des »Ostens« aus einer Gruppe von Staaten höchst unterschiedlicher Entwicklungen, Interessen- und Problemlagen bestand. Daran hat sich auch nach dem Ende des Ost-West-Konflikts nichts geändert. »Dritte Welt« war schon immer ein politischer Begriff, der nur ein einziges gemeinsames Charakteristikum aufwies: das im Vergleich zu den Industrieländern niedrige Pro-Kopf-Einkommen seiner Bewohner. Ansonsten sind die etwa einhundertdreißig »weniger entwickelten Länder« (*Less Developed Countries,* LDC) – so die offizielle Terminologie – in beinahe jeder Hinsicht sehr unterschiedlich: Größe, Bevölkerungszahl, Ressourcenausstattung, Infrastruktur, Humankapital. Mit anderen Worten: Da die Dritte Welt weder eine sozio-ökonomisch homogene Gruppe noch eine politische Einheit bildete, sondern schon immer eine lockere Gruppierung von Staaten mit unterschiedlichen Kulturen und politisch-wirtschaftlichen Systemen gewesen ist, deren Distinktivum vor allem in negativen Kategorien gefaßt wurde (sie gehörten *nicht* einem der ideologischen Blöcke an, sie waren im Sinne der Ersten Welt *nicht* entwickelt), kann sie als feste Größe auch nach Ende der Blockkonfrontation gar nicht verschwinden. Allerdings muß zwischen den verschiedenen Ländern und Regionen stark differenziert werden.

In Anbetracht dieser Heterogenität stellt sich die Frage, welche »Realität« eigentlich hinter der Dritten Welt steht, welche gemeinsamen Interessen sie hat. Einen einheitlichen Interessengegensatz zwischen Erster und Dritter Welt hat es wohl nie gegeben. Letztere bleibt, was sie schon immer war: eine Vielzahl von Ländergruppen, die im Vergleich zum reichen und industrialisierten Westen als »arme«, häufig auch als »nicht-weiße« Welt bezeichnet wird. In einem Großteil der Literatur hat sich auch der Sammelbegriff »Süden« oder »südliche Welt« durchgesetzt, da viele Entwicklungsländer ihn bevorzugen.

Nach dem Ende des Ost-West-Konflikts wurde die Welt weder gerechter noch friedlicher, wenn auch das Ende der Blockkonfrontation in vielen Ländern der Dritten Welt für eine Initialzündung gesorgt hat, die zu einer Demokratisierungswelle – etwa in Afrika – führte und selbst das Apartheidregime Südafrikas beseitigte. Diese Feststellung kann nicht Anlaß zu Euphorie sein: Mit dem zweiten *Wind of Change* sind noch längst nicht alle Voraussetzungen für eine positive wirtschaftliche Entwicklung und für die Verbreitung der Menschenrechte gegeben. Das Ende der Blockkonfrontation löste global vor allem eine Rückbesinnung auf ethnisch-nationale Wurzeln aus. Für diese Renaissance des »Nationalen« waren andere Faktoren jedoch wichtiger. Zum Beispiel die Überforderung durch die rasante technologisch-wirtschaftliche Entwicklung und die Enttäuschung über jahrzehntelang als Garanten einer Weltfriedensordnung betrachtete internationale Organisationen. So unterschiedlich übersteigerter Nationalismus auch in Erscheinung tritt, so hat er doch zumeist eine gemeinsame Wurzel, nämlich das Gefühl, man zähle zu den Modernitätsverlierern.

Deutlich wird die Diskrepanz zwischen verschiedenen Entwicklungsregionen und Kulturen auch am Stellenwert bestimmter politischer Rahmenbedingungen. Von den Industrieländern werden sie neuerdings zur Bedingung für die Gewährung von Entwicklungshilfe gemacht. Diese Bedingungen sind zwischen Gebern und Nehmern heftig umstritten. Die Regierungen in den Entwicklungsländern setzen zum Beispiel stark auf kollektive wirtschaftliche, soziale und kulturelle Rechte, während die Industrieländer verstärkt die Achtung der Menschenrechte, die Beteiligung der Bevölkerung am politischen Prozeß, die Schaffung von Rechtssicherheit, eine marktwirtschaftliche Ordnung und eine überzeugende Entwicklungsorientierung staatlichen Handelns fordern.[11]

Die Gefährlichkeit des aggressiv erneuerten Nationalismus wird durch Fortschrittsphänomene der letzten Jahrzehnte noch verschärft, etwa durch die Globalisierung von Märkten und Dienstleistungen oder durch die Grenzenlosigkeit einer weltweiten Informationsgesellschaft: die »Welt als Dorf«. In früher unvorstellbarer Schnelligkeit kann über Fortschritt und Rückständigkeit, über Wettbewerbsfähigkeit und Chancenlosigkeit entschieden werden. Das drängt insbesondere Nationen mit Entwicklungsdefiziten und Nationen, die ihrer kulturellen Identität verlustig zu gehen drohen, an den Rand der Weltgesellschaft und in eine aggressive Defensive. Auch viele Afrikaner besinnen sich wieder auf eigene Traditionen und Werte. Radikal-islamische Bewegungen sind deshalb so erfolgreich, weil sie sich als Gegenmodell zu westlichen Entwicklungsvorstellungen definieren. Ihr Erfolg ist häufig eine Abwehrreaktion auf Jahrhunderte der Ausbeutung und Fremdbestimmung durch Europäer. Islamischer Fundamentalismus ist eher Ausdruck einer Kulturkrise als einer Armutsrevolte. Dem Kalten Krieg der politischen Systeme könnte, so sagen einige Pessimisten voraus, ein weltweiter »Kulturkampf« folgen.

Dieser Band trägt den Titel ›Aufbruch und Elend in der Dritten Welt‹. Über weite Strecken ist darin mehr vom Elend als vom Aufbruch die Rede. Doch auch der Aufbruch kommt zur Sprache: Die Entkolonisierung war ein historischer Augenblick, in dem der »Wind des Wandels« (*Wind of Change*) durch die meisten der Länder wehte, die heute der Dritten Welt zugerechnet werden. Auch die »Aufstiegsbewegung« mehrerer asiatischer und lateinamerikanischer Staaten in die Kategorie der sogenannten Schwellenländer kann als Aufbruch gedeutet werden. Die Bewegung der Blockfreien war der keineswegs erfolglose Versuch vieler Länder des »Südens«, sich jenseits ideologischer und militärischer Blockbildungen zusammenzuschließen, um einen eigenständigen Entwicklungsweg zu beschreiten. Und die Demokratisierungswelle der neunziger Jahre läßt politisch auch für jene Länder hoffen, die seit Jahrzehnten meist nur nicht-demokratische Regime kannten.

Solchen Phänomenen des Aufbruchs steht allerdings dominierend das Elend gegenüber. Grundlage der gewaltigen Unterschiede ist die ungleiche Wirtschaftsleistung in den Industrieländern und in den Entwicklungsländern. Die erste Abteilung des Buches beschäftigt sich daher mit den ökonomischen Grundlagen von Entwicklung: mit dem weltwirtschaftlichen Nord-Süd-Konflikt, der Verschuldungskrise, der durch die Wirtschaftsmisere verschärften Umweltproblematik und mit den Positionsveränderungen einzelner Staaten auf der entwicklungspolitischen Skala. Die zweite Abteilung geht den gesellschaftlichen Folgen der unzureichenden Wirtschaftsentwicklung nach: Armut und Hunger, überdurchschnittliches Bevölkerungswachstum, die Auswirkungen fehlender Entwicklung auf Kinder und Frauen als den schwächsten Gliedern der Gesellschaft, die Flüchtlingsbewegungen als Massenphänomen in der Dritten Welt. Die dritte Abteilung schließlich thematisiert die Probleme der Dritten Welt unter einer mehr politischen Fragestellung: die Bewegung der Blockfreien als Gegenentwurf zur Ersten und Zweiten Welt, Autoritarismus als gängiges Politikmodell in der Dritten Welt, Sozialismus als Versuch forcierter Modernisierung, Entstehung und Folgen kriegerischer Auseinandersetzungen, abschließend sodann der Blick auf den Zusammenhang zwischen massiven Menschenrechtsverletzungen und Demokratisierungsbewegungen.

Diese Übersicht über die im vorliegenden Band behandelten Aspekte zeigt die Vielfalt und Komplexität des Themas. Etwa einhundertdreißig Staaten werden zur Dritten Welt gezählt; hinzu kommen noch sehr viel mehr ethnische Gruppierungen und geographische Räume. Die einzelnen Staaten erreichten ihre völkerrechtliche Unabhängigkeit zu unterschiedlichen Zeitpunkten; der Emanzipationsprozeß folgte ganz unterschiedlichen Mustern. Die Staaten der Dritten Welt haben sehr verschiedenartige politische Systeme, unterschiedliche ökonomische Entwicklungsniveaus und differierende Gesellschaftsstrukturen, oftmals nur schwer oder überhaupt nicht miteinander vergleichbare Kulturen.

Die Herausforderungen an die weniger entwickelten Länder der Dritten Welt sind gewaltig: Ökonomisch sehen sie sich einer Weltwirtschaft ausgeliefert, die von den Industrieländern beherrscht wird und in der der Rohstoffhandel – er umfaßt allein 70 Prozent der Exporte Afrikas – stagniert oder sogar zurückgeht. Demographisch besteht die Herausforderung in einem besonders hohen Bevölkerungswachstum – in Afrika etwa liegt es bei knapp unter 3 Prozent, einer Wachstumsrate, bei der sich die Bevölkerungszahl alle 24 Jahre verdoppelt. Kulturell wird die Dritte Welt von »westlichen« Medien und Werbe-Offensiven überflutet, die schon längst nicht mehr kontrollierbar sind. Zu den übergeordneten Aufgaben der Staaten der Dritten Welt gehört es, den mit der völkerrechtlichen Unabhängigkeit begonnenen Prozeß des *nation-building* zu Ende zu führen, um schließlich die heute noch vielfach desintegrierten Gesellschaften zu einem Gemeinwesen zusammenzuführen. Dem stehen allerdings große Hindernisse im Wege: ethnische Differenzen, religiöse Gegensätze, wirtschaftliche und kulturelle Unterschiede, koloniale Erblasten und nachkoloniale Fehlstrategien.

Die Fülle an Entwicklungsdefiziten kann jede Darstellung zur Dritten Welt leicht zu einem Katalog von Modernisierungsrückständen werden lassen. Dieser Gefahr versucht der vorliegende Band zu entgehen, indem er sich gerade auch der eigenständigen Züge und Strukturmerkmale der Länder der Dritten Welt annimmt.

Der weltwirtschaftliche Nord-Süd-Konflikt: »Schlagabtausch zwischen Gehörlosen«

Begriffe wie »Entwicklungsländer« oder »Staaten der Dritten Welt« beziehen sich wesentlich auf Charakteristika wie Pro-Kopf-Einkommen, Anteil der Industrieproduktion an der Gesamtproduktion oder Arbeitsproduktivität, also auf Daten, die Wirtschaftsstruktur beziehungsweise Wirtschaftsstärke eines Landes angeben. Dieser Zusammenhang verbindet Unterentwicklung mit dem Erfolg oder Mißerfolg wirtschaftlichen Handelns. Es ist deshalb kaum verwunderlich, daß sich alle erklärenden und strategischen Entwicklungstheorien mit den internationalen Wirtschaftszusammenhängen befassen. Unabhängig davon, wie die einzelnen Verfasser eine bestimmte Weltwirtschaftsordnung beurteilen: Die Gestaltung der Weltwirtschaft als der zwischenstaatlichen Verknüpfung einzelner Volkswirtschaften und des Welthandels als des wichtigsten Instrumentes der Weltwirtschaft wird stets als entscheidende Determinante für Entwicklung angesehen.

Nach dem Zweiten Weltkrieg war die Staatengemeinschaft darum bemüht, mittels einer neuen Weltwirtschaftsordnung eine Neuordnung und Aktivierung des Welthandels zu erreichen, um die Folgen der mit der Weltwirtschaftskrise zu Beginn der dreißiger Jahre entstandenen Desintegration zu beseitigen. Ob und inwieweit diese Weltwirtschaftsordnung seit 1945 mit ihren Institutionen in der Lage war, einen gerechten und ausgeglichenen Welthandel zwischen den Industrienationen des Nordens und den damals als »rückständige Länder« bezeichneten Entwicklungsländern des Südens zu erreichen, ist bis heute eine höchst umstrittene Frage.

Die Ausgangsvoraussetzungen für Verhandlungen über eine gerechte Weltwirtschaft waren und sind noch immer eher ungünstig. Sie sind geprägt durch einen »ewigen« Interessenkonflikt zwischen Industrie- und Entwicklungsländern. Während die Länder des Nordens an einer Beibehaltung des Status quo und der Sicherung ihrer Exportmärkte interessiert sind, fordern die Staaten der Dritten Welt bessere Marktchancen für ihre Industrieprodukte, höhere und stabilere Preise für ihre

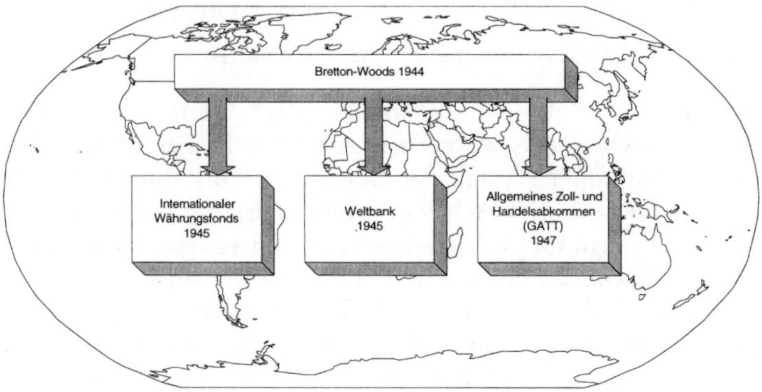

Abbildung 3: Die »Kinder« von Bretton-Woods
Quelle: Eigene Erstellung.

Rohstoffe und eine insgesamt größere Beteiligung am Welthandel.

Trotz der ungünstigen Ausgangsvoraussetzungen und unterschiedlichen Interessen trafen sich am 23. Juli 1944, als das Ende des Weltkrieges abzusehen war, Vertreter aus 45 Nationen in Bretton-Woods (USA) und unterzeichneten im Rahmen einer Währungs- und Finanzkonferenz ein Abkommen über die Errichtung der Weltbank und des Internationalen Währungsfonds (IWF). Wenige Jahre später (1947) wurden diese Vereinbarungen um das Internationale Zoll- und Handelsabkommen – »GATT« – ergänzt. Das in Bretton-Woods ins Leben gerufene Weltwährungssystem beruhte auf der Grundlage fester Wechselkurse bei möglichst freier Konvertibilität. Jeder Mitgliedstaat war verpflichtet, beim IWF eine feste Parität zum Gold oder zum US-Dollar anzugeben. Da die meisten Staaten eine Parität zum Dollar wählten, wurde die US-amerikanische Währung zur Leitwährung des Weltwährungssystems erhoben. Beim freien Handel durfte ein Staat von dieser Dollarparität maximal um ein Prozent abweichen. Beim Überschreiten dieser Bandbreite mußte die jeweilige Nationalbank auf dem Devisenmarkt intervenieren, um die Landeswährung wieder zur Dollar- beziehungsweise Goldparität zurückzuführen.

Aus der Sicht der Entwicklungsländer waren die in Bretton-Woods gegründeten und 1945 in Kraft getretenen Institutionen Weltbank und vor allem IWF langfristig ebenso wie das Welthandelsabkommen von 1947 von größerer Bedeutung als das eigentliche Weltwährungssystem. Die anfängliche Aufgabe der Weltbank lag in der Förderung der wirtschaftlichen Entwicklung der Mitgliedstaaten im Hinblick auf den Bedarf an langfristigem Kapital zum Wiederaufbau. Ihre erste Aufgabe war die Finanzierung des Marshall-Plans zum Wiederaufbau des zerstörten Europa. Doch bereits in den fünfziger Jahren übernahm sie mehr und mehr entwicklungspolitische Aufgaben. Dieser Wandel drückte sich in der Schaffung zweier Tochterinstitute aus. So wurde 1956 die *International Finance Corporation* ins Leben gerufen, um privatwirtschaftliche Initiativen in Entwicklungsländern zu fördern. Drei Jahre später folgte die *International Development Organization*, die zinslose Kredite für die finanziell schwächsten Entwicklungsländer zur Verfügung stellt.

Die Mittel, welche die Weltbank an Entwicklungsländer in Form von langfristigen Krediten vergibt, erhält sie durch die eingezahlten Kapitalanteile der Mitgliedstaaten sowie durch die Auflage von Schuldverschreibungen auf den internationalen Kapitalmärkten. Die Institution Weltbank ist aus der Sicht der Entwicklungsländer jedoch kein unumstrittenes Instrument der Weltwirtschaft. Vor allem zwei Kriterien des Kreditsystems stehen im Kreuzfeuer ihrer Kritik: Einerseits liegt die Entscheidungsbefugnis über die Kreditvergabe in den Händen der kapitalstarken Industrieländer, da die Stimmgewichtung in der Weltbank – im Gegensatz zum »Ein-Land-eine-Stimme-Prinzip« der UN-Vollversammlung – ausschließlich von der Höhe der Kapitalanteile der Mitgliedsländer abhängt. Als ebenso problematisch sehen die Entwicklungsländer außerdem die Tatsache an, daß die Weltbank und damit die Industriestaaten als Entscheidungsträger gemeinsam mit dem Kreditnehmer auch über die Kreditverwendung entscheidet. Orientierte sich die angestrebte Kreditverwendung bis in die sechziger Jahre hinein vor allem an der Vorgabe der Gründungsstatuten, die vorsahen, man dürfe nur »produktive Projekte« (im Gegensatz zu sozialen Projekten im Konsumgüterbereich) finanzieren, so verschoben sich die Prioritäten während und nach der

Dekolonisierung (1955–1970) hin zur Kreditvergabe an »marktwirtschaftliche und wachstumsorientierte« Projekte.

Aus dieser Verschiebung wird deutlich, daß die marktwirtschaftlich geprägten Interessen der OECD-Staaten letztendlich die dominierende Rolle spielen, obwohl die Weltbank ihre Kredite offiziell nach rein wirtschaftlichen Gesichtspunkten vergibt. So wird beispielsweise im ›Weltentwicklungsbericht 1991‹ der Weltbank betont, daß eine »marktwirtschaftliche Ordnung die wichtigste Ursache für Wachstum und Entwicklung« sei. Das bedeutet, daß Kredite vorrangig an solche Entwicklungsländer vergeben werden, die diese Einsicht mit den OECD-Staaten teilen. Die Forderung der Entwicklungsländer nach Anerkennung des Rechtes jedes Landes auf seinen eigenen Entwicklungsweg wird in der Praxis der Weltbank nicht beachtet.

Der Internationale Währungsfonds ist der währungspolitische Bestandteil des Bretton-Woods-Abkommens. Seine vorrangigen Ziele sind die Förderung der internationalen Zusammenarbeit auf dem Gebiet der Währungspolitik und die Sicherung stabiler und geordneter Währungsbeziehungen. 1973 brach mit der Öl- und Dollarkrise das »Bretton-Woods-Währungssystem« zusammen und wurde durch ein System »floatender« Währungen ersetzt. Man nahm Abstand von der uneingeschränkten Leitwährung Dollar und ersetzte diese durch das neue Liquiditätsmedium »Sonderziehungsrechte«. (Darunter ist ein Buchgeld zu verstehen, das bis 1974 eine Goldparität besaß. Nach der Aufgabe des Goldes und des Dollars als Weltwährungsreserve wurde das Sonderziehungsrecht über einen Währungskorb von sechzehn Währungen bestimmt. Seit 1981 besteht dieser Währungskorb nur noch aus fünf Währungen – Dollar, Mark, Yen, Franc und Pfund –, die zudem nach dem Anteil des betreffenden Landes am Weltexport gewichtet werden.) Die finanziellen Beziehungen eines Mitgliedslandes zum IWF hängen von der jedem Land zugewiesenen Quote ab, die der jeweilige Staat zur Finanzierung des IWF zu einem Viertel in Sonderziehungsrechten und zu drei Vierteln in Landeswährung beim Fonds zu unterhalten hat. Da die internationale Währungsstabilität vor allem durch Staaten mit Zahlungsbilanzdefiziten gefährdet wird, werden diese Sonderziehungsrechte besonders von den Staaten in Anspruch genommen, die man seit 1970 als »Entwicklungsländer« bezeichnet. In der Praxis werden dazu kurzfristige Kredite vom IWF als »Sonderfazilitäten« zur Verfügung gestellt.

Die USA besitzen im IWF 20 Prozent der Stimmen und damit eine Sperrminorität, da alle wichtigen Entscheidungen einer Mehrheit von 85 Prozent bedürfen. Jede Kreditvergabe ist zudem an strenge wirtschaftspolitische Auflagen geknüpft. Der Praxis des Internationalen Währungsfonds stehen die Entwicklungsländer ebenfalls überaus kritisch gegenüber. Angriffspunkte sind wiederum die Stimmrechtsverteilung sowie die Bedingungen für eine Kreditvergabe. Die Entwicklungsländer fordern eine adäquate Beteiligung an den Entscheidungsprozessen beim IWF, höhere Sonderziehungsrechte und eine Entwicklung dieser Sonderziehungsrechte zu einem Instrument der Entwicklungshilfe. Sie kritisieren, daß der Fonds nur die Interessen der Industrieländer verfolge und seine strengen Auflagen zu sozialen Konflikten in den Nehmerländern führten. Die Vertreter der Industrieländer halten dem entgegen, daß der IWF (im Gegensatz zur Weltbank) keine Entwicklungsbank, sondern eine reine Währungsbehörde sei, deren Aufgabe allein der Ausgleich von kurzfristigen und konjunkturellen Defiziten ist. Die Gründungsidee, den Fonds als Instrument einer weltweiten Währungsstabilität und Inflationsbekämpfung einzusetzen, würde ad absurdum geführt, wenn man den Forderungen der Entwicklungsländer nachkomme und die Kreditnehmer die Kredithöhe bestimmten. Außerdem bestehe die Gefahr, daß man mittels auflagenfreier Kreditvergabe fehlerhaften Wirtschaftspolitiken in den Entwicklungsländern Vorschub leiste.

Wie immer man IWF und Weltbank bewerten mag, eines sind beide sicher nicht: Instrumente des Welthandels. Zu diesem Zweck wurde 1947 als eine Art »Nachzögling« von Bretton-Woods das »General Agreement on Tariffs and Trade« (GATT) gegründet. Die Ziele, die GATT verfolgt, könnten als Vorgaben für »eine bessere Welt« beschrieben werden. Die Präambel nennt Vollbeschäftigung, Steigerung der Produktion, erhöhter Lebensstandard und so weiter. Interessanter als diese Zielformulierungen sind die Ausführungen darüber, wie man diese Ziele erreichen will. Die entsprechenden Instrumente, die in der Präambel als »Prinzipien« definiert werden, sind Gegenseitigkeit, Liberalisierung und Nichtdiskriminierung.

Unter dem Prinzip der Gegenseitigkeit versteht man die Pflicht der Mitgliedstaaten, für die eingeräumten Vorzugsbedingungen entsprechende Gegenleistungen zu erbringen. Die Liberalisierung beinhaltet das Verbot anderer Schutzvorrichtungen als Zölle. Mengenmäßige Importbeschränkungen sowie andere nichttarifäre Handelshemmnisse müssen aufgehoben werden. Das wichtigste Prinzip, die Nichtdiskriminierung – auch Meistbegünstigungsklausel genannt –, besagt, daß alle Vorteile und Vergünstigungen, die ein Mitgliedstaat einem anderen gewährt, »unverzüglich und bedingungslos« auch auf gleichartige Produkte aus allen anderen Mitgliedstaaten angewendet werden müssen.

Der Welthandel wurde in der Praxis allerdings weniger durch diese Prinzipien als vielmehr durch die Ausnahmeregelungen des GATT geprägt. In früheren Verhandlungsrunden hat man sie schrittweise eingeführt und damit die genannten Grundprinzipien aufgeweicht. Die wichtigsten Ausnahmeregelungen betreffen Zollunionen beziehungsweise Freihandelszonen, Länder mit Zahlungsbilanzproblemen oder Staaten, in denen ein Wirtschaftssektor existentiell bedroht ist, sowie die Gruppe der Entwicklungsländer. So ist es etwa erlaubt, Zollunionen oder Freihandelszonen einzurichten, die zwar regional den Handel fördern mögen, aber klar gegen das Prinzip der Meistbegünstigung verstoßen, indem sie alle anderen GATT-Mitglieder außerhalb dieser Zonen diskriminieren. Als ebenso problematisch erweist sich der als »Schutzklausel« bezeichnete Artikel 19 des Handelsabkommens. Er erlaubt es, mengenmäßige, also nichttarifäre Handelshemmnisse zu errichten, wenn einem »Industriezweig ein schwerer Schaden entstanden ist oder zu entstehen droht«. Da es keine Definition des »schweren Schadens« gibt, bleibt genügend Spielraum für die Mitgliedstaaten, um gegen das zweite Prinzip der GATT-Präambel zu verstoßen.

Die am weitesten reichende Ausnahmeregelung wurde den Entwicklungsländern 1966 in der »Kennedy-Runde« zugestanden. Auf Druck der Staaten der Dritten Welt hin wurde das Regelwerk um einen Teil ergänzt, der vorsieht, die Ausfuhrerlöse der Entwicklungsländer zu erhöhen, die Rohstoffpreise auf einem angemessenen Niveau zu stabilisieren und verbesserte Zugänge der Dritte-Welt-Produkte zu den internationalen Märkten zu schaffen. Das hierzu gewählte Mittel, nämlich die Entwicklungsländer von der Verpflichtung zu entbinden, für erbrachte Zollsenkungen seitens der Industriestaaten Gegenleistungen zu erbringen, konnte die hochgesteckten Erwartungen nicht erfüllen. Die Realität zeigt vielmehr, daß die den Entwicklungsländern gewährten Präferenzen – global betrachtet – unvollkommen und diskriminierend angewendet werden. Jedes Industrieland gewährt seine eigenen – höchst unvollkommenen – Präferenzen einer Gruppe von Staaten und Produkten. So hat beispielsweise die Europäische Union ein regionales Handelspräferenzabkommen mit 68 sogenannten AKP-Staaten (Afrika – Karibik – Pazifischer Raum) geschlossen. Die vier in Togos Hauptstadt Lomé getroffenen Vereinbarungen über den unbegrenzten zollfreien Zutritt von Industrieprodukten und verschiedenen Nahrungsmitteln aus den ehemaligen Kolonien gelten weltweit als Vorbild für Präferenzabkommen zwischen Industrie- und Dritte-Welt-Staaten.

Hintergrund der Abkommen war der Wunsch der Kolonialländer unter den EWG-Gründerstaaten, ihre abhängigen Gebiete in die Europäische Wirtschaftsgemeinschaft einzubeziehen. Erst nach der Unabhängigkeit der meisten früheren Kolonien wurde dann mit den Lomé-Verträgen eine neue partnerschaftliche Zusammenarbeit der EWG/EG mit den AKP-Staaten angestrebt. Die Abkommen gewähren den AKP-Staaten einen zollfreien Zugang zum Gemeinsamen Markt für 99 Prozent aller gewerblichen und landwirtschaftlichen Ausfuhrprodukte ohne die Verpflichtung zur Gegenseitigkeit, die sonst im Welthandel vorgegeben ist. (Sensible Produkte, die der EG/EU-Agrarmarktordnung unterliegen, sind jedoch vom freien Zugang nach wie vor weitgehend ausgeschlossen.) Als entwicklungspolitisch beispielhaft gilt das im Rahmen der Lomé-Verträge eingeführte »Stabex-System«, das bei starken Preisschwankungen am Weltmarkt den Rohstofflieferanten einen Mindesterlös garantiert.

Wegen des Aufbaus legaler und illegaler (aber geduldeter) Handelsbarrieren ist das Welthandelsabkommen also weit davon entfernt, seine eigentlichen Ziele zu erreichen. Etwa achthundert solcher Beschränkungen werden in den verschiedensten Formen von den Mitgliedstaaten angewendet, um das GATT-Regelwerk zu umgehen. Mehr als 50 Prozent des Welthandelsvolumens mit verarbeiteten Produkten unterliegen – zusätzlich zu den regulären Zöllen – diesen Restriktionen. GATT mußte sich daher auch heftige Kritik gefallen lassen. So wird diese Organisation manchmal nicht zu Unrecht als ein »Labyrinth widersprüchlicher Interessen und Machtpositionen« oder als »schwerfälliger bürokratischer Apparat« bezeichnet, der »unfähig ist, den neuen Formen protektionistischer, bilateraler Abkommen Einhalt zu gebieten.«[12]

Dieser Kritik schließen sich auch die Entwicklungsländer an. Einhellig werfen sie GATT vor, das Abkommen wirke nur zum Vorteil der Industrienationen und werde primär zur Förderung des Handels dieser Staaten untereinander eingesetzt. Produktionsbereiche, in denen die Staaten der Dritten Welt Vorteile hätten, würden systematisch ausgegrenzt und – an den GATT-Regeln vorbei – durch neue Handelshemmnisse geschwächt. Wenn auch die Kritik am Welthandelsabkommen zuweilen überzogen erscheint, so ist doch klar, daß zwischen Anspruch und Wirklichkeit des GATT eine tiefe Kluft besteht. Diese Diskrepanz, die auf dem weltweit immer weiter zunehmenden Protektionismus beruht, war es auch, die die Entwicklungsländer veranlaßte, eigene Abkommen und Institutionen ins Leben zu rufen, die ihre Interessen gegenüber den OECD-Staaten vertreten und durchsetzen sollten.

Beeinflußt durch die Dependenztheorie, welche die Ursache für Unterentwicklung nicht auf endogene Faktoren, sondern auf die Eingliederung der Dritten Welt in das kapitalistische Weltwirtschaftssystem zurückführt, begannen sich in den sechziger Jahren (vor allem in Lateinamerika) erste regionale Integrationsformen zu entwickeln. Die Entwicklungsländer versuchten, durch den Aufbau von Wirtschaftszusammenschlüssen eine Forcierung der regionalen Kooperation und dadurch eine Förderung ihrer wirtschaftlichen und sozialen Stabilität zu erreichen. Durch die Erweiterung der Märkte bei gleichzeitiger Abschottung der Integrationsräume gegenüber dem Weltmarkt

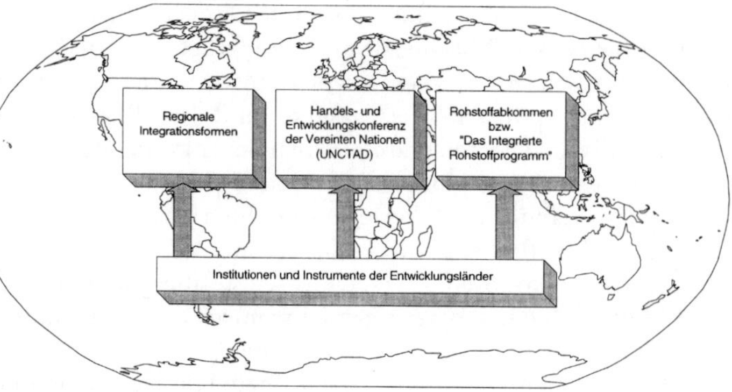

Abbildung 4: Institutionen und Instrumente der Entwicklungsländer
Quelle: Eigene Erstellung.

hoffte man, die Vorteile der Massenproduktion nutzen zu können und gleichzeitig die auf dem »freien« Weltmarkt weitgehend chancenlosen Güter abzusetzen und zur internationalen Wettbewerbsreife zu entwickeln. Die »Lateinamerikanische Freihandelsvereinigung«, die »Ostafrikanische Wirtschaftsgemeinschaft« (EAEC), die »Wirtschaftsgemeinschaft Westafrikanischer Staaten« (ECOWAS), die »Präferenzzone für Ost- und Südafrika« (PTA), der »Andenpakt«, der »Karibische Wirtschaftszusammenschluß« (CARICOM) oder der »Gemeinsame Markt Zentralamerikas« (MCCA) – um nur einige der zahlreichen regionalen Präferenzabkommen aufzuführen – konnten die in sie gesteckten hohen Erwartungen selten erfüllen. Das lag vor allem an der Heterogenität der Mitgliedstaaten und der sich daraus ergebenden unterschiedlichen Ausgangsvoraussetzungen.

1960 etwa wurde in Montevideo auf Vorschlag der UNO-Wirtschaftskommission für Lateinamerika die *Asociación Latinoamericana de Libre Comercio* (Lateinamerikanische Freihandelsvereinigung) gegründet. Ihr Ziel war die Liberalisierung des Güteraustausches durch stufenweise Aufhebung der gegenseitigen Zölle (bis 1973), Meistbegünstigung sowie enge wirtschafts- und handelspolitische Zusammenarbeit. In den ersten Jahren des

Wirtschaftszusammenschlusses konnten hinsichtlich des Handelsvolumens der Mitgliedstaaten beachtliche Erfolge erzielt werden. So wuchs das Handelsvolumen von 1961 bis 1969 um 600 Prozent. Industrialisierungsgrad und Pro-Kopf-Einkommen der Mitgliedstaaten waren jedoch bei Inkrafttreten des Abkommens sehr unterschiedlich. Es waren deshalb vor allem die drei großen Länder mit überlegener industrieller Kapazität Argentinien, Brasilien und Mexiko, die aus den Zollsenkungen Nutzen ziehen konnten. Zugleich waren sie aber nicht bereit, die zur Beseitigung der Ungleichgewichte notwendigen Kompensationszahlungen zu leisten, weshalb es bereits 1969 zu Spannungen kam. 1980 hatten Differenzen bezüglich der Behandlung ausländischer Direktinvestitionen sowie der zu vereinbarenden Zolltarife und der schwerfällige bürokratische Apparat die Mitgliedstaaten soweit entzweit, daß die Lateinamerikanische Freihandelsvereinigung zusammenbrach.

Die geringen Erfolge der regionalen Wirtschaftszusammenschlüsse und der Vorwurf der Entwicklungsländer, die bestehenden Währungs-, Wirtschafts- und Handelsinstrumente (GATT, IWF, Weltbank) beförderten lediglich die Interessen der Industriestaaten, führten 1964 erstmals zur Einberufung einer »Handels- und Entwicklungskonferenz der Vereinten Nationen«. Die UNCTAD (»United Nations Conference on Trade and Development«) ist keine permanente Institution, sondern eine sich ständig fortentwickelnde, alle vier Jahre tagende Konferenz von politischen Vertretern aus Staaten, die eine Veränderung der Weltwirtschaftsordnung anstreben. Einzige Dauereinrichtung ist das »Ständige Sekretariat« in Genf. Damit ähnelt sie zwar dem GATT, jedoch existiert für UNCTAD – im Gegensatz zu GATT – kein geschriebenes Recht. Sie gilt als selbständiges Organ, das der UN-Generalversammlung unterstellt ist. Innerhalb der Konferenz galt bis 1992 eine Einteilung in vier Staatengruppen: In Gruppe A waren die Repräsentanten afro-asiatischer Länder vertreten. Gruppe B setzte sich aus primär marktwirtschaftlichen Staaten zusammen. Gruppe C umfaßte die lateinamerikanischen Staaten. Gruppe D bestand aus Ländern mit einem primär planwirtschaftlichen System. China galt als eigene »Gruppe«.

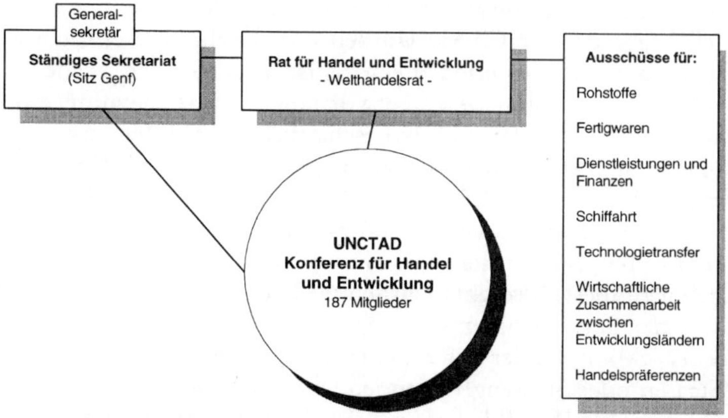

Abbildung 5: Organisationsstruktur der UNCTAD
Quelle: Martin Kaiser und Norbert Wagner, Entwicklungspolitik. Grundlagen, Probleme, Aufgaben. Bonn 1991, S. 384, leicht verändert.

Zwar stimmen die generellen Ziele der UNCTAD (Förderung des Welthandels und des weltweiten Wachstums) weitgehend mit denen des GATT überein, aber ihre Schwerpunkte Entwicklungspolitik, Währungspolitik, Handel mit Halb- und Fertigwaren sowie Technologietransfer zeigen, daß sie sich mehr in den Bereichen engagiert, die für die Dritte-Welt-Staaten von Interesse sind. Demzufolge wird UNCTAD auch meist als »Gewerkschaft«, »Sprachrohr« oder »Hauptforum« der Entwicklungsländer bezeichnet. Diese Funktion sollte man allerdings eher der »Gruppe der 77« zusprechen, die sich bereits 1964 im Rahmen der ersten UNCTAD-Konferenz aus einem Zusammenschluß der Mitglieder der Staatengruppen A (afro-asiatische Staaten) und C (lateinamerikanische Staaten) bildete. Sie verstehen sich als »Pressure-group« der Dritten Welt in Handels- und Entwicklungsfragen; sie waren es auch, die auf ihrer ersten Konferenz in Genf die Diskussion um ein Allgemeines Präferenzsystem für Entwicklungsländer anstießen. Dieses System, das der Dritten Welt bessere Marktchancen durch Handelspräferenzen von seiten der OECD-Staaten einräumen sollte, wurde zwar zwischen 1964 und 1968 fortwährend diskutiert, zu einem Abschluß in der ursprünglich gewünschten Form kam es jedoch nie. Die Empfehlungen der UNCTAD wurden von den Industriestaaten als nicht bindend bewertet, die sozialistischen Staaten wiederum schoben die »koloniale Verantwortung« für das Elend der Entwicklungsländer den marktwirtschaftlich orientierten Staaten zu und fühlten sich daher ebenfalls nicht angesprochen. 1968 wurden im Rahmen von UNCTAD II in Neu-Delhi dann schließlich die Industriestaaten damit beauftragt, die Arbeit an einem Präferenzsystem (nach ihren Vorstellungen) aufzunehmen. Erste Ergebnisse dieses Projekts wurden zu Beginn der siebziger Jahre sichtbar. Statt an einem weltweiten Präferenzabkommen für alle Entwicklungsländer zu arbeiten, begannen einzelne OECD-Staaten oder Staatengruppen jedoch, ihre »eigenen« Präferenzabkommen abzuschließen, welche die in sie gesteckten Erwartungen nur unzureichend erfüllen konnten.

Mußten sich die Entwicklungsländer 1972 in Santiago (UNCTAD III) noch mit eher geringfügigen Begünstigungen (besondere Behandlung ärmerer Staaten bei der Entwicklungszusammenarbeit und erste Ausweitung der Vertretung der Entwicklungsländer beim IWF) begnügen, so änderte sich Mitte der siebziger Jahre die Verhandlungsposition zugunsten der Dritten Welt. Die erste Ölkrise, die daraus resultierende starke Machtposition des OPEC-Kartells und der Zusammenbruch des Bretton-Woods-Währungssystems (1973) ließen die Industriestaaten erkennen, daß die Forderungen der Dritten Welt nicht ohne weiteres ignoriert werden konnten. Die Entwicklungsländer hofften, sie könnten den Industriestaaten durch ein ähnlich solidarisches Verhalten wie das der OPEC-Mitglieder vergleichbare Zugeständnisse abringen. Diese Hoffnungen waren nicht ganz unberechtigt, verabschiedeten die Vereinten Nationen doch bereits ein Jahr später auf ihrer sechsten Sondergeneralversammlung eine Erklärung über die Errichtung einer »Neuen Weltwirtschaftsordnung«, die »auf Gerechtigkeit, souveräner Gleichheit, gegenseitiger Abhängigkeit, gemeinsamem Interesse und der Zusammenarbeit aller Staaten ungeachtet ihres wirtschaftlichen und gesellschaftlichen Systems beruht, die Ungleichheiten behebt und bestehende Ungerechtigkeiten beseitigt, die Aufhebung der sich vertiefenden Kluft zwischen den entwickelten Ländern und den Entwicklungsländern ermöglicht und eine sich ständig beschleunigende wirtschaftliche und soziale Entwicklung in Frieden und Gerechtigkeit für heutige und künftige Generationen sicherstellt«. Noch vor Jahresende folgte eine »UN-Charta der wirtschaftlichen Rechte und Pflichten der Staaten«. Sie sollte eine Art Pendant zur bereits vierzig Jahre früher verabschiedeten »Charta der Menschenrechte« sein.

Auf UNCTAD IV in Nairobi (1976) schien sich die neue Haltung der Industrienationen gegenüber den Problemen der Entwicklungsländer zu bestätigen. Man diskutierte intensiv darüber, ob die bis dahin ins Leben gerufenen Institutionen in der Lage seien, den Mindestbedürfnissen der Dritte-Welt-Staaten zu entsprechen; auch ging es darum, wie man den enormen Rohstoffpreisschwankungen Einhalt gebieten könne. Zentraler Punkt war hier die Errichtung eines »Integrierten Rohstoffprogramms«. Doch die Hoffnungen, die zu Beginn der siebziger Jahre aufkeimten, konnten auf den folgenden Tagungen nicht erfüllt werden. Weder die Forderungen nach einem Abbau nichttarifärer Handelsbarrieren der Industriestaaten (UNCTAD V 1979 in Manila) noch die Versuche, Lösungen für die inzwischen drastisch angewachsenen Verschuldungsprobleme zu finden (UNCTAD VI 1983 in Belgrad), führten zu nennenswerten Ergebnissen.

1987 schien in Genf (UNCTAD VII) dann erneut eine Wende zum Positiven möglich. Zum ersten Mal in der Geschichte von UNCTAD wurde ein einheitliches – von beiden »Parteien« begrüßtes – Schlußdokument verabschiedet. Die OECD-Staaten und die multilateralen Organisationen verpflichteten sich darin, die Strukturanpassungsprogramme der Entwicklungsländer zu unterstützen, während diese vermehrte Eigenanstrengungen zusagten. Obwohl sich endlich ökonomische – anstatt der jahrzehntelang vorherrschenden politischen – Überlegungen in den Vordergrund schoben, blieben die Zusagen noch äußerst vage. Auf der ersten Konferenz nach Beendigung des »Kalten Krieges« (UNCTAD VIII 1992 in Cartagena) gingen die Entwicklungsländer und Industriestaaten weiter aufeinander zu. Die Staatengruppen wurden aufgelöst, und die Marktwirtschaft in Verbindung mit einer besseren internationalen Kooperation wurde von fast allen Teilnehmern als entscheidender Erfolgsfaktor für einen Entwicklungsprozeß anerkannt. Die Industriestaaten stellten auf der Basis dieses neuen Konsenses weitere Handelserleichterungen für die Dritte Welt in Aussicht. Die Entwicklungsländer nahmen im Gegenzug davon Abstand, die Verantwortung für ihre mißliche wirtschaftliche Lage allein dem »reichen Norden« zuzuschreiben. Sie erkannten erstmals ihre nationale Eigenverantwortung (beispielsweise für Korruptionsbekämpfung, Abbau von Militärausgaben oder Orientierung auf die Marktwirtschaft) an.[13]

Die UNCTAD, die sich bei ihrer Gründung zum Ziel gesetzt hatte, die Welt zu verändern, ist von der weltwirtschaftlichen Realität überholt worden: Nicht die UNCTAD prägt die Welt, sondern die Weltwirtschaft die UNCTAD. Unbestritten war 1996 auf der neunten Konferenz im südafrikanischen Midrand, daß die künftigen UNCTAD-Aktivitäten auf der Grundlage marktwirtschaftlicher Prämissen stehen müßten. Immer wieder war von Praxis- und Realitätsnähe die Rede. Um die Kluft zwischen den ärmsten und den reichsten Staaten nicht noch tiefer werden zu lassen, dürften die Entwicklungsländer nicht länger von den neuen Entwicklungen der elektronischen Datenübertragung und Informationsgewinnung abgeschnitten bleiben. Dementsprechend forderte auch die UNCTAD IX-Abschlußerklärung eine Erleichterung des Zugangs zu Technologie und Wissenschaft.

Gewiß müssen sowohl die Existenz der UNCTAD als eine Art »Gegenpol« zum GATT als auch die Regelmäßigkeit, mit der Norden und Süden miteinander ins Gespräch kommen, begrüßt werden. Doch die meßbaren Ergebnisse sind gering. Dafür sind vor allem Probleme im Verhandlungsprozeß, die Schwerfälligkeit des Apparates und die fehlende Verbindlichkeit der UNCTAD-Beschlüsse verantwortlich zu machen. Überdies erschwert die Heterogenität der Entwicklungsländer und -regionen eine gemeinsame Formulierung der Forderungen aller Entwicklungsländer. Ironische Kommentare von Kritikern, die UNCTAD als *Under No Circumstances Take Any Decision* (»Triff unter keinen Umständen eine Entscheidung«) buchstabieren, haben durchaus eine gewisse Berechtigung. Durch ihre staatliche Souveränität geschützt, war es für die Industrieländer nicht schwer, unangenehme Entscheidungen zu ignorieren oder ihre Implementierung durch eine »case-by-case«-Taktik auf ungewisse Zeit zu vertagen.

Während die regionalen Wirtschaftszusammenschlüsse als Instrumente der defensiven Abschottung gegenüber dem Weltmarkt und UNCTAD als multilaterales Gesprächsforum dienen, zielt das Instrument der Rohstoffabkommen allein auf eine Stabilisierung der Rohstoffpreise beziehungsweise der Exporterlöse der Entwicklungsländer. Damit soll auch eine Stabilisierung der *terms of trade* erreicht werden, also der realen Austauschverhältnisse zwischen den Import- und den Exportgütern eines Landes.

Die meisten Länder der Dritten Welt sind Nettorohstoffexporteure. Exemplarisch sollen im folgenden die agrarischen Rohstoffe Kaffee und Zucker sowie der mineralische Rohstoff Zinn genauer betrachtet werden. Wie sehr die Entwicklungsländer vor allem Weltmarktlieferanten von Rohstoffen sind, zeigt die Tatsache, daß Ende der achtziger Jahre 85 Prozent des Weltzinnexports und annähernd 100 Prozent des Weltkaffee-Exports aus der Dritten Welt kamen.[14] Bei Zucker liegt die Rate mit 45 Prozent niedriger, da neben Zucker aus Zuckerrohr (vor allem aus den Entwicklungsländern) auch Rübenzucker auf dem Weltmarkt gehandelt wird, der vornehmlich in Industriestaaten gewonnen wird. Interessanter als der Rohstoff-Weltmarktanteil der Dritte-Welt-Produktion ist der Prozentsatz, den die genannten Rohstoffe an den Gesamtexporten eines Landes einnehmen. Kuba beispielsweise verdankte 1992 72 Prozent seiner Deviseneinnahmen dem Zuckerexport, in Bolivien bringen Zinn und vergleichbare Erze 53 Prozent der Exporteinnahmen, und in Uganda oder Burundi kommen aus dem Kaffee-Export sogar an die 90 Prozent aller Exporteinnahmen. So wie die genannten Staaten sind viele Entwicklungsländer sehr stark von den Einnahmen aus dem Rohstoffexport abhängig. Deswegen sind sie daran interessiert, daß die Weltmarktpreise auf einem relativ hohen Niveau stabil bleiben. Da Rohstoffe das eigentliche Kapital der meisten Entwicklungsländer darstellen, entstand die Idee der »Rohstoffmacht«. Über internationale Rohstoffabkommen beziehungsweise -kartelle hoffte man, die Forderungen nach höheren und stabileren Preisen gegenüber den Industriestaaten durchzusetzen.

Mittel zum Zweck ist dabei eine gezielte Steuerung des Gesamtangebots. Dies kann zum einen durch eine Exportkontingentierung des Rohstoffkartells, zum anderen durch die Bildung von internationalen Marktausgleichslagern (sogenannten »buffer stocks«), die von einer zentralen Behörde zu steuern sind, erreicht werden.

Verschiedene unbedingt einzuhaltende Voraussetzungen zeigen die Problematik der Rohstoffabkommen: So ist es notwendig, daß alle wichtigen Erzeugerländer dem Abkommen beitreten und es einhalten; ebenso zentral ist eine möglichst genaue Voraussage der absetzbaren Mengen und der am Markt durchsetzbaren Preise; für »buffer stock«-Abkommen, die nicht nur das Angebot regeln, sondern durch direkte Intervention (Käufe bzw. Verkäufe) ins Marktgeschehen eingreifen, ist außerdem eine entsprechende Kapitalausstattung (für Ankäufe und Lagerhaltung) vonnöten; als letzte Voraussetzung für den Erfolg solcher Abkommen gilt, daß sich zumindest die wichtigsten Importländer daran beteiligen sollten, um das »Außenseiterproblem« zu beseitigen.

Am »Internationalen Zinnabkommen« läßt sich illustrieren, weshalb die meisten Rohstoffabkommen (wie z. B. das Kartell der Kupferproduzenten oder die Internationale Kaffee-Organisation) ein ähnlich unerfreuliches Schicksal erlitten und nur höchst selten den eigenen Ansprüchen gerecht wurden.

Das Internationale Zinnabkommen galt über mehrere Jahrzehnte hinweg als Vorbild für alle Rohstoffabkommen. Im Jahre 1950 fand die erste Zinnkonferenz statt, an der fast alle wichtigen Erzeugerländer (Australien, Bolivien, Indonesien, Malaysia, Nigeria, Thailand und Zaire) teilnahmen. Nach schwierigen Verhandlungen kam es 1956 zum Abschluß des Abkommens, dessen Ziel es war, »übermäßige Schwankungen des Zinnpreises und der Ausfuhrerlöse bei Zinn zu verhindern« und stetige, aber maßvolle Erhöhungen des Zinnpreises zu erreichen. Die Durchsetzung dieser Ziele sollte erreicht werden, indem sich die Produzentenländer verpflichteten, maximal die ihnen zugewiesenen

Quoten zu exportieren. Der Manager des Ausgleichslagers hatte die Aufgabe, mit Stützungskäufen beziehungsweise Verkäufen aus dem Lager dann einzuschreiten, wenn sich der Zinnpreis auf dem Weltmarkt außerhalb der vom Zinnrat festgelegten Unter- beziehungsweise Obergrenzen bewegte. Bis in die siebziger Jahre hinein funktionierte das Zinnabkommen. Die Rechnung, auf diesem Wege den Zinnpreis zu stabilisieren, schien aufzugehen. Der Anfang vom Ende des Zinnabkommens kam in der zweiten Hälfte der siebziger Jahre. Die Weltnachfrage nach Zinn sank beträchtlich, weil die Industrie nur noch geringe Wachstumsraten aufwies und der viel zu hoch angesetzte (und vom Zinnrat falsch prognostizierte) Zinnpreis die Verbraucher animierte, Zinn durch billigere Substitute zu ersetzen. Der Zinnrat hielt dennoch an seinem hohen, weit vom realistischen Marktpreis entfernten Preis fest. Die Mitglieder erhöhten ihre Produktion und der »buffer stock-manager« kaufte – inzwischen auf Kredit, da seine Mittel erschöpft waren – weiter Zinn auf, um das hohe Preisniveau aufrechtzuerhalten. Als dann noch die USA aus dem Abkommen ausstiegen und den Markt mit ihrer strategischen Reserve überschwemmten, brach das Abkommen im Oktober 1985 hoch verschuldet zusammen.

Drei Problembereiche müssen bei den Rohstoffabkommen erwähnt werden: Der erste ist das Phänomen der »Trittbrettfahrer«. Schließt sich auch nur eines der wichtigsten Erzeugerländer dem Abkommen nicht an (im Falle des Zinnabkommens war es Brasilien) und agiert ungehindert in dessen Windschatten, so ist es für dieses Land relativ einfach möglich, durch Überschwemmung des Marktes in Hochpreisperioden alle Bemühungen der Mitgliedstaaten um eine Angebotsverknappung zunichte zu machen.

Das zweite ist das Problem der »Außenseiter« beziehungsweise der nicht teilnehmenden Importländer; in unserem Beispiel waren das die USA: Obwohl die enormen Zinnreserven der USA wohl eher die Ausnahme einer strategischen Rohstoffreserve darstellen, ist es doch einsichtig, daß auch Importländer (oder -gruppen) entsprechende Gegenmaßnahmen bei überhöhten Preisen ergreifen können. So besteht beispielsweise die Möglichkeit, das überteuerte Gut durch andere Güter zu substituieren (statt teuren Kaffee etwa billigeren Tee zu trinken) oder Spar- und Recyclingprogramme (1990 wurden 30000 Tonnen Zinn durch Recycling zurückgewonnen) zu fördern.

Schließlich besteht immer ein »Prognoseproblem«: Die langfristige Voraussage der Entwicklung durchsetzbarer Preise ist bei der enormen Komplexität des Weltmarktes sehr schwierig, wenn nicht gar unmöglich. Da es aber gleichzeitig kaum realisierbar ist, falsche, das heißt zu hoch prognostizierte Preise dauerhaft gegen den Markt durchzusetzen, liegt hier für ein funktionierendes Rohstoffabkommen ebenfalls eine fast unüberwindbare Hürde.

Der Kerngedanke der 1989 realisierten Idee eines sogenannten »Integrierten Rohstoffprogramms/-fonds« bestand darin, das Problem der langfristigen Prognose der Weltmarktpreise und das daraus abgeleitete Problem der Finanzierung der Ausgleichslager durch eine Art »Risikostreuung« zu bewältigen. Der Vorschlag zu einem solchen Programm wurde 1976 erstmalig von den an der UNCTAD-Konferenz in Nairobi teilnehmenden Entwicklungsländern unterbreitet. Der heftig diskutierte Plan sah vor, nicht nur – wie bislang stets praktiziert – einen, sondern mehrere Rohstoffe in das Abkommen einzubeziehen. Festgeschriebene Exportquoten sowie Liefer- und Abnahmeverpflichtungen sollten über einen längeren Zeitraum hinweg für eine Stabilisierung der Preise und Erlöse sorgen. Neben diesem Primärziel standen weitere Ziele: Verbesserung des Marktzugangs für Rohstoffe, Versorgungssicherheit, Verbesserung der Wettbewerbsfähigkeit der Rohstoffe gegenüber Ersatzrohstoffen und höherer Anteil der Entwicklungsländer an der Weiterverarbeitung von Rohstoffen.

Die OECD-Staaten kritisierten das Vorhaben heftig, die USA und die Bundesrepublik Deutschland lehnten es strikt ab. Die Gegner dieser Pläne befürchteten, die Weltgemeinschaft werde die hohen Kosten (allein die Errichtung und der Aufbau der Ausgleichslager wurde auf 5 bis 14 Milliarden US-Dollar geschätzt) für solch ein Programm auf Dauer nicht tragen können. Ebenso wurde kritisiert, daß ein Eingriff in den Marktmechanismus bei gleichzeitigem Außerkraftsetzen der Lenkungsfunktion des Marktpreises dazu führen werde, daß die Erzeugerländer weit über die Weltnachfrage hinaus produzierten. Ein weiterer Kritikpunkt bezog sich auf die negativen Effekte, die das Integrierte Rohstoffprogramm auf die Diversifizierungsbemühungen der Entwicklungsländer ausüben würde. Ein hoher und gesicherter Preis für Rohstoffe würde Bemühungen, sich durch verstärkte Industrialisierung von der Rohstoffabhängigkeit zu lösen, behindern oder gar blockieren. Zudem würden nicht alle Entwicklungsländer gleichmäßig profitieren: Rohstoffreiche Staaten der Ersten und Dritten Welt würden den Nutzen aus diesem Vorhaben ziehen, rohstoffarme Entwicklungsländer leer ausgehen.

Trotz dieser unbedingt berechtigten Bedenken wurde das Integrierte Rohstoffprogramm 1980 verabschiedet; es trat 1989 in Kraft. Die Jahre zwischen der formalen Einigung 1976 und der endgültigen Implementierung 1989 waren von zahlreichen Diskussionen über die konkrete Ausgestaltung und Finanzierung des Programms geprägt. Schließlich wurde eine Kompromißlösung gefunden, die folgende Maßnahmen vorsah: Einrichtung internationaler Marktausgleichslager für verschiedene Rohstoffe; Schaffung eines gemeinsamen Fonds zur Finanzierung der Ausgleichslager; multilaterale Liefer- und Abnahmeverpflichtungen; Kompensationszahlungen bei Versagen von Teilen dieser Mechanismen; Abbau des Protektionismus der Industriestaaten bei Agrargütern und anderen Rohstoffen; Förderung der Weiterverarbeitung der Rohstoffe im Erzeugerland; Maßnahmen zur Aus- und Weiterbildung für Forschung und Entwicklung.

Die Funktionsweise des Integrierten Rohstoffabkommens ist mit der des Ausgleichslagers des Zinnabkommens identisch. Unterschiedlich ist lediglich, daß es sich hier um einen »Pool« von Lagern handelt, der es theoretisch ermöglicht, daß Käufe von »Niedrigpreisrohstoffen« durch Verkäufe von »Hochpreisrohstoffen« finanziert werden. Der Fonds, der 750 Millionen US-Dollar bereithält, wird zur Finanzierung zweier »Schalter« verwendet. Während »Schalter 1« die Ausgleichslager für zehn sogenannte »Kernrohstoffe« (etwa Kaffee, Kakao, Tee, Zucker, Kupfer, Zinn, bei denen die Entwicklungsländer einen sehr hohen Anteil von circa 75 Prozent am Weltexport besitzen) finanziert und die Einhaltung der Liefer- und Abnahmeverpflichtungen von achtzehn Rohstoffen (zusätzlich noch, neben anderen,

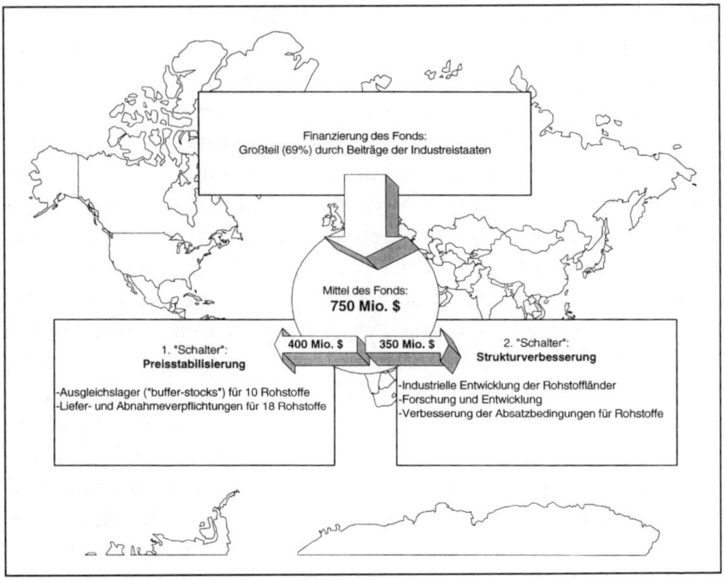

Abbildung 6: Integriertes Rohstoffprogramm
Quelle: Eigene Erstellung in Anlehnung an Martin Kaiser und Norbert Wagner, Entwicklungspolitik. Grundlagen, Probleme, Aufgaben. Bonn 1991, S. 388.

Bananen, Rindfleisch, Mangan, Bauxit) unterstützt, dient »Schalter 2« der Finanzierung verschiedener Strukturprogramme.

Vergleicht man nun die Institutionen, die aus Bretton-Woods hervorgegangen sind, diese »Instrumente des Nordens« mit den »Instrumenten des Südens«, so ergibt sich die Frage, welche Ergebnisse das Zusammenspiel beider Parteien zum Zweck einer »Gerechten« oder »Neuen« Weltwirtschaftsordnung gezeitigt hat. Zwischen 1965 und 1989 erfüllten sich die Hoffnungen nur für einige wenige Entwicklungsländer. Afrika südlich der Sahara und Lateinamerika konnten trotz einiger beachtlicher Anfangserfolge ihren wirtschaftlichen Aufschwung nicht verstetigen. Die Gründe hierfür sind vielschichtig. Neben den Konjunkturschwankungen der Weltwirtschaft waren es vor allem politische und soziale Instabilitäten, verfehlte Wirtschaftspolitiken und die enormen Verschuldungsprobleme der siebziger und achtziger Jahre, die einen dauerhaften Aufschwung verhinderten. Während im Durchschnitt die Wirtschaften der afrikanischen Entwicklungsländer nach positivem Wachstum in den sechziger bereits in den siebziger Jahren in Richtung Nullwachstum tendierten, konnten die lateinamerikanischen Staaten bis in die achtziger Jahre hinein positive Wachstumsraten vermelden. Die fatalen Auswirkungen der ihrem Ausmaß nach in der Wirtschaftsgeschichte einmaligen Verschuldungskrise Lateinamerikas ließen aber auch zahlreiche Länder dieser Region im Verlauf der achtziger Jahre von hoffnungsvollen Schwellenländern zu zahlungs- und handlungsunfähigen Staaten mutieren.

	1965–1973	*1973–1980*	*1980–1989*
Afrika (südl. der Sahara)	3,20	0,10	-2,20
Südasien	1,20	1,70	3,20
Lateinamerika	3,70	2,60	-0,60

Tabelle 1: Wachstum des realen Pro-Kopf-Bruttoinlandprodukts (in Prozent)
Quelle: Weltbank, Weltentwicklungsbericht 1990. Washington D.C. 1990, S. 13.

Während in Afrika in den neunziger Jahren nur einige wenige Entwicklungsländer wieder erste positive Wachstumsraten aufweisen, scheint in Lateinamerika aufgrund einer radikalen Restrukturierung der Wirtschaftspolitik der Trend nach oben zu gehen. Die Inflationsraten sind dort in den meisten Ländern zwischen 1991 und 1994 deutlich gesunken. Bis auf Honduras, Haiti und Venezuela hatten 1994 alle Staaten ein positives Wirtschaftswachstum zu verzeichnen.

Ein bedeutendes Element des Wirtschaftswachstums ist der Anstieg der Außenhandelsaktivitäten eines Landes. Der Forderung der Entwicklungsländer nach angemessenem Wirtschaftswachstum liegt der Anspruch zugrunde, größere Anteile am Welthandel zu realisieren. Die Entwicklung der vergangenen dreißig Jahre zeigt allerdings deutlich, daß Anspruch und Wirklichkeit auseinanderklaffen. Der relative Anteil der Entwicklungsländer am Welthandel (Weltexport) war 1975 mit 25 Prozent um knapp zwei Prozentpunkte höher als 1991. Seit mehr als zehn Jahren stagniert die Beteiligung dieser Länder am Welthandel zwischen 22 und 25 Prozent. Dies bedeutet keineswegs, daß die Exportquoten der Entwicklungsländer nicht gestiegen seien. Die absoluten Exportzahlen sind mit dem Welthandelsvolumen angestiegen. Aber das bedeutet auch, daß die angestrebte »gerechtere« Verteilung des Welthandels ausblieb. Noch immer exportieren die Länder, in denen ein Viertel der Weltbevölkerung lebt, dreimal mehr Waren als jene, in denen drei Viertel der Erdbevölkerung leben. Auch hierfür sind die Gründe mannigfaltig. Sehr bedeutsam ist die Tatsache, daß die Industriestaaten jene Güter produzieren, die für Aufbau und Industrialisierung der Entwicklungsländer unverzichtbar sind, während der Großteil der Dritten Welt weiterhin vor allem Rohstoffe exportiert, deren lebhafte Konkurrenz auf dem Weltmarkt zu Preisverfall führt und deren Wert für die Industriestaaten weiter abnimmt, weil immer mehr Rohstoffe substituiert oder wiederverwertet werden. Hinzu kommen protektionistische Maßnahmen der OECD-Staaten zum Schutz heimischer Wirtschaftssektoren, die in Konkurrenz zu Exportartikeln aus der Dritten Welt stehen. Die Instrumente, die diese künstlichen Handelsschranken abbauen sollten, allen voran das Welthandelsabkommen GATT, haben versagt. Als die Front der Entwicklungsländer infolge der Schuldenkrise der achtziger Jahre abbröckelte und die Industrieländer unter Führung der »G 7« (der Gruppe der sieben wichtigsten Industrieländer) überdies substantielle Zugeständnisse verweigerten, verkam der Nord-Süd-Dialog, in den Worten von Willy Brandt, zu einem Schlagabtausch zwischen Gehörlosen. Die Welthandelskonferenzen der achtziger Jahre trugen die Illusionen des Südens vollends zu Grabe.

Betrachtet man die Struktur der Exporte, so läßt sich an den Anteilen verarbeiteter Produkte am Gesamtexport erkennen, ob die Industrialisierung in den Entwicklungsländern inzwischen vorangeschritten ist oder ob die industrielle Produktion noch immer hinter den traditionellen Rohstoffexporten rangiert.

Industrieländer	*Rohstoffe und Nahrungsgüter*	*Verarbeitete Produkte*
1970	32,50	65,80
1980	30,90	67,20
1988	19,90	77,40

Tabelle 2: Exportstruktur der Industrieländer (in Prozent)
Quelle: Peter J. Opitz (Hg.), Grundprobleme der Entwicklungsländer. München 1991, S. 181.

Bestand 1970 noch etwa ein Drittel aller Exporte der Industriestaaten aus Rohstoffen, so hat sich diese Quote 1988 auf ein Fünftel verringert. Die bereits 1970 mehr als doppelt so hohen Industriegüterexporte wurden in der gleichen Zeit auf nahezu 80 Prozent ausgebaut. Erstaunlich ist auf den ersten Blick die Zusammensetzung der Exporte der Entwicklungsländer. Waren 1970 noch weniger als ein Fünftel der exportierten Waren verarbeitete Produkte, so hat sich dies inzwischen deutlich geändert. Knapp zwanzig Jahre später sind mehr als die Hälfte aller Waren verarbeitete Produkte. Um so mehr stellt sich die Frage, woher unter solchen Voraussetzungen die negativen Ergebnisse hinsichtlich der Wachstumsraten und der Welthandelsbeteiligung stammen.

Entwicklungsländer (gesamt)	*Rohstoffe und Nahrungsgüter*	*Verarbeitete Produkte*
1970	82,30	17,40
1980	80,30	18,90
1988	45,60	53,00

Tabelle 3: Exportstruktur der Entwicklungsländer (in Prozent)
Quelle: Peter J. Opitz (Hg.), Grundprobleme der Entwicklungsländer. München 1991, S. 181.

Die Antwort auf diese Frage liegt in den verschiedenen Exportergebnissen und Exportstrukturen der einzelnen Entwicklungsregionen. Einige Entwicklungsländer (besser: ehemalige Entwicklungsländer) Asiens haben durch einen verstärkten Ausbau ihrer industriellen Produktion und eine aggressive Exportförderungspolitik enorme Zuwachsraten sowohl ihres Wirtschaftswachstums als auch ihrer Exporte verarbeiteter Güter erzielen können. Allein die »vier kleinen Tiger« Hongkong, Singapur, Südkorea und Taiwan steuern die Hälfte aller Entwicklungsländerexporte an verarbeiteten Gütern bei. Sie haben inzwischen den Sprung unter die fünfzehn weltgrößten Exporteure geschafft und exportieren wertmäßig weit mehr als beispielsweise die Schweiz, Spanien, Schweden oder Österreich. Addiert man die Ausfuhren aus dem »Zukunftsmarkt« Volksrepublik China oder den außenhandelsorientierten Nachbarstaaten Malaysia und Thailand hinzu, so wird offensichtlich, daß das Bild von *den* »industriegüterexportierenden Entwicklungsländern« falsch ist. Es wird von den asiatischen Entwicklungserfolgen verzerrt.[15]

Die Realität in Afrika und Lateinamerika ist eine ganz andere. In Afrika bestanden 1988 die Exporte noch zu über 80 Prozent aus Rohstoffen, der Anteil verarbeiteter Produkte an den Gesamtausfuhren konnte in knapp zwanzig Jahren nur um 10 auf 16,4 Prozent gesteigert werden.

Obwohl die Zahlen aus Lateinamerika, vor allem aufgrund der Industrialisierungserfolge Brasiliens und Mexikos, deutlich positiver ausfallen und 1988 immerhin mehr als dreimal soviel Industriewaren wie 1970 exportiert wurden, ist die Gesamtheit der lateinamerikanischen Staaten noch immer überwiegend Rohstoffexporteur. Der Trend und die jüngsten Erfolge der lateinamerikanischen Wirtschaften deuten allerdings an, daß dieses Rohstoffübergewicht – zumindest für die großen Länder Argentinien, Brasilien, Chile und Mexiko – schon bald der Vergangenheit angehören könnte. Inwieweit dies möglich sein wird, hängt unter anderem entscheidend davon ab, ob die Rohstoffexporte und die daraus erzielten Erlöse ausreichen, um einen anhaltenden Entwicklungs- und Industrialisierungsprozeß zu finanzieren. Auch hinsichtlich der Forderung der Entwicklungsländer nach höheren und stabileren Weltmarktpreisen, die sie als »gerechte« Preise bezeichnen, konnten in den vergangenen drei Jahrzehnten kaum Fortschritte erzielt werden. Nimmt man erneut Kaffee und

Afrika	*Rohstoffe*	*Verarbeitete Produkte*
1970	93,30	6,60
1980	94,20	5,60
1988	83,20	16,40

Lateinamerika	*Rohstoffe*	*Verarbeitete Produkte*
1970	90,10	9,50
1980	83,70	15,70
1988	65,20	33,70

Tabellen 4 und 5: Exportwarenstruktur Afrikas und Lateinamerikas (in Prozent)
Quelle: Peter J. Opitz (Hg.), Grundprobleme der Entwicklungsländer. München 1991, S. 181.

Zucker sowie den mineralischen Rohstoff Zinn als Beispiele, so ist an der Preisentwicklung von 1960 bis in die neunziger Jahre zu erkennen, daß alle Bemühungen, die Preise dauerhaft zu stabilisieren – vor allem über die GATT-Regelungen und die verschiedenen Rohstoffabkommen –, kaum gefruchtet haben.

Die Preise für Kaffee schossen zwischen 1975 und 1978 nach oben, nachdem sich 1974 die Mehrheit der Erzeugerländer (74 Staaten) zur Internationalen Kaffee-Organisation zusammengeschlossen hatte. Der Zusammenbruch dieser Gruppe, deren Mitgliedstaaten sich 1986 nicht auf eine neue Quotenregelung einigen konnten, führte zu einer Überschwemmung des Weltmarktes mit Kaffee und zu drastischen Preisstürzen. Erst zu Beginn der neunziger Jahre starteten 29 Länder einen weiteren Versuch, innerhalb der neu gegründeten *Association of Coffee Producing Countries* (ACPC) die Quoten zu regulieren. Der Preissturz konnte zunächst abgefangen werden. Dieses Beispiel zeigt ebenso wie das Zinnabkommen, daß Rohstoffabkommen zwar in gewissen Grenzen stabilisierend auf die Weltmarktpreise

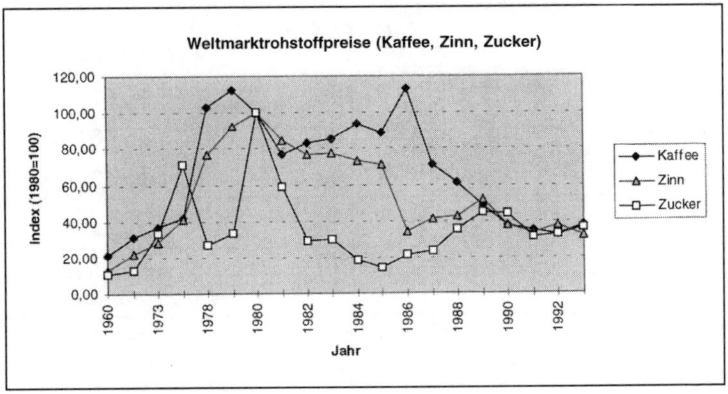

Abbildung 7: Verlauf der Weltmarktrohstoffpreise (Kaffee, Zucker, Zinn)
Quelle:United Nations Conference on Trade and Development (UNCTAD) 1988, S. 48f.
IFO-Schnelldienst, Jahrgänge 1981–1994. Eigene Berechnungen.

einwirken können, meist aber labil und nur von begrenzter Dauer sind. Sie sind daher ebensowenig wie die GATT-Regelungen in der Lage gewesen, den enormen Schwankungen, die aufgrund von Änderungen der Nachfragepräferenzen und von Entwicklungen zahlreicher Rohstoffsubstitute auf dem Weltmarkt entstanden, dauerhaft Einhalt zu gebieten.

Ein weiteres Problem besteht in der Definition von »gerechten« Preisen. Während marktwirtschaftliche Theoretiker überwiegend der Meinung sind, gerechte Preise seien gleichbedeutend mit realistischen Preisen und ließen sich nur über das Zusammenspiel von Angebot und Nachfrage ermitteln, sehen die Entwicklungsländer dies anders. Für sie lassen sich gerechte Preise vor allem über den Arbeitsaufwand und eine Garantie entsprechender Wohlfahrtsgewinne definieren. Das Beispiel des jahrzehntelang praktizierten Warenaustauschgeschäftes (eines sogenannten Barter-Geschäfts) »Zucker gegen Erdöl« zwischen Kuba und der Sowjetunion verdeutlicht dies. Während die von der UdSSR weit über Weltmarktpreis angesetzten Verrechnungspreise für Zucker von den westlichen Industrienationen als eine »verdeckte Subventionierung« für einen politischen Verbündeten gedeutet wurden, verteidigte die sowjetische Regierung diese Praxis mit dem Argument, daß man Kuba lediglich »gerechte« Preise für den gelieferten Zucker zugestehe.

Zieht man eine Bilanz nach mehr als dreißig Jahren IWF, Weltbank, GATT, Wirtschaftsintegrationen, UNCTAD und Rohstoffabkommen, so fällt sie wenig positiv aus. Für die Gesamtheit der Entwicklungsländer – sieht man von den Erfolgen einiger südostasiatischer Staaten einmal ab – läßt sich feststellen, daß kein angemessenes und stetiges Wirtschaftswachstum, kein größerer Anteil am Welthandel, weder eine entscheidende Zunahme der Industrialisierung noch höhere und stabilere Rohstoffpreise erzielt werden konnten. In dieser Hinsicht haben – trotz einiger kleinerer Erfolge – alle beschriebenen Instrumente der Weltwirtschaft versagt. Der Nord-Süd-Konflikt in der Weltwirtschaft hat nichts von seiner Brisanz verloren.[16]

Angesichts dieses Versagens und in der Hoffnung, neue Lösungsansätze für einen gerechteren und harmonischeren Welthandel zu finden, trafen sich die Vertreter der GATT-Mitgliedstaaten 1994 in Marrakesch auf der »Abschlußkonferenz der Uruguay-Runde«, die 1986 in Punta del Este (Uruguay) begonnen hatte. Es ging den Verhandlungsparteien darum, einen Mittelweg zwischen dem unbeschränkten Freihandel und dem für notwendig erachteten Protektionismus zu finden, und darum, eine Reform des Welthandels einzuleiten. Im einzelnen bedeutete dies den Versuch, geeignete Maßnahmen zur Erleichterung des Marktzugangs zu finden, verbesserte Institutionen zu schaffen und die bislang im GATT ausgeklammerten Bereiche (Dienstleistungen und geistiges Eigentum) in das bestehende Regelwerk einzubeziehen.

Die Verhandlungen waren von kaum überbrückbaren Differenzen zwischen den großen Agrarüberschußproduzenten USA und EU geprägt. Sie bezogen sich auf die Subventionierung des Agraraußenhandels und sie entbrannten an den schwierigen Streitpunkten »Nichttarifäre Handelshemmnisse« und »Textileinfuhren aus Entwicklungsländern«. Die wichtigsten Ergebnisse der Verhandlungen von Marrakesch gleichen daher Kompromissen, mit denen die Lösung vieler akuter Probleme nur verschoben wird. Neben den neuen Normen zum Schutz des geistigen Eigentums und der Regelung des Dienstleistungsverkehrs wurden Abschlußdokumente unterzeichnet, die dafür sorgen sollen, daß bis zum Jahre 2005 alle Zölle auf Textilwaren schrittweise bis auf Null gesenkt werden und der Weltagrarhandel bis 2001 »partiell« liberalisiert wird.[17]

Angesichts des Versagens der frühen und relativ eindeutigen Regelungen des GATT-Vertragswerks muß man kein Pessimist sein, um die Vorhersage zu wagen, daß sich die souveränen Staaten auch diesmal nicht an die – für die eigene Wirtschaft schmerzhaften – Vorgaben halten werden. Da hilft es wenig, daß man die Verhandlungsrunde GATT in eine ständige Welthandelsorganisation WTO (*World Trade Organization*) umgewandelt hat, die lediglich Streitschlichtungsverfahren durchführen darf. Die Hauptnutznießer der neuen Handelsabkommen sind nach Berechnungen der OECD die EU, die Volksrepublik China, die USA, Japan und die südostasiatischen Schwellenländer. Die klaren Verlierer dieser Konferenz – so die einhellige Meinung der Wirtschaftsexperten – sind die Entwicklungsländer. Sie würden durch die kurz- bis mittelfristig ansteigenden Preise für Lebensmittelimporte belastet, ohne daß eine zufriedenstellende Regelung zur Verbesserung der Rohstoffpreise gefunden worden wäre. Hinzu kommt, daß sie (noch) nicht von der Liberalisierung des Dienstleistungsverkehrs profitieren können, aber schon die Kosten tragen müssen, die durch den strikteren Schutz von Patenten entstehen. Die Möglichkeiten der Entwicklungsländer, erfolgreich gegen ungerechtfertigte Handelssanktionen der Industrienationen vorzugehen, sind ebenfalls wenig aussichtsreich. Ein deutsches Wirtschaftsmagazin bezeichnete die ab 1. Januar 1995 operierende WTO bereits als einen »zahnlosen Tiger«. Solange die souveränen Staaten in der Lage sind, selektiv nur Regelungen umzusetzen, die ihnen Vorteile einbringen, und solange sie es sich leisten können, Normen zu ignorieren oder zu umgehen, die ihnen Nachteile bereiten würden, solange werden alle Instrumente und Organisationen der Weltwirtschaft »zahnlos«, die Konflikte in der Weltwirtschaft zwischen Nord und Süd ungelöst bleiben.

Die Schuldenkrise: Ausplünderung des Südens durch den Norden?

Neben den Dauerkontroversen zwischen Industrie- und Entwicklungsländern im Hinblick auf die Handelsstrukturen hat im ökonomischen Bereich – vor allem in den achtziger Jahren – kein Thema den Konflikt zwischen Erster und Dritter Welt deutlicher ins Bewußtsein der Öffentlichkeit gerückt als die Verschuldungskrise. In den neunziger Jahren ist diese Krise zwar aus den Schlagzeilen verschwunden, nicht aber aus der Zahlungsrealität der Entwicklungsländer. Ganz im Gegenteil: Ende 1994 belief sich der Schuldenberg der Dritten Welt auf über 1,7 Billionen US-Dollar. Seit dem Mexikoschock des Jahres 1982, der die Schuldenkrise auslöste, haben sich die Schulden somit mehr als verdoppelt. Ein Ende ist nicht abzusehen.[18]

Die Verschuldungskrise war jahrelang das herausragende Symptom für die Ungleichheit in den Nord-Süd-Beziehungen. Zu Recht konzentrierte sich die öffentliche Aufmerksamkeit in den achtziger Jahren auf Lateinamerika, da sich dort die Großschuldner der Dritten Welt befinden. Die internationale Verschuldungskrise traf Lateinamerika besonders hart; sie ging mit wirtschaftlichen und sozialen Einbrüchen einher, wie sie diese Region seit der Weltwirtschaftskrise der dreißiger Jahre nicht erlebt hatte. Zugleich machte sie grundsätzliche Mängel der vorausgegangenen Wirtschaftsmodelle und Entwicklungskonzepte deutlich – und zwar sowohl auf der Seite der Schuldner als auch der Gläubiger. Die Diskussion über die Verschuldungskrise konzentrierte sich anfangs auf die Frage, wer der »Schuldige« sei. Die einen machten den drastischen Anstieg der Ölpreise in den siebziger Jahren, die anderen die Hochzinspolitik der Vereinigten Staaten als Folge des hohen Haushaltsdefizits verantwortlich; wieder andere sprachen vor allem von internen Krisenfaktoren der Schuldnerländer, von Mißwirtschaft und Korruption. Die unterschiedlichen Schuldzuweisungen sind nicht nur von theoretischem Interesse, sondern sie haben praktische Bedeutung für das Schuldenmanagement. Sind für die Verschuldung vor allem hausgemachte Ursachen verantwortlich, dann müssen die Sanierungsprogramme in den Schuldnerländern ansetzen. Ist die Krise jedoch vor allem auf weltwirtschaftliche Faktoren zurückzuführen, dann muß die Lösung in einer Änderung der Weltwirtschaftsordnung gesucht werden. Die globalen Zahlen sprechen eine deutliche Sprache: »Von den in den Jahren 1973 bis 1982 aufgehäuften Schulden in Höhe von rund 500 Milliarden US-Dollar wurden vier Fünftel weltwirtschaftlichen Einflüssen zugerechnet: 260 Milliarden der Verteuerung des Erdöls, 100 Milliarden den *terms-of-trade*-Verlusten und 40 Milliarden dem Anstieg der Zinsen.«[19]

Zum offenen Ausbruch der internationalen Verschuldungskrise kam es 1982, als Mexiko seine Zahlungsunfähigkeit erklärte. Vor allem die gewaltige Expansion der Auslandsverschuldung während der siebziger Jahre legte den Grundstein für die Verschuldungskrise der achtziger Jahre. Die lateinamerikanischen Länder vereinigten in den siebziger Jahren rund 40 Prozent aller Auslandsschulden kapitalimportierender Entwicklungsländer (1986: 967 Mrd. US-Dollar) auf sich; 1982 entfiel fast jeder zweite US-Dollar auf diese Ländergruppe. Hauptschuldnerländer waren damals drei lateinamerikanische Staaten: Brasilien (92 Mrd. US-Dollar), Mexiko (86 Mrd. US-Dollar), Argentinien (44 Mrd. US-Dollar). Für ganz Lateinamerika läßt sich sagen, daß ab Ende der siebziger Jahre die Auslandsverschuldung wesentlich schneller stieg als das Wachstum des aggregierten Sozialprodukts: Betrugen 1978 die Schulden des Subkontinents »nur« 31 Prozent des Bruttosozialprodukts, so waren sie bis 1987 auf über 50 Prozent gestiegen. Besonders kraß entwickelte sich das Verhältnis von Auslandsschulden zum Exportpotential. 1977 überstieg die Verschuldung den Export von Gütern und Dienstleistungen bereits um fast das Doppelte (193 Prozent), und 1986 hätten die lateinamerikanischen Länder die Exporte von mehr als drei Jahren (331 Prozent) zur Tilgung ihrer Auslandsschulden verwenden müssen. Besonders hoch war auch die Schuldendienstquote – gemeint sind Tilgung und Zinsen in Prozent der Jahresexporte – der lateinamerikanischen Länder. Belief sie sich 1977 auf 28,2 Prozent, so 1986 auf 46 Prozent; das bedeutet, daß fast jeder zweite, durch Exporte erwirtschaftete Dollar an die Auslandsgläubiger entrichtet werden mußte.[20]

Die Ursachen der Verschuldungskrise waren vielfältig: In

den sechziger Jahren setzten sich, gegenüber den zuvor dominierenden Entwicklungshilfekrediten, immer stärker mittel- und langfristige Bankkredite zur Finanzierung des Industrialisierungsprozesses durch. Dabei stiegen die jahresdurchschnittliche Neuverschuldung und die daraus resultierenden Schuldendienstverpflichtungen bereits bedrohlich an. Der wichtigste externe Faktor war sodann die Ölpreispolitik der OPEC-Staaten 1973/74. Viele Staaten konnten die deutlich erhöhten Ölrechnungen zwar nicht durch entsprechendes Exportwachstum ausgleichen, hielten aber trotzdem an ihrer kreditfinanzierten Entwicklungspolitik fest. Die höchsten durchschnittlichen Kreditwachstumsraten lassen sich daher für die siebziger Jahre feststellen. Daß diese Anpassungsstrategie zu Beginn der achtziger Jahre in die Verschuldungskrise überging, hing mit verschiedenen (externen und internen) Faktoren zusammen:

Zu den externen zählten zum einen die zweite Ölpreiserhöhung (1979/80) durch die OPEC-Staaten, zum anderen die Wirtschaftspolitik der USA mit dem Wechsel von der Zins- zur Geldmengensteuerung. Das führte zu einer weltwirtschaftlichen Rezession, die sich vor allem auf die lateinamerikanischen Exporte negativ auswirkte. Hinzu kamen der weitere Verfall der Rohstoffpreise, die Verschlechterung der *terms of trade* und der neue Protektionismus der Industrieländer. Parallel hierzu stiegen die Zinsrechnungen der Schuldnerländer infolge variabler Zinssätze so dramatisch an, daß dieser Posten zur wichtigsten Ausgabengröße in deren Leistungsbilanzen wurde. (Für Lateinamerika betrug 1982 die Zinsquote, das heißt die Zinszahlungen in Prozent der Jahresexporte, 39 Prozent!) Zweifellos tragen die Banken eine Mitverantwortung für die Gefährdungen, in die sie durch die Zahlungsunfähigkeit ihrer Schuldner gerieten, da sie ohne hinreichende Risikoprüfung großzügig Kredite vergaben, die nicht selten ihr Eigenkapital mehrfach überstiegen.

Zu den internen Faktoren zählten verschiedene wirtschaftspolitische Fehlentscheidungen der lateinamerikanischen Regierungen: Investitionen in zweifelhafte Industrieprojekte, Konsum- und Rüstungsausgaben (die Weltbank hat berechnet, daß ein Drittel der Auslandsschulden der Dritten Welt auf Rüstungsimporte zurückgeht), großzügige Ausgabenpolitik, lockere Geld-

und falsche Wechselkurspolitik, umfangreiche Kapitalflucht – Schätzungen zufolge geht mindestens ein Drittel der Gesamtschulden der Dritten Welt auf Kapitalflucht zurück –, und grundsätzlich: konsumptive, nicht produktive Verwendung der geliehenen Gelder.[21] Ein besonders anschauliches Beispiel für völlig überdimensionierte Entwicklungsprojekte liefert der Großschuldner Brasilien: Das Militärregime der sechziger und siebziger Jahre (1964 übernahm Generalstabschef Castelo Branco die Macht, auf ihn folgten die Militärregierungen Costa e Silva, Médici und Geisel) wollte aus dem Land im Eiltempo die zweite Großmacht auf dem amerikanischen Kontinent machen. Im Rausch des Wirtschaftswunders plante es in den siebziger Jahren den Bau des größten Wasserkraftwerks der Erde in Itaipú. Der Kostenaufwand belief sich auf gigantische 10 Milliarden US-Dollar. Die Kapazität des Kraftwerks übersteigt allerdings bei weitem den Strombedarf in der Region. Außerdem entwickelte das Regime ein (energiepolitisch überflüssiges) Atomenergieprogramm, das vorerst nicht einmal den Schuldendienst erwirtschaftete.[22]

1982 löste das Schuldenmoratorium Mexikos, dem die Finanzprobleme Argentiniens (Malvinenkrieg gegen Großbritannien im gleichen Jahr) vorausgegangen waren, eine allgemeine Vertrauenskrise aus. Als nach dem Ölexportland Mexiko mit Brasilien ein weiterer Großschuldner seinen internationalen Zahlungsverpflichtungen nicht mehr nachkommen konnte und diesem dann weitere Länder (Bolivien, Chile, Ecuador, Uruguay, Peru, Venezuela) folgten, konnte ein internationaler Finanzkollaps nicht mehr ausgeschlossen werden. Verschärft wurden die Zahlungsprobleme der lateinamerikanischen Schuldner durch einen gleichzeitigen Rückgang der Direkt- und Portfolio-Investitionen aus dem Ausland, der den Vertrauensverlust der internationalen Kapitalgeber widerspiegelte. Insgesamt ebbte der Kapitalzufluß nach Lateinamerika seit 1983 deutlich ab.

Um einen Finanzkollaps zu verhindern, griffen (private und staatliche) Gläubiger, Regierungen, Zentralbanken, internationale Finanzorganisationen (IWF, Weltbank, Bank für Internationalen Zahlungsausgleich) in den Krisenprozeß ein. Zum Hauptinstrument des Krisenmanagements wurden die sogenannten Umschuldungen, das heißt (neue) Kreditverträge zwischen

Gläubigern und Schuldnern zur Verlagerung der fälligen Schuldentilgungen in die Zukunft. Umschuldung bedeutet ja zunächst nur, daß die Tilgung eines Kredits für einige Jahre gestundet wird. Allein von 1983 bis 1991 wurden von neunzehn lateinamerikanischen Schuldnerländern 104 multilaterale Umschuldungsabkommen geschlossen, 64 davon mit kommerziellen Banken (die Verhandlungen liefen in diesen Fällen über den sogenannten *Londoner Club*) und vierzig mit öffentlichen Gläubigern. Die privaten und die staatlichen Gläubiger (im *Pariser Club* zusammengeschlossene Regierungen) verhandelten dabei mit den jeweiligen Schuldnern über die anstehenden Umschuldungen separat.[23]

Wurden in einer ersten, kurzfristigen Phase der Umschuldungspolitik (1982–1985) hohe Zinsaufschläge und Umschuldungsgebühren erhoben, so ging man ab Mitte der achtziger Jahre von der kurzfristigen Krisenbewältigung zur langfristigen Schuldenkonsolidierung über; hierzu gehörten lange Umschuldungszeiten, Schuldendiensterleichterungen, eine modifizierte Auflagenpolitik des IWF, Strukturkredite der Weltbank und Gewährung von Neukrediten. Der Umschuldungsplan von US-Finanzminister James Baker wollte fünfzehn hochverschuldeten Entwicklungsländern durch Vergabe neuer Kredite Hilfe leisten. Der Baker-Plan ging davon aus, daß zur Lösung des Verschuldungsproblems eine Strategie wirtschaftlichen Wachstums und struktureller Anpassung in den Schuldnerländern erforderlich sei, wozu diese zusätzliche Kredite benötigten. In den Folgejahren kam es allerdings zu keiner nachhaltigen Verbesserung der Verschuldungssituation. In einer dritten Phase (nach 1989) setzte sich daraufhin die Auffassung durch, daß eine Lösung nur durch Abbau der Auslandsschulden möglich sei. Der Plan von US-Finanzminister Nicholas Brady forderte allgemein von den Gläubigern einen stärkeren Beitrag zur Problemlösung, etwa durch Abbau der Schulden. Schuldenerlaß durch Schuldenumwandlung (in Inlandswährung) lautete nun die Devise. 1988 konnte etwa Mexiko rund 4 Milliarden US-Dollar Bankschulden »zurückkaufen«, nachdem Gläubigerbanken in einen Forderungsverzicht (23 bis 37 Prozent auf den ausstehenden nominalen Kreditbetrag) eingewilligt hatten.[24] Nach jahrelangen Umschuldungsaktionen, Plänen und Maßnahmen zur Schadensbegrenzung für alle Betroffenen, Verkauf von Schuldforderungen mit teilweise erheblichen Abschlägen auf dem Sekundärmarkt, Umtausch in Beteiligungen, Bildung von Gegenwertfonds in lokalen Währungen, die nach Vereinbarungen mit dem Schuldnerland zur Finanzierung sozialer und ökologischer Projekte genutzt werden konnten, ließ sich Mitte der neunziger Jahre festhalten, daß die enormen Summen, die auf dem Sekundärmarkt gehandelt worden sind – von 1985 bis 1992 nicht weniger als 86 Milliarden Dollar –, den Gläubigerbanken letztlich nicht geschadet haben. Sie hatten vielmehr durch genügend Rückstellungen Vorsorge getroffen, ein Teil der Verluste wurde auf die Steuerzahler abgewälzt. Wie so häufig, waren auch diesmal wieder die Gewinne privatisiert und die Verluste »sozialisiert« worden. Insgesamt hat die Entwicklung der letzten Jahre erkennen lassen, daß das Schuldenproblem noch längst nicht gelöst ist und den Alltag vieler Lateinamerikaner noch lange mitbestimmen wird.

Beim Schuldenmanagement der westlichen Regierungen spielte der Internationale Währungsfonds (IWF) eine erhebliche Rolle. Namentlich in den achtziger Jahren wurde ihm häufig vorgeworfen, eine neokolonialistische Auflagenpolitik zu betreiben; er zwinge den Regierungen unpopuläre Maßnahmen auf. Richtig ist, daß diese Maßnahmen den Schuldnerländern ohnehin nicht erspart geblieben wären. Auch richtig ist jedoch, daß der IWF erst dann eine Umschuldungsaktion einleitete, wenn das betroffene Land sich seinen »Anpassungsvorschlägen« unterworfen hatte. Diese Anpassungsmaßnahmen waren zwar von Land zu Land verschieden, folgten aber einem gemeinsamen Grundmuster: Gefordert wurde zumeist eine Abwertung der Inlandswährung, um über eine Verbilligung der Exporte und die Verteuerung der Importe einen Ausgleich der Zahlungsbilanz zu erreichen. Sodann mußten die Staatsausgaben massiv gekürzt, Subventionen (etwa von Grundnahrungsmitteln) gestrichen, öffentliche Dienst- und Sozialleistungen abgebaut werden. Die Inflationsbekämpfung erhielt hohe Priorität, was zumeist eine Senkung der Reallöhne bedeutete. Vor allem aber: Der IWF machte ordnungspolitische Reformen zur Auflage und griff massiv in die Wirtschafts- und Gesellschaftspolitik der Schuldnerländer ein. Für die meisten lateinamerikanischen Staaten bedeutete das eine Änderung ihres seit Jahrzehnten praktizierten Entwicklungsstils: Der Staat mußte sich aus vielen Wirtschaftsbereichen zurückziehen, Staatsunternehmen wurden privatisiert; die Handels- und Kapitalverkehrskontrollen mußten aufgehoben werden; das in- und ausländische Privatkapital sollte möglichst günstige Verwertungsbedingungen erhalten.[25] Das Vorbild Chiles vor Augen, das schon in der Zeit der Pinochet-Diktatur während der siebziger und achtziger Jahre mehr als fünfhundert Unternehmen privatisiert hatte, begannen nun auch andere lateinamerikanische Länder, Staatsunternehmen an private Investoren zu verkaufen. Bis Mitte 1995 bescherten die Privatisierungen den lateinamerikanischen Ländern Erlöse von über 63 Milliarden US-Dollar. Belastungen durch Subventionszahlungen an ineffizient wirtschaftende Staatsunternehmen fielen weg.

Mehrere lateinamerikanische Länder (Brasilien, Mexiko, Venezuela) wurden in den achtziger Jahren – infolge der Veränderungen der internationalen Finanzierungsströme zuungunsten Lateinamerikas – zeitweilig zu Nettokapitalexporteuren. Vor allem infolge der gestiegenen Zinszahlungen auf die Auslandsschulden leistete Lateinamerika einen Nettoressourcentransfer zugunsten der übrigen Welt, der sich bis Ende 1990 auf etwa 163 Milliarden US-Dollar belief. Stellt man außerdem noch die illegale Kapitalflucht in diesem Zeitraum (geschätzte 70 Milliarden US-Dollar) in Rechnung, dann ergibt sich für die achtziger Jahre ein finanzieller Aderlaß Lateinamerikas von über 200 Milliarden US-Dollar.[26]

In einem Großteil der Literatur wird die Behauptung aufgestellt, die Verschuldung der Dritten Welt sei nichts anderes als eine »moderne Form der Ausplünderung« der Entwicklungsländer durch die Industrieländer.[27] Dabei wurde darauf verwiesen, daß ein Netto-Kapitaltransfer von Süden nach Norden stattfinde. Schon Mitte der achtziger Jahre verwendete Willy Brandt, der damalige Vorsitzende der Nord-Süd-Kommission, das anschauliche Bild der »Bluttransfusion vom Kranken zum Gesunden«.[28] Was den Netto-Kapitaltransfer angeht, so muß man allerdings genau die Berechnungsgrundlage beachten: Bezieht man nämlich – neben den üblicherweise in der Verschuldungsdiskussion zugrunde gelegten Bank- und Entwicklungskrediten – auch Direkt- und Portfolio-Investitionen sowie Zuschüsse im Rahmen der Entwicklungszusammenarbeit in die Gesamtbilanz ein, dann ergibt sich, daß nur Mitte der achtziger Jahre ein Netto-Kapitaltransfer in die nördliche Richtung stattgefunden hat. Wenn die technische Hilfe und private Spenden mit berücksichtigt werden, dann ist sogar für die achtziger Jahre von einem Ressourcenzufluß in die Entwicklungsländer zu sprechen.

Um die drohende Insolvenz zu verhindern, versuchten die meisten lateinamerikanischen Schuldnerländer ihre Exporte zu steigern und die Importe zu drosseln. Das führte ab 1982 zu einer Umkehrung des jahrzehntelangen Handelsbilanzdefizits. Allerdings wurde die Steigerung der Ausfuhrerlöse zumindest teilweise (etwa in Brasilien) durch offene oder verdeckte Subventionen für die Exporteure erzielt, wodurch sich das Defizit der öffentlichen Hand weiter vergrößerte. Außerdem mußten die Ausfuhrmengen überproportional erhöht werden, um steigende Ausfuhrerlöse zu erzielen, da die Weltmarktpreise wichtiger lateinamerikanischer Agrarerzeugnisse (Kakao, Baumwolle, Rindfleisch) und Rohstoffe (Kupfer, Eisenerz, Bauxit) stark rückläufig waren. 1990 lag der Index der *terms of trade* (1980 = 100) für Lateinamerika und die Karibik um über 20 Prozentpunkte unter dem Stand von 1980. Da die Importe im Verschuldungsjahrzehnt drastisch sanken, ging die Weltmarktintegration Lateinamerikas in dieser Phase insgesamt deutlich zurück. Am weltweiten Außenhandel, der 1990 ein Volumen von circa 6,5 Billionen US-Dollar erreichte, war Lateinamerika nur noch mit 3,4 Prozent beteiligt.

Über die Steigerung der Ausfuhren hinaus bedurfte es struktureller Reformen zu Lasten des Konsums oder der Investitionen, um die internen Ansprüche an das Bruttosozialprodukt einzuschränken. Die verschiedenen Strukturanpassungsprogramme hatten in vielen Ländern erhebliche rezessive Effekte, die in eine Drosselung des Wirtschaftswachstums auf nur 1,5 Prozent jährlich (1983–1990) mündeten und damit einen Rückgang des Pro-Kopf-Einkommens zur Folge hatten. Auch die Situation der öffentlichen Haushalte verschlechterte sich deutlich, da der Staat zur Erfüllung seiner Zins- und Tilgungsverpflichtungen die interne Verschuldung erheblich anheben mußte. Ende der achtziger Jahre erreichte das Budgetdefizit der öffentlichen Haushalte Lateinamerikas fast 10 Prozent des Bruttoinlandprodukts. Da viele lateinamerikanische Regierungen die Ausweitung der internen Staatsverschuldung durch Geldschöpfung finanzierten, wurde die Inflation von 1980 bis 1990 auf eine Jahresrate von 192 Prozent emporgetrieben.[29]

Das lateinamerikanische Verschuldungsproblem ist durch die herausragende Bedeutung der öffentlichen Hand als Schuldner gegenüber privaten Gläubigern charakterisiert. »1991 waren 93 Prozent der langfristigen Auslandsschulden Lateinamerikas öffentliche (oder öffentlich garantierte) Verpflichtungen (1980: 75 Prozent), die zu 62 Prozent (1980: 76 Prozent) gegenüber privaten Kreditgebern (Anleihezeichnern, Banken, Lieferanten etc.) bestanden. Waren die Auslandsschulden der öffentlichen Hand Lateinamerikas zu Beginn der achtziger Jahre zu knapp 50 Prozent auf staatliche Unternehmen, zu etwa 30 Prozent auf die Zentralregierungen und zu 12 Prozent auf staatliche Entwicklungsbanken entfallen (und im übrigen auf die Zentralbanken sowie regionale und kommunale Administrationen), so hat sich die Schuldnerstruktur bis Anfang der neunziger Jahre deutlich verändert. Um die Verhandlungsmacht gegenüber den Gläubigern zu stärken, haben die Zentralregierungen und Zentralbanken vielfach die Auslandsverpflichtungen der untergeordneten staatlichen Körperschaften und Unternehmen übernommen, so daß sie inzwischen für 50 Prozent beziehungsweise 30 Prozent der externen Kreditforderungen einstehen. Der private Sektor, auf den zu Beginn der achtziger Jahre (1981) mit etwa 60 Milliarden US-Dollar noch fast 30 Prozent der langfristigen lateinamerikanischen Auslandsschulden entfallen waren, reduzierte seine Verpflichtungen bis zum Beginn der neunziger Jahre (1990) auf 26 Milliarden US-Dollar, und damit auf lediglich 6 Prozent der Gesamtverschuldung.«[30]

Die lateinamerikanische Auslandsschuld ist in den neunziger Jahren weiter gestiegen: Betrug sie 1987 rund 448 Milliarden US-Dollar, so 1992 bereits 507 und 1994 sogar an die 586 Milliarden US-Dollar. Das sind ungefähr 34,5 Prozent der auf 1,7 Billionen

US-Dollar geschätzten Auslandsschulden aller Entwicklungsländer. Damit war die lateinamerikanische Auslandsschuld Mitte der neunziger Jahre mehr als doppelt so hoch wie 1980 und betrug das Fünfzehnfache des Standes von 1970. Hauptschuldner ist in Lateinamerika mit 90 Prozent der langfristigen Auslandsschulden die öffentliche Hand; Kreditgeber sind zu 70 Prozent private, vor allem US-amerikanische Gläubigerbanken. Nach wie vor entfallen 60 Prozent der lateinamerikanischen Auslandsschulden auf die drei Staaten Brasilien, Mexiko und Argentinien.

Die relativ günstigen Bedingungen, die Mexiko und Chile in den Schuldenreduzierungsabkommen eingeräumt wurden, dürften auch mit der Bereitschaft dieser beiden Länder zusammengehangen haben, ihre nationalen Wirtschaftspolitiken an dem von den Gläubigern geforderten neoliberalen Reformprojekt auszurichten. In vielen anderen Schuldnerländern zögerten die Regierungen lange, bis sie die gesamtwirtschaftlichen Konsequenzen aus ihrer Verschuldung zu ziehen bereit waren. Vorerst wurde daher die Staatsquote – der Anteil des Staatsverbrauchs am Bruttoinlandprodukt – in den achtziger Jahren nicht reduziert, sondern sogar noch gesteigert. Die Reduzierung der staatlichen Konsumquote steht vielen lateinamerikanischen Ländern erst noch bevor. Am Ende des »verlorenen Jahrzehnts« – so werden die achtziger Jahre in Lateinamerika allgemein genannt – war klar, daß Lateinamerika von dem seit einem halben Jahrhundert dominierenden Leitbild industrieller Binnenorientierung weitgehend abgewichen ist und eine grundlegende Restrukturierung seiner Volkswirtschaften vorgenommen hat. Die Strategie staatlich angeleiteter und extern finanzierter Industrialisierung durch Importsubstitution war an ihren Schlußpunkt gelangt.[31]

Die Forderung nach ersatzloser Streichung oder zumindest drastischer Reduzierung der Schulden wurde in den neunziger Jahren von keiner Seite mehr so vorbehaltlos erhoben wie noch zehn Jahre zuvor. Inzwischen hat sich die Erkenntnis durchgesetzt, daß die Verschuldungskrise nicht allein von den Schuldnerländern gelöst werden kann, vielmehr deutliche Forderungsverzichte der öffentlichen und privaten Gläubiger zu erfolgen haben. Vor allem müssen längerfristig zwei grundlegende Bedingungen erfüllt sein: Zum einen bedarf es einer Neuordnung der internationalen Handels- und Finanzbeziehungen, somit größerer »Gerechtigkeit« in der Weltwirtschaft; zum anderen müssen die Negativfaktoren in den Schuldnerländern selbst, etwa Korruption und öffentliche Verschwendung, beseitigt werden. Erst wenn die externen Belastungen ebenso wie die internen Hemmnisse eliminiert sind, wird eine (Wirtschafts-)Politik möglich sein, die von Entschuldung zu Entwicklung führt.

Dieser Weg ist zwar außerordentlich schwierig, aber er muß beschritten werden. Wird die Schuldenkrise nicht gelöst, so wirken die Folgen in vielfältiger Form auf den »Norden« zurück. Susan George spricht von einem »Schuldenbumerang«:[32] Migrationsdruck, verlorene Absatzmärkte, Verschärfung sozialer Konflikte, globale Auswirkungen von Umweltkrisen. Es liegt im Eigeninteresse der Ersten Welt, der Dritten bei der Lösung ihrer Schuldenprobleme zu helfen und zwar aus wirtschaftlichen wie aus sozialen Gründen. Die Erfüllung der IWF-Auflagen hatte nämlich nicht nur eine Änderung der Ordnungspolitik und des Entwicklungsstils der lateinamerikanischen Länder zur Folge; bedenklich waren vor allem die sozialen Konsequenzen: Die Importdrosselung und Exportankurbelung führten zu einem schrumpfenden Binnenmarkt; die Kürzung der Staatsausgaben hatte Entlassungen im öffentlichen Dienst zur Folge und verschärfte damit die Arbeitslosigkeit. Am argentinischen Beispiel lassen sich diese Konsequenzen besonders gut illustrieren: Selbst pessimistische Schätzungen wurden übertroffen, als Mitte 1995 die Arbeitslosenzahl bei 2,2 Millionen lag. Die Arbeitslosenquote erhöhte sich damit auf den historischen Höchststand von 18,6 Prozent. In den Großstädten des Landes waren über 20 Prozent der Erwerbspersonen ohne Beschäftigung. Die Inflationsbekämpfung durch Senkung der Reallöhne drückte auch Teile der Mittelschichten unter die Armutsschwelle. Die Hauptlast der IWF-Sanierungsprogramme hatten die schwächsten Glieder der Gesellschaft zu tragen. Es kam zu Hungerrevolten und Brotaufständen, die Elendskriminalität wuchs, das Bildungs- und das Gesundheitswesen verschlechterten sich drastisch, der soziale Sprengstoff nahm zu. In vielen Fällen erschien die Kur schlimmer als die Krankheit.

Als besonders bedenklich erwiesen sich die langfristigen

Strukturfolgen von Schuldenkrise und Krisenmanagement: Um Devisen für die Schuldentilgung zu erwirtschaften, mußten die Staaten unbedingt ihre Exporte steigern, vernachlässigten daher häufig die Versorgung des Binnenmarktes. Zumeist wurde (und wird) ohne Rücksicht auf ökologische Gesichtspunkte vorgegangen; der Regenwald wird als Siedlungs- und Zahlungsreserve mißbraucht; die Devisenbeschaffung erhielt oberste Priorität, sei es durch Förderung von umweltschädlichem Tourismus, durch Drogenhandel, Importe von Giftmüll oder Umgehung von Umweltauflagen.[33] Rückschritte im Bereich der Ernährung, Gesundheit und Bildung waren unübersehbar. Wiederholt ist dem IWF vorgeworfen worden, das langfristige Ziel der Armutsbekämpfung dem kurzfristigen Ziel der Inflationsreduzierung und Zahlungsbilanzstabilisierung geopfert zu haben. So berechtigt die Forderung nach flankierenden Sozialprogrammen und nach Strukturanpassungen »mit menschlichem Gesicht« ist, es gibt dennoch keinen anderen Weg zur Wiederherstellung der Zahlungsfähigkeit und Kreditwürdigkeit der Schuldnerländer als die Maßnahmen des IWF. Wie wichtig dabei die Berücksichtigung sozialer Aspekte ist, zeigt ein Vergleich verschiedener Sozialindikatoren vor und nach dem »verlorenen Jahrzehnt«.

Aufgrund der rezessiven Effekte der Strukturanpassungen erreichte das jährliche Wachstum des Bruttoinlandprodukts in Lateinamerika in den achtziger Jahren nur noch 1,6 Prozent, bei einem demographischen Wachstum von durchschnittlich 2,1 Prozent bedeutete dies einen deutlichen Einkommensrückgang. In vielen Staaten Lateinamerikas lag daher das Bruttosozialprodukt pro Kopf der Bevölkerung 1990 unter dem Niveau von 1980. Die wirtschaftliche Dauerkrise hat die Massenarmut in Lateinamerika – 1981 lebten in zehn lateinamerikanischen Ländern 35 Prozent der Bevölkerung unterhalb der Armutsgrenze, jeder siebte Lateinamerikaner lebte in absoluter Armut – weiter anwachsen lassen. Mexiko ist ein besonders dramatisches Beispiel. Dort stieg der Anteil der Armen während der rigiden Anpassungspolitik zwischen 1980 und 1986 von 29 auf 51 Prozent der Gesamtbevölkerung! Hartmut Sangmeister faßt die erschrekkende soziale Bilanz in nüchterne Zahlen: »In mehreren Staaten Lateinamerikas stellen die Armen über ein Viertel der Gesamtbe-

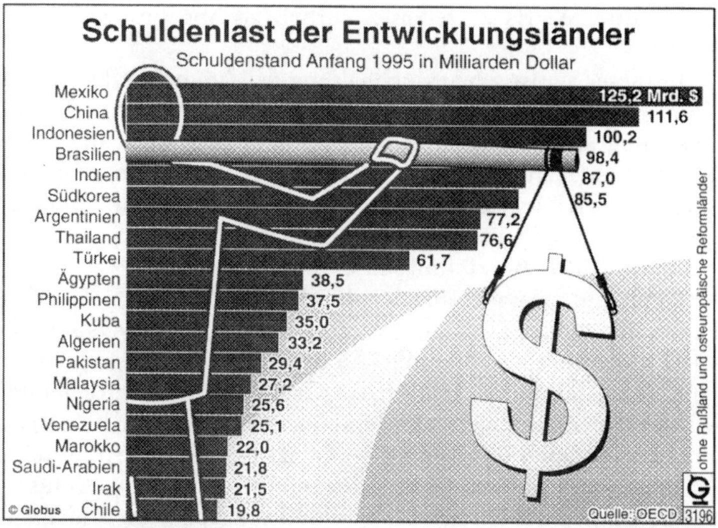

Abbildung 8: Schuldenlast der Entwicklungsländer. Schuldenstand Anfang 1995 in Milliarden Dollar
Quelle: OECD.

völkerung und teilweise sogar die Bevölkerungsmehrheit (zum Beispiel 35 Prozent in Paraguay, 44 Prozent in der Dominikanischen Republik, 51 Prozent in Ecuador, 71 Prozent in Guatemala, 76 Prozent in Haiti); von der ländlichen Bevölkerung Boliviens (circa 3,7 Millionen) gelten 80 Prozent als arm, in Honduras leben 84 Prozent der 1,9 Millionen Armen auf dem Lande. In Peru leben nach Angaben des UN-Kinderhilfswerkes UNICEF 13 Millionen der 21 Millionen Einwohner in ›extremer Armut‹; etwa ein Viertel der Kinder in den Städten und die Hälfte der Kinder auf dem Lande, insgesamt rund 1 Million, leiden unter chronischer Unterernährung. In Chile, das vielen Ökonomen als lateinamerikanischer Modellfall erfolgreicher Wirtschaftsreformen gilt, wurde 1990 über ein Drittel der Haushalte als arm klassifiziert, da ihr Einkommen weniger als das Doppelte der Kosten für Grundnahrungsmittel erreichte; 12 Prozent der Haushalte, deren Einkommen nicht einmal zur Bezahlung des Grundnahrungsmittelbedarfs ausreichte, wurden als absolut arm eingestuft.«[34]

In dieser statistischen Buchhaltung der lateinamerikanischen Armut verbergen sich mehr als 70 Millionen erwachsene Analphabeten; etwa 18 Millionen schulpflichtige Kinder, die keine Schule besuchen; 95 Millionen Menschen ohne unmittelbaren Zugang zu Trinkwasser; über 100 Millionen ohne einfachen Zugang zu Gesundheitsdiensten; an die 6 Millionen unterernährte Kinder im Alter bis zu fünf Jahren.

Dennoch, fast alle sozialen Indikatoren für Lateinamerika (Lebenserwartung, Säuglingssterblichkeit, Wasserversorgung, Ernährungsbereich, Bildungs- und Gesundheitswesen) lassen eine Verbesserung der materiellen Grundbedürfnisbefriedigung während der achtziger Jahre erkennen. Das zeigt, daß soziale Fortschritte auch ohne hohes wirtschaftliches Wachstum möglich sind, oder anders ausgedrückt: Es gibt keine direkte Kausalrelation zwischen Wirtschaftskrise und sozialen Mißständen.

Von Rom bis Rio: Die Umweltproblematik und die Grenzen des Wachstums

Zu den negativen sozialen Auswirkungen der Verschuldungskrise kommen noch die ökologischen Probleme hinzu. Sie haben in den letzten Jahrzehnten drastisch zugenommen und stoßen bei den politisch Verantwortlichen inzwischen auch auf mehr Aufmerksamkeit als früher. In den Grundsätzen der Deklaration von Rio de Janeiro aus dem Jahr 1992 etwa heißt es: »Das Recht auf Entwicklung muß so erfüllt werden, daß den Entwicklungs- und Umweltbedürfnissen heutiger und künftiger Generationen in gerechter Weise entsprochen wird. [...] Eine nachhaltige Entwicklung erfordert, daß der Umweltschutz Bestandteil des Entwicklungsprozesses ist und nicht von diesem getrennt betrachtet werden darf.« Diese Grundsätze berücksichtigen die Erkenntnisse einer seit Anfang der siebziger Jahre intensiv geführten Ökologiedebatte, die der *Club of Rome* 1972 mit seinem Bericht über die »Grenzen des Wachstums« ausgelöst hatte. Das Abschlußpapier des Umweltgipfels in Rio de Janeiro bekräftigte

1992 die Bedeutung eines »gesunden und produktiven Lebens im Einklang mit der Natur«. Der Begriff »nachhaltige Entwicklung« (*sustainable development*), der durch den ›Brundtland-Bericht‹ 1987 in die Diskussion eingeführt wurde, ist Prinzip und Strategie zugleich: eine dauerhafte und umweltgerechte Entwicklung, die »die Bedürfnisse der Gegenwart befriedigen soll, ohne zu riskieren, daß zukünftige Generationen ihre eigenen Bedürfnisse nicht mehr befriedigen können«.[35]

Nach wie vor klafft allerdings eine große Lücke zwischen politischer Rhetorik und der Umsetzung konsequenter Umweltpolitik. So werden gegen eine die Ressourcen schonende Entwicklungspolitik immer wieder zwei Argumente ins Feld geführt: »Ökologie ist ein Luxus, den sich unterentwickelte Staaten nicht leisten können!« Und: »Wirtschaftliches Wachstum und Umweltschutz sind zwei sich prinzipiell widersprechende Ziele!« Diese beiden Thesen sind das Fundament für die anhaltende Ressourcenplünderung in vielen Staaten der Dritten Welt.

Während ökologisches Bewußtsein in den meisten Industrieländern inzwischen beinahe Allgemeingut ist, setzt sich in den Ländern der Dritten Welt der Gedanke nur langsam durch, daß Umweltschutz und Ressourcenschonung auch ohne modernste Technologie und ein umfangreiches Umweltbudget möglich sind. Obwohl die Umweltverschmutzung nach wie vor größtenteils durch die hochindustrialisierten Staaten und die konsumintensiven Industriegesellschaften verursacht wird, muß eine globale Umweltpolitik genauso energisch in den weniger entwickelten Ländern ansetzen. Dort werden die Weichen für den künftigen Zustand der Erde gestellt, und Umweltschäden kommen nun einmal immer erst mit zeitlicher Verzögerung zum Tragen. In den Entwicklungsländern wird, teils aus purer Not, größtenteils aber auch wegen einer verfehlten und elitenorientierten Entwicklungspolitik, ein »Totalausverkauf« der natürlichen Ressourcen betrieben, dessen Folgen sich auch die Industrieländer nicht werden entziehen können. Im Extremfall könnte dieser »Totalausverkauf« zu einem Kollaps des globalen Ökosystems führen.[36]

Der häufig vorgebrachte Einwand, arme Länder könnten die Kosten für einen sinnvollen Umweltschutz nicht tragen, ist falsch. Zum einen gibt es vielfältige Umweltschutzmaßnahmen, die nichts oder nur sehr wenig kosten; zum anderen fallen gerade die regierenden Oberschichten in Entwicklungsländern durch eine mitunter atemberaubende Ressourcenverschwendung auf. Das dritte und entscheidende Argument aber ist, daß es gerade Ressourcenplünderung und Umweltzerstörung sind, die die Armut in der Dritten Welt langfristig verschärfen.[37] Ein großer Teil der Kosten für den Umweltschutz in Entwicklungsländern wird über die Entwicklungshilfe von den reichen Ländern der Welt getragen werden müssen. Diese Verpflichtung der Industrienationen ergibt sich schon allein aus der Tatsache, daß sie als Hauptabnehmer von Rohstoffen, die in umweltschädigender Weise gewonnen werden, für den Raubbau in der Dritten Welt zumindest mittelbar verantwortlich sind.

Welches sind nun die größten ökologischen Probleme, die den Entwicklungsländern zu schaffen machen? Auf der *United Nations Conference on Environment and Development* (UNCED), dem Rio-Umweltgipfel von 1992, kamen die dringendsten Umweltprobleme, ihre Ursachen und Folgen zur Sprache. Die Abschluß-Dokumente bezeichnen vier ökologische Problembereiche der Dritten Welt: die Vernichtung der tropischen Regenwälder Lateinamerikas; das Vordringen der Wüsten Westafrikas; die Modernisierung des primären Sektors, die zu einer rücksichtslosen Ausbeutung in Land- und Forstwirtschaft sowie im Fischereisektor führt; die Verschlechterung der Lebensbedingungen in den unkontrolliert wachsenden Elendsvierteln rund um die Metropolen der Dritten Welt.

Während in den Industrieländern vor allem die Schadstoffemissionen von Industrie und Verkehr Hauptverursacher von Umweltschäden sind, hängen zahlreiche ökologische Probleme in der Dritten Welt eng mit dem überproportionalen Bevölkerungswachstum zusammen. Viele der weniger entwickelten Länder befinden sich in einer selbstzerstörerischen Spirale: Das Bevölkerungswachstum führt dazu, daß die Besiedlung dichter wird und bis dahin unberührte Regionen erschlossen werden müssen. Die intensivere Nutzung des Raumes beeinträchtigt die Regenerationskräfte der Natur und verursacht so langfristige, häufig irreparable ökologische Folgeschäden. Die Zerstörung des natürlichen Gleichgewichts zieht auch die Landwirtschaft und damit die Versorgung der Bevölkerung mit Lebensmitteln in Mitleidenschaft. Manchmal ist eine fehlgeleitete Entwicklungshilfe selbst Hauptverursacher des Schadens. Ende der siebziger Jahre wurden in einer großangelegten Aktion beispielsweise holsteinische Rinder von Deutschland in das subsaharische Afrika exportiert, um die Proteinversorgung der Bevölkerung zu verbessern. Die deutsche Rinderrasse hatte binnen kurzem sämtliche Weideflächen abgegrast und zudem große Flurschäden an Bäumen und Sträuchern verursacht. Bereits während der ersten Dürreperiode gingen die deutschen Kühe ein. Die Lage der Bevölkerung war nach diesem Entwicklungshilfe-Projekt schlimmer als vorher. In Lateinamerika hungerten Anfang der achtziger Jahre an die 50 Millionen Menschen. Die Ursache hierfür lag unter anderem darin, daß die Verteilung von Nahrungsmitteln in dieser Region (die zu den wohlhabenderen Teilen der Dritten Welt zählt) extrem ungleich ist.

Von den über eine Milliarde Menschen, die auf der Welt in absoluter Armut leben, gehören 90 Prozent zur Landbevölkerung. Die meisten Entwicklungsländer sind inzwischen gezwungen, Getreide und Grundnahrungsmittel zu importieren.[38] Die Verschlechterung der Lebensbedingungen verstärkt ihrerseits die Suche nach wenigstens minimaler sozialer und wirtschaftlicher Absicherung. Da es in den Ländern der Dritten Welt aber zumeist keine oder nur eine unzureichende staatliche Sozialfürsorge gibt, gilt dort eine möglichst große Schar von Nachkommen immer noch als die beste Zukunftssicherung. Die verhängnisvolle Folge ist das weitere Ansteigen der Geburtenrate. Die Deklaration von Rio de Janeiro empfiehlt den Regierungen der Entwicklungsländer deshalb die Förderung einer »geeigneten Bevölkerungspolitik«, das heißt die Eindämmung ihres Bevölkerungswachstums.

Vernichtung der tropischen Regenwälder

Die Aktionen zum Schutz der Regenwälder Lateinamerikas genießen in der Weltöffentlichkeit die größte Aufmerksamkeit, wenn ökologische Probleme der Dritten Welt zur Sprache kommen. Die Urwälder des Amazonasbeckens sind als »grüne

Lunge« für den Planeten unentbehrlich. Ein Zusammenbruch dieses Ökosystems würde katastrophale Auswirkungen auf das globale Klima haben. Der überhöhte Ausstoß von Industrie- und Autoabgasen führt dazu, daß sich eine Kohlendioxid-Schicht in der Erdatmosphäre bildet, die die Sonnenstrahlen auf die Erde zurückreflektiert. Dieser »Treibhaus-Effekt« erzeugt eine Erwärmung der Erdatmosphäre. Die tropischen Regenwälder wirkten dem bislang als riesige »Filter« entgegen, weil sie der Atmosphäre viel Kohlendioxid (CO_2) entzogen. Der rapide Schwund der Wälder beeinträchtigt inzwischen diesen reinigenden Effekt: Den Anteil der Tropenwaldvernichtung am globalen Treibhauseffekt schätzte man Anfang der neunziger Jahre auf 15 bis 30 Prozent, als jeden Tag über 100 Quadratkilometer Urwald gerodet wurden. Bereits Anfang der achtziger Jahre wurden jährlich rund 4 Millionen Hektar Urwald abgeholzt; allein im Amazonasgebiet hat sich die abgeholzte Fläche zwischen 1975 und 1980 vervierfacht.[39]

Die Vernichtung der Tropenwälder trägt zur Erwärmung des Erdklimas und damit zu einer Verschiebung der Klimazonen bei. Dadurch kann es in zunehmendem Maße zu unvorhersehbaren witterungsbedingten Naturkatastrophen kommen, zu bislang unbekannten Dürreperioden oder sintflutartigen Gewitterstürmen in den gemäßigten und subtropischen Zonen, zum Ausbleiben der Regenzeit in den Trockengebieten. Die Erwärmung der Erdatmosphäre dürfte außerdem die Eisschmelze der Polarkappen beschleunigen. Das kann zu einem Ansteigen des Meeresspiegels und zu einer Überflutung weiter Küstengebiete führen. Bei einem zu erwartenden Meeresspiegelanstieg um 50 bis 100 Zentimeter in den nächsten hundert Jahren ist mit einer Überschwemmung von weltweit 350000 Kilometer Küstenlinie zu rechnen.[40] Vom Untergang bedroht wären viele Großstädte der Dritten Welt, die an der Küste liegen und die Mittel zu ihrer Sicherung nicht aufbringen könnten.

Mit dem Schwund des Tropenwaldes beschleunigt sich der Artenverlust. Jeden Tag sterben einige Tier- und Pflanzenarten aus, da ihnen die Lebensgrundlage durch Rodung entzogen wird oder ihnen bei der rapiden klimatischen Veränderung keine Zeit zur Anpassung bleibt. Vor allem die reichhaltige Tier- und Pflanzenwelt Lateinamerikas und Asiens ist durch den Eingriff des Menschen bedroht. Es wird oft übersehen, daß der Artenrückgang auch das Überleben der menschlichen Art bedrohen könnte, da die medizinische Forschung bei der Suche nach neuen Heilungsmethoden auch heute noch auf die ganze Vielfalt der Stoffe und Organismen in der Natur angewiesen ist. So ist die Erhaltung der Biodiversität nicht nur aus ethischen und ästhetischen Gründen erstrebenswert, sie bildet vielmehr eine wichtige Basis für die medizinische Forschung und die Sicherung des genetischen Pools. Der Verlust der biologischen Vielfalt – 75 bis 90 Prozent aller Arten leben in den tropischen Zonen der Erde – wird durch die Vernichtung der Regenwälder beschleunigt. In den Regenwäldern, die nur 6 Prozent der Erdoberfläche bedecken, werden bei gleichbleibendem Tempo der Abholzung bis zum Jahr 2000 vermutlich zwischen 20 und 50 Prozent aller Tier- und Pflanzenarten ausgestorben und für die medizinische Forschung verloren sein. Auch in den 400 000 Quadratkilometern Korallenriffs wird eine halbe Million Arten vermutet, die eine Vielfalt toxischer Stoffe von großer Bedeutung für die moderne Medizin produziert. Davon werden vielleicht nur einige wenige im nächsten Jahrtausend noch existieren.[41]

Die verschiedenen Umweltkonferenzen haben immerhin die Einsicht befördert, daß das ressourcenverschlingende Wirtschaftsmodell der westlichen Welt wesentlich für die globalen Probleme verantwortlich ist. Unter dem Stichwort »nachhaltige Entwicklung« wird deshalb für den Norden wie für den Süden ein neues, sozial- und umweltgerechtes Entwicklungsmodell gefordert. Für die Regenwälder wird bereits der Versuch einer Sofortlösung unternommen. Die Industrieländer erklärten sie zu »Gemeinschaftsgut« und stellten die Entwicklungsländer als Waldzerstörer an den Umweltpranger. Diese Länder reagierten empört, sprachen von »Umweltkolonialismus« und weigerten sich, Eingriffe in ihre Umweltpolitik hinzunehmen. Seit dem Umweltgipfel von Rio ist der öffentliche Streit um Verantwortlichkeiten und Rettungsstrategien zwar abgeflaut, zu einer wesentlichen Verlangsamung der Abholzung ist es bislang aber nicht gekommen.

Ausbreitung der Wüsten in Afrika

Zu den ökologischen Problemen, von denen hauptsächlich der afrikanische Kontinent betroffen ist, zählt die zunehmende Ausbreitung der Wüsten- und Steppengebiete. 400 bis 600 Millionen Tonnen Erde werden jedes Jahr aus den fruchtbaren Gebieten Westafrikas vom Wind abgetragen. Obwohl dieses Problem keineswegs neu ist – schon Platon beklagte vor über 2000 Jahren die »ständige Bodenabtragung«[42]–, so hat es doch erst durch das explosionsartige Bevölkerungswachstum der letzten Jahrzehnte alarmierende und die Aufmerksamkeit der Weltöffentlichkeit erregende Ausmaße angenommen. Den Anstoß gab auch hier der Bericht des *Club of Rome* über die ›Grenzen des Wachstums‹. Fünf Jahre danach, auf der UN-Konferenz über das Vordringen der Wüsten 1977 in Nairobi, erkannten die betroffenen Regierungen an, daß die Verödung breiter Landstriche das Ergebnis einer vielschichtigen Wirkungskette sei und daher durch Großaufforstungsprojekte allein nicht gestoppt werden könne.[43] Die von der Verwüstung am stärksten betroffene Region ist die Sahelzone in Afrika.

Dürreperioden, die in regelmäßigen Abständen auftraten, betrafen früher niemals das gesamte Sahelgebiet. Der aktuelle klimatische Wandel unterscheidet sich in seinem Ausmaß deutlich von den periodisch auftretenden regulären Dürrephasen. Er betrifft das Gebiet vom Senegal bis nach Somalia, die Trockengrenze verschiebt sich außerdem nach Süden bis an den Zairestrom (Kongo). Seit 1968 weist der Sahel ein durchschnittliches Regendefizit von 30 Prozent auf, da der natürliche Kreislauf von Regen und Verdunstung durchbrochen ist. Der humusarme Boden kann das Regenwasser nicht mehr speichern, es fließt direkt in größere Gewässer ab und ist damit für das Land verloren. Während natürliche Dürreperioden selten langfristige Schäden verursachen, da die Natur ihre Regenerationsfähigkeit dadurch nicht einbüßt, haben die durch menschliche Eingriffe verursachten Trockenzeiten weitreichende Folgen: Sie lassen keine Erholung des Bodens zu. Die irreparable Zerstörung der ariden und semi-ariden Ökosysteme durch menschliche Einflüsse beschleunigte sich in den letzten dreißig Jahren zunehmend. Schätzungen zufolge werden jedes Jahr über 6 Millionen Hektar durch Bodenerosion und Versalzung zerstört, insgesamt sind 35 Prozent der Landfläche der Erde durch Verödung gefährdet.[44]

Die Ursachen dieser Entwicklung liegen in Überweidung und Waldzerstörung. Der Raubbau wird den noch vorhandenen Waldbestand auf dem afrikanischen Kontinent bis Ende dieses Jahrtausends vernichtet haben. Die Erosionsschäden und eine drastische Verschlechterung der Bodenqualität entziehen den Menschen in der Sahelzone zunehmend ihre Lebensgrundlage. So ist die rasch anwachsende Bevölkerung gezwungen, auf der Suche nach Feuerholz auch noch die Bäume zu fällen, deren Früchte ihnen als Nahrungsgrundlage dienen und von denen die letzten Krümel fruchtbarer Erde festgehalten werden. Im Endstadium dieses Verwüstungsprozesses ist der Boden praktisch steril, Hungerkatastrophen sind unausbleiblich. 1984 war im Sahel die Lebensgrundlage von über 76 Millionen Menschen in Gefahr, weltweit lebten schon damals 600 bis 700 Millionen Menschen in von Desertifikation gefährdeten Gebieten.

Modernisierung des primären Sektors: »Grüne Revolution« und Exportproduktion

In vielen Ländern der Dritten Welt sind die Folgen der Modernisierung von Land- und Forstwirtschaft sowie der Fischerei zu einem großen Problem geworden. Die Schäden am natürlichen Gleichgewicht sind oft das Ergebnis eines fatalen Wechselspiels von außenwirtschaftlichen und innenpolitischen Abhängigkeitsverhältnissen. Edelhölzer sind für viele Entwicklungsländer wertvolle Devisenbringer. Die Forcierung der Holzexporte führt im tropischen Feuchtwald Zentral- und Westafrikas zu einer intensiveren landwirtschaftlichen Nutzung. Von 450000 Quadratkilometern westafrikanischen Feuchtwaldes rund um den Golf von Guinea sind bis heute zwei Drittel gerodet, die Struktur des noch verbliebenen Drittels ist aufgrund der selektiven Holznutzung stark verändert und arm an Werthölzern.[45] Die »Grüne Revolution« in der Landwirtschaft mit ihren technischen Neuerungen verhalf den Entwicklungsländern zweifellos zu einem kräftigen Aufschwung ihrer Exportwirtschaft. Um an die dringend benötigten Devisen zu gelangen, wurde die Landwirtschaft dort binnen weniger Jahre nahezu vollständig auf die Produktion von Exportnahrungsmitteln umgestellt. Die althergebrachten Anbaumethoden, die in aller Regel auf eine nachhaltige Nutzung der Böden ausgerichtet waren und der lokalen Bevölkerung eine gewisse Grundversorgung sicherten, wurden zugunsten ausgedehnter, ausschließlich für den Export bestimmter Monokulturen (wie zum Beispiel Erdnüsse in Tansania) aufgegeben. Die Zerstörung der natürlichen Bodenfruchtbarkeit ist hauptsächlich Folge des Modernisierungstrends in der Landwirtschaft.[46]

Die Intensivierung der landwirtschaftlichen Produktion mit gezielter Förderung sogenannter *cash-crops*, riesiger Monokulturen für den Export (Soja, Kaffee, Zuckerrohr), führt zu einem zunehmenden Einsatz von Düngemitteln, Insektiziden und Pestiziden. Die Konsequenzen sind Vergiftung und Verödung der Böden, Belastung des Grundwassers mit Schadstoffen und ein stark angestiegener Energieverbrauch in der Landwirtschaft. Der Eingriff in das ökologische Gleichgewicht hat die natürliche Regenerationsfähigkeit der Böden so stark eingeschränkt, daß landwirtschaftliche Produktion ohne Düngemittel häufig gar nicht mehr möglich ist. Die bereits erschlossenen landwirtschaftlichen Nutzflächen sind infolge intensivierter Nutzung schnell erschöpft, was fortgesetzte Neuerschließungen erforderlich macht. Zwischen 1882 und 1952 verminderte sich die weltweite Nutzlandreserve von 18 auf 2,2 Millionen Quadratkilometer; mittelfristig droht die Erschöpfung dieser Reserve.[47] Ein Beispiel hierfür ist Costa Rica, einer der Hauptlieferanten von Rindfleisch für die großen US-amerikanischen Fast-food-Ketten. Für die Rinderzucht werden immer größere Weideflächen erschlossen, um den wachsenden Herden ausreichend Nahrung zu bieten. Der ausgelaugte und schutzlose Boden versteppt, die ehemals riesigen Waldgebiete weichen immer mehr kargen wüstenähnlichen Landschaften.

Es sind beileibe nicht die internationalen Konzerne oder Exporteure allein, die die Lebensgrundlage der einheimischen Bevölkerung beeinträchtigen. Über Lizenzen und Nutzungsverträge profitieren die nationalen Eliten in der Regel kräftig mit. Deswegen ist das Interesse der Regierungen dort oft recht gering, die politische und soziale Situation der breiten Bevölkerung zu verbessern. Die Zahl der landlosen Bauern nimmt rapide zu: In Indien bebauten zu Beginn der siebziger Jahre 28 Prozent der Haushalte kein eigenes Land, 60 Prozent waren Pächter auf Landparzellen unter 10 Hektar. In Lateinamerika besaßen Kleinbauern weniger als 5 Prozent des urbaren Bodens.[48] Da afrikanische Eliten nicht auf die preisgünstige Versorgung mit Lebensmitteln verzichten wollen, wird den Sahelbauern weder Verfügungsgewalt über die Produktionsmittel noch politisches Mitspracherecht gewährt. Im Gegenteil: Die Gegensätze werden zum Teil noch gezielt verschärft; manche sprechen sogar von regelrechten »Hungerpolitiken«, die die Bevölkerung ganzer Landstriche (zum Beispiel in Äthiopien oder im Sudan) durch Aushungern gefügig machen sollen.[49]

Die ungleiche Relation der Landverteilung hat sich in den letzten Jahrzehnten noch verschärft, da für Großprojekte rücksichtslos Land enteignet wird. So haben zum Beispiel im südamerikanischen Guyana die 46000 zum größten Teil in den Regenwäldern lebenden Ureinwohner gegen Zwangsumsiedlungen, verschmutztes Wasser und zerstörte Ernten zu kämpfen, seitdem die guyanische Regierung mit fernöstlichen Rodungsgesellschaften einträgliche Abkommen zur »Nutzung« der an Werthölzern reichen Regenwälder getroffen hat.[50] Von den Einkünften profitieren in erster Linie die Regierungsclique und einige von ihr protegierte Geschäftsleute. Die in der Theorie anerkannten Landansprüche der eingeborenen Waldbewohner werden mißachtet, ihre Lebensgrundlage wird zerstört.

Am Beispiel der Tropenwaldvernichtung ist überdies zu beobachten, wie sich die Wirtschaft durch den Ressourcenraubbau selbst allmählich die Existenzgrundlage entzieht. Die Ursachen sind komplex. So ist nicht nur die extensive Nutzung des fruchtbaren Bodens für *cash-crops* – für den Export produzierte Konsumgüter wie Kaffee und Kakao – dafür verantwortlich; auch die traditionelle Anbaumethode des (Brandrodungs-)Wanderfeldbaus ist wegen des starken Bevölkerungswachstums inzwischen zu einem Problem geworden: Die gerodeten Flächen können sich in der Regel nicht mehr regenerieren, wie das bei dieser Art der Nutzung entscheidend wäre. Der Urwald fällt aber noch weiteren Entwicklungszielen zum Opfer, Großkolonisationsprojekten mit staatlichen Umsiedlungsprogrammen etwa, wie es sie in Brasilien und Indonesien gibt. Bei der Umsetzung solch nationaler Entwicklungsziele kommt es nicht nur zu planmäßig vorgenommenen Umsiedlungen aus Ballungszentren; immer größere Urwaldgebiete werden vor allem durch spontane Landnahme erschlossen. Außerdem werden nicht nur beim Plantagenanbau (Kautschuk, Kokos, Ölpalmen, Zuckerrohr, Ananas), sondern auch beim Bergbau (wie in Liberia) oder für den Bau hydroelektrischer Anlagen (Ghana, Elfenbeinküste) ausgedehnte Flächen gerodet. Hinzu kommt die selektive Rodung um des Holzes selbst willen. Da der Bestand an verwertbaren Hölzern immer weiter abnimmt, müssen für denselben Ertrag immer größere Flächen gerodet werden. Holz- und Landwirtschaft bekommen so die Folgen dieser selbstverschuldeten Qualitätsverschlechterung in Form von höheren Produktionskosten mehr und mehr zu spüren.[51]

Wesentliche Ursachen der ökologischen Schäden infolge der »Grünen Revolution« liegen allerdings auch in diesem Fall eine Schicht tiefer, denn im landwirtschaftlichen Bereich fehlen nach der Aufgabe der traditionellen Anbaumethoden ganz einfach Alternativen für eine nachhaltige Nutzung der sich verschlechternden Böden. Die meist starke Konzentration des Landbesitzes in den Händen einer kleinen Minderheit führt unter den Bedingungen der Bevölkerungsexplosion zu starken Wanderungsbewegungen und damit zu einer verstärkten Nutzung der Anbaugebiete wie auch zu ausgedehnten Neuerschließungen. Die Nutzung der Wälder ist häufig durch Gewohnheitsrechte geregelt; landwirtschaftliche, umweltpolitische und eigentumsrechtliche Regelungen sind oft widersprüchlich. Vor allem hinsichtlich der Landansprüche der eingeborenen Bevölkerung gehen die Eigentumsgarantien oft nicht über Lippenbekenntnisse hinaus. Aber selbst dort, wo klare Regelungen oder sogar Umweltgesetze vorliegen, sind Politik und Verwaltung vieler Dritte-Welt-Länder häufig nicht in der Lage oder nicht daran interessiert, die Umsetzung der Vorschriften zu überwachen.

Meeresverschmutzung und Überfischung

Die Hoffnung, das weltweite Ernährungsproblem doch noch zu lösen, richtet sich zunehmend auf eine steigende Nahrungsmittelversorgung aus dem Meer. Die Meere bedecken gut 70 Prozent der Erdoberfläche, »im Rad des Lebens stellen die Ozeane das Gleichgewicht her.«[52] Die Meere, Flüsse und Seengebiete sind Nahrungsmittellieferanten, wichtige Transportwege und Stabilisatoren des Weltklimas zugleich, sie werden zunehmend aber auch Aufnahmebecken für Industriemüll, Pestizide und Düngemittel. Hinzu kommen die Verklappungen auf hoher See. Verschmutzung und zum Teil unwiderrufliche Zerstörungen beschränken sich nicht nur auf die Küstengewässer, auch die Selbstreinigungskräfte der Hochsee werden angesichts der fortgesetzten Verseuchung durch Schwermetalle, organische Chloride, Erdöl und radioaktive Strahlung (unterseeische Atomtests) schwächer. Allein die Belastung durch Rohöl, das von Tankern abgelassen wird, beläuft sich inzwischen auf 1,5 Millionen Tonnen pro Jahr.

Das marine Ökosystem hat nicht zuletzt auch wegen der Überfischung schweren Schaden genommen. Die Fangmengen der Entwicklungsländer stiegen absolut und pro Kopf schneller als die agrarische Produktion. Trotzdem belaufen sie sich nach wie vor nur auf 30 Prozent der Fangmengen der Industrieländer. Der Fischfang hat die Unterversorgung der Bevölkerung vor allem Asiens und Afrikas nicht beseitigen können. Das liegt mit an der Rückständigkeit der dortigen verarbeitenden Industrie, die (wegen der schnellen Verderblichkeit) die Vermarktung von Frischfisch auf die Küstengebiete beschränken muß.[53] Seit Anfang der siebziger Jahre haben sich die Fangergebnisse weltweit wesentlich verschlechtert. Die meisten bekannten Fischbestände über den Kontinentalsockeln, 95 Prozent des Weltfischfangs, sind durch die übermäßige Ausbeutung bereits stark reduziert. Das trifft die Entwicklungsländer, wo Millionen Menschen von der Fischerei leben, in besonderem Maße, da Fisch dort häufig der Hauptnahrungsspender für tierisches Eiweiß ist.[54] In den Schwellenländern Lateinamerikas und Südostasiens liegen die Dinge etwas anders. Dort ist die Versorgungslage einigermaßen gut, sie könnte aber noch besser sein, sähen sich Länder wie Indonesien, Thailand und Indien, Mexiko, Peru oder Chile nicht einem gewaltigen Exportdruck ausgesetzt. Fast 70 Prozent des gesamten lateinamerikanischen Fischfangs, beispielsweise, wird als Fischmehl in die Industrieländer exportiert.[55] Die peruanischen Anchovis als einer der ehemals größten Weltfischbestände sind bereits ausgerottet, Bestände im Golf von Thailand und vor Westafrika haben sich in ihrer Zusammensetzung stark verändert.

Sinkende Lebensqualität in den Großstädten

In den Metropolen der Dritten Welt verschlechterten sich die Lebensbedingungen wegen der chaotisch und unkontrollierbar wachsenden Elendsviertel um Großstädte wie São Paulo, Mexiko-Stadt oder Buenos Aires, Neu-Delhi oder Johannesburg drastisch. Eines der drängendsten Probleme ist die Verknappung von Süßwasser, die in Verbindung mit einer Verschlechterung der Trinkwasserqualität in den großen Städten immer wieder zur Ausbreitung von zum Teil lebensbedrohlichen Seuchen führt. Typhus und Cholera, aber auch Diarrhöe und Spulwurminfektionen töten jährlich Millionen Menschen und lassen weltweit mehr als eine Milliarde erkranken. Weitere Folgen der übermäßigen Wasserentnahme sind Versalzung und Schäden an Abwasserkanälen und Straßen, wie sie zum Beispiel in Mexiko-Stadt zu beobachten sind.[56]

Auch die Luftverschmutzung ist zu einem großen Problem geworden. In den Metropolen der Erde überschreitet die Verunreinigung der Luft mit Schwebeteilchen, Blei und Schwefeldioxid die gesundheitlich unbedenklichen Grenzwerte bei weitem. So entspricht der jährliche Schadstoffausstoß von Mexiko-Stadt – in den neunziger Jahren die Stadt mit den meisten Einwohnern – mit 650000 Tonnen dem Gewicht von 10 Millionen Menschen![57] Hauptursachen dieser Verschmutzung sind Energieverbrauch, Kraftfahrzeugverkehr und Emissionen der Industrie. Schätzungen des Weltentwicklungsberichts zufolge werden die Emissionen von Hauptschadstoffen bei Befriedigung des »projektierten Wachstums der Nachfrage nach Verkehrsleistung und Elektrizität mit der gegenwärtig angewandten Technologie« bis zum Jahr 2030 etwa um das Fünf- bis Elffache zunehmen.[58]

Schwere gesundheitliche Schäden verursachen zudem die völlig ungenügende Abwasser- und Müllentsorgung sowie die chaotischen Verkehrsverhältnisse. Obwohl in Städten wie Caracas, Santiago, Buenos Aires, São Paulo und Rio de Janeiro die Müllabfuhrquoten 91 bis 99 Prozent betragen, ist diese Entsorgungsrate doch ungleich verteilt; und so bleiben offene Schuttabladeplätze und unkontrollierte Müllkippen in den Elendsvierteln nach wie vor die Hauptmethode der »Beseitigung«. Hinzu kommt der illegale Handel mit hochtoxischem Müll, mit gefährlichen Pestiziden und Chemikalien, die wegen ihrer Umweltschädlichkeit in den Industrieländern verboten sind. Zur Beschaffung der dringend benötigten Devisen, manchmal auch in Unkenntnis der Folgeschäden betreiben die Regierungen der Entwicklungsländer häufig gefährliche Geschäfte.

Insgesamt sind die »Gesundheitseffekte der Verseuchung der Luft, des Wassers und des Bodens mit gefährlichen Abfällen [...] in einigen Fällen erwiesenermaßen schwerwiegend, und neue Verbindungen, vielleicht mit ungeprüften potentiellen Auswirkungen auf den Zustand der Umwelt, werden permanent entwickelt«.[59] Diese Verschmutzung erstreckt sich vornehmlich auf die Ballungsgebiete rund um die großen Städte. Ökologische Folgeschäden werden inzwischen aber auch aus entlegeneren Regionen gemeldet. So hat die Verschmutzung der Seen und Flüsse im mexikanischen Bundesstaat Veracruz inzwischen solche Ausmaße erreicht, daß die Belastung mit Quecksilber, Zyanid und Öl dort schon nahe an die Sättigungsgrenze gelangt ist.[60]

Eine weitere Folge des Urbanisierungsprozesses in Entwicklungsländern ist der rasche Anstieg des Energieverbrauchs, ein Schlüsselsektor der urbanen Entwicklung.[61] Da sich die Volkswirtschaften der Dritten Welt bemühen, möglichst die Produktions- und Konsumstrukturen der Industrieländer zu erreichen, haben der Energieverbrauch, aber auch die damit verbundenen Umweltschäden in den letzten Jahrzehnten exponentiell zugenommen. Trotzdem beläuft sich der Energieverbrauch der Entwicklungsländer, die 54 Prozent der Gesamtbevölkerung stellen, nach wie vor auf nur 13 Prozent des weltweiten Energieverbrauchs.[62]

In den Entwicklungsländern ist die Hauptenergiequelle nach

wie vor die Biomasse: 35 Prozent des Energiebedarfs privater Haushalte werden durch das Verbrennen von Holzkohle, Brennholz oder Viehdung gedeckt. Dahinter rangieren Kohle, Öl und Gas, während Wasserkraft nur 6 Prozent, Kernkraft 1 Prozent des Energieverbrauchs decken.[63] Mit der Industrialisierung ändern sich jedoch die Konsumstrukturen und damit die Nachfrage nach spezifischen Energiequellen; wer Strom für das Fernsehgerät braucht, wird ihn nicht durch das Verbrennen von Feuerholz bekommen. Daher liegt der entscheidende Ansatzpunkt für die Entwicklungszusammenarbeit darin, von den traditionellen Energiequellen möglichst direkt auf schadstoffarme und weniger umweltbelastende Alternativen überzugehen, und nicht die Fehler der Industrieländer zu wiederholen.

Die Energieversorgungslage innerhalb der Gruppe der Entwicklungsländer variiert stark. Der gewerbliche Energieverbrauch in den jungen Industrienationen Südostasiens beispielsweise steigt schnell. Diese Staaten verfügen aber kaum über eigene Ressourcen. Daneben gibt es Entwicklungsländer in Nordafrika oder Mittelamerika, die zwar über reichlich Energieressourcen verfügen, diese aber nicht produktiv nutzen können, weil sie mit gravierenden sozialen und wirtschaftlichen Problemen zu kämpfen haben, die den Aufbau einer modernen Energiewirtschaft verhindern. Insgesamt gesehen wird der Energieverbrauch der Entwicklungsländer künftig stark ansteigen. Möglicherweise liegt für Entwicklungs- wie für Industrieländer in der Solarenergie die einzige längerfristige Perspektive umweltverträglicher Energiewirtschaft.[64] Eine weitere Alternative ist die Bio-Energie, die kein fremdes technisches *know-how* und nur einen geringen Kapitaleinsatz erfordert. So ersetzt der aus Zuckerrohr gewonnene Brennstoff Äthanol seit Mitte der achtziger Jahre über 50 Prozent des Benzins. Die Einführung neuer Energietechniken ist in erster Linie eine Frage der Akzeptanz durch die Bevölkerung und erst in zweiter Linie ein Problem der technischen Umsetzung. Die Umstellung erfordert oftmals den Bruch mit vertrauten Gewohnheiten. Die traditionelle Arbeitsteilung brachte zum Beispiel in einem Dorf in Indien ein Energieprojekt mit Biogas fast zum Erliegen: Die Männer weigerten sich, die Anlage mit dem erforderlichen Biomüll zu versorgen, als sie erfuhren, daß der gewonnene Strom zum Kochen verwendet würde – Begründung: Kochen sei Frauenarbeit. In anderen Kulturen wird dem Rauch des Feuers eine magische und reinigende Wirkung zugeschrieben. Dort ist die Umstellung auf alternative Wärmequellen mit rationalen Argumenten allein nur schwer herbeizuführen.

Ökopolitische Leitbilder und Entwicklungsziele

Die Kernaussage der Rio-Deklaration von 1992 ist das Recht auf nachhaltige Entwicklung. Eine notwendige Voraussetzung hierfür ist die Bekämpfung der Armut in der Dritten Welt. In diesem Sinne wird in der Deklaration ein ausgewogenes Nord-Süd-Verhältnis zwischen den Lebensstandards gefordert und den besonderen Bedürfnissen der Entwicklungsländer Rechnung getragen. Wichtige Punkte sind die Anerkennung der staatlichen Souveränität über die nationalen Ressourcen ebenso wie die Verantwortung aller für den Schutz der Umwelt. Hier zeigt sich der Zwiespalt, in dem sowohl Entwicklungs- als auch Industrieländer stecken. Die einseitige Abhängigkeit in der Kolonialzeit hat bei den Regierungen vieler Staaten der Dritten Welt ein tiefes Mißtrauen gegen Eingriffe von außen hervorgerufen. Der Vorwurf einer unerlaubten Einmischung in die inneren Angelegenheiten eines Landes ist schnell zur Hand, oft zu Recht und wohlbegründet, dient doch die Entwicklungshilfe mitunter, zumindest indirekt, Interessen der Geberländer. Häufig benutzen die Eliten der Dritten Welt dieses Argument aber auch, um vom eigenen Unvermögen bei der Lösung interner Probleme abzulenken.

Für den Schutz der Regenwälder gibt es seit längerem eine Reihe von Konzepten, beispielsweise das Tropenwald-Aktionsprogramm (TFAP) und das Internationale Tropenholzabkommen (ITTA), die beide Möglichkeiten zur Finanzierung von Umweltschutz in der Dritten Welt aufzeigen. Es treten hier freilich Probleme zutage, die sich auf die meisten anderen Umweltbereiche übertragen lassen. Das Tropenwald-Aktionsprogramm wurde von der Welternährungsorganisation (FAO), dem Entwicklungsprogramm der Vereinten Nationen, dem *World Resources Institute* und der Weltbank erarbeitet und 1986 verabschiedet. Es gilt als das wichtigste internationale Instrument, auch wenn es wegen seiner Orientierung an den Interessen der Forstwirtschaft und dem hohen Maß an Freiwilligkeit, auf das es setzt, heftig kritisiert wird. Grundgedanke des Programms ist das »Konzept der nachhaltigen Nutzung«. Dabei sollen durch selektiven Holzeinschlag der Zuwachs und die Verjüngung vor allem von Nutzholzarten gesteigert werden. In der Theorie dient das Tropenwald-Aktionsprogramm dem Schutz der Wälder und dem Nutzen der Menschen. Für einen wirklich effektiven Waldschutz fehlt es dem Programm aber vielerorts sowohl an durchdachten Projekten als auch an den nötigen administrativen Strukturen, um seine Umsetzung zu kontrollieren. Faktisch hat sich die Waldzerstörung im Schatten des Tropenwald-Aktionsprogramms zum Teil sogar noch beschleunigt. Seine Schwächen konnten bislang nicht behoben werden. Der Plan gilt als typisches Beispiel für ein internationales Programm, das trotz eines sinnvollen Leitgedankens wegen unklarer Zielvorgaben und mangelnder Umsetzung genau das Gegenteil des gewünschten Effekts erreicht.

Daß sich Ökologie und Wirtschaftlichkeit durchaus miteinander verbinden ließen, zeigen die Abschlußdokumente von Rio an vielen Stellen. Hinsichtlich der Erhaltung der Biodiversität ist zum Beispiel ausdrücklich der Schutz *und* die nachhaltige Nutzung des natürlichen Genpools vor Ort Prinzip, wobei »die Grundvoraussetzung für die Erhaltung der biologischen Vielfalt darin besteht, die Ökosysteme und natürlichen Lebensräume in situ zu erhalten und lebensfähige Populationen von Arten in ihrer natürlichen Umgebung zu bewahren und wiederherzustellen«.

Neben den offiziellen internationalen Gremien, wie etwa dem Umweltschutzprogramm der Vereinten Nationen oder der FAO (ihre Hauptaufgabe ist die Verbesserung der Ernährungslage der Dritten Welt über eine Steigerung der landwirtschaftlichen Produktivität), gibt es eine Reihe von Nicht-Regierungsorganisationen, allen voran der *World Wildlife Fund* (WWF), die seit Anfang der achtziger Jahre großangelegte Tropenschutzprogramme betreiben.[65] Das Hauptproblem aller Umweltschutzprogramme ist ihre Finanzierung. Nach Angaben der Weltbank liegen die Ausgaben für Naturschutz derzeit weltweit bei 6 bis 8 Milliarden US-Dollar. Davon bringt die Bundesrepublik Deutschland ungefähr 14 Prozent auf. Vor allem die Nicht-Regierungsorganisationen haben aber permanent mit Finanzierungsschwierigkeiten zu kämpfen. Deswegen sind sie gezwungen, neben der traditionellen Spendenaquisition auch neue Finanzierungsinstrumente zu entwickeln.

Aus der langen Liste der Finanzierungsinstrumente ist das Konzept der *debt-for-nature swaps*, das heißt die Möglichkeit einer Umwandlung von Schuldtiteln in Umweltschutzinvestitionen, besonders interessant. In der Diskussion über die Finanzierung umweltpolitischer Maßnahmen wird zunehmend gefordert, dabei auch die an die Umweltzerstörung gekoppelten Probleme der Entwicklungsländer, insbesondere die Verschuldung, zu berücksichtigen: »Die verschuldeten Länder haben mehr getan als nur Geld zu leihen – sie haben dafür ihre Zukunft und die Natur als Pfand eingesetzt. Die Umwelt ist zwar ein kaum beachtetes Opfer der Schuldenkrise in der Dritten Welt, aber eines Tages werden wir alle für die Schäden bezahlen müssen, die dem Ökosystem durch die Verschuldung zugefügt werden.«[66] Verschuldung und Umweltzerstörung hängen zweifach zusammen: Zum einen werden mit den Krediten oftmals umweltgefährdende Großprojekte finanziert, zum anderen bedienen die Entwicklungsländer ihre Schulden oft über einen Ausverkauf ihrer natürlichen Ressourcen.

Aus diesen Gründen werden Formen der Entwicklungshilfe gesucht, die unterschiedliche Entwicklungsziele verbinden und auf diese Weise unerwünschte Folgewirkungen vermeiden können. Das Beispiel der *debt-for-nature swaps* ist auch deswegen so aufschlußreich, weil daran die Chancen und Schwächen der Finanzierungsinstrumente einer ökologischen Entwicklungshilfe verdeutlicht werden können. Den Ablauf eines *debt-for-nature swap* zeigt die Graphik auf Seite 92.

Die *debt-for-nature*-Vereinbarungen funktionieren im Grunde recht einfach: Eine Umweltorganisation aus einem Gläubigerland kauft bei einer oder mehreren Geschäftsbanken Schuldentitel eines Tropenwaldlandes; finanziert wird diese Transaktion über Spendengelder, zum Teil sogar von den Gläubigerbanken selbst.

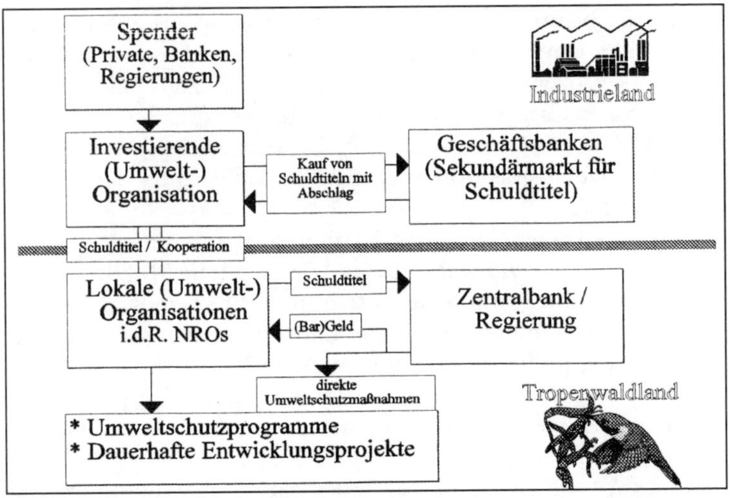

Abbildung 9: Das Funktionieren eines *debt-for-nature swap*
Quelle: Dirk Kloss, Umweltschutz und Schuldentausch. Frankfurt am Main 1994, S. 91.

Der nominelle Wert der Schuldentitel wird dabei um einen Abschlag vermindert, der das Rückzahlungsrisiko ausgleichen soll – meistens ist die Schuldentilgung wegen der wirtschaftlichen Situation des Schuldnerlandes wenig wahrscheinlich. Die erworbenen Schuldentitel werden mit der Schuldnerregierung gegen Umweltschutzinvestitionen getauscht. Auf diese Weise kann das Tropenwaldland einen Teil seiner Auslandschulden zu einem wesentlich geringeren Betrag tilgen und stellt im Gegenzug einer Umweltschutzorganisation vor Ort Finanzmittel (bar oder in Form von Staatsanleihen) in der Landeswährung zur Verfügung – oder die Regierung verpflichtet sich zu Umweltschutzmaßnahmen wie der Ausweisung neuer Naturschutzgebiete oder der Durchsetzung von Umweltbestimmungen. Der Betrag, den die lokalen Umweltschutzgruppen schließlich zur Verfügung haben, übersteigt die für den Kauf der Schuldtitel benötigte Summe um ein Vielfaches. So profitieren im Endeffekt alle Beteiligten: Die Gläubigerbanken erhalten auf diesem Weg wenigstens einen Teil ihrer Forderungen zurück, die Umweltschutzorganisationen können mehr Projekte finanzieren, und für die Schuldnerregierung kommt der *debt-for-nature swap* einem Schuldenerlaß gleich, da sie die getauschten Schulden in Landeswährung und meist in langfristigen Anleihen ohne neue Zinsen abzahlen kann.

Die Gruppe der am höchsten verschuldeten Länder deckt sich weitgehend mit den Tropenwaldländern. Das sind zum einen die größtenteils bei Privatbanken verschuldeten Länder Lateinamerikas, zum anderen die überwiegend bei internationalen Finanzinstitutionen in der Kreide stehenden Staaten südlich der Sahelzone. Ein hoher Prozentsatz der Gesamtschuld entfällt auf Argentinien, Brasilien und Mexiko.[67] Lateinamerika bot sich als Experimentierfeld für die *debt-for-nature swaps* aufgrund seiner Verschuldungsstruktur an, da die *swap*-Geschäfte Schuldtitel von Geschäftsbanken umwandeln. Der erste *debt-for-nature swap* wurde 1987 zwischen einer privaten US-Stiftung und der bolivianischen Regierung über 650000 US-Dollar vereinbart; weitere folgten mit anderen Ländern Lateinamerikas (Ecuador, Costa Rica, Peru), den Philippinen und afrikanischen Staaten (Sudan, Madagaskar, Senegal). Zwischen 1990 und 1994 wurden insgesamt Schuldtitel mit einem Nominalwert von 123,12 Millionen US-Dollar über *debt-for-nature swaps* in Umweltinvestitionen, etwa die Ausweisung neuer Wildreservate in Bolivien oder die Einrichtung des Nationalen Instituts für Biodiversität in Costa Rica, umgewandelt. Auch Informationsveranstaltungen und Weiterbildungsprogramme wurden auf diese Weise finanziert. Eine wesentliche Schwäche dieses Konzeptes ist es, daß sein Erfolg vom guten Willen aller Beteiligten abhängt. Namentlich das Sanktionspotential von Nicht-Regierungsorganisationen ist viel zu gering, wenn sich herausstellt, daß die Zahlungsmoral einer Schuldnerregierung nachläßt (das ist die Regel) und sie ihren Verpflichtungen bei der Umsetzung von Umweltschutzprojekten nicht nachkommt. Doch selbst wenn der gute Wille da ist, sind die Regierungen in Krisenzeiten gezwungen, ihre Budgets so zu beschneiden, daß sie die vereinbarten Zahlungen nicht leisten können.

Probleme wie diese lassen sich gut am Beispiel des *Beni Biosphere Reserve* demonstrieren, dessen Einrichtung Gegenstand des ersten *debt-for-nature swap* mit Bolivien war. Dieses Regenwald- und Savannengebiet im amazonischen Tiefland war aufgrund seiner außergewöhnlich vielfältigen Flora und Fauna 1982 als geschützte Zone ausgewiesen worden. Mit dem *debt-for-nature swap* sicherte die bolivianische Regierung 1987 die Schaffung von vier zusätzlichen angrenzenden Pufferzonen zu, mit denen das Reservat auf insgesamt fast 31 700 Quadratkilometer ausgedehnt werden sollte.[68] Schon bei den Verhandlungen im Vorfeld wie auch später traten bei der Umsetzung neben rein finanztechnischen Problemen mannigfache weitere Schwierigkeiten auf. Regierung und Öffentlichkeit in Entwicklungsländern reagieren sehr sensibel auf Eingriffe in ihre nationale Souveränität, und genau aus diesem Grunde fanden die *debt-for-nature swaps* in der bolivianischen Presse zunächst ein sehr negatives Echo. Erst eine intensive Öffentlichkeitsarbeit der Nicht-Regierungsorganisationen konnte die meisten Befürchtungen ausräumen und Bevölkerung wie Regierung von den Vorteilen dieses Tauschgeschäftes überzeugen.[69] Die bei der Durchführung der Projekte auftretenden Probleme entstanden hauptsächlich aus Interessenkonflikten der Nicht-Regierungsorganisationen mit der (Holz-)Wirtschaft einerseits und den Bewohnern der betroffenen Gebiete andererseits. So vergab die Regierung Boliviens noch während der Vorverhandlungen an sieben Holzfirmen Nutzungslizenzen, die sich auf Waldgebiete innerhalb der künftigen Pufferzonen erstreckten. In diesen Wäldern hat sich der Einschlag ungeachtet ihrer Ausweisung als Naturschutzzone verdoppelt; die von den Steuereinkünften abhängige Regierung hat kein wirksames Druckmittel gegenüber der Holzindustrie.[70]

Obwohl die *debt-for-nature swaps* nur einen marginalen Beitrag zur Bewältigung der Schuldenkrise der Dritten Welt leisten – dieses Konzept ist auf private Initiative und private Banken begrenzt –, besteht doch die Hoffnung, daß sich damit einiges zugunsten der Umwelt bewegen läßt. Positiv wirken die *debt-for-nature swaps* schon allein dadurch, daß sie die Verhandlungsbereitschaft der Gläubigerländer erhöhen, die Lösung drängender globaler Probleme in Kooperation mit den Entwicklungsländern in Angriff zu nehmen. Der entscheidende Impuls zur dauerhaften Verbesserung der Lebensbedingungen kann freilich nur von einem grundlegenden Einstellungswandel sowohl in den Entwicklungs- als auch in den Industrieländern ausgehen.

Mit der Erkenntnis, daß es »Grenzen des Wachstums« geben könnte, wurde eine breite Öffentlichkeit erstmals 1972 konfrontiert. Der gleichnamige Bericht des *Club of Rome* alarmierte und löste heftige Debatten aus. Dabei war nicht umstritten, daß nichterneuerbare Ressourcen wie Erdöl, Kohle, Erze, Mineralien eines Tages erschöpft sein würden, sondern vielmehr die Frage, wo diese Grenzen genau lägen. Zwanzig Jahre später legten dieselben Autoren ihre Studie ›Die neuen Grenzen des Wachstums‹ vor. Sie stellten darin fest, daß inzwischen »die Nutzung zahlreicher Ressourcen und die Akkumulation von Umweltgiften bereits die Grenzen des langfristig Zuträglichen überschritten« haben. Trotzdem werde dieses Thema wegen des darin enthaltenen politischen Zündstoffs immer noch ungern angesprochen. Im Juni 1992 erreichte diese Debatte auf dem UNO-Gipfel in Rio de Janeiro die politische Weltbühne. Im Vordergrund stand dabei allerdings weniger die Endlichkeit nichterneuerbarer Ressourcen als vielmehr die Erkenntnis, daß es auch für erneuerbare und bislang für unerschöpflich gehaltene Ressourcen Grenzen gibt: Luft, Wälder, Böden, Wasser – die Lebensgrundlagen der Menschheit.

Aufsteiger und Absteiger: Schwellenländer und Vierte Welt

Vor den historischen Umbrüchen 1989/90 waren für die Entwicklungsländer und ihr Verhältnis zur Ersten und Zweiten Welt außenpolitische Interessen und der Ost-West-Gegensatz entscheidende Faktoren. Großzügige Hilfe wurde oft mit politischen Forderungen erkauft, der Machtgegensatz zwischen den USA und der Sowjetunion bestimmte die Einflußsphären im Süden maßgeblich. Nach dem Zerfall der Sowjetunion mußten Länder wie Kuba oder Vietnam schmerzlich das Ausbleiben von Entwicklungshilfe und finanzieller Unterstützung erfahren. Bereits in den achtziger Jahren hat sich angedeutet, was Mitte der neunziger Jahre offen zutage liegt: Keine der Organisationen der Dritten Welt hatte jemals entscheidenden Einfluß erringen können. Der zunehmende Differenzierungsprozeß innerhalb der Dritten Welt beschleunigte sich durch die Verschuldungskrise der achtziger Jahre und die sozio-ökonomische Auseinanderentwicklung in »Verlierer«- und »Gewinner«-Staaten. Die Dritte Welt spaltete sich in Wachstums- und Krisenregionen, wobei die überwiegende Mehrheit der Entwicklungsländer in Rezessionen schlitterte und sich den entwicklungspolitischen Vorgaben der Weltbank und des IWF anpassen mußte. »Strukturanpassung« wurde zum magischen Schlüsselbegriff der internationalen Organisationen. Der Aktionsspielraum der Dritten Welt hat sich in den neunziger Jahren durch Verschuldung, den dramatischen Verfall der Rohstoffpreise und das Ende des Ost-West-Gegensatzes ohnehin drastisch verringert. Die Bedingungen des Weltmarktes und die Vorgaben zur »Strukturanpassung« engen den Spielraum für eine eigenständige nationale Wirtschaftspolitik zusätzlich ein. Angesichts der eigenen wachsenden Arbeitslosigkeit finden sich die OECD-Länder außerdem immer weniger dazu bereit, ihre Entwicklungsleistungen zu erhöhen. Auch die Zielrichtung der Hilfe hat sich geändert: Bevorzugte Empfängerländer sind seit den neunziger Jahren die Staaten im Osten, während der Süden zunehmend in Vergessenheit gerät.

In ihrem Bericht ›Global Economic Prospects and the Developing Countries 1996‹ warnt die Weltbank vor einer weiteren Auseinanderentwicklung innerhalb der Dritten Welt. Der ungenügend voranschreitende Integrationsprozeß mancher Länder ziehe Disparitäten nach sich und drohe zu einer »permanenten Lücke« zwischen den sich schnell öffnenden Volkswirtschaften und den langsameren zu führen. Die Lücke zwischen den »Erfolgreichen« und den »Verlierern« in der Dritten Welt ist jedoch kein neues Phänomen; bereits in den sechziger Jahren war eine zunehmende wirtschaftliche Differenzierung zwischen den Entwicklungsländern zu beobachten. Heute steht fest: Einer exklusiven Gruppe von Schwellenländern mit konstant hohem Wirtschaftswachstum über drei Jahrzehnte hinweg steht eine große Gruppe marginalisierter Staaten der Vierten Welt gegenüber, gewissermaßen die Dritte Welt in der Dritten Welt. Der amerikanische Historiker Paul Kennedy beschrieb 1993 den Unterschied innerhalb der Dritten Welt in seinem vielbeachteten Buch ›Preparing for the Twenty-First Century‹ so:[71] »Nichts illustriert den wachsenden Unterschied zwischen den Entwicklungsländern besser als die Tatsache, daß etwa Südkorea in den sechziger Jahren ein durchschnittliches Pro-Kopf-Einkommen in der gleichen Höhe wie Ghana besaß (230 Dollar), während es heute zehn- bis zwölfmal so reich ist. Beide Länder verfügten über eine vorwiegend agrarisch dominierte Wirtschaft und brachten mehr als ein halbes Jahrhundert unter Kolonialregimen zu [...]. Jahrzehnte später befinden sich die westafrikanischen Staaten nach wie vor unter den ärmsten Ländern der Erde [...], während Korea zu den reichsten aufgerückt ist. Das unter den reichsten Ländern der Erde auf Rang dreizehn liegende Korea schickt sich sogar an, im 21. Jahrhundert eines der vermögendsten Länder überhaupt zu werden, während die Staaten Westafrikas sich zumindest kurzfristig einer von chronischer Armut, Unterernährung, mangelnder Gesundheitsfürsorge und Unterentwicklung geprägten Zukunft ausgesetzt sehen. Schließlich ist Koreas steigender Wohlstand mit einem sinkenden Bevölkerungswachstum verbunden, während die meisten afrikanischen Länder mit einer Bevölkerungsexplosion konfrontiert sind, die jegliches Wirtschaftswachstum aufzehrt.«

Der von Kennedy gezogene Vergleich macht mehrere Entwicklungen deutlich. Die Dritte Welt wies vor allem in den siebziger und achtziger Jahren wirtschaftlich unterschiedliche Entwicklungsverläufe auf. Einige Regionen in Asien prosperierten, während sich Afrika, Teile Lateinamerikas und Südasien wachsenden Problemen gegenüber sahen. Die globale Wirtschaftsentwicklung der neunziger Jahre verstärkte die Auseinanderentwicklung des Südens zusätzlich. Drei »Megatrends« in der Weltwirtschaft beeinflussen die Entwicklung des Südens und das Verhältnis von Entwicklungs-, Schwellen- und Industrieländern entscheidend: der zunehmende globale Wettbewerb zwischen den drei weltwirtschaftlichen Supermächten USA, Europäische Union und Japan (die berühmte »Triade«); der Zusammenbruch der sozialistischen Planwirtschaften und damit zunächst das Versagen aller »Alternativmodelle« zur Marktwirtschaft; eine enorme Verschärfung des Einkommensgefälles zwischen den reichen Industriestaaten und der Vierten Welt.

Eingebettet in die jeweiligen weltwirtschaftlichen Trends schicken sich die südostasiatischen »Tigerstaaten« Südkorea, Taiwan, Hongkong und Singapur – gefolgt von einer zweiten Gruppe von asiatischen Ländern – an, zu den Industriestaaten der Ersten Welt aufzurücken.

Auch lateinamerikanische Länder scheinen, wenn auch unterbrochen durch die Schuldenkrise der achtziger Jahre und die »Mexiko-Krise« 1994, ihren erfolgreichen Aufholprozeß fortzusetzen. Eine Sondergruppe bilden die bevölkerungsarmen Ölstaaten, die sich aufgrund ihres Ressourcenreichtums in die Gruppe der reichsten Länder katapultierten. Im Gegensatz zu den Aufsteigern und den Ölstaaten stehen die Länder der Vierten Welt. Sie konzentrieren sich vorwiegend in den afrikanischen Gebieten südlich der Sahara, in Südasien und in Lateinamerika und sind oft von absoluter Armut, Hunger- und Dürrekatastrophen, Bürgerkriegen und Despotie gezeichnet. Dem Weltentwicklungsbericht von 1995 zufolge[72] haben die 45 ärmsten Mitgliedstaaten der Vereinten Nationen mit einer Gesamtbevölkerungszahl von über einer Milliarde Menschen (ohne China und Indien) für die Jahre zwischen 1980 und 1993 eine gesamtwirtschaftliche Wachstumsrate von durchschnittlich lediglich 0,1 Prozent aufzuweisen. Die Lebenserwartung dort beträgt im Durchschnitt 56 Jahre, fast die Hälfte der Bevölkerung sind Analphabeten. Vor allem die Staaten südlich der Sahara mußten in den siebziger und achtziger Jahren einen enormen Rückschlag hinnehmen: In dieser Region absoluter Armut sank das Pro-Kopf-Einkommen zwischen 1977 und 1985 um 15 Prozent.

Insgesamt hat sich die Kluft zwischen Arm und Reich im 20. Jahrhundert nicht verringert: In der zweiten Hälfte des Jahrhunderts stieg das Welteinkommen, gemessen am realen Bruttoinlandprodukt, um das Fünffache, das Pro-Kopf-Einkommen um das Dreifache. Davon profitierten vorwiegend die Reichen. Lag das Einkommensverhältnis zwischen den jeweils reichsten und ärmsten 20 Prozent der Weltbevölkerung 1960 noch bei 30:1, so verschlechterte es sich bis 1991 auf 61:1. Im gleichen Zeitraum steigerten die reichsten 20 Prozent ihren Anteil am Weltbruttosozialprodukt von 70 auf 85 Prozent, während die ärmsten 20 Prozent einen Rückgang ihres ohnehin verschwindend kleinen Anteils von 2,3 auf 1,4 Prozent hinnehmen mußten.[73]

Aufsteiger in die Erste Welt: Schwellenländer

Während viele Staaten in der Dritten Welt einen wachsenden Verelendungsprozeß durchlaufen, mit steigenden Bevölkerungszahlen zu kämpfen haben und, wie Ruanda oder Liberia, zudem durch ethnische Konflikte und Bürgerkriege in ihrer Entwicklung weit zurückgeworfen werden, durchlief eine relativ kleine Gruppe von Staaten in rasanten Wachstumsschüben über Jahrzehnte hinweg einen äußerst erfolgreichen Entwicklungsprozeß. Diese als *Newly Industrialising Countries*, neuerdings auch als *Newly Industrialising Economies* bezeichneten Staaten – im deutschen Sprachgebrauch *Schwellenländer* – haben in den neunziger Jahren mit ihrem durchschnittlichen Pro-Kopf-Einkommen bereits zu einigen OECD-Staaten aufgeschlossen; sie liefern den etablierten Industrienationen des Westens und Japan einen harten Konkurrenzkampf auf den Weltmärkten. Der Aufholprozeß verlief in beispielloser Geschwindigkeit: Nach Angaben der Weltbank brauchte Großbritannien ein halbes Jahrhundert, um in der Hochindustrialisierung seinen Output zu verdoppeln, die Vereinigten Staaten schafften es in 47 Jahren, Japan benötigte etwa 34 Jahre, Brasilien schaffte es zwischen 1961 und 1979 in achtzehn Jahren. Die absoluten Rekordwerte aber wurden in Asien erreicht: Korea verdoppelte seine Wirtschaftsleistung zwischen 1966 und 1977, China realisierte das sogar binnen zehn Jahren (1977–1987).

Schon in den sechziger Jahren löste sich eine kleine Gruppe von Staaten aus dem großen Block der Entwicklungsländer. Es begann ein industrieller Transformationsprozeß, der die »nachholende Entwicklung« gegenüber den Industriestaaten möglich machte. Das traditionelle Konzept der weltweiten Arbeitsteilung zwischen Nord und Süd, gekennzeichnet durch den Fertigwarenexport in die Entwicklungsländer und den Import von Rohstoffen aus diesen Staaten, wurde durch den Anstieg des Fertigwarenexports aus den *Newly Industrialising Economies* in Frage gestellt. Der Wandel wird besonders deutlich, wenn man sich vor Augen führt, daß die vier asiatischen Schwellenländer der ersten Generation noch zu Beginn der siebziger Jahre nur 1 Prozent des Welthandels an Hochtechnologieprodukten bestritten, 1990 jedoch schon nahezu 10 Prozent. Höchst bemerkenswert ist der Erfolg in Sparten wie Computerbauteilen und Automobilbau (Südkorea). Von 1950 bis 1990 stieg der Anteil aller Entwicklungsländer am Welthandel mit Fertigwaren von 5,5 auf 15,9 Prozent, ohne die wirtschaftlichen Erfolge der vier »Tigerstaaten« hätte dieser Anteil aber nur bei 5,8 Prozent gelegen.

Erste große Aufmerksamkeit erfuhr das Phänomen der Schwellenländer 1979. Damals sprach die OECD zehn Staaten den Status von Schwellenländern zu. Danach entsprachen in Europa Griechenland, Spanien, Portugal und Jugoslawien, in Lateinamerika Brasilien und Mexiko sowie Singapur, Hongkong, Südkorea und Taiwan in Asien den Schwellenland-Kriterien. Eine international einheitliche Definition von *Newly Industrialising Economies* wurde zwar nicht gefunden, generelle Kennzeichen sind jedoch ein überdurchschnittliches und exportorientiertes Wachstum des Bruttoinlandprodukts; ein wachsender Grad an Industrialisierung, die ihre Wettbewerbsfähigkeit durch einen ständig steigenden Weltmarktanteil an den Exporten beweist; ein hoher Anteil der verarbeitenden Industrie am Bruttoinlandprodukt; ein überdurchschnittliches Wachstum des Pro-Kopf-Einkommens bei gleichzeitig sinkendem Bevölkerungswachstum; ein wachsender Anteil der Industriegüter an den Exporten; eine konsequente Ausnutzung von Nischen auf dem Weltmarkt.

Zu Beginn der achtziger Jahre erweiterte die OECD ihre Liste von Schwellenländern um die zweite Generation von sogenannten *second-tier developing countries*, die vor allem ihr Ausfuhrvolumen mit überdurchschnittlichem Exportwachstum erhöhen. Dieser Gruppe gehörten Chile, Haiti, Indonesien, Jordanien, Macao, Malta, Malaysia, Marokko, Mauritius, Peru, Philippinen, Sri Lanka, Thailand, Tunesien, Uruguay und Zypern an. Das »verlorene Jahrzehnt« der achtziger Jahre warf jedoch die Mehrzahl wieder zurück. Die lateinamerikanischen Länder versanken im Strudel der Verschuldungskrise, Haiti hatte lange Zeit mit einer Despotie zu kämpfen und mußte sich aus dem Kreis der Hoffnungsländer verabschieden, Sri Lanka leidet unter den Folgen eines jahrelangen Bürgerkrieges. Einzig die asiatischen Länder der zweiten Generation hielten Anschluß. In einer 1988 erschienenen Untersuchung ist bei der OECD nur noch von Mexiko, Brasilien und den vier fernöstlichen »Tigern« als Schwellenländer der ersten Generation die Rede.[74] Zum »harten Kern« der Schwellenländer über zwei Jahrzehnte hinweg (läßt man die europäischen Länder außer acht) sind nur Hongkong, Singapur, Südkorea und Taiwan sowie in Lateinamerika Brasilien, die zehntgrößte Wirtschaftsnation der Erde, zu rechnen. Ein bemerkenswerter Fall von Aufstieg und Abstieg ist Mexiko. Es löste 1982 die internationale Verschuldungskrise aus und schied damit aus der Riege der Schwellenländer aus, wurde 1993 allerdings in die OECD aufgenommen. Es ist Mitglied der nordamerikanischen Freihandelszone NAFTA, schlitterte 1994 aber mit dem »Mexiko-Schock« erneut in eine schwere Krise, die das größte finanzielle Hilfspaket der Wirtschaftsgeschichte in Bewegung setzte.

Das ostasiatische Wunder

Südkorea, Taiwan und die beiden Stadtstaaten Hongkong und Singapur ragen aus der Gruppe der Schwellenländer heraus. Die Konferenz der Vereinten Nationen zu Handel und Entwicklung stellte in ihrem Jahresbericht 1994 fest: »Unter den vielen verschiedenen Erfahrungen mit Wachstum in der Nachkriegszeit hebt sich diejenige mit einer Anzahl von Volkswirtschaften in Ostasien, deren Wachstum auch mit der Bezeichnung ›Wunder‹ belegt worden ist, von allen anderen ab.«[75] Die »vier Tiger« haben sowohl hinsichtlich der absoluten Zahlen wie auch im Hinblick auf ihre Wachstumsraten enorme Fortschritte erzielt. Seit ihrem »Take-off« in den sechziger Jahren gelang es diesen Staaten, ein durchschnittliches Pro-Kopf-Wachstum von fast 7 Prozent aufrechtzuerhalten. Im Vergleich dazu wuchs die Wirtschaftsleistung der Entwicklungsländer zwischen 1965 und 1985 insgesamt nur um durchschnittlich 3,3 und die der Industriestaaten lediglich um 2,4 Prozent. Das Pro-Kopf-Einkommen Koreas und Taiwans ist drei- bis viermal so hoch wie der Durchschnitt der Länder, die von der Weltbank als »Länder mit mittlerem Einkommen« geführt werden. Korea schaffte es, zwischen 1965 und 1986 seinen Anteil am Welt-Bruttosozialprodukt zu vervierfachen, Taiwan erreichte eine Verdreifachung, Hongkong und Singapur eine Verdoppelung. Beeindruckend ist auch die Qualität des Wachstums: Während viele Entwicklungsländer zwei- oder dreistellige Inflationsraten aufwiesen, blieben sie in Ostasien stets unter 10 Prozent. Selbst China drückte in den neunziger Jahren die Inflation unter 10 Prozent, obwohl sein Wirtschaftswachstum zeitweilig größer als 10 Prozent war.

Betrachtet man das sozio-ökonomische Profil der »Tigerstaaten«, so kann man sie eigentlich nicht mehr zur Dritten Welt zählen. 1994 hatten sowohl Hongkong als auch Singapur bereits ein höheres Pro-Kopf-Einkommen als Spanien oder Australien[76], die Lebenserwartung liegt dort mit 79 beziehungsweise 75 Jahren gleichauf mit den westlichen Industriestaaten und Japan. Seit mehreren Jahren schickt sich in dieser Region auch eine zweite Gruppe an, das erfolgreiche Beispiel nachzuahmen. Thailand, Malaysia, Indonesien, zum Teil auch den Philippinen, wird eine ähnlich erfolgreiche Entwicklung vorhergesagt.

Das Exportwachstum in Ostasien war die Folge einer Wirtschaftsstrategie, die den Aufbau einer international wettbewerbsfähigen Industrie ermöglichte. Der Prozeß war von einer raschen Kapitalakkumulation und einem ständigen Produktivitäts- und Wissenszuwachs begleitet, der sich in der Fertigung technologieintensiver Produkte niederschlug. Bereits in den sechziger Jahren hatten sich die ostasiatischen Schwellenländer in der Bekleidungs- und Textilindustrie ein starkes industrielles Standbein geschaffen. Die niedrigen Löhne der größtenteils unausgebildeten Arbeitskräfte boten einen enormen Standortvorteil. Ein Jahrzehnt später war es jedoch offensichtlich, daß der Initialstart auf der Basis einzelner Sparten kein längerfristiges Wachstum garantieren konnte. Eine Diversifizierung in andere Industrien war die Folge. Steigende Löhne begannen den Standortvorteil aufzuzehren. Die Notwendigkeit zu ständiger struktureller Anpassung der Wirtschaft wurde durch eine zweite Welle von *Newly Industrialising Economies* in den achtziger Jahren verstärkt, die zusammen mit China den Druck auf die erste Generation erhöhte. Es kam zu zwei erfolgreichen Reaktionen: Zum einen wichen lohnintensive Branchen auf die asiatischen Nachbarstaaten aus und begannen eine Produktionsverlagerung in »Billiglohnstaaten« wie Malaysia oder Thailand; zum anderen wurde eine gezielte Investitionslenkung in Richtung technologie- und kapitalintensiver Branchen (Elektronik, Maschinen- oder Fahrzeugbau) vorgenommen.

Damit gelang es den vier »kleinen Tigern«, ihren Exportanteil an hochwertigen Industriegütern Anfang der neunziger Jahre auf etwa die Hälfte ihres Gesamtexports zu steigern. Obwohl man auf den ersten Blick etliche Gemeinsamkeiten zwischen den einzelnen Ländern findet, bestehen doch signifikante Unterschiede hinsichtlich Größe, Geschichte und politischem System. Korea, der bevölkerungsreichste Staat, hat 44 Millionen, Taiwan 20 Millionen, Hongkong 5,8 Millionen, Singapur nur 2,8 Millionen Einwohner. Auch die Struktur der Wirtschaft ist unterschiedlich: Die koreanischeWirtschaftsstruktur ist weithin von Industriekonglomeraten, den »Chaebol«, geprägt. Die Umsatzerlöse allein der vier größten Konzerne Samsung, Hyundayi, Lucky-Goldstar und Daewoo entsprechen der Hälfte des Bruttoinlandproduktes. Taiwan hingegen hat eine eher mittelständische Industrie. Ressourcenarme Länder (Südkorea, Taiwan) stehen ressourcenreichen Staaten (Malaysia, Indonesien) gegenüber. Agrarfragen standen in Korea ebenso wie in China lange Zeit im Vordergrund, während die Stadtstaaten davon naturgemäß nicht berührt wurden. Dennoch gibt es Gemeinsamkeiten, die den länderübergreifenden Erklärungsversuch sinnvoll machen.

Es gibt vielfältige Erklärungsmodelle für das asiatische »Takeoff«. Die neoklassische Theorie versteht den Erfolg im wesentlichen als Produkt des exportgeleiteten Wachstums und beruft sich dabei auf das klassische Modell der internationalen Arbeitsteilung. Dynamisch-institutionelle Ansätze untersuchen vor allem die Rolle des Staates im Entwicklungsprozeß, kulturtheoretische Ansätze verweisen auf die konfuzianische Tradition. Die Dependenztheorie, welche die Unterentwicklung mit einem neomarxistischen Ansatz zu erklären versuchte, wurde mit dem Erfolg der asiatischen Schwellenländer zu Grabe getragen. Wie sollen auch die Wachstumserfolge in Asien mit der entwicklungshemmenden Wirkung ausländischer Investitionen erklärt werden? Die Weltbank analysierte in einer großangelegten Studie die Gründe für den Erfolg der *High Performing Asian Economies.* Untersucht wurde der Wachstumsprozeß in Hongkong, Indonesien, Japan, Malaysia, Singapur, Südkorea, Taiwan und Thailand. Die 1993 erschienene Studie ›The East Asian Miracle‹[77] löste heftige Kontroversen aus, insbesondere über die Rolle des Staates und des Marktes im Entwicklungsprozeß. Kritiker warfen der Bank »Marktfundamentalismus« vor. Die Weltbank weist dem Markt eine besondere Rolle beim Erfolg der *High Performing Asian Economies* zu, dasselbe läßt sich aber auch von dem starken und interventionistischen Staat sagen. So wurde der südkoreanische Präsident Park in den sechziger und siebziger Jahren sogar als »Aufsichtsratsvorsitzender« bezeichnet. In Taiwan intervenierte die Regierung in den Markt, um das wirtschaftliche Wachstum zu beschleunigen. In Hongkong und Singapur ist der Staat aktiv in den ökonomischen Wachstumsprozeß involviert.

In Südkorea darf die autoritäre Rolle des Staates nicht außer acht gelassen werden. Das auch auf konfuzianische Werte zurückzuführende Modell des Staates als patriarchalische »Lenkungsinstitution« war ein wichtiger Erfolgsfaktor. In Südkorea wurden die Gewerkschaften unterdrückt, in Taiwan herrschte lange ein Militärregime. Auch in Singapur ist nach wie vor eine autoritäre Regierung an der Macht. Erst im Verlauf der neunziger Jahre, so 1996 in Taiwan, fanden freie Wahlen und eine allmähliche politische Öffnung statt. Der Staat garantierte makro-ökonomische Stabilität, hohe Investitionen in Humankapital, ein stabiles und funktionierendes Finanzsystem sowie eine offene Politik gegenüber ausländischen Investitionen und dem Technologie-Import. Durch wirtschaftspolitische Maßnahmen gelang es, eine kontinuierlich hohe Sparquote zu erreichen. Die Inflation konnte auf niedrigem Niveau gehalten werden, es herrschte strenge Haushaltsdisziplin und eine stabile Finanzpolitik. Daneben wurden Investitionsanreize gegeben, um Wachstum in Schlüsselindustrien zu ermöglichen. Im Gegensatz zu anderen autoritären Staaten wurde in Ostasien die Notwendigkeit erkannt, eine gerechte Verteilungspolitik zu betreiben und einen Minimalkonsens über den eingeschlagenen Entwicklungsweg herzustellen. Ohne dem Modell eines liberalen Laisser-faire zu folgen, sprach man sich grundsätzlich für Wettbewerb und Marktwirtschaft aus. Obwohl bestimmte Industrien durch eine importsubstituierende Politik geschützt wurden, verfiel man nicht in den Fehler der lateinamerikanischen Staaten, die eine eigene Stahl-, Zement- oder Automobilindustrie aufbauten, die sich allerdings – geschützt durch extrem hohe Zölle und Subventionen – international als nicht wettbewerbsfähig erwies. Statt dessen setzten die Regierungen der asiatischen Staaten gezielt auf eine exportfähige Industrie. Handelsschranken und die Protektion der eigenen Wirtschaft wurden Schritt für Schritt gelockert. Der Wettbewerb mit den westlichen Industriestaaten und die Offenheit für Kapital- und Technologietransfer trugen bald Früchte. In einigen Bereichen der Hochtechnologie sind die »kleinen Tiger« auf den Weltmärkten bereits starke Wettbewerber. Auf dem Sprung in die Gruppe der Industrieländer ist unzweifelhaft Korea. Das *Korea Development Institute* schätzt, daß Südkorea im Jahr 2020 zu den sieben reichsten Nationen der Erde gehören wird. Offiziell zählt es noch immer zur Kategorie der Entwicklungsländer, was ihm bei der Welthandelsorganisation WTO beispielsweise zu einem Präferenzstatus verhilft.

Insgesamt läßt sich sagen, daß die »kleinen Tiger« das Kunststück fertiggebracht haben, traditionelle Normen wie Arbeitsdisziplin, Wertschätzung der Bildung oder Sparethik in den Dienst der Modernisierung zu stellen. Sie haben vom Westen gelernt und sich Modernisierungserfordernissen angepaßt, ohne dabei ihre Traditionsbestände zu opfern. Besonders wirksam waren die ausgeprägte Bereitschaft, neue technisch-wirtschaftliche Systeme aus anderen Ländern zu übernehmen; ein hohes Pflichtbewußtsein; flexible Eliten als Gestalter nationaler Entwicklungsstrategien; hohe Lernethik; kulturell bedingte Gruppenorientierung, Familienbindung und Ahnenverehrung als elementare gesellschaftliche Stabilisierungsinstrumente.[78] Die relative Seltenheit von Arbeitskämpfen wird oft ebenfalls dem Traditionalismus, besonders der überlieferten konfuzianischen Lehre, zugeschrieben, nicht selten aber auch dem inzwischen erreichten ökonomischen Wohlstand und der politischen Repression. Daß die niedrigen Löhne dem wirtschaftlichen Aufstieg überaus förderlich waren, muß nicht eigens unterstrichen werden.[79]

In der Ausbeutung der Frauen hat die schnelle ökonomische Entwicklung in Südostasien freilich ihre dunkle Seite. Studien, die die Situation von Frauen in den modernen Sektoren der schnell wachsenden Volkswirtschaften untersuchten, zeigen, daß Familien ihre jungen weiblichen Mitglieder systematisch ausbeuten. In Taiwan etwa werden die Einkünfte der Mädchen häufig direkt in die Finanzierung der Ausbildung ihrer Brüder geleitet. Von höherer Bildung wird Mädchen abgeraten, weil sie dann nichts zum Einkommen ihrer Herkunftsfamilie beitragen könnten.

Resultate und soziale Folgen des Wachstums in Asien und Lateinamerika

In einer Einschätzung der Weltbank heißt es, die schnell wachsenden Volkswirtschaften in Ostasien hätten »ein außergewöhnliches Resultat erzielt. Sie haben tatsächlich die Gleichheit der Einkommensverteilung ansteigen lassen und die Armut dramatisch reduziert, während gleichzeitig die weltweit höchsten Wachstumsraten aufrechterhalten wurden.«[80] Dieses Kunststück, eine relativ gerechte Einkommensverteilung (im Falle Koreas gleicht sie bereits der in Deutschland) erreicht und über Jahre hinweg konstant hohe Wachstumsraten erzielt zu haben, ist eine singuläre Erscheinung. Korreliert man die Einkommensverteilung mit dem Pro-Kopf-Wachstum, so nehmen die asiatischen »Tigerstaaten« die vordersten Ränge unter den Entwicklungsländern ein. Andere Schwellenländer, etwa Brasilien oder Mexiko, leiden unter der für Dritte-Welt-Staaten oft typischen Einkommensverteilung: In Brasilien verfügen 40 Prozent der Haushalte über nur 7 Prozent des Einkommens – dieser Wert ist in Südkorea dreimal so hoch. Der Einkommensanteil des reichsten Fünftels der Bevölkerung ist in Brasilien 32mal so hoch wie der des unteren Fünftels, in Mexiko ist er knapp fünfzehnmal höher, in Hongkong hingegen nur knapp neunmal, in Korea gar nur sechsmal so hoch. In den vier »Tigerstaaten« ist das Verhältnis zwischen dem reichsten und dem ärmsten Fünftel der Bevölkerung kleiner als 10:1.

Der Begriff »Entwicklung« bezeichnet nicht nur quantitativen Fortschritt, gemessen an Exportraten, Wirtschaftswachstum oder Pro-Kopf-Einkommen. Soll er auch für verteilungspolitische Gerechtigkeit gelten, muß er sich auch auf gesellschaftliche Fortschritte im politischen, ökologischen und sozialen Bereich erstrecken. Ein entscheidendes Kriterium für die Entwicklung eines Landes, und damit für den Aufstieg in die Erste Welt, ist die Verbesserung der Lebensqualität der Bevölkerung und eine gleichmäßige Verteilung des Wirtschaftswachstums. Hier heben sich die ostasiatischen Schwellenländer der ersten Generation eindeutig von den lateinamerikanischen ab.[81] Trotz der Wachstumsraten wird man den gesellschaftlichen Wandel in Brasilien kaum als gesamtgesellschaftlichen Fortschritt bezeichnen wollen. Zwar ist Brasilien von der wirtschaftlichen Leistungsfähigkeit her zu den Aufsteigern zu rechnen, doch angesichts von Massenarmut, moderner Sklaverei, niedrigem Bildungsniveau großer Gruppen und einer eklatanten Umweltzerstörung – um nur einige Mißstände zu benennen – ist die Lage großer Teile der dortigen Bevölkerung noch immer äußerst prekär. Das gilt für den größten Teil Lateinamerikas.[82]

Ein Versuch, die Lebensqualität in einer Gesellschaft in einem Index zu erfassen und damit länderübergreifende Vergleiche zu ermöglichen, ist der vom *United Nations Development Program* (UNDP) ausgearbeitete *Human Development Index* (HDI). Der HDI besteht aus drei Komponenten: *Lebensdauer*, gemessen an Lebenserwartung, Wissen und Lebensstandard; *Wissen* wird durch den gewogenen Durchschnitt der Alphabetisierung aller Erwachsenen (zwei Drittel des Wertes) und des Schulbesuchs (ein Drittel des Wertes) bestimmt; den *Lebensstandard* mißt man an der Kaufkraft, beruhend auf dem realen Pro-Kopf-Einkommen und angepaßt an die lokalen Lebensbedingungen. Die Reihenfolge der Länder unterscheidet sich in diesem Index zum Teil erheblich von der Rangliste der Pro-Kopf-Einkommen. Das zeigt, daß ein hohes Wachstum der Wirtschaft und des Pro-Kopf-Einkommens nicht automatisch eine Verbesserung der gesamtgesellschaftlichen Lebensbedingungen bewirkt.

Die Grenzen zwischen Erster Welt, entwickelten Teilregionen und extremer Armut verlaufen oft innerhalb eines Landes. Brasilien etwa lag 1994 auf Platz 63 der weltweiten ›Rangliste der menschlichen Entwicklung‹. Betrachtete man nur den relativ wohlhabenden Süden mit den Zentren São Paulo und Rio de Janeiro, dann läge dieser zusammen mit Portugal auf Platz 42. Der sehr arme Norden nimmt nur Rang 111 ein, vergleichbar mit dem bürgerkriegszerrütteten El Salvador. Bei der Lebenserwartung hinkt der arme Nordosten dem Süden um nicht weniger als siebzehn Jahre hinterher, bei der Alphabetisierungsrate Erwachsener um 33 Prozent und beim Pro-Kopf-Einkommen um 40 Prozent. Was sich hinter solchen Angaben verbergen kann, zeigen Beschreibungen wie diese: »Arbeitszeit von Sonnenaufgang bis Sonnenuntergang, sechs, auch sieben Tage in der Woche. Nachts alle zwei Stunden aufstehen, um nach den Öfen zu sehen. Wenn Flammen schlagen, müssen die Zuglöcher an den Lehm-Iglus geschlossen werden, damit das Holz nicht zu Asche zerfällt. Lebensmittel müssen im Magazin des ›Patrons‹ eingekauft werden, der es mit Handschlag in Besitz genommen hat. Reis und Bohnen, jeden Tag. Wasser steht im offenen Behälter, dem Rußregen ausgesetzt. Eine Hütte aus Abfallholz neben den Öfen, eingehüllt in Rauch. Eine Pritsche als Bett. Kein bekannter Weg zur Straße, kein Fahrzeug, das ihn wegführen könnte. In welche Freiheit? Der Junge weiß nur von anderem Elend an anderen Orten. Amilton, vierzehn, ist Sklave [...] Maria stapelt seit drei Jahren Stämme in die Öfen, zieht mit Eisenharken die noch glühende Masse heraus, läuft auf schmalen Gummisandalen durch die rauchende Kohle und löscht aus Wassereimern die Glut. Sie ist neunzehn und im sechsten Monat schwanger. Vor einem Jahr hatte sie eine Fehlgeburt. Keine medizinische Hilfe. Keine Ruhepause in der Sklaverei.«[83] Was sich wie die Schilderung aus einer längst vergangenen Zeit liest, ist in Brasilien trauriger Alltag. Zehntausende von Menschen aus der Unterschicht, oft Analphabeten, meist aus dem verarmten und verödeten Nordosten des Landes, werden in abgelegenen Regionen regelrecht versklavt. Der immense Bedarf an Holzkohle für die Eisenverhüttung hat ein perfides System moderner Sklaverei entstehen lassen.

Während in Brasilien solche Sklavenarbeit immer noch an der Tagesordnung ist, erreichten die asiatischen Schwellenländer ein Traumziel nach dem anderen: Zwischen 1971 und 1989 herrschte nahezu kontinuierlich Vollbeschäftigung. Nach Untersuchungen eines Gewerkschaftsverbandes stieg das Lohnniveau in Korea von 1987 bis 1996 um 200 Prozent, 1994 stiegen die Löhne um 15,5 Prozent und 1995 um fast 10 Prozent. Damit ist Südkorea längst kein Billiglohnland mehr. Die asiatischen Länder erreichten im HDI-Ranking 1992 vorderste Plätze: Hongkong rangiert auf Platz 24, nur vier Ränge hinter Italien, Korea auf Rang 31, Singapur auf Rang 35. Mexiko und Brasilien nehmen die Ränge 53 beziehungsweise 63 ein. Die beeindruckenden Erfolge der asiatischen Schwellenländer lassen sie auch als *leaders in social development* erscheinen. Allerdings hat der Boom auch seine Schattenseiten. In Thailand etwa kampierten im Frühjahr 1996 Tausende von Menschen vor dem Amtssitz des Premierministers, um ihren Anteil am Reichtum und der Entwicklung des Landes zu fordern. Die Metropolen Ost- und Südostasiens, Manila, Bangkok und Jakarta, müssen einen stetigen Strom von Zuwanderern aufnehmen. Der Aufschwung in der »zweiten Welle« der »Tigerstaaten« geht schnell voran, bewirkt aber auch, daß Tausende von Menschen zugunsten von Infrastrukturprojekten aus ihren Heimatgebieten vertrieben werden, daß die billigen Wohnquartiere in den Städten neuen Hotels und Bürobauten weichen müssen, Arbeitsschutz- und Umweltstandards in den Betrieben kaum eingehalten werden. Im Gegensatz zur Einkommensentwicklung in der ersten Generation asiatischer *Newly Industrialising Economies* hat sich etwa in Thailand das Verhältnis der reichsten zu den ärmsten 10 Prozent von 17:1 im Jahr 1981 auf 38:1 im Jahr 1992 verschlechtert.

Die zunehmende Integration in die Weltwirtschaft und der Erfolg der asiatischen Schwellenländer bringen auch Verpflichtungen für sie mit sich. Auf der jährlichen Tagung der Asiatischen Entwicklungsbank (ADB) stand 1996 die Frage nach dem Beitrag der »neuen Reichen« zur Reduzierung der Armut in der Region auf der Tagesordnung, denn noch immer leben in Asien drei Viertel aller Armen der Welt. Singapur, mittlerweile eines der reichsten Länder der Erde, leistet nach wie vor keinen Beitrag zum Entwicklungsfonds der ADB. Die asiatischen Staaten (ausgenommen Japan) steuern insgesamt nur 0,3 Prozent bei. Amerikaner und Europäer verlangen von den reichen asiatischen Staaten bisher vergebens, mehr Gelder bereitzustellen.

Schwellenländer und Globalisierung: Herausforderungen für den Norden

Die Schwellen- und die Entwicklungsländer ziehen die internationalen Kapitalströme geradezu magnetisch an. Zwischen 1992 und 1994 flossen weltweit 40 Prozent der Direktinvestitionen in die Entwicklungsländer. Der Zufluß von privatem Kapital in Entwicklungsländer stieg von etwa 40 Milliarden Dollar im Jahr 1989 auf circa 170 Milliarden 1994. Der private Kapitalzufluß in die Schwellenländer ist seit Beginn der neunziger Jahre drastisch angestiegen, die wirtschaftliche Verflechtung der Industrieländer mit den Schwellenländern hat stark zugenommen und damit auch die wechselseitige Abhängigkeit. Insbesondere die Kapitalverflechtung mit den neuen Aufsteigern in der Weltwirtschaft birgt jedoch hohe Risiken und verlangt den beteiligten Ländern enorme finanzpolitische Disziplin ab. Das Beispiel Mexikos unterstreicht, wie sich eine Vertrauenskrise auf Finanzmärkte und die betroffenen Staaten auswirken kann: Mexiko verbuchte zwischen 1991 und 1994 etwa 13 Prozent der gesamten privaten Kapitalzuflüsse in alle Entwicklungsländer für sich und stand damit an zweiter Stelle hinter China. Die Bedeutung Mexikos für die Wirtschaft vor allem der Vereinigten Staaten wurde deutlich, als infolge der Finanzkrise 1994 auf Betreiben der USA 50 Milliarden Dollar zur Stützung der mexikanischen Wirtschaft bereitgestellt wurden, das größte finanzielle Hilfspaket, das je geschnürt wurde. Mexiko ist der viertgrößte Handelspartner der USA. Die Auswirkungen der Krise auf die Wirtschaft des nördlichen Nachbarn schlagen sich in einem geringeren Wirtschaftswachstum von 0,2 Prozent für die Jahre 1995 und 1996 nieder. Hinzu kommt ein geschätzter Arbeitsplatzverlust von 350000 Stellen und ein Anstieg der illegalen Einwanderung von Mexikanern, der in die Hunderttausende geht.

Wie sollen die Industriestaaten diese Globalisierung bewältigen?, so fragen sich in den von Arbeitslosigkeit heimgesuchten nördlichen Ländern bereits Politiker und Arbeitnehmer. Die Handelsbarrieren zwischen den Nationen und Wirtschaftsräumen fallen, internationales Kapital wendet sich den neuen *Emerging Markets* zu, die Informationstechnologie eröffnet weite Spielräume. Eine ganze Gruppe von Ländern des Südens schickt sich an, dem Norden auf den Weltmärkten Konkurrenz zu machen. Die Arbeitslosenrate in den OECD-Staaten stieg von 1980 bis 1994 auf eine Durchschnittsrate von 7,3 Prozent gegenüber 3,2 Prozent zwischen 1960 und 1973. Die rasante Entwicklung scheint jenen Recht zu geben, die seit langem vor einer Verlagerung der Arbeitsplätze gewarnt haben: Siemens läßt in Indien programmieren, die Lufthansa beschäftigt asiatisches Kabinenpersonal in ihren Flugzeugen, BASF will 6 Milliarden Mark in einen Chemie-Großstandort in China investieren. Der schwedisch-schweizerische Konzern Asea-Brown-Boveri (ABB) hat nach eigenen Angaben in den neunziger Jahren 54000 Arbeitsplätze in der westlichen Hemisphäre abgebaut und dafür Zehntausende neuer Stellen vor allem in Asien geschaffen. Im selben Zeitraum wurde mit weniger Beschäftigten ein Umsatzsprung von fast 50 Prozent erzielt. Längst werden nicht mehr nur arbeitsintensive Branchen nach Asien oder anderswohin verlagert. Südkorea und Taiwan etwa haben Forschungs- und Entwicklungsausgaben, die 1993 bereits diejenigen Kanadas, Italiens oder Spaniens (im Verhältnis zum Bruttosozialprodukt) übertrafen. Zwischen 1989 und 1993 intensivierte beispielsweise Taiwan seinen Forschungsaufwand jährlich um durchschnittlich 16 Prozent.

Die Auswirkungen der vor allem in den achtziger Jahren erfolgten Verlagerung arbeitsintensiver Fertigung in Entwicklungsländer sind umstritten: Amerikanische Wissenschaftler gehen von einem Nachfragerückgang nach unausgebildeten Arbeitskräften in den USA in Höhe von bis zu 20 Prozent aus. Auch die in den Industrieländern, vor allem in den Vereinigten Staaten, zu beobachtenden Lohnspreizungen zwischen oberen und unteren Einkommenskategorien gelten als Folge der Globalisierung. Das Anwachsen der Arbeitslosigkeit in den alten Industriestaaten hängt gewiß mit dem Phänomen der Globalisierung und dem Anstieg des internationalen Handels zusammen.

»Geht die sich abzeichnende Prosperität in den Entwicklungs- und Schwellenländern – gleichsam in Umkehr der alten Dependenztheorie – auf Kosten der Industrieländer?«, fragte die ›Neue Zürcher Zeitung‹ im Mai 1996. Bis in die achtziger Jahre gingen viele Entwicklungstheoretiker davon aus, daß sich die Erste Welt auf Kosten der Dritten bereichere, nun fürchten westliche Politiker die Globalisierung und die weltwirtschaftliche Integration. Die Weltbank dagegen stellte 1995 fest, daß der zunehmende Handel mit den Entwicklungsländern keinen negativen Effekt für die Industrieländer hatte.[84] Nur ein geringer Teil der Lohndifferenzierung und der Arbeitslosigkeit sei darauf zurückzuführen. Dennoch verschweigt auch die Weltbank die Gefahren für die westlichen Arbeitsmärkte nicht: »Die zunehmende Integration der Entwicklungsländer wird nicht ohne Inkaufnahme von Anpassungskosten möglich sein, insbesondere für die arbeitsintensiven Industriezweige und die Arbeiter mit niedriger Qualifikation.« Inzwischen sind bereits ganze Industriebereiche, etwa die Textilindustrie, in die Entwicklungs- und Schwellenländer verlagert worden, doch ist dadurch auch in den Industrieländern eine Wohlfahrtssteigerung zu erwarten, denn protektionistische Maßnahmen münden langfristig nur in Produktivitätsverluste, die zu einer verminderten Wettbewerbsfähigkeit führen.

Die Vierte Welt: Verlierer der Weltwirtschaft?

Im UNDP-›Bericht über die menschliche Entwicklung‹ von 1995 wird für die Gesamtheit der Entwicklungsländer eine durchaus positive Bilanz gezogen:[85] Die meisten Staaten haben seit dem Zweiten Weltkrieg ihre Unabhängigkeit erreicht; die Bedrohung durch einen nuklearen Krieg hat seit dem Ende des Kalten Krieges abgenommen; die menschliche Entwicklung ist schneller vorangekommen als je zuvor, wobei die Entwicklungsländer ein dreifach höheres Tempo einschlugen als die Industrieländer vor hundert Jahren; es gab wichtige technische Durchbrüche in Medizin, Information und Kommunikation; drei Viertel der Weltbevölkerung leben in pluralistischen und demokratischen Systemen.

Diese Erfolge werden allerdings davon überschattet, daß 1,3 Milliarden Menschen unterhalb der Armutsgrenze leben,

800 Millionen Menschen am Morgen nicht wissen, wo sie im Laufe des Tages ihr Essen herbekommen sollen und 500 Millionen chronisch unterernährt sind. Viele Millionen Flüchtlinge irren umher. Noch immer steht mehr als einer Milliarde Menschen in den Entwicklungsländern kein sauberes Wasser zur Verfügung. Das wirtschaftliche Nord-Süd-Gefälle war noch nie so groß wie heute. Das Einkommensgefälle zwischen dem Club der reichen OECD-Länder und den Staaten der Vierten Welt nimmt ständig zu. Das Pro-Kopf-Einkommen ist in den OECD-Staaten 57mal höher als in den *Least Developed Countries* (LLDC) der Vierten Welt, dem von internationalen Organisationen so titulierten Armenhaus der Entwicklungsländer.

Manche dieser Länder sind nahezu völlig von Entwicklungshilfe abhängig. In Mosambik betrug 1993 die internationale Entwicklungshilfe beispielsweise 84 Prozent des Bruttoinlandprodukts. Indien oder China hingegen, die zwar absolut mehr Arme aufweisen als sämtliche LLDC zusammen, können eher auf ihre eigene Leistungskraft vertrauen als durch Bürgerkrieg und die Entwurzelung ganzer Bevölkerungsgruppen ausgeblutete Staaten wie Äthiopien oder Somalia. Diese Staaten werden kaum in der Lage sein, sich selbst aus der Umklammerung von Armut, Hunger und wirtschaftlichem Niedergang zu befreien. Um den Ärmsten unter den Armen eine verbesserte Unterstützung zukommen zu lassen, lenkte die UNCTAD bereits 1964 die Aufmerksamkeit auf die prekäre Lage einer ganzen Reihe von Staaten. 1968 beschloß UNCTAD II in Neu-Delhi, eine Expertengruppe einzusetzen, die Kriterien zur Ermittlung der am wenigsten entwickelten Länder aufstellen sollte. Das »Komitee für Entwicklungsplanung« der Vereinten Nationen legte drei Indikatoren für die Zuordnung in die LLDC-Gruppe fest: Ein niedriges Pro-Kopf-Einkommen von damals 100, nach und nach angehoben auf über 400 US-Dollar; ein Anteil der Industrieproduktion am Bruttoinlandprodukt von weniger als 10 Prozent; eine Alphabetisierungsrate der über Fünfzehnjährigen von weniger als 20 Prozent.

Die Vollversammlung der Vereinten Nationen stimmte am 18. November 1971 der Vorschlagsliste des Komitees zu und erkannte damit eine Gruppe von 25 Staaten offiziell als *least developed* an. Dem ursprünglichen Konzept zufolge konnte ein Land nur dann auf die LLDC-Liste kommen, wenn alle drei erwähnten Indikatoren zutrafen. Berücksichtigt wurden schließlich aber auch Länder, die zwei der drei Kriterien erfüllten und dem dritten nahekamen. Die Liste wurde bis zur Ersten LLDC-Konferenz in Paris 1981 bereits auf 31 erweitert. Sie enthält inzwischen knapp fünfzig Staaten. Zu ihnen gehören (in Afrika) Äthiopien, Liberia, Niger, Ruanda, Sudan, Togo, Uganda, Zaire und (in Asien) Afghanistan, Bangladesh, Butan, Laos, Myanmar. Die LLDC-Gruppe bildet eine höchst heterogene Staatenwelt. Bangladesh etwa hat über 100 Millionen Einwohner, Inselstaaten wie die Malediven oder Komoren nur wenige Hunderttausend. 1993 umfaßte die Gruppe der LLDC mit 540 Millionen Menschen etwa ein Achtel der Gesamtbevölkerung der Dritten Welt. Über zwei Drittel der Länder liegen in Afrika, hinzu kommen eine größere Gruppe in Südostasien, einige Inselstaaten im Pazifik und mit Haiti der einzige lateinamerikanische Vertreter.[86] Trotz der Heterogenität dieser Ländergruppe lassen sich länderübergreifende Problembereiche nennen: Ihre ökonomische Struktur ist weithin von Subsistenzwirtschaft im Agrarsektor geprägt; die Infrastruktur ist wenig entwickelt oder durch Kriege zerstört; die ohnehin äußerst geringen Exporte beschränken sich vorwiegend auf Rohstoffe; das Wirtschaftswachstum wird durch ein hohes Bevölkerungswachstum aufgezehrt; Erziehungs- und Bildungswesen weisen erhebliche Mängel auf; die Länder sind klimatisch und geographisch benachteiligt; die Kluft zwischen den LLDC- und den anderen Entwicklungsländern wird ständig größer; die Abkoppelung vom Weltmarkt nimmt zu, die Aufmerksamkeit seitens der internationalen Organisationen sinkt.

Wann ein Land wieder aus dem Kreis der LLDC ausscheidet, ist bisher nicht festgelegt worden. Manche von ihnen liegen über der festgelegten Einkommensschwelle, und kaum ein Staat hat noch eine Alphabetisierungsrate von weniger als 20 Prozent. Eine Gleichbehandlung aller Staaten müßte zudem asiatische Armenhäuser wie Indien und China mit einschließen. Die unbefriedigende Klassifizierung führte dazu, daß die Zweite LLDC-Konferenz der UNO 1990 den Ausschuß für Entwicklungsplanung beauftragte, die Kriterien zu überarbeiten. Das war wichtig, da die von den Vereinten Nationen als LLDC klassifizierten

Staaten eine ganze Reihe von Vorteilen genießen: Die Länder erhalten nichtrückzahlbare Zuschüsse oder finanzielle Unterstützung zu äußerst günstigen Konditionen. Die nach IDA-Normen (die *International Development Association* ist eine Tochtergesellschaft der Weltbank) eingeräumten Kredite haben eine Laufzeit von vierzig Jahren bei zehn tilgungsfreien Jahren; sie sind mit nur 0,75 Prozent Bearbeitungsgebühr verbunden. Vielen LLDC-Ländern wurden zusätzlich die Schulden erlassen. Der neue Ansatz zur Definition der Vierten Welt ist wiederum nicht unumstritten. Nach einer grundlegenden Überarbeitung gelten seit 1991 folgende Kriterien:[87] Die *relative Armut* wird weiterhin über das Pro-Kopf-Einkommen gemessen (derzeit 600 US-Dollar). Die *menschliche Entwicklung* konzentriert sich auf den sogenannten *Augmented Physical Quality of Life Index,* der vier Teilindikatoren aufweist: Lebenserwartung, Kalorienversorgung pro Kopf, Einschulungsquoten in Primar- und Sekundarschulen, Alphabetisierungsrate bei Erwachsenen. Die strukturellen Schwächen werden über zwei Kriterien gemessen: Berücksichtigt werden *natürliche Hindernisse* wie geographische Isoliertheit (Inselstaaten) oder extremes Klima und eine geringe wirtschaftliche Diversifizierung. Der *Economic Diversification Index* mißt den Anteil und die Beschäftigten der Industrie am Bruttoinlandprodukt, den Elektrizitätsverbrauch pro Kopf und die Exportstruktur. Die *Bevölkerungszahl* schließlich darf eine Obergrenze von 75 Millionen nicht überschreiten. Alle drei Jahre soll eine generelle Überarbeitung der Liste erfolgen.

Die LLDC-Konferenzen der Vereinten Nationen

1981 und 1990 entschieden sich die Vereinten Nationen, angesichts der prekären Lage der LLDC, Sonderkonferenzen abzuhalten, die sich nur mit diesen Ländern befaßten.[88] Schon vor der Pariser Konferenz von 1981 hatte es eine ganze Reihe von Sondermaßnahmen für die 31 LLDC gegeben. Die finanziellen Leistungen der Industriestaaten an die *least developed countries* pro Kopf der Bevölkerung überstiegen diejenigen an die anderen Entwicklungsländer um das Dreifache. Ohne sich explizit an die LLDC-Einteilung der Vereinten Nationen zu halten, schichteten viele

Geberstaaten ihre öffentliche Entwicklungshilfe zugunsten der Ärmsten um. Allein 1979 waren 90 Prozent der bi- und multilateralen Hilfe in Form von Zuschüssen geflossen. Überdies beschloß die 11. Sondergeneralversammlung der Vereinten Nationen im September 1980 eine Erhöhung der öffentlichen Entwicklungshilfe an die am wenigsten entwickelten Länder bis 1984 um das Dreifache und bis 1990 um das Vierfache. Bis zum Konferenzbeginn 1981 sollte bereits eine Verdoppelung der öffentlichen Hilfe erfolgen. Im Bereich des Handels gewährte die Europäische Gemeinschaft im Rahmen der »Lomé-Abkommen« – das erste Abkommen war 1975 geschlossen worden – 46 Entwicklungsländern in Afrika, der Karibik und im Pazifik, den sogenannten AKP-Staaten, Sonderpräferenzen im multilateralen Handel. Trotz der Appelle und Empfehlungen internationaler Organisationen, den LLDC verstärkt beizustehen, und trotz der Sondermaßnahmen wuchs das Pro-Kopf-Einkommen der LLDC-Gruppe in den siebziger Jahren nur um 0,6 Prozent. Die Gesamtheit der Entwicklungsländer konnte immerhin ein durchschnittliches Wachstum von 2,7 Prozent vorweisen.

Zwei Sonderprogramme zur Soforthilfe für die LLDC wurden 1979 im Rahmen der V. UNCTAD-Konferenz in Manila beschlossen. Die erste Stufe des *Comprehensive New Program of Action* sollte in einem Zeitraum von zwei Jahren ausgedehnte Hilfsmaßnahmen für die Bekämpfung akuter Notstände bewirken und die Voraussetzungen für einen Erfolg der Entwicklungsanstrengungen im darauffolgenden Jahrzehnt schaffen. Die zweite Stufe, das *Substantial New Program of Action*, hatte eine grundsätzliche Verbesserung der Situation in den LLDC zum Ziel. Die Ergebnisse der im Rahmen der ersten Stufe durchgeführten Maßnahmen waren enttäuschend, auch weil sich, allen Empfehlungen und Beschlüssen zum Trotz, die Industriestaaten nicht an die beschlossenen Vorgaben zur Steigerung ihrer finanziellen Hilfe hielten. Nennenswerte Verbesserungen der Lage konnten kaum verzeichnet werden. Viele Länder – vor allem Afrikas – wiesen gar ein schrumpfendes Pro-Kopf-Einkommen auf. Als besonders alarmierend wurde die Auseinanderentwicklung innerhalb der Dritten Welt empfunden: 1960 betrug das Pro-Kopf-Einkommen der LLDC noch 45 Prozent des Durchschnittswertes aller Entwicklungsländer, bis 1978 war der Wert bereits auf ein Drittel gesunken. Dieser Trend hat sich fortgesetzt: 1992 erreichte das Pro-Kopf-Einkommen der LLDC nicht einmal ein Viertel der Durchschnittswerte aller Entwicklungsländer. Der befürchteten weltwirtschaftlichen Marginalisierung der am meisten benachteiligten Länder konnte bisher kein Einhalt geboten werden.

Das bereits 1979 auf den Weg gebrachte »Substantielle Neue Aktionsprogramm« bildete 1981 die Grundlage der Diskussion auf der Ersten Konferenz der Vereinten Nationen zur Lage der LLDC. Die von den Entwicklungsländern angestrebten quantitativen Zielsetzungen wurden jedoch nicht erreicht. Obwohl der dringend notwendige Ressourcentransfer in die LLDC übereinstimmend befürwortet wurde, beschränkten sich die Geberländer meist auf Absichtserklärungen. Die meisten Forderungen der LLDC – etwa die Verpflichtung für entwickelte Länder, bis 1985 mindestens 0,15 Prozent ihres Bruttosozialproduktes für die LLDC zu verwenden und diesen Wert bis 1990 auf 0,2 Prozent zu erhöhen – fanden kein Gehör. Chancenlos blieb auch der Wunsch, bis 1990 eine dreifache Steigerung der Entwicklungshilfe für die LLDC zu erzielen. Während einzelne Länder, zum Beispiel Frankreich, sich verpflichteten, den 0,15 Prozent-Vorschlag einzuhalten, gingen etwa die USA, Australien oder Neuseeland keinerlei Verpflichtungen ein. Zwar erklärten sich die meisten Geberstaaten dazu bereit, die Hilfeleistung für die LLDC auf 0,15 Prozent ihres Bruttosozialproduktes zu erhöhen, banden sich damit jedoch nicht an einen festen Termin. Hinsichtlich der qualitativen Verbesserungen der Entwicklungsleistungen blieb man ebenfalls recht vage. [89]

Das verlorene Jahrzehnt: Die Vierte Welt im Abseits

Die Realität der achtziger Jahre übertraf die schlimmsten Prognosen. Die binnen- und außenwirtschaftliche Lage sowie die Situation der Bevölkerung in den LLDC verschlechterte sich oder stagnierte. Die Zahl der LLDC erhöhte sich von 31 auf 42 zu Beginn der neunziger Jahre, der Finanzzufluß stieg inflationsbereinigt nur um etwa 10 Prozent, der durchschnittliche Anteil der Entwicklungshilfe für diese Ländergemeinschaft am Bruttosozialprodukt der Industrieländer verharrte bei 0,09 Prozent. Bezieht man das hohe Bevölkerungswachstum in den LLDC ein, dann sanken die Hilfeleistungen sogar um 0,6 Prozent pro Jahr. Sinkende Rohstoffpreise, zunehmender Protektionismus des Nordens und steigende Schuldenlasten beschleunigten den Abwärtstrend. Dies alles geschah trotz der Beteuerungen der Industrieländer auf der Pariser Konferenz, der Vierten Welt bessere Entwicklungschancen zu ermöglichen. Die angepeilte Wachstumsrate des Bruttoinlandproduktes von 7,2 Prozent erreichte nur einen Wert von 2,2 Prozent. In den allermeisten Fällen zehrte das Bevölkerungswachstum jedoch diese kleine Steigerung auf. Insgesamt schrumpfte das Pro-Kopf-Einkommen weiter. Die Nahrungsmittelproduktion sank pro Kopf, in einigen Ländern sank sie sogar absolut. Afrika wurde von einer Reihe schwerer Hungersnöte getroffen. Die Umweltzerstörung, 1981 noch kein Thema der Konferenz, schritt weiter fort: Bodenerosion, Abholzung von Wäldern, Vordringen der Wüste sind nur einige Stichworte. Die Ausgaben für Erziehung und Gesundheit pro Kopf der Bevölkerung sanken zum Teil um die Hälfte. Im Jahr 1992 lebten noch immer 64 Prozent der gesamten Bevölkerung der LLDC unterhalb der Armutsgrenze. Der Schuldenstand hatte sich zum Ende des Jahrzehnts verdoppelt, der Prozentsatz der Exporterlöse, der für den Schuldendienst verwendet wird, stieg von 4,5 Prozent im Jahr 1970 auf 25,2 Prozent im Jahr 1991.

Bis 1990 hatten sich die Ausgangsbedingungen für die inzwischen auf 42 Länder angewachsene LLDC-Gruppe verschlechtert:[90] Die Industriestaaten standen UN-Konferenzen mittlerweile mit Argwohn gegenüber, die UNCTAD und mit ihr die »Gruppe der 77« hatten bereits entscheidend an Einfluß verloren, die Bedeutung des Nord-Süd-Konflikts war nach dem Ende des Kalten Krieges zurückgegangen. Der Fall des Eisernen Vorhangs, die deutsche Vereinigung und die Zukunft der Sowjetunion waren Themen, die das Interesse der internationalen Öffentlichkeit beherrschten. Die kurze Liste der Staatspräsidenten und Regierungschefs, die an der Zweiten LLDC-Konferenz 1990 in Paris teilnahmen, spiegelte das gesunkene Interesse an den ärmsten Ländern wider. Neben dem gastgebenden französischen Staatspräsidenten Mitterand fanden nur einige wenige Staats- und Regierungschefs den Weg in die französische Hauptstadt. Zwar bestand Übereinkunft in der Beurteilung der wirtschaftlichen Negativentwicklung der LLDC in den neunziger Jahren, doch waren auch die Ergebnisse der Zweiten Pariser Konferenz eher enttäuschend: Die Forderung der »Gruppe der 77«, bis 1995 endlich die 0,15 Prozent-Quote der Entwicklungshilfe an die LLDC zu erfüllen, konnte nicht durchgesetzt werden; nur die skandinavischen Länder, Frankreich und die Niederlande befürworteten dieses Ziel. In den Kernbereichen Handel, Verschuldung und Entwicklungshilfe konnten den Industrieländern kaum Zugeständnisse abgerungen werden.

Vierte Welt und Weltwirtschaft

Aufgrund ihrer Abhängigkeit von Rohstoffexporten und damit von den internationalen Rohstoffpreisen hat die Bedeutung der LLDC für die Weltwirtschaft abgenommen. Ihr Anteil an den weltweiten Exporten ist im Sinken begriffen, der an der Wirtschaftsleistung stagniert. Obwohl viele Staaten Zollsenkungen und wirtschaftliche Liberalisierung beschlossen haben, ist ein entscheidender Fortschritt im Hinblick auf die Integration in den Weltmarkt nicht in Sicht. Die Hälfte der *least developed countries* bestreitet mit nur drei Exportgütern vier Fünftel ihrer Exporterlöse. Erschwerend kommt die Subventionspolitik der Industrieländer im Agrarbereich sowie die Abschottung ihrer Märkte für Dritte hinzu. Allein die EU wendet jährlich 38 Milliarden Dollar für Agrarsubventionen auf, weitere 2,6 Milliarden kostet die Einlagerung von Überschüssen. Der Protektionismus ist aber auch direkt in den betroffenen Ländern zu spüren: 1991 warf die Europäische Gemeinschaft über 50 Millionen Tonnen tiefgekühltes Rindfleisch auf die afrikanischen Märkte und trug so zur Verarmung der Rinderzüchter in der Sahelzone bei. Es ist kein Zufall, daß – wie die Weltbank 1995 feststellte – die ärmsten Länder der Vierten Welt auch die am wenigsten in die Weltwirtschaft integrierten Staaten sind. Die industrielle Basis in den LLDC ist gering, der Anteil der Industrie an der Wertschöpfung beträgt durchschnittlich nur magere 16 Prozent, gegenüber 34 Prozent im Durchschnitt aller Entwicklungsländer. Die Voraussagen internationaler Organisationen, daß alle Staaten, insbesondere die Entwicklungsländer, von der Globalisierung und vom Anstieg des Welthandels profitieren werden, dürften für die LLDC kaum zutreffen.

Wachstum und Entwicklung, so lehrt der Erfolg der asiatischen Schwellenländer, können durch eine solide Exportindustrie erfolgen. Die Voraussetzungen für deren Aufbau sind jedoch in den wenigsten Staaten der Vierten Welt gegeben. Die Gründe sind vielfältig: Schlechte Infrastruktur, isolierte geographische Lage, unzureichende Qualifikation der Arbeitskräfte, geringe Sparquoten und Klimaprobleme sind nur einige Faktoren. Während die Preise für Kaffee, Baumwolle, Kupfer und Jute gefallen sind, macht der Preisanstieg für Industriegüter dem produzierenden Sektor in den LLDC zu schaffen. Die verarbeitende Industrie ist zum Teil zu 100 Prozent von Importen abhängig. Auch die nationalen Wirtschaftspolitiken der Entwicklungsländer haben in den achtziger Jahren zu Fehlentwicklungen geführt. Zum Teil fand sogar eine De-Industrialisierung statt. Hinzu kommt, daß die von der Weltbank und vom IWF unterstützten strukturellen Anpassungsprogramme kaum Wirkung gezeigt haben. Im Gegenteil, in manchen Ländern verschlechterte sich die wirtschaftliche Lage noch. Die Anpassungsprogramme wurden zum Teil ohne Berücksichtigung der strukturellen Gegebenheiten durchgeführt und trugen oft zur Zerstörung der schmalen industriellen Basis bei. Auch die Leistungsgrenzen der mitunter sehr kleinen Binnenmärkte wurden verkannt. Liberalisierung allein ist kein Garant für »Erfolg« bei der Entwicklung eines Landes. In ihrem Bericht zur Lage der LLDC stellte die UNCTAD 1996 fest, daß diese Staaten kaum von der Liberalisierung des internationalen Handels profitieren dürften. Im weltweiten Wettbewerb haben sie fast keine Chance. Die weitere Marginalisierung scheint vorprogrammiert.

In dem auf der Zweiten Konferenz über die am wenigsten entwickelten Länder 1990 verabschiedeten »Substantiellen Neuen Aktionsprogramm« wurde das Verschuldungsproblem als großes Hindernis für die Entwicklung identifiziert. Die überwiegende Mehrheit der LLDC gehört zur Gruppe der am meisten verschuldeten Länder der Erde. 1992 betrugen die gesamten Schulden 114 Milliarden US-Dollar oder 60 Prozent des Bruttoinlandproduktes. In manchen Ländern übertrifft die Schuldendienstrate die Exporterlöse. Das für eine Reduzierung der Armut und eine minimale Grundbedürfnisbefriedigung notwendige hohe Wirtschaftswachstum ist sobald nicht zu erwarten. Wenig verheißungsvoll klangen 1995 die Perspektiven für die 48 Staaten, die nach den UNCTAD-Kriterien zu den *least developed countries* gehören:[91] »Das Wachstum in den LLDC ist mit nur 1,4 Prozent für 1994 gegenüber 3,3 Prozent im Jahr davor als insgesamt enttäuschend zu bezeichnen. [...] Ein bedeutender Faktor war die direkte und indirekte Auswirkung von Bürgerkriegen. [...] Von den 48 LLDC liegen 32 in Afrika; fast ein Viertel der Staaten sind von politischer Instabilität und bewaffneten Konflikten gekennzeichnet [...] Alle werden weiterhin beträchtliche ODA[92] und andere externe Unterstützung benötigen.«

Die Kommentare zur wirtschaftlichen Zukunft Schwarzafrikas, wo die meisten LLDC liegen, sind seit Jahren niederschmetternd: Oft ist die Rede vom »verlorenen Kontinent«, von »menschlichem Katastrophengebiet«, von der »marginalisierten Staatenwelt«. Im »Bericht über die menschliche Entwicklung« der UNO für das Jahr 1995 befinden sich unter den letzten fünfzig Ländern allein 38 afrikanische Staaten.[93] Manchmal wird aber übersehen, daß die »verlorene« Welt auf dem afrikanischen Kontinent auch Fortschritte gemacht hat. Das gelegentlich schon als Schwellenland bezeichnete Südafrika hat die Rassentrennung – zumindest politisch – überwunden und ist auf dem mühsamen Weg zu einer wirtschaftlichen Erholung. Die jahrelangen Sanktionen und politischen Auseinandersetzungen im Land scheinen mit der Wahl Nelson Mandelas vergessen. Doch auch Südafrika ist ein Musterbeispiel dafür, wie Erste und Vierte Welt im gleichen Staat nebeneinander liegen können. Zwischen der Entwicklung in »weißen« Gebieten und den Regionen der Schwarzen besteht eine riesige Kluft. Wäre das weiße Südafrika ein eigener Staat, läge es mit seinem *Human Development Index*-Wert auf dem gleichen Rang wie Spanien. Der schwarze Teil Südafrikas hingegen nahm 1994 mit dem 123. Rang einen der hintersten Plätze ein.[94]

Zum ersten Mal seit vielen Jahren gab es im Mai 1996 wieder positive Nachrichten über die Lage in Schwarzafrika. Die Pro-Kopf-Einkommen für Afrika südlich der Sahara sind 1995 leicht gestiegen, das reale Wachstum für die 48 ärmsten Staaten lag nach Schätzungen der Weltbank zwischen 3,5 und 4 Prozent. Es übertraf damit erstmals seit sechs Jahren wieder das Bevölkerungswachstum. UN-Generalsekretär Boutros-Ghali sprach davon, zum ersten Mal seit fünfzehn Jahren gebe es wieder Hoffnung für den afrikanischen Kontinent. Die Weltbank indes bleibt vorsichtig: Um eine anhaltende Überwindung der Massenarmut zu erreichen, sei ein Wirtschaftswachstum notwendig, das dem in den schnell wachsenden Volkswirtschaften in Asien entsprechen müßte. Damit ist vorerst freilich nicht zu rechnen.

Kapitel 2

Die Krise: Sozialer Sprengstoff in der Gesellschaft

Armut und Hunger: Geißel der Unterentwicklung

1973 zeichnete Weltbankpräsident Robert McNamara in Nairobi ein deprimierendes Bild der rapide wachsenden Massenarmut in der Dritten Welt: »Absolute Armut [...] ist durch einen Zustand entwürdigender Lebensbedingungen wie Krankheit, Analphabetentum, Unterernährung und Verwahrlosung charakterisiert, so daß die Opfer dieser Armut nicht einmal die grundlegendsten menschlichen Existenzbedürfnisse befriedigen können. [...] Die absolute Armut ist durch derart katastrophale Lebensumstände gekennzeichnet, daß die Entfaltung der Anlagen, mit denen die Menschen bei ihrer Geburt ausgestattet sind, unmöglich gemacht und die menschliche Würde beleidigt wird. Und doch sind diese Bedingungen so weit verbreitet, daß sie das Los von etwa 40 Prozent der Menschen in den Entwicklungsländern bestimmen.«[1]

McNamara führte den deprimierenden Zustand der Dritten Welt auch auf das Wachstumskonzept zurück. Das Wachstum der Wirtschaft im vorhergehenden Jahrzehnt sei ungleich verteilt gewesen und sei vor allem der reichen Bevölkerung in den Entwicklungsländern zugute gekommen. Schon damals war das Problem der Armut und des Hungers nicht etwa Folge von Dürreperioden oder Kriegen; es war und ist vielmehr ein struktureller Dauerzustand, der vor allem auf die ungleiche Verteilung von Land, Beschäftigung und Einkommen zurückzuführen ist.[2] Der Kampf gegen die Armut – so McNamara 1973 weiter – müsse entwicklungspolitische Priorität erhalten. Seither wird die Grundbedürfnisstrategie – Nahrung, Gesundheit und Bildung für alle – propagiert.

Seit jener »Nairobi-Fanfare« McNamaras hat sich die Situation nicht verbessert. 1990 gab es weltweit 800 Millionen hungernde Menschen. In den Jahrzehnten zuvor hatte sich die Fähigkeit vieler Entwicklungsländer zur Selbstversorgung mit Nahrungsmitteln deutlich verringert. Ende der achtziger Jahre wurden in 75 Ländern weniger Nahrungsmittel produziert als zu Beginn des Jahrzehnts. Und Mitte 1996 wiesen die Vereinten Nationen alarmiert darauf hin, daß durch steigende Weltmarktpreise für Getreide und durch Ernteausfälle Millionen von Afrikanern von Hungersnot bedroht seien. Viele Länder würden bald nicht mehr in der Lage sein, Nahrungsgüterimporte im erforderlichen Umfang zu bezahlen. 210 Millionen Afrikaner, 40 Prozent der Gesamtbevölkerung, litten damals bereits an Hunger und Unterernährung.

Die Dritte Welt ist eine Welt der Armut vieler und eine Welt unverhältnismäßigen Reichtums kleiner Minderheiten. Zumeist weisen die Länder der Dritten Welt eine hohe Eigentumskonzentration und somit extreme soziale Ungleichheiten auf. Auf dem Weltsozialgipfel 1995 in Kopenhagen wurde von insgesamt 1,3 Milliarden Armen gesprochen; über die Hälfte von ihnen leidet unter »extremer Armut«. Ein Drittel der Menschen in der Dritten Welt lebt in Armut, 800 Millionen sind chronisch unterernährt, eine Milliarde Menschen hat kein sauberes Trinkwasser, eineinhalb Milliarden sind von einem effizienten Gesundheitswesen ausgeschlossen. Im subsaharischen Afrika ist im »verlorenen Jahrzehnt« der achtziger Jahre die Nahrungsmittelproduktion pro Kopf der Bevölkerung sogar um 1,2 Prozent im Jahresdurchschnitt gesunken. Ganz offensichtlich verlagert sich die Geißel der Unterernährung allmählich von Südasien in das subsaharische Afrika. Dort leben auch über die Hälfte der weltweit 14 Millionen HIV-Infizierten und Aids-Kranken; 90 Prozent der Neuinfektionen in der Dritten Welt finden in Schwarzafrika statt. Quantitativ betrachtet, ist Aids überwiegend ein Dritte-Welt-Problem. Gesundheit und Krankheit aber hängen unmittelbar vom wirtschaftlichen und sozialen Entwicklungsstand eines Landes ab. Armut hat oftmals Krankheit und Tod zur Folge. Jährlich sterben in der Dritten Welt 3 Millionen Kinder an Krankheiten wie Lungenentzündung oder Durchfall, deren Heilung relativ wenig Geld kosten würde.

Die Weltgesundheitsorganisation warnte 1996 vor der Ausbreitung alter und neuer Infektionskrankheiten, insbesondere in den Städten.[3] Mikroben raffen täglich 50000 Menschen hinweg, in einem Jahr 17 Millionen. Mit einer Eindämmung der Seuchen ist vorerst nicht zu rechnen, im Gegenteil, die Zahl der Infektionen nimmt ständig zu. Ein erfolgversprechendes Konzept gegen diese globale Bedrohung hat die Weltgesundheitsorganisation bisher nicht entwickelt. Es muß vielerorts erst noch erkannt werden, daß Bakterien, Viren und Parasiten mit Impfstoffen und Antibiotika allein nicht zu besiegen sind, weil es sich bei den Infektionen sehr häufig um »ökologische Krankheiten« handelt, die auf die Eingriffe in die Natur zurückzuführen sind.

Ein negatives Beispiel über den Zusammenhang von Armut und Krankheit liefert die erschreckend hohe Quote früher Kindersterblichkeit. Mitte 1996 gab die Weltgesundheitsorganisation bekannt, daß jedes Jahr rund 7,6 Millionen Kinder im letzten Monat der Schwangerschaft, bei der Geburt oder in der ersten Lebenswoche stürben. Betroffen sind vor allem die Entwicklungsländer, in denen 98 Prozent dieser Todesfälle registriert wurden; dort liegt die Todesrate fünfmal höher als in den Industriestaaten.

Ende der achtziger Jahre ließen alle Statistiken erkennen, daß der Krieg gegen die Armut im Grunde verloren war.[4] Zwar gab es in bestimmten Bereichen – wie Säuglingssterblichkeit, Lebenserwartung, Alphabetisierung – bemerkenswerte Fortschritte, die Massenarmut ist gleichwohl deutlich angestiegen. Selbst in jenen Teilen Asiens, die von wirklichen Fortschritten berichten können, ist die Armut längst nicht überwunden. Die zu Beginn der siebziger Jahre von der Welternährungskonferenz aufgestellte kühne Behauptung, daß »innerhalb eines Jahrzehnts kein Kind mehr hungrig zu Bett gehen wird«, hat sich nicht nur nicht bewahrheitet, die Zahl der Hungernden hat sich seitdem vielmehr noch erhöht.

Hunger kann viele Ursachen haben: In Afrika waren es in den neunziger Jahren extreme Trockenheit und die Folgen politisch-militärischer Wirren. In Asien sind zwar die klimatischen Voraussetzungen im allgemeinen besser als in Afrika, aber dort ver-

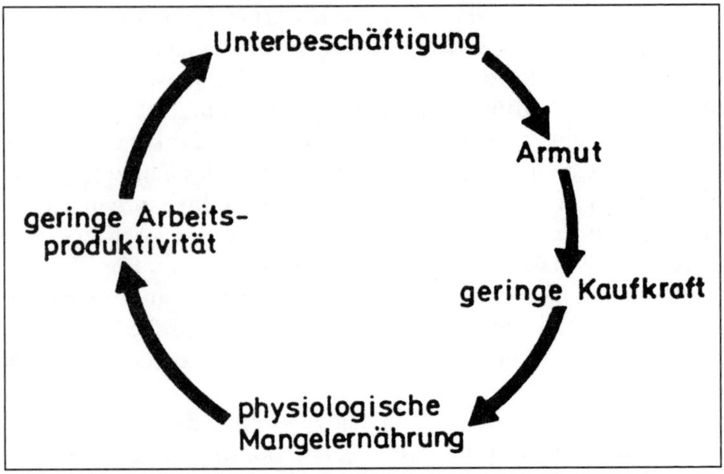

Abbildung 10: Der Teufelskreis der Armut und Mangelernährung
Quelle: Peter von Blanckenburg, Welternährung. Gegenwartsprobleme und Strategien für die Zukunft. München 1986, S. 62.

eiteln andere Faktoren, daß der Kampf gegen Hunger rasch gewonnen werden kann: Entweder fehlt es der Bevölkerung an Kaufkraft, sich durchaus vorhandene Nahrungsmittel zu beschaffen, oder deren Erzeugung kann nicht so schnell gesteigert werden, wie die Bevölkerung wächst. Manchmal verhindert eine verfehlte Wirtschafts- und Agrarpolitik die an sich mögliche Produktionssteigerung und Selbstversorgung.

Auf der Suche nach den Ursachen für die Massenarmut haben Wissenschaftler auf einen »Teufelskreis der Armut und Mangelernährung« hingewiesen: In dichtbesiedelten Dritte-Welt-Ländern herrschen Unterbeschäftigung und Arbeitslosigkeit. Deswegen haben viele Haushalte nicht die finanziellen Mittel, um für eine ausreichende Ernährung zu sorgen. Mangelernährung wiederum führt zur Einschränkung der Leistungsfähigkeit, und diese reduziert die Einsatzmöglichkeiten im Arbeitsprozeß.[5]

Zwischen 1950 und 1990 hat sich die Zahl der Armen auf der Welt verdoppelt. Eine entscheidende Rolle spielte hier die Schuldenkrise, die vor allem zu Lasten der armen Länder ging. Außerdem wuchs die Bevölkerung dort am schnellsten, wo die Armut am größten war. Gegen diese beiden armutsverschärfenden Faktoren konnten die Unterstützungsmaßnahmen der Industrieländer nichts ausrichten. Die Bedeutung der Schuldenkrise für die Verschärfung von Armut und Hunger zeigt sich besonders eindrucksvoll am brasilianischen Beispiel, denn ausgerechnet jene Millionen Brasilianer, deren Lebensstandard ohnehin dürftig ist, bezahlen die realen Kosten der Auslandsverschuldung.[6] Den Gürtel enger schnallen mußten diejenigen, die in der Vergangenheit schon am Rande des Existenzminimums gelebt hatten. Weltbank-Mitarbeiter stellten fest, daß es den Ausgabenkürzungen der öffentlichen Haushalte, die im Zuge der Verschuldungskrise notwendig wurden, nicht um eine Schonung der Armen zu tun war. Die Situation ist dramatisch: 22 Millionen Erwerbstätige müssen sich mit Monatslöhnen von nicht einmal 60 Dollar begnügen; fast 7 Millionen verdienen sogar weniger als 30 Dollar im Monat. Die Analphabetenquote der erwachsenen Bevölkerung beträgt über 20 Prozent, in den ländlichen Gebieten des Nordostens liegt sie sogar bei 40 Prozent. Von den etwa 30 Millionen Analphabeten sind etwa 12 Millionen schulpflichtige Kinder unter fünfzehn Jahren. In einigen Regionen Brasiliens sterben von eintausend Neugeborenen immer noch hundertfünfzig vor Erreichen des ersten Lebensjahres. Etwa 15 Millionen Brasilianer haben kein einwandfreies Trinkwasser, an die 6,5 Millionen Wohnungen sind nicht an die Elektrizitätsversorgung angeschlossen. Die Landarbeiter ohne eigenen Grund und Boden hatten am meisten unter den Folgen der Verschuldungskrise zu leiden; ihre Reallöhne sanken allein in der ersten Hälfte der achtziger Jahre um ein Drittel, während die Nahrungsmittelpreise real um etwa 75 Prozent stiegen. Eine vergleichbare Verschlechterung erfuhren die Bewohner der städtischen Elendsviertel.[7]

Das Thema Hunger ist Ende des Jahrhunderts vor allem wegen dreier genereller Trends auf die Tagesordnung der internationalen Politik zurückgekehrt:[8] Die Versorgung der Weltbevölkerung mit Nahrungsmitteln ist zusehends prekär, die Lagerbestände an Getreide sind deutlich gesunken; die Wasser- und Landressourcen werden knapper; vermehrte Partizipation und Demokratisierungsprozesse führen auch in Entwicklungsländern dazu, daß Hunger nicht länger hingenommen, sondern zusehends als Skandal angesehen wird. Hunger und Armut gehören eng zusammen, die Überwindung von Hunger ist eine notwendige Mindestvoraussetzung für die Überwindung von Armut. Das ist eine geradezu gigantische Aufgabe: Eine Milliarde Menschen lebt von weniger als einem Dollar, 3 Milliarden leben von weniger als 2 Dollar pro Kopf und Tag.[9] Die Unterschiede von einem Land zum anderen sind enorm: In Entwicklungsländern mit hohem wirtschaftlichen Wachstum wie in einigen ostasiatischen Staaten ist die Armut in den siebziger und achtziger Jahren deutlich zurückgegangen. Doch dieser positive Zusammenhang zwischen Wachstum und Armutsminderung gilt nicht für Länder mit sehr ungleicher Einkommensverteilung und einem großen Anteil städtischer Armut, etwa in Lateinamerika. Für das subsaharische Afrika läßt sich kein eindeutiger Trend erkennen: In einigen Ländern (Äthiopien, Ghana, Tansania) hat die Armut abgenommen, in anderen (Kenia, Elfenbeinküste) zugenommen.

1996 lebten oder besser: vegetierten etwa 600 Millionen Menschen in den städtischen Regionen der Entwicklungsländer, wo sie ihre Grundbedürfnisse (Wohnung, sauberes Wasser, Gesundheitsfürsorge) nicht befriedigen können. In vielen Ländern der Vierten Welt lebt etwa die Hälfte der Stadtbewohner unterhalb der offiziellen Armutsgrenze. Damit wird Armut zusehends zu einem Problem der Städte. In Afrika südlich der Sahara gelten 41,6 Prozent der Stadtbevölkerung als arm, in Asien sind es 23 Prozent, in Lateinamerika 26,5 Prozent, im Mittleren Osten und in Nordafrika 34,2 Prozent.

Der Weltbevölkerungsbericht von 1996 ›Wohnorte im Wandel. Bevölkerung, Entwicklung und die städtische Zukunft‹ zeigt, daß fast der gesamte Zuwachs der Weltbevölkerung auf die Dritte Welt, und hier namentlich auf die Ballungszentren, entfällt: »In einer schon weitgehend städtisch geprägten Welt ist das Wachstum der Städte der größte Einzelfaktor, der die Entwicklung in der ersten Hälfte des 21. Jahrhunderts beeinflussen wird.«[10]

1996 lebten 2,6 Milliarden der 5,8 Milliarden Menschen zählenden Weltbevölkerung in Städten oder stadtähnlichen Ballungsgebieten. Im Jahre 2006 wird die Weltbevölkerung auf 6,6 Milliarden gewachsen sein, in den Städten werden 3,3 Milliarden Menschen leben. Die Einwohnerzahl der Städte wächst also schneller als die Weltbevölkerung insgesamt. Auf Wanderungen vom Land in die Stadt sind etwa 40 Prozent des Wachstums der Ballungsgebiete zurückzuführen; der übrige Teil rekrutiert sich aus dem Nachwuchs bei der schon ansässigen Stadtbevölkerung. Etwa 93 Prozent des Wachstums, das die Städte zwischen 1970 und 1996 zu verzeichnen hatten, entfallen auf Entwicklungsländer. Zwei von drei Stadtbewohnern leben in Entwicklungsregionen. Im Jahr 2015 werden es mehr als drei von vier sein, zehn Jahre später vier von fünf. Die ärmsten Länder der Welt werden das stärkste Wachstum zu verzeichnen haben.

Die dramatischen Veränderungen im letzten halben Jahrhundert spiegeln sich in der Zahl der Städte und Stadtregionen mit mehr als einer Million Einwohner: 1950 waren es 83; heute sind es bereits 280; bis zum Jahr 2015 dürfte sich diese Zahl noch einmal verdoppeln.[11] Alle neuen Millionen-Städte liegen in den Entwicklungsländern.

Zur Diskussion über Lösungsansätze

Armutsminderung ist in den neunziger Jahren ins Zentrum der entwicklungspolitischen Diskussion gerückt. Zwei Grundkonzepte bilden die Basis für den Kampf gegen die Armut.[12] Das eine zielt auf die Förderung der sozialen Grunddienste und leitet sich aus der Grundbedürfnisstrategie der siebziger Jahre ab. Das andere strebt Hilfe zur Selbsthilfe an und zielt vor allem auf den ländlichen Sektor sowie auf den nicht-agrarischen informellen Sektor. Dieses Konzept will insbesondere die produktiven Kräfte der Armen mobilisieren.[13] Die Weltbank hat in ihrem Weltentwicklungsbericht von 1990 beide Konzepte zusammengefaßt.[14] Leider müssen Zweifel an der Durchschlagkraft der verschiedenen Konzepte angemeldet werden, und der Weltentwicklungsbericht von 1995 war bereits weit weniger optimistisch als der von 1990. Eine beschäftigungsorientierte Entwicklung ist ja von ihrem wirtschaftspolitischen Umfeld abhängig. Da die allgemeine Wirtschaftspolitik jedoch auf einen Anstieg der Aktienkurse der großen Wirtschaftsunternehmen setzt und diese vor allem dann steigen, wenn Arbeitskräfte entlassen werden, wächst – auch in der Dritten Welt – die Wirtschaft, ohne Arbeitsplätze zu schaffen.

Der polnische Historiker Bronislaw Geremek vertritt die These, die Grundsätze der Entwicklungszusammenarbeit seien von der soziokulturellen und ökonomischen Entwicklung Europas geprägt.[15] Im europäischen Begriff der Armut lebten über Jahrhunderte hinweg bestimmte Wertungen gegenüber Armen fort, und diese Werte und Normen würden jetzt auf den Süden übertragen. Mit der Industrialisierung war eine Neubewertung der individuellen Arbeit erfolgt, die nunmehr als ein Wert an sich betrachtet wurde. Wer nicht arbeitete und betteln mußte, galt im gesellschaftlichen Bewußtsein als »dysfunktional«. Dieses negative Bild des Armen wurde nach dem Zweiten Weltkrieg auch auf den Süden angewandt.[16] Erst nach dem Scheitern der Modernisierungsanstrengungen in den sechziger Jahren formte sich langsam ein positiveres Bild von den Armen, und mit dem Begriff der strukturellen Armutsbekämpfung wurde ein positiver Zugang zur Armut gesucht: Nunmehr galten die Armen als selbsthilfefähig, sie sparten, waren kreditwürdig geworden, dem informellen Sektor wurden hohe Zukunfts- und Wachstumschancen zugesprochen.

Das Problem des Hungers wird von der neueren Forschung konzeptionell vor allem aus drei Perspektiven betrachtet: als grundlegendes Menschenrechtsproblem; als Symptom des Armutsproblems; als – zumindest teilweise – Ursache der Armut. Vor allem wird ausreichende Ernährung wieder verstärkt als *Menschenrecht* betrachtet; bereits 1966 definierte die UNO ausreichende Nahrung als ein Menschenrecht, an dessen Umsetzung es freilich bis heute mangelt. Betrachtet man Hunger als *Symptom* des umfassenden Armutsproblems, so fällt der Blick vor allem auf den Mangel an Kaufkraft sowie auf nachteilige strukturelle Bedingungen; hier gilt es, die Überwindung des Hungers durch wirtschaftspolitische und institutionelle Reformen zu erreichen. Die Betrachtung von Hunger als *Ursache* von Armut lenkt das Augenmerk auf die Auswirkungen des Hungers, auf die wirtschaftliche Entwicklung und die menschliche Produktivität. Für die europäischen Industrieländer hatten Historiker schon vor längerem die Bedeutung verbesserter Ernährung für eine positive wirtschaftliche Entwicklung nachgewiesen.

Zu den Bemühungen, das Hungerproblem zu lösen oder zumindest zu lindern, gehört auch die Einrichtung internationaler Agrarforschungsinstitute, die der armen Bevölkerung in den Entwicklungsländern mit verbesserten landwirtschaftlichen Produkten und Produktionstechniken eine ausreichende Ernährungsbasis sichern sollen.[17] Finanziert werden die vielfältigen Forschungsanstrengungen der sechzehn Agrarforschungsinstitute weitgehend von der *Consultative Group for International Agricultural Research*. Diese Gruppe bildete sich 1991 unter Führung der Weltbank, um die Erfolge der »Grünen Revolution« möglichst allen Entwicklungsländern zugänglich zu machen. Den Grundstein für die internationalen Agrarforschungszentren hatten die Rockefeller und die Ford Foundation schon kurz nach dem Zweiten Weltkrieg mit der Gründung des Internationalen Reisinstituts auf den Philippinen und des Internationalen Weizen- und Mais-Instituts in Mexiko gelegt. Sie erhielten den Auftrag, mit verbessertem Saatgut die Produktion wichtiger Grundnahrungsmittel in der Dritten Welt zu erhöhen. Bald folgten weitere Institute in Nigeria, Kolumbien, Indien, Syrien, Peru, Kenia, Sri Lanka und anderen Ländern.

Die Forschungsinstitute waren und sind äußerst erfolgreich. In der ersten Phase ging es vor allem darum, die Nahrungsmittelproduktion so rasch wie möglich zu steigern. Die in den fünfziger Jahren vorhergesagten Hungersnöte konnten durch die Einführung ertragreicherer und widerstandsfähiger Saaten verhindert werden. Insgesamt waren die Länder der Dritten Welt in der Lage, innerhalb von vierzig Jahren ihre Nahrungsmittelproduktion zu vervierfachen. Lateinamerikas Bauern etwa konnten das Wettrennen zwischen Bevölkerungswachstum und Nahrungsmittelproduktion im wesentlichen zugunsten letzterer entscheiden.

Die landwirtschaftlichen Forschungsinstitute hatten die Bedeutung von Wasser zunächst unterschätzt, obwohl es für die Agrarproduktion das wichtigste und vielerorts knappste Gut ist.

Erst 1984 wurde in Sri Lanka das Internationale Institut für Bewässerungswirtschaft gegründet. Inzwischen haben der Wassereinsatz in der Landwirtschaft und die globale Verwaltung der zunehmend knapper werdenden Wasservorräte einen hohen Stellenwert im Forschungsprogramm der Agrarforschungsinstitute erhalten. Übergeordnetes Ziel der Forschungsarbeit ist es, durch optimale Nachfragesteuerung die Wirtschaftlichkeit der Wassernutzung so zu erhöhen, daß selbst bei hohen landwirtschaftlichen Erträgen Wasser gespart und für andere Verwendungen frei wird.

Im Sudan beispielsweise ist die Wasserknappheit besonders problematisch. Dort stehen pro Kopf und Jahr nur 10 Kubikmeter Wasser zur Verfügung. Die Wasservorräte des Nil, die sich der Sudan mit dem nicht weniger bedürftigen Ägypten teilt, sind erschöpft. »Groß ist die Wassernot in der Region Westasien/Nordafrika (abgekürzt: Wana-Region). Sie reicht von der Türkei im Norden, Pakistan im Osten, Sudan im Süden bis nach Marokko im Westen. Obgleich sie so gut wie kein ungenutztes Potential für die Expansion der Landwirtschaft oder für den Bewässerungsanbau hat, steht sie mit ihrem Bevölkerungswachstum dennoch an der Weltspitze.«[18] Trotz aller Anstrengungen und bemerkenswerter Erfolge auf dem Gebiet der Wasserbewirtschaftung ist vorherzusehen, daß die Weltbevölkerung schon in wenigen Jahren nicht mehr ausreichend mit Wasser versorgt werden kann; es müssen neue Wasservorräte erschlossen, zusätzliche Dämme gebaut werden.

Es dürfte deutlich geworden sein, daß die Ursachen von Hunger vielfältig sind. Einmal die politischen und natürlichen Ursachen: Versagen der Politik, Ressourcenknappheit, Bevölkerungswachstum. Zum anderen institutionelle und strukturelle Mängel wie fehlendes technologisches Wissen. Drittens die besondere Funktion der Märkte, der Zugang zu den Nahrungsmittel- und Arbeitsmärkten. Viertens ist die Situation innerhalb der Familien zu nennen: zum Beispiel die Einkommenslage und die Ressourcen des einzelnen Haushalts, Nutzung und Verteilung von Nahrungsmitteln.

Ebenso vielfältig wie die Ursachen von Hunger und Armut sind die Ansätze zu deren Beseitigung. Alle Programme zur

Hunger- und Armutsbekämpfung verweisen darauf, daß gewisse makroökonomische Rahmenbedingungen gegeben sein müssen: eine ausgewogene staatliche Haushaltspolitik, eine stabilitätsorientierte Geld- und Währungspolitik, keine wachstumshemmende Besteuerung armutsrelevanter Sektoren (z. B. der Landwirtschaft). Sodann ist gezieltes staatliches Handeln erforderlich, wie vor allem eine Förderung der landwirtschaftlichen und ländlichen Entwicklung. Die Umverteilung von Land kann, wie in einigen Teilen Asiens, langfristig durchaus positive Wirkungen auf Wirtschaftswachstum und Armutsreduzierung haben. Kurzfristig bedarf es effizienter Finanzsysteme, die den Armen Kreditzugang ermöglichen. Als besonders erfolgreich hat sich hier das Grameen-Banksystem in Bangladesh erwiesen, das mit sehr guten Erfolgen vor allem Frauen ohne Land Kredite einräumt.[19] Schließlich haben sich – vor allem in Asien – integrierte Ernährungsprogramme als erfolgreich erwiesen. Sie zielen auf eine Mobilisierung der Bevölkerung, um die Unterernährung durch eine Kombination mehrerer Maßnahmen (kontinuierliche Beobachtung von Risikogruppen, Einrichtung von Ernährungs- und Gesundheitsberatungsstellen, kommunale Verbesserung des Gesundheitsumfeldes etc.) abzubauen.

Auf dem Weltsozialgipfel 1995 wurde die sogenannte 20:20-Initiative zur Förderung der sozialen Gerechtigkeit und der Armutsbekämpfung intensiv diskutiert.[20] Sie sieht vor, daß sich die Länder im Norden und Süden wechselseitig verpflichten, 20 Prozent der Entwicklungshilfe (des Nordens) beziehungsweise der Staatsausgaben (der Länder des Südens) in die soziale Grundversorgung zu lenken. Unter sozialen Grunddiensten versteht man Grundbildung, Basisgesundheitsdienste, Beseitigung von Unterernährung, reproduktive Gesundheitsfürsorge und Familienplanung sowie Trinkwasser und Sanitäranlagen für die Armen. Schon im Vorfeld des Weltsozialgipfels war die 20:20-Initiative heftig umstritten, da Geberregierungen die Einengung ihrer Entscheidungsfreiheit und die Länder des Südens die Verletzung ihrer nationalen Souveränität fürchteten. Die Initiative wurde als freiwillige Maßnahme schließlich im Aktionsprogramm verankert. Ihr Ziel ist die Umschichtung der öffentlichen Ausgaben im Süden nach sozialen Prioritäten, so daß die Armut insbesondere bei Bevölkerungsgruppen überwunden werden kann, denen jene Voraussetzungen für eine produktive Selbsthilfe fehlen – Kindern, Alten und Kranken etwa.

Im Frühjahr 1996 lancierte die UNO die bisher größte Initiative in ihrer Geschichte: Die »Sonderinitiative für Afrika« sollte 25 Milliarden US-Dollar zur Beschleunigung der Entwicklung des von Hungersnot, Krieg und Naturkatastrophen heimgesuchten afrikanischen Kontinents aufbringen. Denn Afrika befindet sich mit seinen 728 Millionen Einwohnern an einem Wendepunkt seiner Geschichte: Wirtschaftlicher Niedergang und hohes Bevölkerungswachstum haben die Lebensbedingungen dort so sehr verschlechtert, daß die Hälfte aller Afrikaner in absoluter Armut lebt. 33 der 47 am wenigsten entwickelten Länder liegen in Afrika. Schwerpunkte des UN-Programms sind das Bildungs- und Gesundheitswesen, die Verbesserung der allgemeinen Wasserversorgung, die Einhaltung von Sicherheitsstandards bei der Nahrung und Hilfe bei der Errichtung von Verwaltungen. Die UNO-Aktivitäten gehen sogar noch weiter: Das Jahr 1996 wurde von den Vereinten Nationen zum Jahr der »Beseitigung der Armut« ausgerufen. Eine Welt ohne (absolute) Armut und Hunger dürfte in nächster Zeit aber kaum geschaffen werden können. Das wäre nicht einmal mit entsprechendem Wissen oder dem Einsatz geeigneter Technologie problemlos zu erreichen. »Im Kern ist Armutsbekämpfung ein Problem von Politik und Macht sowie der Bereitschaft zum Teilen.«[21] Diese Bereitschaft ist in den reichen Ländern nicht in dem erforderlichen Maße vorhanden. Obwohl alle Industrieländer die Notwendigkeit betonen, die Armut zu bekämpfen, haben sie in den neunziger Jahren die Mittel für Entwicklungshilfe fast ausnahmslos gekürzt. Nach OECD-Angaben erfüllen nur vier Länder die vor Jahren festgesetzte Marge von 0,7 Prozent des Bruttosozialprodukts für Entwicklungshilfe: Dänemark, Schweden, Norwegen und die Niederlande. Eine grundlegende Änderung ist nicht in Sicht.[22]

Die »Bevölkerungsexplosion«: Grenzen der Entwicklung

Daß es in den Ländern der Dritten Welt Massenarmut gibt, wird häufig mit der Überbevölkerung der Entwicklungsregionen erklärt. Der vielzitierte Buchtitel ›Weniger Menschen durch weniger Armut?‹ verweist sinnfällig auf den Zusammenhang zwischen Armut und Bevölkerungswachstum.[23] Seit es so etwas wie Entwicklungspolitik gibt, spricht man vom Problem des Bevölkerungswachstums. Schon 1950 stand es bei der Colombo-Konferenz im Mittelpunkt, 1974 fand in Bukarest die erste Weltbevölkerungskonferenz statt. Bei allen diesen Treffen – 1984 folgte in Mexiko die zweite Weltbevölkerungskonferenz, 1994 in Kairo die dritte – sind unterschiedliche Argumentationen vorgetragen worden. Einig sind sich die Bevölkerungswissenschaftler aber nur in einer Schlußfolgerung, die von der Exekutivdirektorin des Bevölkerungsfonds der Vereinten Nationen, Nafis Sadik, beschwörend fomuliert wurde: Das schnelle Bevölkerungswachstum habe die Welt bereits in einem derart kritischen Ausmaß verändert, daß »wir uns für konsequente Maßnahmen entscheiden müssen, um das Bevölkerungswachstum aufzuhalten«.[24]

Im Jahr 1998 wird es auf der Erde 6 Milliarden Menschen geben. Jedes Jahr wächst die Weltbevölkerung um 94 Millionen. Das ist der bisher größte Zuwachs in der Geschichte der Menschheit. Einige Autoren – so Paul Kennedy in seinem vielbeachteten Buch ›In Vorbereitung auf das 21. Jahrhundert‹ – sehen in der »Bevölkerungsexplosion« das größte weltpolitische Problem der Zukunft. Der Bevölkerungsdruck ist bereits Hintergrund zahlreicher kriegerischer Auseinandersetzungen und Verteilungskonflikte um lebensnotwendige Ressourcen wie Land und Wasser. Das Wachstum der Weltbevölkerung erlebte im 20. Jahrhundert einen äußerst dynamischen Verlauf: Anfangs wuchs die Bevölkerung jährlich um 0,5 Prozent, bis in die siebziger Jahre hinein um 2,1 Prozent, in den neunziger Jahren um etwa 1,5 Prozent. Hatte die Menschheit 121 Jahre benötigt (von 1805 bis 1926), um sich von einer Milliarde auf 2 Milliarden Zeitgenossen zu verdoppeln, so brauchte sie für ihre Vermehrung von 4 auf 5 Milliarden nur noch dreizehn Jahre (1974 bis 1987), von 5 auf

6 Milliarden gar nur elf Jahre. Neuere Zahlen deuten zwar darauf hin, daß das exponentielle Wachstum etwas abflacht und in eine lineare Form übergeht; die jährliche Weltbevölkerungszunahme beträgt aber immer noch über 90 Millionen Menschen; 95 Prozent von ihnen werden in der Dritten Welt geboren.[25]

Die Betrachtung des Bevölkerungswachstums läßt einen elementaren Zusammenhang unschwer erkennen: Je größer die Armut, desto stärker das Bevölkerungswachstum. In den neunziger Jahren betrug das Bevölkerungswachstum in den Industrieländern 0,5 Prozent pro Jahr, in den Entwicklungsländern dagegen 2 Prozent, in den *least developed countries* sogar 3 Prozent. Dabei ist es besonders schwierig, Ursache und Folge auseinanderzuhalten. Denn obwohl es richtig ist, daß Armut auch eine Folge des Kinderreichtums ist, gilt andererseits ebenso, daß Armut auch die Ursache für zahlreichen Nachwuchs ist. Die Bekämpfung des hohen Bevölkerungszuwachses in der Dritten Welt hat somit bei der Bekämpfung der Armut anzusetzen.

1996 trafen sich die Vertreter der Staatengemeinschaft, um sich eines der drängenden Zukunftsprobleme anzunehmen: Nach dem Umweltgipfel in Rio, der Konferenz über Menschenrechte in Wien, dem Bevölkerungsgipfel in Kairo, dem Treffen über soziale Entwicklung in Kopenhagen und dem Weltfrauengipfel in Peking ging es in Istanbul um die nachhaltige Entwicklung der Städte. Obwohl der Kairoer Gipfel die Probleme der Bevölkerungsentwicklung bereits diskutiert hatte, wurde der Istanbuler Gipfel[26] gewissermaßen zu einer weiteren Bevölkerungskonferenz. Alle Teilnehmer waren sich darüber im klaren, daß in den Städten alle künftigen Herausforderungen in bedrohlicher Weise kulminieren: In den Städten wächst die Bevölkerung am stärksten, dort bilden Umwelt- und Luftverschmutzung, Wasserknappheit, Wohnungsmangel, Armut und Kriminalität ein explosives Gemisch. Neun der zehn größten Städte werden in absehbarer Zeit in den Entwicklungsländern liegen. Es sei von größter Bedeutung, so ein generelles Fazit, daß die menschlichen Siedlungen »produktiv, sicher, gesund und menschenwürdig« gestaltet würden.

In Istanbul stritten sich Industrie- und Entwicklungsländer im wesentlichen über vier große Themenkomplexe: 1. Die Industrieländer wollten das Ziel einer »nachhaltigen Stadtentwicklung« festschreiben, die sich nicht auf Kosten der Umwelt vollziehen darf, sondern auch künftigen Generationen einen angemessenen Lebensraum bietet. Die Entwicklungsländer sahen in dieser Formulierung ihre eigene Wachstumsperspektive bedroht. 2. Gestritten wurde auch über ein »Recht auf angemessene Wohnung«; viele Staaten betrachteten die Aussicht auf ein einklagbares Recht dieser Art als Einmischung in interne Angelegenheiten. 3. Die Dritte Welt erhoffte sich »neue und zusätzliche Mittel« für Hilfsprogramme zur Linderung der Not in den großen Städten, während die Industrieländer zum wiederholten Male auf ihre nationalen Etatprobleme verwiesen und sich für eine Effizienzprüfung der bestehenden Programme aussprachen. 4. Die Entwicklungsländer plädierten schließlich dafür, die UN-Institution für Stadtentwicklung und Wohnungswesen mit mehr Mitteln und Personal auszustatten. Dafür sahen die Industrieländer wiederum keinen Bedarf.

Verpflichtungen wurden in Istanbul nicht eingegangen, Zusagen nicht gegeben. Die Diagnose lautete weiterhin, die Welt werde immer städtischer, die Städte zunehmend unbeherrschbar. Einig war man sich nur hinsichtlich der Dramatik des Problems: Die enormen Schwierigkeiten, die sich aus dem rapiden Städtewachstum ergeben, haben existentielle Bedeutung für das friedliche Zusammenleben der Menschen. Letztlich dürfte sich die Zukunft der Menschheit in den Megastädten entscheiden. Die Krise der städtischen Entwicklung betrifft zwar reiche ebenso wie arme Staaten, aber die Herausforderungen sind für die Dritte Welt am größten. Fast die Hälfte der Menschheit lebt in Städten; bis zum Jahr 2025 wird die Zahl der Stadtbewohner von derzeit 2,4 auf 5 Milliarden Menschen anwachsen. [27] Beängstigend sind die Probleme von Mexiko-Stadt jetzt schon. »Fast fünfhundert Jahre [nach Hernán Cortés, 1519] ist Mexiko-Stadt unverändert ein Ort für phantastische Superlative: Armut, Arbeitslosigkeit, Verbrechen, soziale Desintegration, Müll, Verkehrsstaus, Ozon, Kohlenmonoxyd, Blei, Schwefel, Stickstoff. [...] Noch in den fünfziger Jahren war die 2240 Meter hoch gelegene Stadt mit damals nur 2 Millionen Einwohnern ein Luftkurort. Jetzt gerät die täglich in den Zeitungen angezeigte Smogkurve vor allem im niederschlagsarmen Winter so weit in die Gefahrenzone, daß ein kurzer Spaziergang nach dem Mittagessen dem Konsum von zwei Schachteln Zigaretten gleichkommt. [...] Die Hauptstädter, darunter geschätzte 600000 Obdachlose, produzieren täglich rund zwanzigtausend Tonnen Abfall. Nur ein Bruchteil davon, darunter nicht unbedingt der Giftmüll, wird ›entsorgt‹. Vor allem in den Enklaven an der Peripherie sickern verbrauchtes Öl und Exkremente in Kanäle ohne Kläranlagen. Fäkalien trocknen auf offenem Feld, bis der Wind sie aufwirbelt. Krank werden mag, wer einfach Luft holt. [...] In der Hauptstadt, wo sich nahezu ein Viertel der gesamten mexikanischen Bevölkerung drängt, mischen sich Fatalismus und Leidensfähigkeit an der Grenze des Erträglichen mit bemerkenswertem Lebenswillen und einigem Reformeifer. [...] Mexiko-Stadt, Mutter und Monster, hat die alarmierenden ersten Stufen des Verfalls schon hinter sich und die Aussicht, bis zur Jahrtausendwende das herausragendste ökologische Desaster unter den Großstädten zu sein, noch vor sich.«[28]

Ein Blick zurück macht das außergewöhnliche Tempo des Bevölkerungswachstums in den Großstädten der Dritten Welt deutlich: Im Jahr 1950 lebten etwa in São Paulo 2,8 Millionen Einwohner, 1996 waren es in dem städtischen Großraum nach amtlicher Schätzung über 17 Millionen. Jährlich kommen weitere 300000 hinzu. São Paulo ist wegen seiner extremen Ausdehnung nur ein besonders krasses Beispiel, allerdings keine Ausnahme. Unter grenzenlos wucherndem Wachstum leiden nahezu alle Drittweltmetropolen. Staatliche und örtliche Behörden stehen dem Phänomen hilflos gegenüber. Die Kosten der öffentlichen Infrastruktur steigen überproportional zur Einwohnerzahl. Das bedeutet schlicht, daß das Kommunikations-, Transport- und Gesundheitswesen in den Drittweltmetropolen bei anhaltendem Wachstum immer weniger bezahlbar wird.

Die volkswirtschaftlichen Auswirkungen der Metropolisierung machen sich auch im Hinterland bemerkbar, das unter den Folgen der Abwanderung von Arbeit und Kapital leidet. Ein immer größerer Teil der Wertschöpfung konzentriert sich in den Großstädten. Die Frage ist nicht einfach zu beantworten, weshalb die Städte eine derartige Sogwirkung auf die ländlichen Zuwanderer ausüben und wieso die Sogwirkung auch angesichts der gravierenden sozialen und ökologischen Probleme nicht abnimmt.[29]

Die meisten Megastädte in den Entwicklungsländern haben ähnliche Wurzeln. Sie sind zumeist am Standort von Kolonialverwaltungen oder an Verkehrsknoten entstanden. Für den explosionsartigen Wachstumsschub nach dem Zweiten Weltkrieg gibt es mehrere Gründe, einer davon ist die Ansiedlung lokaler Industrien in der Hauptstadt mit ihrem Arbeitsplatzangebot. Die Bevölkerung konzentrierte sich als Folge einer dirigistischen Wirtschaftspolitik immer mehr auf einen einzigen Ballungsraum. Extreme Werte erreicht die Konzentration der Industriebeschäftigung im metropolitanen Ballungsraum der Küstenbereiche, wo sich vor allem Gewerbe ansiedeln, die auf ausländische Rohstoffe oder Vorprodukte angewiesen sind.

Wie stark das allgemeine Bevölkerungswachstum ein großstädtisches Phänomen ist, zeigt das lateinamerikanische Beispiel: Seit 1900 hat Lateinamerika seinen Anteil an der Weltbevölkerung auf über 8 Prozent verdoppelt. Charakteristisch für den Subkontinent sind einerseits Verdichtungsgebiete und großstädtische Ballungsräume, andererseits kaum besiedeltes Hinterland. Nach dem Zweiten Weltkrieg hat der Anteil der städtischen Bevölkerung an der Gesamtbevölkerung konstant zugenommen und stellt in vielen Ländern zwischen 70 und 90 Prozent der Einwohner.[30] Lateinamerika wird ein immer »städtischerer« Kontinent: Zwischen 1950 und 1975 hat die städtische Bevölkerung um fast 200 Prozent zugenommen. 1970 lebten in Lateinamerika bereits 33 Prozent der Bevölkerung in Großstädten, in Süd- und Südostasien dagegen nur 12 Prozent, und im tropischen Afrika waren es sogar nur 6 Prozent.[31]

Ein wichtiger Grund für die Migration vom Land in die Stadt sind für junge Männer, vor allem aber für Mädchen und Frauen die besseren Chancen, dort eine Schulbildung zu erhalten, einen Beruf zu erlernen und eine Beschäftigung zu finden. Bei fast allen Frauen, denen es gelingt, sich eine bessere Position und mehr Selbstbestimmung zu erkämpfen, sinkt die Zahl ihrer Kinder. Daher besteht immerhin Aussicht, daß übermäßiges Bevölkerungswachstum als Hauptfolge überquellender Stadtregionen

Land	*1940*	*1960*	*1980*	*1990*
Argentinien	k.A.	74	83	86
Bolivien	k.A.	24	33	51
Brasilien	31	46	64	75
Chile	52	68	82	86
Kolumbien	29	53	68	70
Kuba	46	55	65	75
Ecuador	k.A.	36	44	56
Mexiko	35	51	66	73
Peru	35	47	65	70
Venezuela	31	63	79	91
Lateinamerika gesamt	33	44	64	72

Tabelle 6: Städtische Bevölkerung in Lateinamerika 1940 bis 1990 (in Prozent)
(Zur Definition: Städtische Bevölkerung ist die Wohnbevölkerung in Gemeinden mit mehr als 20000 Einwohnern.)
Quelle: Alan Gilbert, The Latin American City. London 1994, S. 26.

allmählich eingedämmt werden kann. Zumindest lassen die Zuwachsraten der städtischen Bevölkerung eine derartige Entwicklung erwarten: Das Bevölkerungswachstum lateinamerikanischer Städte etwa hat sich im Verlauf der letzten dreißig Jahre deutlich verlangsamt.

Auch die Zunahme der Weltbevölkerung hat sich verlangsamt. Der UN-Weltbevölkerungsbericht von 1995 prognostiziert für das Jahr 2015 zwischen 7,1 und 7,8 Milliarden, für das Jahr 2050 zwischen 7,9 und 11,9 Milliarden Menschen. Das Wachstum konzentriert sich dabei auf die Entwicklungsländer, während die Bevölkerung in den Industrieländern deutlich abnehmen wird. Somit läßt sich eine auffällige Ungleichzeitigkeit demographischer Entwicklungen feststellen. Die Bevölkerungstrends zeigen, daß die städtischen Zentren in den Entwicklungs-

Stadt	*Sechziger Jahre*	*Siebziger Jahre*	*Achtziger Jahre*
Mexiko-Stadt	5,6	3,7	3,0
Bogotá	6,2	4,1	3,2
Caracas	5,0	1,7	1,2
Santiago	4,2	2,9	2,4
Buenos Aires	2,1	1,8	1,5
São Paulo	5,5	4,1	3,7
Rio de Janeiro	3,7	2,2	2,2
Lima	7,3	5,1	4,1

Tabelle 7: Bevölkerungswachstum ausgewählter lateinamerikanischer Städte 1960 bis 1990 (in Prozent pro Jahr)
Quelle: Alan Gilbert, The Latin American City. London 1994, S. 31.

ländern weiterhin stark wachsen dürften, soziale Unruhen im Gefolge dieses Wachstums nahezu unabwendbar sind. Sie zeigen auch, daß die fortschreitende Verelendung der Menschen in den Entwicklungsländern zu einer Zunahme der Migrationsströme und in deren Gefolge wahrscheinlich zu einer Destabilisierung auch der entwickelten Länder führen wird.

Der allgemeinen Dreiphaseneinteilung »präkoloniale Gesellschaft«, »Kolonialismus«, »staatliche Unabhängigkeit« vergleichbar, gibt es auch in der Bevölkerungslehre ein Dreiphasenkonzept.[32] Die erste Phase entspricht einem traditionellen, vorindustriellen Bevölkerungszustand, in dem hohen Geburtenzahlen fast ebenso hohe Sterbezahlen gegenüber stehen. Das Bevölkerungswachstum ist nur mäßig. In der zweiten Phase – der Epoche der »Bevölkerungsexplosion« – öffnet sich die Schere zwischen Geburten- und Sterbewerten. Die sinkende Sterblichkeit ist die Folge neuer Produktionsmethoden, medizinischer Fortschritte und besserer sanitärer Maßnahmen. Da die Menschen in immer höherem Alter sterben und Neugeborene bessere Überlebenschancen als früher haben, andererseits die Zahl der Geburten noch nicht wesentlich beschränkt wird, kommt es zu einem beträchtlichen Bevölkerungswachstum. In der dritten Phase – der modernen industriellen Bevölkerungsstruktur – wird der Bevölkerungsdruck allgemein spürbar, und die Familien entdecken in einer Geburtenbeschränkung die besseren Chancen für ihre Kinder. Familienplanung als Anpassungsmechanismus greift Platz, Geburten- und Sterbezahlen pendeln sich in etwa wieder ein – allerdings auf wesentlich niedrigerem Niveau als in der ersten Phase.

Für den insgesamt rapiden Bevölkerungsanstieg in den Ländern der Dritten Welt ist vor allem die starke Abnahme der durchschnittlichen Sterberaten verantwortlich; dies als Folge der Ausrottung tropischer Infektionskrankheiten, der hygienisch-sanitären Verbesserungen, des Fortschritts in der ärztlichen Versorgung und eines höheren Bildungsniveaus der Mütter. Klar ist, daß es ohne eine drastische Verringerung des natürlichen Bevölkerungswachstums kaum zu einer merklichen Reduzierung des Problemstaus in der Dritten Welt kommen wird. Auch wenn manche Frauengruppen für das Recht auf selbstbestimmte Mutterschaft streiten und Bevölkerungspolitik als maskuline Waffe zur Kontrolle der Frauen (und der Armen) bezeichnen, so ist doch mit Nachdruck darauf zu verweisen, daß dieses Recht der Frau in der Schlußresolution der Weltbevölkerungskonferenz von Bukarest (1974) seine Einschränkung erfahren hat: »Die Verantwortung der Paare und Individuen schließt bei der Ausübung dieses Rechts die Berücksichtigung der Bedürfnisse der lebenden und zukünftigen Kinder und die Verantwortung gegenüber der Gemeinschaft ein.« [33]

Haupttenor des Aktionsprogramms des Kairoer Weltbevölkerungsgipfels von 1994 war die Stärkung der Frau sowie die Förderung der Gesundheit.[34] Betrachtet man nämlich die Sterblichkeitsursachen in Ländern der Dritten Welt, so ergibt sich im Hinblick auf Ernährung, Hygiene und das Gesundheitswesen ein völlig anderes Bild als in den Industrieländern. Die Weltgesundheitsorganisation hat festgestellt, daß Kreislauferkrankungen und Krebs (in den entwickelten Ländern 70 Prozent der Todesursachen) in der Dritten Welt in nur gut 20 Prozent Sterbegrund sind. Die häufigsten Todesursachen in Ländern der Dritten Welt dagegen treten in Industrieländern kaum noch auf:

Lungenkrankheiten und Bronchitis, Infektionskrankheiten und Parasitenbefall; besonders gefährdet sind schwangere Frauen. Politisches Handeln wurde in Kairo daher in den Bereichen gefordert, wo Frauen Opfer gesellschaftlicher Entwicklungen sind. Ein Drittel aller Erkrankungen von Frauen zwischen fünfzehn und 44 Jahren steht in den Entwicklungsländern im Zusammenhang mit Schwangerschaft, Geburt, Abtreibung, HIV und Infektionen. 350 Millionen Paare haben keine Möglichkeit zu einer umfassenden und modernen Familienplanung. Die Zahl der Menschen, die Familienplanung betreiben würden, sofern ihnen nur eine moderne und finanzierbare Methode zur Verfügung stünde, wird auf 120 Millionen geschätzt. Hier will das Aktionsprogramm von Kairo spürbare Änderungen herbeiführen. Die Kosten des Programms bis zum Jahr 2000 werden auf 17 Milliarden Dollar geschätzt; zwei Drittel der Summe sollen von den Entwicklungsländern selbst aufgebracht werden.

Asien kann unter den »Entwicklungskontinenten« die bei weitem größten Erfolge bei der Geburtenreduzierung vorweisen: Zwischen 1970 und 1985 ging die Geborenenziffer in Ostasien um 43,9 Prozent, in China um 45,8 Prozent zurück (in Südasien allerdings nur um 14 Prozent), während sie in der Dritten Welt insgesamt nur um 19,4 Prozent, weltweit um 16,5 Prozent sank. In Afrika betrug der Rückgang demgegenüber lediglich 1,3 Prozent. Die Bereitschaft zur Geburtenreduzierung hängt unter anderem von kulturellen und religiösen Traditionen, von Diesseits- beziehungsweise Jenseitsorientierung im Familiendenken, vom wirtschaftlichen Entwicklungsgrad und vielen weiteren Variablen ab.[35] Am schnellsten reagierten die Ostasiaten auf Modernisierungen im wirtschaftlichen und sozialen Bereich, während in Schwarzafrika immer noch sehr viele Hindernisse einem Geburtenrückgang im Wege stehen.[36] Die Weltbevölkerungskonferenz von Bukarest 1974 prägte den Slogan: »Entwicklung ist das beste Verhütungsmittel.« Obgleich inzwischen nachgewiesen werden konnte, daß Familienplanung auch in armen Ländern erfolgreich sein kann[37], dürfte der Bukarester Slogan im Grundsatz noch immer zutreffen.

Die schwächsten Glieder der Gesellschaft: Kinder

Auf den Weltbevölkerungskonferenzen ist das Schicksal von Frauen und namentlich von Kindern in den Mittelpunkt der Betrachtung gerückt worden. Im folgenden wird ihr kollektives Schicksal anhand von Beispielen, vor allem aus dem Sudan, aus Brasilien und Indien geschildert. Zur Sprache kommen die einzelnen Lebensstationen von der Geburt über die Ausbildung bis zur Arbeit, im Fall der Frauen des weiteren die Heirat und ihre gesellschaftliche Stellung.

Nur selten treffen Anspruch und Wirklichkeit, Humanität und Unmenschlichkeit so hart aufeinander wie bei der Situation von Minderjährigen in der Dritten Welt. Artikel 9 der UN-Charta des Kindes besagt: »Das Kind wird vor Vernachlässigung, Grausamkeit und Ausnutzung jeder Art geschützt. Es ist in keinem Fall Gegenstand eines Handels. Das Kind wird erst nach Erreichen eines geeigneten Mindestalters zur Arbeit zugelassen; nie wird es gezwungen oder wird ihm erlaubt, einen Beruf oder eine Tätigkeit auszuüben, die seiner Erziehung schaden oder seine körperliche, geistige oder moralische Entwicklung hemmen.«[38] Die Realität ist anders: Etwa 190 Millionen Kinder leiden an Unterernährung (1990), jedes dritte Kind unter fünf Jahren ist somit durch Mangelernährung in seiner Entwicklung und Widerstandskraft beeinträchtigt. Im Jahr des Kindes 1979 starben 17 Millionen Kinder an Hunger.[39] Jedes Jahr kommen 8 Millionen Kinder durch Masern, Durchfall, Diphtherie und Atemwegserkrankungen zu Tode – Krankheiten, die bei ausreichender Ernährung gut zu überstehen sind. Weltweit tragen, nach Schätzungen der Vereinten Nationen, etwa 140 Millionen Kinder unter fünfzehn Jahren mit harter Arbeit zum Unterhalt ihrer Familie bei. Millionen von Kindern müssen sich prostituieren – zumeist für reiche Bürger aus den Industriestaaten.

Die Überlebensbedingungen für Kinder sind in der Dritten Welt weitaus schlechter als in den Industriestaaten. Von den 1,8 Milliarden Kindern der Welt leben 1,6 Milliarden in Entwicklungsländern, wo die Geburtenrate doppelt so hoch ist. So lag etwa die Geburtenrate im Sudan 1992 bei 42 Geburten pro tausend Einwohnern im Jahr gegenüber vierzehn Geburten in den

Industrieländern. Dort bringt also jede Frau im Laufe ihres Lebens durchschnittlich 6,1 Kinder zur Welt; in den reichen Staaten sind es nur 1,8 Kinder. Die wesentlich geringeren Werte in Indien (3,9) und Brasilien (2,8) zeigen, daß mit einem fortschreitenden Grad an »Modernität« die Geburtenrate zurückgeht. Geht man dem Phänomen auf den Grund, stößt man in den Entwicklungsländern schnell auf den Wunsch der Eltern nach Absicherung der Familie und nach Unterhalt bei Krankheit und im Alter. Wo die Sterberate der Kinder gesenkt wird, geht auch die Geburtenrate zurück. Unterstützt wird dieser demographische Prozeß durch Maßnahmen der Familienplanung und Geburtenkontrolle, bei denen allerdings oft kulturell-religiöse Normen überwunden werden müssen. Auch die gesellschaftlich unterprivilegierte Rolle der Frauen beschränkt ihre Suche nach Sinnerfüllung häufig auf Familie und Kinder.[40] In verschiedenen Gesellschaften, etwa in Indien oder im Sudan, steht Kinderreichtum aber nach wie vor in hohem Ansehen; im Sudan werden Frauen manchmal verstoßen, wenn die Ehe kinderlos bleibt.[41]

Trotz einer in der letzten Zeit zunehmend positiven Entwicklung sterben in der Dritten Welt immer noch 7 Prozent der Neugeborenen bei oder direkt nach der Geburt (in den Industrieländern sind es nur 0,9 Prozent). Zwar hat zwischen 1950 und 1990 die Säuglings-und Kindersterblichkeit von 280 auf 106 je tausend Geburten abgenommen; doch es gibt nach wie vor gewaltige regionale Unterschiede. Im Durchschnitt der weniger entwikelten Länder liegt sie immer noch siebenmal, in Afrika sogar dreizehnmal höher als in den Industriestaaten. In den ärmsten Familien ist die Kindersterblichkeit zwanzigmal höher als in den reichen. Das liegt an den schlechten hygienischen Verhältnissen, an der Schwächung der Frauen durch häufige Schwangerschaften, zum Teil auch am Fehlen eines adäquaten Gesundheitssystems und ausgebildeter Geburtshelfer. Im Sudan liegt die Säuglingssterblichkeitsrate mit 10 Prozent beinahe doppelt so hoch wie im weiter entwickelten Brasilien. Von den verbleibenden Säuglingen überlebt in den Entwicklungsländern beinahe jedes zehnte Kind seinen fünften Geburtstag nicht. Auch hier gibt es ein starkes Gefälle. Im Sudan liegt die Sterberate von Kleinkindern bei 16,6 Prozent, in Indien bei 12,4 Prozent, in Brasilien bei 6,5 Prozent; in den Industrieländern sind es 1,1 Prozent.

Die Ernährungslage der Kinder ist in Südasien am dramatischsten: So leiden in Indien zwei Drittel der Kleinkinder bis zu vier Jahren an Untergewicht. Jedes zweite Kind in Indien, Pakistan und Bangladesh kommt schon untergewichtig zur Welt. In Bangladesh weisen 67 Prozent der Kinder Zeichen von Mangelernährung auf, in Afrika sind es »nur« 30 Prozent. Mädchen erhalten von klein auf weniger Nahrung und seltener medizinische Hilfe als Jungen. Dies hat verheerende Auswirkungen auf die nächste Generation, da körperlich geschwächte Frauen meist untergewichtige Kinder zur Welt bringen. Die untergewichtig geborenen und unzureichend ernährten Kinder sind dann um so anfälliger für Krankheiten. Während die Unterernährung in der Anfangsphase schleichend und unsichtbar vor sich geht, äußert sie sich bald in einem schlechten Gesundheitszustand und in einer allgemeinen Behinderung der Entwicklung. Häufig sehen sich die Eltern außerstande, die notwendige Nahrung für ihre Kinder und für sich selbst zu beschaffen. In der Hoffnung auf eine bessere Existenz ziehen sie dann oft in die industrialisierten Ballungszentren und verlassen damit die traditionellen gesellschaftlichen Strukturen wie Großfamilie und Feudalsystem, die ihnen bis dahin einen gewissen Schutz geboten hatten. Da die meisten Zuwanderer auch in den Städten keine Arbeit finden, ist ihre und die Existenz ihrer Kinder nun noch stärker bedroht als vorher.

Noch dramatischer ist die Situation für die zunehmende Zahl nichtehelicher oder von ihrem Vater verlassener Kinder. In solchen Fällen sind die Mütter ohne materielle Zuwendungen und feste Arbeit, zusätzlich belastet durch ihr soziales Stigma, oft überfordert. Da die meisten Entwicklungsländer keine wesentliche staatliche Unterstützung aufbringen können, geraten diese Rumpffamilien meist in eine nahezu aussichtslose Lage. Solche Kinder sind eine besonders leichte Beute für Krankheiten.[42]

Inzwischen wurden allerdings bereits bedeutende und erfolgreiche Anstrengungen unternommen, um die häufigsten zu frühem Tod führenden Erkrankungen durch Impfungen und andere Verbesserungen zurückzudrängen. Vor allem wird angestrebt, die Grundbedürfnisse zu decken, zu denen insbesondere sauberes Trinkwasser, hygienische Sanitäreinrichtungen und Gesundheitsdienste gehören. Im Sudan besitzt nach wie vor die Hälfte der Bevölkerung keinen Zugang zu Trinkwasser, ebensoviele haben keine Möglichkeit, innerhalb einer Stunde Fahrzeit mit öffentlichen Verkehrsmitteln einen Gesundheitsdienst zu erreichen. Auf dem Land ist die Versorgung wesentlich schlechter als in der Stadt. In städtischen Gebieten verfügt mit 85 beziehungsweise 87 Prozent in Brasilien und Indien ein viel größerer Teil der Bevölkerung über einen Trinkwasseranschluß.[43]

Eine weitere existentielle Bedrohung für die Kinder besteht darin, von ihren Eltern verlassen zu werden. Bis heute gibt es keine sicheren Daten darüber, wie viele Kinder in den Entwicklungsländern verlassen werden. UNICEF schätzte 1990 ihre Zahl weltweit auf 70 Millionen.[44] Völlig allein lassen die Eltern ihr Kind in der Regel nur dann, wenn sie keinen anderen Ausweg mehr sehen. Die betroffenen Kinder werden meist direkt nach der Geburt oder nach dem Abstillen, wenn eine weitere Ernährung zu teuer käme, ausgesetzt oder abgegeben, nach dem fünften Lebensjahr normalerweise jedoch nicht mehr, weil sie jetzt als Arbeitskräfte eingesetzt werden können. Auch durch die zahlreichen Kriege und Fluchtbewegungen in der Dritten Welt verlieren viele Kinder ihre Eltern. Die wichtigste Ursache für die Trennung von Kind und Mutter ist jedoch immer noch die gesellschaftliche Ächtung, durch welche Frauen gezwungen werden, sich eines unehelichen Kindes zu entledigen.[45] Die »patriarchalische« Einstellung der indischen Gesellschaft etwa macht es Frauen unmöglich, mit einem unehelichen Kind in ihre eigene oder die angeheiratete Familie zurückzukehren. Werden ausgesetzte Kinder lebend aufgefunden, kommen sie in ein Heim oder eine andere karitative Einrichtung; manchmal geben die Frauen sie dort auch selbst ab oder zur Adoption frei.[46]

In diesen Zusammenhang gehört der Handel mit Kindern aus der Dritten Welt, der – trotz weltweiter Ächtung durch die UN-Charta des Kindes – verheerenden Umfang angenommen hat. Auslöser ist der beinahe unstillbare Bedarf westlicher Familien nach Adoptivkindern. Um sich ihren Kinderwunsch zu erfüllen, sind unfruchtbare Ehepaare aus der Ersten Welt bereit, hohe Summen zu bezahlen. Begehrt sind insbesondere ein- oder zweijährige

Säuglinge aus Südostasien und Lateinamerika mit heller Hautfarbe. Dies wiederum rief kommerzielle Vermittler auf den Plan, die in enger Zusammenarbeit mit korrupten Behörden der Herkunftsländer in dieses Geschäft einstiegen. Nur in geringem Maß vermitteln sie verlassene oder in Waisenhäusern lebende, meist ältere Kinder. Frauen in den Entwicklungsländern werden vielmehr zum Teil noch vor der Niederkunft unter Hinweis auf die schlechte Lebenssituation oder mit Geldangeboten und Drohungen dazu überredet, ihr Kind abzugeben. Andere verlieren ihr Baby durch Betrug und Menschenraub, etwa in den Entbindungsstationen der Krankenhäuser. Besonders schlimm ist das für Kinder, denen keine neue Familie und kein intaktes Lebensumfeld geboten wird, sondern die als Dienstboten, für pornographische Zwecke oder den Handel mit Organen mißbraucht werden.[47]

Bildung heißt für Kinder der Dritten Welt einerseits Erziehung durch die Eltern und Erfahrung im täglichen Leben – etwa bei Mithilfe im Familienbetrieb oder durch Straßenarbeit –, andererseits Unterricht durch einen Lehrer. Bereits in vorkolonialer Zeit gab es in vielen heutigen Entwicklungsländern ein System der Unterweisung, das in den Hochzivilisationen Asiens, Nordafrikas und Amerikas institutionalisiert war. Ein – oftmals gewollt unvollständiges – Bildungssystem nach europäischem Muster, dessen Keimzelle die Schule war, wurde zumeist während der Kolonialzeit eingeführt.

Bildung kann nicht allein an formalen Kriterien wie Schulbesuchsquoten, Analphabetismusrate oder Zahl der Lehrer und Schüler gemessen werden, denn dabei wird das durch Erziehung und Erfahrung vermittelte Wissen außer acht gelassen. Da jedoch die Schule zur wichtigsten Bildungsinstitution in der Dritten Welt geworden ist, wird man sich bei der Erörterung von Bildung und Bildungschancen an ihr orientieren müssen. So zeigt bereits das Verhältnis der Ausgaben für das Bildungssystem pro Kopf der Bevölkerung, daß die Entwicklungsländer im Jahr 1978 mit 26 Dollar (Afrika 21 Dollar, Asien 52 Dollar, Lateinamerika 60 Dollar) gegenüber den Industrieländern (366 Dollar) gewaltige Defizite aufwiesen.[48] Die Befolgung der Schulpflicht ist in den Entwicklungsländern um etwa ein Drittel geringer als in den Industrieländern. Während in der Dritten Welt insgesamt bereits über 90 Prozent der Kinder eingeschult werden, gehen im südlichen Afrika weit weniger als 50 Prozent zur Schule. In den südlich der Sahara liegenden afrikanischen Ländern, in Südasien und Südamerika erreicht freilich nur die Hälfte aller Kinder die fünfte Klasse. Die andere Hälfte bricht den Schulbesuch ab und fällt oftmals in Analphabetismus zurück. Etwa 100 Millionen Kinder haben keine Chance zum Schulbesuch. Das von der UNESCO anvisierte Ziel, alle Kinder einzuschulen und zu alphabetisieren, wurde bisher nicht erreicht.

Im Sudan etwa liegt die Zahl der Schüler bereits in der Primarstufe und damit auch in den weiterführenden Schulen bedeutend niedriger als in Indien oder Brasilien. Aber auch diese Zahlen sind relativ: Fünfzig Jahre nach der Unabhängigkeit von Großbritannien gehen etwa 75 Millionen indische Kinder nicht zur Schule, beinahe 70 Millionen unter fünf Jahren sind unterernährt. Südasien fällt immer weiter hinter die anderen Länder der Dritten Welt zurück. In Indien, Pakistan, Bangladesh, Nepal und Sri Lanka leben mehr als eine Milliarde Menschen. Von ihnen können fast 400 Millionen – davon zwei Drittel Frauen – weder lesen noch schreiben, 20 Millionen haben kein sauberes Trinkwasser, 850 Millionen sind ohne Kanalisation, mehr als 300 Millionen leben in absoluter Armut.

Ein großer Unterschied bei der Schulbesuchsquote der Entwicklungsländer besteht zwischen Land und Stadt, da in ländlichen Gebieten das Schulangebot oft noch schlechter ist. Der Schulbesuch ist außerdem nur so lang möglich, wie der Einsatz der Kinder im Haushalt oder in der Erwerbsarbeit nicht vorteilhafter erscheint. Insbesondere bei ärmeren Schichten herrscht die Einstellung vor, daß Kinder und Jugendliche durch einen längeren Aufenthalt in der Schule, die nicht die für die Arbeit in den traditionellen Sektoren (Landwirtschaft, Fischerei und Handwerk) notwendigen Kenntnisse vermittelt, dem täglichen Überlebenskampf entfremdet werden. So besteht ein häufig genannter Kritikpunkt am Schulwesen in den Entwicklungsländern darin, daß Primarschulen lediglich zur Vorbereitung auf die Sekundarschulen, diese wiederum der Vorbereitung auf die Hochschulen dienen, dem Schüler aber keinen Nutzen für die Arbeitswelt bieten. Da die Schüler die Schule oft nach kurzer Zeit wieder verlassen, bleibt das erlernte Wissen weitgehend nutzlos und unproduktiv. So liegt trotz einer raschen Zunahme der Studentenzahlen in der Dritten Welt ihr Anteil an der Altersgruppe der Zwanzig- bis Vierundzwanzigjährigen in Lateinamerika (12,6 Prozent), insbesondere aber in Afrika (2,6 Prozent) und Asien (4,6 Prozent), weit unter dem der Industrieländer (29,2 Prozent).[49] Hinzu kommt, daß Hochschulen in Entwicklungsländern meist nur den politischen und wirtschaftlichen Eliten offenstehen.

Die Weltbankstatistik von 1996 zeigte deutlich die enge Verbindung zwischen Wirtschaftswachstum und einer umfassenden Grundschulerziehung; nachweisen ließe sich auch der Zusammenhang von fehlender Bildung und Landflucht, Überbevölkerung, Fehlernährung und Kindersterblichkeit. Dort, wo in den achtziger Jahren Wachstumsraten von 6 Prozent und mehr erzielt wurden, gingen mindestens 96 Prozent aller Kinder zur Schule, die Analphabetenrate war gering. Bemerkenswert ist in diesen Ländern auch die zunehmende Eingliederung der Frauen in den Arbeitsmarkt.

In der Dritten Welt werden Kinder von ihren Eltern notgedrungen zu früher Selbständigkeit erzogen. Die Beteiligung der Kinder an der Versorgung der Familie beginnt in der Regel im Alter von sieben bis acht Jahren. Bereits mit zwölf bis fünfzehn Jahren erreichen die Kinder volle Unabhängigkeit. Definiert man Kinderarbeit als jedwede Tätigkeit zur Befriedigung der grundlegenden materiellen Bedürfnisse des Kindes selbst oder seiner Familie, so umfaßt sie auch die nicht entlohnte Familienarbeit und die Arbeiten im informellen Sektor ebenso wie illegale Betätigungen (Stehlen, Prostitution, Betteln).[50] Hierbei führen die Kinder – analog zu den frühkapitalistischen Arbeitsformen im europäischen Industrialisierungsprozeß des 19. Jahrhunderts – zum Teil schwerste Arbeiten aus, ohne gesetzlichen Schutz, ohne freien Sonntag und Urlaub, ohne Mindestlohn.

Häufige Formen von Kinderarbeit auf dem Land sind Feldarbeit (zum Beispiel das Ernten von Zuckerrohr, Reis und Baumwolle), die Mithilfe bei der Tierhaltung und die häusliche Herstellung von Waren im Verlagssystem. Eine weitere, vor allem in urbanisierten Regionen anzutreffende Art der Kinderarbeit sind »selbständige« Tätigkeiten als Schuhputzer, Altmetallsammler,

Lastenträger, Autowäscher; Betteln und Kinderprostitution gehören dazu, wenngleich letztere meist von Zuhältern organisiert wird. In den Städten überwiegen Tätigkeiten im Dienstleistungsbereich und Handel. Lohnabhängige Arbeiten zum Beispiel als Hausangestellte, in Webereien oder Bergwerken ergänzen diese Aufzählung. Wesentlich bestimmt wird die Tätigkeit durch das Alter und Geschlecht. So gehen Jungen viel häufiger als Mädchen Arbeiten auf der Straße nach; Kinder können meist nur Waren auf der Straße verkaufen, während Jugendliche bereits alle Arten von Arbeiten ausführen. In der Stadt sind Kinder in hohem Maße körperlichen Risiken, Gewalt und Aggressivität ausgesetzt, vor der sie sich nur durch Zusammenschluß in Gruppen oder Banden schützen können. Ihr unmenschlichstes Gesicht zeigt die Kinderarbeit in der Kindersklaverei und in der Kinderprostitution. In einigen asiatischen Ländern können Ausbeutung und Abhängigkeit der Kinder durchaus in Leibeigenschaft übergehen. In Indien wird noch die Schuldknechtschaft praktiziert, wobei die Arbeitsleistung eines Kindes dem Kreditmakler als Sicherheit für sein Darlehen verpfändet wird. Die hohe Verzinsung der Schulden macht eine Auslösung häufig unmöglich. Immer wieder werden Kinder auch verschleppt und in Gefangenschaft gehalten.

Nach Angaben nationaler Statistiken gab es 1981 in Indien insgesamt 12,6 Millionen arbeitende Kinder, 1996 sprach die Internationale Arbeitsorganisation von 44 Millionen, unter ihnen 2,6 Millionen, die in Schuldknechtschaft arbeiten. Weltweit betrug die Zahl der Kinderarbeiter 100 bis 200 Millionen, in der Dritten Welt waren es zwischen 20 und 30 Prozent aller Kinder bis fünfzehn Jahre. Nach Untersuchungen aus Ghana, Indien, Indonesien und dem Senegal arbeitet ein Viertel aller Kinder auf den Feldern, in Fabriken oder in Haushalten. Für ein Drittel von ihnen ist Arbeit die Hauptbeschäftigung. Ihre Arbeitskraft wird insbesondere in arbeitsintensiven Bereichen wie der Schmuck-, der Schiefer- und der Teppichindustrie sowie bei der Herstellung von Zündhölzern und Knallkörpern benötigt. In der Teppichbranche stellen die überwiegend aus den niedrigsten Kasten stammenden Kinder 37,5 Prozent aller Arbeitskräfte. Sie werden nicht direkt vom Fabrikanten, sondern von einem Webstuhlbesitzer angestellt, angewiesen und überwacht. Die schnell auszuführende Arbeit erfordert eine so hohe Konzentration, daß die Kinder wegen der langen Arbeitszeit (zwölf, zuweilen fünfzehn Stunden täglich), belastet durch Haut- und Atemwegskrankheiten wegen des Kontaktes mit chemischen Farben und Flusen, geschwächt durch schlechtes Essen und Schlafen auf dem Boden, isoliert von ihrer Familie, nach wenigen Jahren als körperliche und seelische Wracks enden.[51]

Auch in der Prostitution sind viele Kinder beschäftigt. Schätzungsweise 300000 von ihnen dürften in Indien in diesem Gewerbe arbeiten, auf den Philippinen soll es 40000 »Sexsklaven« geben, in Thailand mindestens 50000, die einheimischen wie ausländischen Freiern zu Diensten sind. Als neue Ziele der »Päderasten-Internationale« gelten die Dominikanische Republik, Brasilien und auch das sozialistische Vietnam. Im verarmten brasilianischen Nordosten sprechen Schätzungen von 2 Millionen Mädchen zwischen zehn und fünfzehn Jahren, weitgehend aus der schwarzen Bevölkerung.[52] In Asien soll es mehr als eine Million Kinderprostituierte geben; alljährlich kommen Hunderttausende hinzu, vor allem aus besonders armen Ländern wie Nepal, Bangladesh, Burma und Laos. Der Wirtschafts- und Sozialrat der UNO wies 1994 darauf hin, daß die Angst vor Aids die Nachfrage nach immer jüngeren Mädchen und Jungen in die Höhe getrieben hat. In den meisten asiatischen Kinderbordellen besteht ein Großteil der Kundschaft zwar aus Europäern und Amerikanern, die meisten jedoch sind thailändische, chinesische oder malaysische Geschäftsleute, von denen manche nichts dabei finden, bei den an geheimen Orten stattfindenden »Versteigerungen« von Jungfrauen mitzubieten. Zu Recht weisen die Fachleute darauf hin, daß die Kinderprostitution weder mit Strafgesetzen noch mit moralischen Appellen eingedämmt werden kann. Das Übel müsse vielmehr an der Wurzel angepackt werden, das heißt Armut und Analphabetismus sind zu bekämpfen.

Die Ursachen für die Kinderarbeit sind hauptsächlich im strukturellen Arbeitskräfteüberschuß, in der Arbeitslosigkeit beziehungsweise in den minimalen Löhnen der Entwicklungsländer zu suchen. Da Kinderarbeit weniger kostet, Kinder außerdem zum Selbstschutz kaum fähig sind, wird in letzter Zeit, in der der Konkurrenzdruck auf die Länder der Dritten Welt zugenommen hat, sogar verstärkt auf die Arbeitskraft von Kindern zurückgegriffen. Da in den meisten Ländern ein soziales Sicherungssystem fehlt, müssen oftmals sogar die Sprößlinge besserverdienender Eltern bei Krankheit oder Ausfall eines Elternteils die entstandene Einkommenslücke füllen.

Eine besondere Facette der Kinderarbeit ist das Phänomen der Straßenkinder, deren Zahl allein in Lateinamerika von UNICEF auf 25 bis 30 Millionen, weltweit auf 80 Millionen geschätzt wird. Dieses Anwachsen ging mit dem Verstädterungsprozeß einher. Unterscheiden kann man bei den Straßenkindern drei, zeitlich meist aufeinanderfolgende Gruppen: noch zu Hause lebende Kinder, die dort jedoch nicht einmal ihre elementarsten Bedürfnisse befriedigen können und deshalb immer öfter auf der Straße zu finden sind; auf der Straße arbeitende Kinder; und schließlich solche, die ihr gesamtes Dasein auf der Straße verbringen. Letztere haben in der Regel keine oder allenfalls nur schwache Bindungen an das Elternhaus. Auf der Straße sind die Kinder einerseits ständigen Gefahren, krimineller Gewalt und staatlichen Repressionen ausgesetzt, wie das Beispiel der Morde an vagabundierenden Kindern durch Polizisten in lateinamerikanischen Ländern zeigt. Andererseits finden sie auch Freiräume, Anerkennung bei ihren Bandenkameraden sowie ein notdürftiges Auskommen. Oftmals ziehen diese Kinder die Straße anonymen staatlichen Heimen vor. Da die Straßenkinder von keiner gesellschaftlichen Gruppe wie den Gewerkschaften, demokratischen Basisbewegungen oder von staatlichen Organisationen anerkannt werden, erhalten sie auch keine Unterstützung zur Erleichterung ihrer Situation oder gar um in ein »normales« Leben zurückzukehren.[53]

Kinder in der Dritten Welt leiden nicht nur unter Armut, Vereinsamung, Arbeit und Sklaverei, sie sind auch die Hauptopfer der zahlreichen Kriege und Vertreibungen. So wurden von Mitte der achtziger bis Mitte der neunziger Jahre 2 Millionen Kinder in bewaffneten Konflikten getötet, 15 Millionen verstümmelt, 12 Millionen haben ihr Zuhause verloren, über 1 Million kam in Waisenhäuser. Mehr als die Hälfte der etwa 27 Millionen Kriegsflüchtlinge der Erde sind Kinder.[54] Ungefähr 28 Millionen Kinder und Jugendliche wachsen unter Kriegsbedingungen auf. Jeder zehnte Heranwachsende ist von Krieg, Bürgerkrieg, Flucht oder Vertreibung betroffen. Dem UNICEF-Jahresbericht 1995 zufolge wurden in den achtziger Jahren 12 Millionen Kinder aus ihrer Heimat vertrieben, 10 Millionen psychisch geschädigt. Die im Vergleich zu früheren Jahrzehnten erschreckend hohe Zahl von Kriegsopfern unter der Zivilbevölkerung spiegelt vor allem die Tatsache wider, daß viele Kriege innerstaatliche Konflikte sind und bei ethnischen Konflikten Familien oft sogar absichtlich zu Zielen militärischer Angriffe werden. Viele Kinder verlieren ihre Eltern, sind Gewalt und Folter ausgesetzt. Im Bürgerkrieg von Ruanda mußte das Internationale Komitee vom Roten Kreuz 1994/95 85000 Kinder wieder mit ihren Eltern zusammenführen. In zahlreichen Gebieten nimmt das Klima des Terrors, der Kriminalität und der Gewalt zu; dann müssen sich die Kinder, die auf der Straße ihrer Arbeit nachgehen, behaupten. Traumatische Erfahrungen, aber auch eine Steigerung der von Kindern selbst ausgeübten Kriminalität sind die Folge. Auch innerhalb vieler Familien setzt sich das fort; Gewaltakte sind an der Tagesordnung.[55]

In Ruanda fielen 1994 dem Massaker zwischen Hutu und Tutsi schätzungsweise 850000 Menschen zum Opfer – davon mindestens 300000 Kinder.[56] Von den einst 7,6 Millionen Einwohnern befanden sich 1996 etwa 1,8 Millionen in den Nachbarländern auf der Flucht; die Rückkehrer waren fast ausschließlich Frauen und Kinder. Viele »Familien« bestehen überhaupt nur aus Kindern, die sich selbst ernähren müssen. 95 Prozent der ruandischen Kinder haben in den letzten Jahren Gewalt erlebt, mehr als ein Drittel hat Vergewaltigungen mit angesehen. 80 Prozent haben einen engen Familienangehörigen im Krieg verloren, ein Drittel der Kinder war dabei Augenzeuge. UNICEF-Berichten zufolge verhalte sich eine große Anzahl von Kindern passiv, lethargisch, depressiv. Vor allem den »Kindsoldaten« fällt es schwer, sich vom Krieg zu lösen und ein neues Leben zu beginnen. Während des Bürgerkrieges schlossen sich viele Kinder, die ihre Eltern verloren hatten, freiwillig bewaffneten Einheiten an oder wurden von ihnen aufgenommen.

Auch in vielen anderen Ländern müssen Kinder und Jugendliche zu den Waffen greifen. So konnte beispielsweise der ugandische Präsident Museveni den Bürgerkrieg auch dank 3000 Kindsoldaten zu seinen Gunsten entscheiden, im Bürgerkrieg Liberias standen 15 000 Kinder unter Waffen, in Sierra Leone mindestens 2500. Der Iran schickte im Golfkrieg gegen den Irak 150 000 Schüler, teilweise erst dreizehn Jahre alt, an die Front. Ende der achtziger Jahre waren in 25 Ländern etwa 200 000 Kinder an Kampfhandlungen beteiligt. Wenn diese Kinder – soweit sie überlebt haben – aus dieser grausigsten Form von Kinderarbeit nach Hause zurückkehren, haben sie zumeist außer ihrer Mutter und Ersatzmutter, der Armee, auch jede Chance auf ein normales Leben verloren. Ohne Ausbildung und emotionalen Rückhalt bleibt ihnen meist nur das Überleben in Banden, durch Raub, Überfälle und Erpressung.[57]

Wie die Erfahrung zeigt, müssen Ansätze zur Lösung der Probleme von Kindern in Entwicklungsländern verschiedene Ebenen berücksichtigen. Politische Maßnahmen allein – wie Gesetze zum Verbot von Kinderarbeit – führen nicht zum Erfolg. So führte der 1948 in Indien erlassene ›Factories Act‹, der die Arbeit von Kindern und Jugendlichen unter achtzehn Jahren reglementiert, zu einer Verlagerung der Teppichproduktion aus den Fabriken in Privathäuser, wo sie nur schwer kontrollierbar ist. Der Schutz der Kinder hat bereits bei den Eltern anzusetzen, denen die Ausbildung ihres Nachwuchses ermöglicht werden muß. Erforderlich ist zum einen der Aufbau grundlegender sozialer Sicherungseinrichtungen, zum anderen die Beseitigung der extremen Armut, die die Menschen zur Ausbeutung ihrer eigenen Kinder zwingt. 1985 führte der indische Arbeitsminister Shri T. Anjaiah in einer Rede aus:[58] »Es ist klar, daß die Notwendigkeit, Kinder arbeiten zu lassen, weiterbestehen wird, solange nichts für eine Einkommensverbesserung ihrer Eltern getan wird. [...] Ich weiß, daß in unserem Land unter den gegebenen Bedingungen eine vollständige Abschaffung der Kinderarbeit nicht möglich sein wird. Es ist auch nichts Falsches daran, wenn Kinder von ihren Eltern ein Handwerk erlernen. Aber man muß die Kinder davor bewahren, vor Abschluß einer minimalen Schulbildung und vor Erreichen eines Mindestalters eine bezahlte Arbeit anzunehmen, um ihre körperliche und geistige Entwicklung nicht zu gefährden.«

Die elende Situation vieler Kinder in der Dritten Welt ist hauptsächlich auf die Sozialstrukturen und politischen Mißstände in vielen Entwicklungsländern zurückzuführen, es fehlt aber auch an der Bereitwilligkeit der Industrieländer zu echter Hilfe. So profitieren die reichen Länder gemeinsam mit den nationalen Eliten der Entwicklungsländer über die internationalen Handelsketten etwa von den billigen Rohstoffen und Produkten der Dritten Welt. Am Ende dieser Verkettung aber steht das harte Schicksal der Kinder. Dabei wäre der Preis für die Abschaffung der Kinderarbeit nicht sehr hoch. In Indien etwa sparen, neueren Berechnungen zufolge, Unternehmer bei der Teppichproduktion durch die Beschäftigung von Kindern nur bis zu 10 Prozent der Lohnkosten ein. Ein Drittel der Zollabgaben, die in manchen Industrieländern auf Waren aus der Dritten Welt erhoben werden, würde ausreichen, um die Einnahmedifferenz auszugleichen.

In den reichen Ländern müßte der politische Wille heranreifen, nicht länger Vorteile aus der Arbeit von Kindern zu ziehen und nicht weiter eine Politik zu unterstützen, die Kinder für ihre Interessen einspannt. Während auf der Ebene der Vereinten Nationen durch die Allgemeine Erklärung der Menschenrechte (1948), die Bürger- und Sozialrechtspakte (1966) und die Charta des Kindes (1989) sowie durch die Empfehlungen der Internationalen Arbeitsorganisation bereits erste politische Schritte getan wurden, in deren Gefolge in der Dritten Welt auch zahlreiche Gesetze für den Schutz der Kinder erlassen wurden, fehlt es weithin an Anstrengungen, die Entwicklungsländer gleichberechtigt in die Weltmarktordnung zu integrieren. Auch die Entwicklungspolitik der Industriestaaten dient oft mehr dem Export eigener Produkte und damit der Zementierung bestehender Verhältnisse als der Lösung der Probleme. Allerdings gibt es auch vereinzelte Lichtblicke: Um den Schutz von Kindern in kriegerischen Auseinandersetzungen zu verbessern, wurden in einer bereits von hundertfünfzig Staaten ratifizierten Konvention über die Rechte des Kindes Verhaltensregeln der kriegführenden Parteien festgeschrieben, die nicht nur totes Papier blieben. So konnten durch »Ruhetage« im Bürgerkrieg von El Salvador oder durch »Friedenskorridore« während der Auseinandersetzung im

Sudan zahlreiche Kinder geimpft oder in Sicherheit gebracht werden.[59] Ein fundamentaler Wandel wurde durch diese Regelung freilich bisher nicht erreicht. Viele Gesetze werden nicht beachtet, da der politische Wille zu ihrer Umsetzung, aber auch organisierter Druck aus der Bevölkerung fehlt. Doch ergreifen die Betroffenen zunehmend selbst die Initiative. Basisgruppen, die sich der Probleme in einzelnen Ortschaften und Regionen annehmen, bilden sich unabhängig von Regierungen und sogar gegen deren Widerstand. Sie bekämpfen die Schuldknechtschaft durch Proteste, richten Aktionszentren zur Wahrung der Rechte der Kinderarbeiter ein oder bieten Schulunterricht auf der Straße an. Auch Kindergewerkschaften, wie die MANTHOC (*Movimiento de niños y adolescentes trabajadores hijos de obreros cristianos*) in Peru, die als Selbstorganisation den Kindern und Jugendlichen gewerkschaftliche Erfahrung nahebringen soll, haben sich gebildet.[60] In Argentinien wurde in Zusammenarbeit mit der Gewerkschaft C.G.T. ein Kongreß der Straßenkinder durchgeführt. Kennzeichen dieser Projekte ist, daß sie im wesentlichen von Kindern und Jugendlichen initiiert und durchgeführt wurden. Diese Initiativen tragen dazu bei, Kinder als eine gesellschaftliche Kraft zu erkennen, ihre Probleme ernst zu nehmen und die von ihnen geleistete Arbeit zu würdigen.[61]

Auch am anderen Ende der Kette, in den Industriegesellschaften, gibt es Ansätze, um diese Probleme zu entschärfen. Das reicht vom Boykott von Waren, die durch Kinderarbeit hergestellt wurden, über die Motivierung von Politikern zu Hilfsmaßnahmen durch »Druck von unten« bis zur Gründung von Vereinen, die Öffentlichkeitsarbeit leisten und die Bevölkerung zu sensibilisieren versuchen. Auch die Unterstützung von Nicht-Regierungsorganisationen, die Entwicklungsarbeit leisten, gehört in diesen Bereich. Die eigentliche Bedeutung solcher Aktionen liegt wohl vor allem in der Förderung eines Bewußtseinswandels. Manche dieser Maßnahmen können aber auch negative Effekte hervorrufen, wie das unter dem Deckmantel der Humanität betriebene Geschäft mit der Adoption von Kindern aus der Dritten Welt zeigt. Auch die mit Patenschaften verfolgte Absicht, die Ausbildung von Kindern in Entwicklungsländern zu fördern, kann unerwünschte Komponenten haben, wenn etwa Kinder von ihrem natürlichen Lebensraum getrennt werden oder, da die Ausbildung zumeist in städtischen Berufen erfolgt, die Landflucht zunimmt.

Die volkswirtschaftlich »unsichtbaren« Leistungen von Frauen

In der Bibel heißt es: »Die Frauen seien untertan ihren Männern als dem Herrn. Denn der Mann ist des Weibes Haupt [...]. Aber wie nun die Gemeinde ist Christus untertan, so seien es auch die Frauen ihren Männern in allen Dingen« (Epheser 5, 22–24). Im Koran steht zu lesen: »Die Männer stehen über den Frauen, weil Allah einem Teil [der Menschen] einen Vorzug vor dem anderen gegeben hat [...]. Die Frauen aber, deren Widerspenstigkeit ihr befürchtet, ermahnt, meidet sie im Ehebett und straft sie!« (Sure 4, Vers 34) Ein hinduistisches Gesetzbuch besagt: »In ihrer Kindheit muß eine Frau ihrem Vater untertan sein, in ihrer Jugend dem Ehemann und als Witwe ihren Söhnen. Eine Frau darf niemals Unabhängigkeit genießen«. Von Konfuzius schließlich stammt der Satz: »Hundert Mädchen sind nicht so viel wert wie ein Junge.«

Angesichts dieser Traditionen nimmt es nicht wunder, wenn Frauen in allen Gesellschaften wirtschaftlich, politisch und sozial benachteiligt sind. Die Diskriminierung ist in der Dritten Welt freilich wesentlich größer als in den Industrieländern, sie ist zudem eine der wichtigsten Folgewirkungen und zugleich eine Hauptursache für die dortige Unterentwicklung.

Trotzdem verbieten sich bei dem so komplexen Thema »Frauen in der Dritten Welt« Verallgemeinerungen. Die Unterschiede von Land zu Land sind häufig immens, und auch innerhalb einzelner Staaten bestehen gewaltige soziale, ethnische, regionale, religiöse und kulturelle Disparitäten. Allerdings gibt es auch Gemeinsamkeiten. Sie drücken sich in Zahlen aus, die aufhorchen lassen: Frauen leisten ungefähr zwei Drittel aller Arbeitsstunden, beziehen aber nur ein Zehntel des Welteinkommens und besitzen lediglich ein Hundertstel des Weltvermögens. In der Dritten Welt stehen 28 bis 35 Prozent der Frauen einem

Haushalt vor, etwa die Hälfte aller Nahrungsmittel wird von Frauen produziert, 60 Prozent von ihnen sind Analphabetinnen, 75 Prozent der Unterernährten Frauen und Kinder. Dabei ist der Statusverlust der Frauen in der Dritten Welt eine relativ junge Erscheinung. In vielen Stämmen Afrikas wiesen die traditionellen Stammeskulturen eine mutterrechtliche Struktur auf. An der westafrikanischen Küste beherrschen Frauen seit jeher den Einzelhandel, viele von ihnen sind steinreich. Bei den Akan-Völkern repräsentiert zwar ein Häuptling die Menschen, eine Frau aber die Mutter Erde. In einigen Königreichen wie Kongo, Zimbabwe, dem alten Ghana oder Mali, die alle durch den Sklavenhandel und den europäischen Kolonialismus zerstört wurden, gab es mächtige Frauen an der Seite der Herrscher.

In zahlreichen Gesellschaften der Dritten Welt beginnt die Abwertung und Diskriminierung des weiblichen Geschlechts bereits bei der Geburt. Insbesondere in Asien, dem Mittleren Osten und Lateinamerika werden männliche Neugeborene weiblichen Säuglingen vorgezogen. Dies äußert sich beispielsweise in der besseren Ernährung und Pflege der Jungen. Manchmal werden Mädchen auch einfach ausgesetzt. Das geschieht in der nordindischen patriarchalischen Gesellschaft immer wieder mit – unerwünschten – weiblichen Säuglingen. Zugleich sterben in Nordindien in den ersten Monaten nach der Geburt, trotz ihrer größeren Widerstandskraft, 60 Prozent mehr Mädchen als Jungen; schlechte Ernährung und mangelhafte Pflege sind meist die Ursache.[62] Wenngleich solche Fälle nicht für die gesamte Dritte Welt repräsentativ sind, wird auch in anderen Ländern (in Lateinamerika etwa) die Geburt eines Mädchens eher negativ aufgenommen.[63] Traditionell entstehen den Familien mit weiblichen Nachkommen dort wirtschaftliche Nachteile wie die Pflicht zur Zahlung einer Mitgift, der Auszug der Braut aus dem elterlichen Haus, der Verlust ihrer Arbeitskraft und ihre schlechte Stellung im Erbrecht.

Mädchen, die die Säuglingsphase überstanden haben, erreichen in ihrer Kindheit keine den Jungen vergleichbare Stellung. Sie müssen viel mehr arbeiten als ihre Brüder, insbesondere durch die Mithilfe im Haushalt. Millionen von Mädchen tragen durch ihre unbezahlte Hausarbeit dazu bei, daß die Eltern einer bezahlten Arbeit nachgehen und so das Überleben der Familie sichern können.[64] Insbesondere, wenn arme Familien den lebensnotwendigen Güterbedarf möglichst billig einkaufen müssen und das Angebot knapp ist, beansprucht die Haushaltsführung viel Zeit und Energie. Die Arbeit zu Hause und für die Familie ist meist »unsichtbar« und wird oft nicht anerkannt. An Beispielen aus dem Sudan – dem Bau von Staudämmen in Handarbeit – weist eine neuere entwicklungspolitische Studie nach: »Afrika überlebt dank der Opferbereitschaft, Geschicklichkeit und Leidensfähigkeit seiner Frauen.«[65]

Die starke Arbeitsbelastung junger Mädchen und erwachsener Frauen wirkt sich negativ auf ihre Bildungschancen aus. So hat die weibliche Bevölkerung der Dritten Welt eine wesentlich geringere Alphabetisierungsquote als die männliche.

Wie der Fall Brasilien zeigt, kann durch gezielte Maßnahmen manches erreicht werden. Hier gibt es bei der Alphabetenquote keinen wesentlichen Unterschied mehr zwischen Männern und Frauen. Die starke Arbeitsbelastung allein kann die hohe Analphabetenquote der Frauen nicht erklären. Die Ursachen liegen tiefer: Bereits im Kolonialismus wurde durch eine bessere Ausbildung der Männer der Grundstein für deren Bevorzugung gelegt, denn diese ernährten ihre Familie nach dem »Weltbild« der Kolonialmächte. Die starke ökonomische Stellung der Frau, insbesondere bei vielen Völkern Schwarzafrikas, wurde dabei konsequent mißachtet. Zahlreiche Entwicklungsländer haben – nicht zuletzt auf Anraten und mit Unterstützung westlicher Entwicklungsinstitutionen – ihr Bildungssystem auch in neuerer Zeit ohne inhaltliche Reformen ausgebaut. Kaum Berücksichtigung finden dabei die Bedürfnisse der Mädchen und Frauen.[66] Zudem zwingen häufig wirtschaftliche Gründe die Familien dazu, neben dem Jungen nicht auch noch das Mädchen auf die Schule zu schicken. Die teure und zeitaufwendige Ausbildung kann in ärmeren Familien in aller Regel nicht allen Kindern ermöglicht werden. Es wird deshalb abgewogen, inwieweit das Kind, statt auf die Schule zu gehen, bereits zum Familieneinkommen beitragen kann und ob sich die schulische Ausbildung für die Familie lohnt. Für die Mädchen wird diese Frage oft negativ beantwortet, da deren Arbeitskraft meist nur bis zu ihrer Hochzeit zur Verfü-

Land	*männlich*	*weiblich*	*weibl./ männl.*
Sudan	43	12	28
Indien	62	34	55
Brasilien	83	80	96

Tabelle 8: Alphabetisierungsquote nach Geschlecht, Personen älter als fünfzehn Jahre (in Prozent, Stand 1990)
Quelle: Unicef, Zur Situation der Kinder in der Welt 1994. New York 1994, S. 80, 86.

gung steht. Danach trägt die Frau zum Einkommen der Familie ihres Mannes bei. Die Aussichten auf einen Arbeitsplatz sind für Frauen ohnehin wesentlich ungünstiger, außerdem wird ihre Arbeit meist schlechter bezahlt. In islamischen Ländern verhindern traditionelle Regeln, die den Kontakt der Mädchen zur männlichen Jugend verbieten, überdies die Errichtung ko-edukativer Schulen oder die Annahme einer Arbeitsstelle.

Die Konsequenzen des geringeren Ausbildungsniveaus der weiblichen Bevölkerung sind gravierend: Viele Frauen ohne Schulbildung sind gezwungen, im Haushalt und damit in Abhängigkeit von ihrer Familie oder ihrem Partner zu arbeiten. Sind sie ganz ohne Unterstützung und auf eigenen Verdienst angewiesen, müssen sie meist in den informellen Sektor ausweichen. Aber auch hier finden sie, zumal dann, wenn sie nicht lesen und schreiben können, nur schwer ihr Auskommen. In industrialisierten Gebieten stehen Frauen oft nur unqualifizierte und entsprechend schlechtbezahlte Arbeitsplätze zur Verfügung. Höherqualifizierte Frauen machen nur in den seltensten Fällen Karriere. Auch dies hindert sie, an politischen und wirtschaftlichen Entscheidungen beteiligt zu sein und die Interessen ihrer Geschlechtsgenossinnen stärker zur Geltung zu bringen. Durch die mangelhafte Bildung sind sie auch stark in ihrer persönlichen Freiheit eingeschränkt, zum Beispiel beim Gebrauch empfängnisverhütender Mittel, die von gebildeten Frauen durchweg häufiger verwendet werden. Im Sudan bekommen beispielsweise Frauen mit guter Bildung nur halb so viele Kinder wie Frauen mit kürzerem

Schulbesuch. Auch die Gesundheit der Familie und insbesondere der Kinder ist weniger gefährdet, wenn Frauen in der Lage sind, sich mit Gesundheits- und Ernährungsregeln zu befassen.[67]

Wegen fehlender Bildung und mangelnder Aufklärung werden überkommene Traditionen und religiöse Regeln von den Frauen meist kritiklos akzeptiert. Das hat gerade in der Dritten Welt eine erhebliche Einschränkung ihrer sexuellen Selbstbestimmung zur Folge. In extremer Weise kommt das in der – in etlichen Fällen auf Betreiben ihrer traditionsgebundenen Mütter praktizierten – Beschneidung von jungen Frauen zum Ausdruck, durch die Jungfräulichkeit und spätere eheliche Treue sichergestellt werden sollen. Es gibt zwei Grundarten von Beschneidungen: Bei der sogenannten Exzision wird die Klitoris ganz oder teilweise amputiert, in manchen Fällen auch die inneren Schamlippen. Bei der pharaonischen Beschneidung hingegen werden auch die äußeren Genitalien vollständig entfernt und die äußeren Schamlippen anschließend vernäht, so daß nur eine kleine Öffnung zum Abfluß von Urin und Menstruationsblut frei bleibt. Während die Exzision vor allem in Ost-, West- und Zentralafrika angewandt wird, findet sich letztere Variante in Ländern wie Mali, dem Sudan und Somalia. Auch in den islamischen Staaten Asiens werden junge Frauen beschnitten. Die Beschneidung ist hauptsächlich in islamischen Gesellschaften üblich, wenngleich sie in Ländern wie Pakistan, Iran und Saudi-Arabien völlig unbekannt ist. Doch auch in nicht-mohammedanischen Ländern wie Indien oder Brasilien wurde die Beschneidung bis in die dreißiger Jahre dieses Jahrhunderts praktiziert.[68]

1995 lebten in dreißig Ländern der Erde schätzungsweise 85 bis 114 Millionen Frauen, die sich diesem Eingriff unterziehen mußten; jährlich kommen 2 Millionen Mädchen im Alter von wenigen Wochen bis zu achtzehn Jahren hinzu. Die Operation wird von Hebammen oder Barbieren unter oft mangelhaften hygienischen Bedingungen ausgeführt. Die Folgen sind gesundheitliche Probleme, Komplikationen bei Schwangerschaft und Geburt, in manchen Fällen auch der Tod. Nach Schätzung eines Arztes der Weltgesundheitsorganisation verdoppelt die Infibulation das Todesrisiko für eine junge Mutter, für ihr Kind vervielfacht es sich.

Der Brauch der Beschneidung wurzelt tief in der Tradition mancher Gesellschaften der Dritten Welt: Die Dogon in Mali etwa halten das Geschlecht eines Kindes bei der Geburt für unbestimmt, erst die Beschneidung führe zur Herausbildung eines Mannes oder einer Frau. Islamische Kulturen Ostafrikas oder koptische Christen Ägyptens beispielsweise halten die Klitoris für aggressiv oder für unrein und häßlich. Auch die Rettung der Frau vor ihrer angeblich angeborenen nymphomanischen Veranlagung muß mancherorts als Grund herhalten. An der Elfenbeinküste oder im kenyanischen Kikuyu ist diese Maßnahme ein ausgiebig gefeierter Initiationsritus. Oft nimmt die Beschneiderin als Hebamme, Gemeindeschwester und Hüterin geheimen Heilwissens eine zentrale Position in der Gemeinschaft ein. Alle diese Völker sind der Meinung, daß eine Unterlassung der Beschneidung eine Grausamkeit gegenüber der Frau wäre. Innerhalb der islamischen Religionsgemeinschaft gibt es zumindest eine Diskussion zwischen Befürwortern und Gegnern der Infibulation. [69] Die Frauen unterwerfen sich nicht aus freiem Willen, sondern wegen des gesellschaftlichen Drucks dieser Behandlung, denn eine Weigerung hätte den sozialen Ausschluß zur Folge. Durch die Beschneidung wird das sexuelle Empfinden, aber auch das seelische Gleichgewicht und das Selbstbewußtsein der Frau weitgehend zerstört, Ängste und Depressionen sind die Folge; die weibliche Sexualität wird vollständig in den Dienst der Fortpflanzung gestellt.

Dieser brutalen Zerstörung der Sexualität junger Frauen steht das Problem der frühen oder ungewollten Schwangerschaft gegenüber. Da ausreichende Aufklärung häufig nicht stattfindet, werden viele Mädchen bereits in sehr jungen Jahren schwanger. So waren 1988 in Lima 22 Prozent der Mütter jünger als fünfzehn Jahre. Die tatsächliche Zahl früher Schwangerschaften liegt jedoch noch weitaus höher, da viele Mädchen eine Abtreibung oder einen anderen Eingriff durchführen. Eine in den peruanischen Städten Lima, Cajamarca, Huaraz und Supe durchgeführte Untersuchung kam zu dem Ergebnis, daß jedes fünfte Mädchen im Alter zwischen elf und neunzehn Jahren bereits eine Abtreibung oder eine Fehlgeburt hinter sich hatte.[70] Sehr frühe Schwangerschaft bringt sowohl für die Mutter als auch für das

Kind zahlreiche Komplikationen wie Anämie, Unterentwicklung oder Frühgeburt mit sich. Die Müttersterblichkeit ist bei jungen Mädchen wesentlich höher als bei über Zwanzigjährigen.

In der Dritten Welt stehen junge Frauen auch noch vor anderen Problemen. Unterhält eine Frau sexuelle Beziehungen mit ihrem zukünftigen Mann, so läuft sie Gefahr, daß er sie später eben wegen ihrer verlorenen Jungfräulichkeit, die ein wichtiges Kriterium für die Heiratschancen ist, ablehnt. Läßt sie sich mit ihm jedoch sexuell nicht ein, erlahmt das Interesse an ihr vielleicht schnell. In dieser Situation beginnen die Mädchen oft zu früh mit dem Geschlechtsverkehr und gehen dabei das Risiko einer ungewollten Schwangerschaft ein, die für sie den sozialen Abstieg bedeutet. Zwar ist das nicht nur ein Problem der Entwicklungsländer, es ist dort aber wesentlich gravierender. Der Anteil der Mütter unter zwanzig Jahren ist hier wesentlich höher als in den Industrieländern.[71] Da Abtreibung in den Ländern der Dritten Welt oft verboten ist, wird der Abbruch häufig von Laien (Barbiere, Hebammen) unter wenig hygienischen Bedingungen durchgeführt; nicht selten ist der Tod der Mutter die Folge. Man schätzt, daß über die Hälfte der Müttersterblichkeitsrate auf mißlungene Aborte zurückzuführen ist.[72]

Mädchen und Frauen sind vielfach sexuellem Mißbrauch ausgesetzt, für den oft enge Familienangehörige verantwortlich sind. Ein Indiz dafür ist, daß 1987 in Peru beispielsweise 80 Prozent aller von zu Hause fortgelaufenen und registrierten Kinder Mädchen waren. Nach einer 1973 in Kairo durchgeführten Untersuchung waren in 33 bis 45 Prozent der dortigen Familien die Töchter Opfer sexueller Belästigungen, Nötigungen oder Vergewaltigungen. Auch am Arbeitsplatz kommt es häufig zu sexuellen Übergriffen. In einer Studie über hundert peruanische Familien wurde festgestellt, daß 60 Prozent der Söhne ihre ersten sexuellen Erfahrungen mit Hausangestellten machten. Dieser Mißbrauch setzt sich häufig in der Ehe fort. Durch ihre wirtschaftliche und soziale Abhängigkeit kann die Frau schnell zum Opfer ihres Ehemannes werden, da sie kaum die Möglichkeit hat, sich sexuell zu verweigern. Hinzu kommt das Desinteresse vieler Männer an der sexuellen Zufriedenheit ihrer Frauen. So erklärte bei einer in Somalia durchgeführten Untersuchung jeder zweite

Mann, er wisse nicht, ob seine Frau an der Sexualität mit ihm Gefallen finde.[73] Andererseits muß die Frau ihrem Mann treu sein, während diesem zumeist größere Freiheiten zugestanden werden. Zu dem erwünschten Verhalten der Frau trägt die Anerziehung eines entsprechenden Ehr-, Scham- und Schuldgefühls wesentlich mit bei. Ohne ausreichenden Zugang zu den Medien und zu liberalerem Gedankengut findet eine auf dem Land lebende Frau kaum einen Ausweg aus dieser »seelischen« Gefangenschaft, viele nehmen sie vielleicht nicht einmal wahr.

Andererseits werden den in das traditionelle gesellschaftliche Wertesystem eingebundenen Frauen nur geringe Mitspracherechte bei der Familienplanung eingeräumt. Die starren Traditionen verhindern auch, daß die Ehepartner ernsthaft über die Zahl ihrer Kinder nachdenken, um dann den Mut zu einer vielleicht unkonventionellen oder von ihrem Dorf und ihrer Familie abgelehnten Neuerung, wie etwa Empfängnisverhütung und Geburtenkontrolle, aufzubringen. Entsprechend niedrig ist in der Dritten Welt die Zahl der Frauen, die empfängsnisverhütende Mittel benutzen. Im Sudan sind es lediglich 9 Prozent, in Indien immerhin 43 Prozent und in Brasilien sogar schon 66 Prozent.[74]

Die Selbstbestimmung des eigenen Lebens wird auch in den Ländern der Dritten Welt mit zunehmendem Bildungsgrad der Frauen immer ausgeprägter. Immer häufiger wählen Frauen ihren Ehepartner selbst aus und lassen sich eine Hochzeit nicht mehr aufzwingen. In zahlreichen Ländern, in Indien etwa, wird die Partnerwahl aber noch immer durch religiöse und traditionelle Gebote oder durch den Einfluß der Familie eingeschränkt. Häufig ist noch die Zustimmung der Eltern zur Hochzeit einzuholen. Eine wichtige Rolle spielen dabei die ethnische Herkunft und die soziale Stellung des Ehepartners. So kann in Indien eine Heirat nur innerhalb derselben Kaste stattfinden. Die Unberührtheit der Frau ist ein Schlüsselwert, und sogar rein platonische voreheliche Liebesbeziehungen werden bereits oft als Schande angesehen. Um einer solchen Schmach, die die gesamte Familie betreffen würde, vorzubeugen, gilt in ländlichen Gebieten zum Teil noch das Gebot der vorpubertären Verheiratung der Tochter. Das führt zu einem sehr niedrigen Heiratsalter. In Indien werden 58 Prozent der Frauen vor ihrem 21. Geburtstag verheiratet, in der Regel mit wesentlich älteren Männern, die meistens über eine bessere Ausbildung, mehr Lebenserfahrung und Durchsetzungskraft verfügen. In hinduistischen Familien lernen sich die Paare vor der Hochzeit meist nicht einmal kennen, während buddhistische Partner in der Regel schon Kontakt miteinander hatten und auch in einem etwas höheren Alter heiraten.

Ein weiteres Hindernis für die Gleichstellung ist die Mitgift. In Indien muß diese trotz gesetzlichen Verbots von der Frau beziehungsweise ihrer Familie gezahlt werden, wenn diese ihr gesellschaftliches Ansehen wahren will.[75] Bestand der Brauch ursprünglich in der freiwilligen Zahlung eines beliebigen Betrages – praktiziert nur in den höhergestellten Kasten –, so müssen inzwischen auch untere Kasten der Tochter eine Mitgift geben, die schnell mehrere Jahresgehälter der Eltern erreicht. Manchmal wird die Mitgift vom Bräutigam nicht akzeptiert, er stellt Nachforderungen oder verstößt seine Frau, wenn die Brauteltern seinem Verlangen nicht nachkommen können. Das bringt große Schande über die Familie der Frau, und es gibt Fälle, in denen die Braut sich und ihren Angehörigen diese Demütigung durch Selbstmord ersparen will. Manchmal schrecken die Angehörigen des Mannes auch vor Mitgiftmorden nicht zurück; in Indien wurden allein 1989 über 4000 Fälle registriert.[76] Mit der Eheschließung verläßt die indische Frau ihre Familie und wechselt in die ihres Mannes über. Durch dieses »patrilokale« System verliert sie jeglichen Kontakt und Rückhalt bei ihren Angehörigen oder Freunden und findet sich in ihrer neuen Umgebung auf einem Platz am unteren Ende der Rangordnung wieder. Sie ist der Willkür ihres Ehepartners und seiner Familie weitgehend hilflos ausgeliefert, an Beratungen und Entscheidungen wird sie nicht beteiligt. Ihr Ansehen kann sie vor allem durch die Geburt zahlreicher Söhne aufbessern. Wenn eine Frau unverheiratet bleibt oder verstoßen wird, verliert sie ihr soziales Ansehen. Eine Scheidung auf Antrag der Frau schließt sich von vornherein aus. Witwen werden von der Gesellschaft ebenfalls verachtet; da es an einer geregelten Versorgung fehlt, sind sie in der Regel auf Betteln angewiesen.[77]

Die Partnerwahl verläuft im Sudan ähnlich wie in Indien. In

die Eheschließung müssen die beiden Familien des Brautpaares einwilligen, die zukünftigen Eheleute werden jedoch ebenfalls gefragt. Das Heiratsalter der Frauen ist niedrig, die Jungfräulichkeit der Mädchen vor der Ehe sehr wichtig. Bei der Hochzeit, für die es kein gesetzlich festgelegtes Mindestalter gibt, wird der Familie der Frau ein Brautpreis gezahlt, der als Ausgleich für den durch das patrilokale System herbeigeführten Verlust ihrer Arbeitskraft gilt. Inzwischen wird auf diese Zahlung immer häufiger verzichtet. Die Stellung der Frau in der Familie ist relativ schwach; wie in Indien kann sie ihren Einfluß allenfalls über ihre Söhne zur Geltung bringen. Viele Männer in ländlichen Gebieten, aber auch aus ärmeren urbanen Bevölkerungsschichten leben mit zwei Frauen zusammen. Diese polygame Lebensform sichert der Frau in der zweijährigen Stillzeit Schutz vor einer verfrühten weiteren Schwangerschaft, da sie vom Mann dann nicht berührt werden darf.[78] Wenngleich die Kolonialmächte das in Schwarzafrika bestehende polygame System unterdrückten, verlor es seine Bedeutung nicht völlig. Die in der moslemischen Welt vorherrschende patriarchalische Einstellung gebietet den Männern, über die Ehre und Unberührtheit der Frauen zu wachen. Nicht nur in der Öffentlichkeit, sondern teilweise auch im privaten Bereich werden Frauen von Männern getrennt, Verschleierung ist im ländlichen Bereich Pflicht. Frauen haben meist sehr schlechte Bildungsmöglichkeiten – die Analphabetenrate bei Landfrauen liegt bei circa 90 Prozent –, ihre Arbeit ist auf den unprofitablen Hausbereich und die Erziehung der Kinder begrenzt.[79] Das Tragen des Tschador darf freilich nicht pauschal als Merkmal der Unterdrückung von Frauen verstanden werden. Er gilt vielen Frauen vielmehr als Zeichen ihrer Identifizierung mit der eigenen Kultur.

In Lateinamerika können die Frauen ihren Partner in der Regel frei wählen. In den ländlichen Gebieten Lateinamerikas gelten für Frauen aber häufig noch restriktive gesellschaftliche Regeln, die meist auf die Kulturmuster des *Machismo* und des *Marianismo* zurückzuführen sind. Während der *Machismo* den Männlichkeitskult mit seinen Komponenten Ehre, Mut, Stärke, Überlegenheit verkörpert, ist *Marianismo* die Marienverehrung und Idealisierung der Frau mit Attributen der Jungfrau Maria.

Darauf gründet sich ein striktes Rollenverständnis von Mann und Frau. Für die Ehe bedeutet dies auch in Lateinamerika, daß Jungfräulichkeit eine wichtige Voraussetzung für die Verheiratung ist. Eheliche Treue ist grundlegende Frauenpflicht, während dem Mann zahlreiche Freiräume gestattet sind. Mit Ausnahme der verbliebenen Indianerstämme, in deren Dörfern Gleichberechtigung herrscht, wird der Status der Frauen in unterschiedlich starkem Maße durch den *Machismo-Marianismo* bestimmt. In der Oberschicht fügt sich die Frau normalerweise in die traditionellen Aufgaben: Sie führt den Haushalt, ist nicht berufstätig und nur bedingt an familiären Entscheidungen beteiligt. In der Mittelschicht dürfte die berufliche und familiäre Emanzipation der Frau am weitesten vorangeschritten sein. In der Unterschicht hingegen hängt die Stellung der Frau stark an der wirtschaftlichen Situation der Familie. Letztlich sind nicht die gesetzlich verbrieften Rechte entscheidend, sondern die Bereitschaft der Partner zur gegenseitigen Unterstützung. So nimmt die Institution der Ehe einen vergleichsweise geringen Stellenwert ein. Die dem Mann im Sinne des *Machismo* gewährte Freiheit wird in der Unterschicht in der Regel auch der Frau eingeräumt.[80] So ist das Bild der Slums in São Paulo, Rio de Janeiro und anderen brasilianischen Städten durch Abertausende unehelicher Kinder geprägt. Diese werden in der Regel von der Großfamilie akzeptiert und aufgezogen. Scheidungen sind in der Unterschicht, teilweise auch der Mittelschicht, möglich, während in der Oberschicht der damit einhergehende gesellschaftliche Statusverlust dem meist noch einen Riegel vorschiebt.

Traditionell oblag den Frauen die Pflege der Kinder und Alten sowie die Ernährung der Familie. Sie verfügten über reiche, von Generation zu Generation überlieferte Kenntnisse und Mittel. Durch die Übernahme westlicher Medizin gingen diese Kompetenzen an Ärzte und Pfleger über. Geldmangel hat bis heute keine angemessene Infrastruktur des Gesundheitswesens entstehen lassen, so daß große Teile der Bevölkerung kaum Zugang zu einer Gesundheitseinrichtung haben. Frauen haben zwar die Verantwortung für die Kinder, aber manchmal nicht einmal das Geld für eine Fahrt in die Stadt.

Die Ernährungslage der Frauen wird mit der Verdrängung der

Subsistenzlandwirtschaft schlechter. Die knappen Geldmittel erlauben nur selten den Einkauf vollwertiger, gesunder Nahrungsmittel. Für den Anbau von Gemüse und die Haltung von Kleintieren bleibt wenig Zeit, weil viele Frauen zusätzlich noch eine Lohnarbeit übernommen haben. Die Männer mit ihren höheren Löhnen tragen oft nicht ausreichend zum Unterhalt der Familie bei, sondern schaffen in erster Linie Luxusgüter oder Statussymbole an. Prekär ist auch die Auswirkung traditioneller Regeln, die bei einer Mahlzeit beachtet werden müssen. So ist es in Afrika und Indien, aber auch in islamischen Gesellschaften Brauch, daß Männer vor den Frauen essen, denen dann oft nur der weniger gehaltvolle Teil der Nahrung bleibt.

Hauptaufgabe der Frauen ist die Kindererziehung und die Dienstleistung im Haus. Eine Familie, in der die Frau zu Hause bleibt, gilt (beispielsweise) in muslimischen Gesellschaften, und nicht nur dort, als Idealbild. Im hinduistischen Indien richtet sich die Rolle der Frau hingegen sehr stark nach ihrer Kastenzugehörigkeit; sie reicht von vollkommener Isolierung bis zu schwerer Arbeit als Landarbeiterin oder in städtischen Fabriken.[81] Da moderne Hausgeräte wie etwa Waschmaschinen fehlen, ist Hausarbeit in der Dritten Welt zeitaufwendig und kräftezehrend. Zudem müssen die benötigten Produkte oft selbst angebaut oder hergestellt werden, zum Beispiel Seife, Butter, Käse, Speiseöl. Auch die Beschaffung von Versorgungsgütern (Wasser, Brennmaterial) gestaltet sich häufig sehr schwierig, die Zubereitung der Mahlzeiten ist außerordentlich zeitintensiv; in Zaire etwa werden dazu täglich sechs bis sieben Stunden aufgewendet. All das summiert sich auf dem Lande zu einem Arbeitstag von etwa fünfzehn Stunden.[82]

Im Durchschnitt werden in Afrika 80 Prozent, in Asien 60 Prozent und in Lateinamerika 40 Prozent der Feldarbeit von Frauen geleistet. Während im Pflugfeldbau, wie er in Nordafrika und Asien zu finden ist, die Männer dominieren, betätigen sich im südlich der Sahara vorherrschenden Wanderfeldbau insbesondere Frauen. Traditionell bebauten sie unter Mithilfe der Männer beim Roden und Pflügen ein Stück Land zur Versorgung ihrer Familie und eine eigene Parzelle, über deren Ertrag sie frei verfügen konnten. Nach der traditionellen Aufgabenverteilung waren die Männer nur für die Bereitstellung der Grundnahrungsmittel zuständig, die Frauen hingegen für die restlichen Nahrungsmittel, für die Kleidung und die Erziehung der Kinder. Diese Mehrbelastung wurde aber durch Verfügungsrechte über das Land, durch ökonomische Unabhängigkeit und Gütertrennung kompensiert. So wurde den Frauen bei den Stämmen Schwarzafrikas eine verhältnismäßig große wirtschaftliche Unabhängigkeit zugestanden. Allerdings führten die Bevorzugung der Männer während der Kolonialzeit sowie die Landknappheit infolge des starken Bevölkerungswachstums zu einer Beeinträchtigung der Selbständigkeit der Frauen. Die in der »Grünen Revolution« eingeführte duale Agrarstruktur, in der die Männer für den modernen Landbau zur Erzeugung von Exportgütern zuständig sind, drängte die Frau allein auf den Subsistenzbereich zurück. Hier konnte sie aber nicht mehr mit der modernen Landwirtschaft konkurrieren. Mit den von ihr erzielten Preisen sank auch die soziale Stellung der Frau. So hatte die »Grüne Revolution« die Verarmung großer Teile der weiblichen Landbevölkerung zur Folge.

Wird die Lage auf dem Land zu schwierig, so müssen Frauen, die heute 28 bis 35 Prozent der Haushalte in der Dritten Welt leiten[83], oftmals ihren Männern in die Stadt folgen. Dort versuchen auch sie, eine Anstellung in der Industrie zu erlangen. Vor allem die Elektronik- und Textilfabriken in den Freihandelszonen der Entwicklungsländer Lateinamerikas und Südostasiens haben eine arbeitsintensive Fertigungstechnologie. Um die Produktionskosten so niedrig wie möglich zu halten, werden hier in großem Umfang billige weibliche Arbeitskräfte eingesetzt. Sie gelten als geschickt, konzentrationsfähig und gefügiger als Männer. Sie erhalten aber nur geringe Durchschnittslöhne und genießen weder den Schutz einer Sozialversicherung noch irgendwelche Regelungen zum Kündigungsschutz. Da die Frauen wegen der langen Arbeitszeiten sowie ungesunder Arbeitsbedingungen nach wenigen Jahren nicht mehr ihre ursprüngliche Leistung erbringen können, werden sie durch andere ersetzt. Häufig bringt bereits die Geburt des ersten Kindes den Verlust des Arbeitsplatzes mit sich. Die These, daß durch industrielle Beschäftigung die ökonomische und soziale Integration der Frauen in die Gesellschaft erfolge, läßt sich empirisch nicht belegen. Die ökonomischen Vorteile sind nur kurzfristiger Natur und werden oft mit dauerhaften Gesundheitsschäden erkauft. Die Männer behalten weitgehend ihre dominierende Stellung, da ihre Frauen keine dauerhafte Unabhängigkeit erwerben können. Zunächst werden sie aus ihrer ländlichen Gemeinschaft gerissen, um nach vielleicht zehn Jahren wieder in die Subsistenzarbeit oder die Landwirtschaft zurückzukehren.[84]

Auch im informellen Sektor herrscht eine Konkurrenz, bei der Frauen – nach den Kindern – die schwächsten Teilnehmer sind. Sie stellen zwischen 40 und 60 Prozent der Arbeitskräfte, verrichten aber auch hier in erster Linie die schlechtbezahlten und unregelmäßigen Arbeiten. Die Tätigkeiten reichen von Mithilfe in städtischen Haushalten über Zubereitung und Verkauf von Speisen und Getränken auf der Straße bis zum Kleinhandel. Ein Viertel bis ein Drittel aller weiblichen Erwerbstätigen in lateinamerikanischen Städten arbeitet als Haushaltshilfe. Diese Tätigkeit nimmt insbesondere bei Frauen, die im Haushalt des Arbeitgebers wohnen, mitunter einen halbfeudalen Charakter an. So muß die Frau meist auf Abruf bereitstehen, bekommt kaum Urlaub und ist letztlich der Willkür ihres Arbeitgebers ausgeliefert, die sich sehr leicht auch auf den sexuellen Bereich erstrecken kann.[85] In Afrika verdienen sich beispielsweise manche Frauen durch arbeitsaufwendiges Brauen und den Verkauf von Bier auf der Straße ihren Lebensunterhalt. Der gewinnträchtigere Handel mit Fisch und Fleisch wird von Männern beherrscht.

Da der Verdienst der Frauen nicht ausreicht, um den eigenen Unterhalt, geschweige denn den ihrer Kinder und ihrer Familie zu bestreiten, weichen sie teilweise – meist schon in sehr jungen Jahren – in das Geschäft der Prostitution aus. Insbesondere der blühende Sex-Tourismus wiegt viele Frauen in der Illusion, schnell und leicht das dringend benötigte Geld verdienen zu können. Dies ist hauptsächlich in den sexuell liberaleren Gebieten der Dritten Welt möglich, etwa in Teilen Afrikas und Lateinamerikas. In den strengeren muslimischen Ländern und zahlreichen Gebieten Asiens, in Indien etwa, wo Frauen einem strengeren Sittenkodex unterliegen, hat Prostitution normalerweise den definitiven Ausschluß aus der Gesellschaft zur Folge.[86] Dennoch sind es auch in diesen Ländern immer wieder Familienangehörige oder Freunde, die die jungen Frauen an Bordelle vermitteln oder sie zur Prostitution überreden. Dem Staat gelingt es meist nicht, diesem Treiben Einhalt zu gebieten; häufig wird auch gar kein Versuch dazu unternommen, da sonst die Einnahmen aus dem Tourismus leiden würden.

Der Frauen- und Heiratshandel steht in seinen gemeinen Praktiken der Prostitution kaum nach. Bei ersterem werden Frauen als Prostituierte in die Bordelle meist westlicher Länder verkauft. Dort vegetieren sie dann in sklavereiähnlichen Verhältnissen, völlig recht- und schutzlos gegenüber ihren »Eigentümern«, bedroht von den Strafverfolgungsbehörden des jeweiligen Landes. Kommen Frauen als die Handelsware »Heiratskandidatin«, so kann ihnen das die Ehe mit einem unbekannten Mann einbringen und sie in ein Land mit fremdartiger Kultur und Sprache führen, in dem sie sich häufig nicht zurechtfinden. In beiden Fällen ist der wirtschaftliche Gewinn ihrer Familie beträchtlich. Manchmal ist das Motiv reine Profitgier, manchmal ist die Ursache für solche Schritte aber auch eine ausweglose Zwangslage, in der die Frau dieses Opfer bringt, damit die anderen Familienmitglieder überleben können. Staatliche Gegenmaßnahmen sind auch hier meist halbherzig; schließlich tragen »Migrantinnen« durch die Überweisungen an ihre daheimgebliebenen Familien zu einer positiven Devisenbilanz bei.

Zusammenfassend kann man sagen, daß die Stellung der Frauen in der Dritten Welt durch die großen Weltreligionen, die überkommene Auffassungen von Sexualität, Polygamie und Geburtenregelung nicht mehr zuließen, stark erschüttert worden ist. Während der kolonialen Herrschaft büßten die Frauen dann ihre traditionelle ökonomische Stellung ein. Die Männer wurden als Hauptemährer der Familie betrachtet, die Frauen auch wirtschaftlich an den Rand gedrängt.[87] In der Erkenntnis, daß die Situation und der Status der Frauen erhebliche Rückwirkungen auf die gesamte Entwicklung der Dritten Welt haben, wird ihnen seit den siebziger Jahren bei nationalen und internationalen Entwicklungsprojekten verstärkte Aufmerksamkeit geschenkt. So war die UN-Frauenkonferenz 1975 in Mexiko-Stadt Anlaß für die Einrichtung von Frauenbüros und Frauenkommissionen bei den Regierungen zahlreicher Länder. Außerdem beschloß die Weltgesundheitskonferenz 1978 in Alma Ata, in allen Ländern der Dritten Welt einen Basisgesundheitsdienst auf dörflicher Ebene einzurichten, der auch präventive Aufgaben übernehmen sollte. Das richtete sich in erster Linie an Frauen, zum einen als Patientinnen, zum anderen als Entwicklungsträgerinnen. Während die Projekte anfangs vor allem den familiären und häuslichen Bereich betrafen (Hauswirtschaft, Ernährung, Kinderpflege, Geburtenregelung), wird in neuerer Zeit versucht, auch die wirtschaftliche Stellung der Frau zu verbessern, etwa durch verstärkte Bildungsanstrengungen und die Organisation selbständiger Arbeit.[88] Doch brachten weder die Dekade der Frau (1975–1985) noch die darauffolgende Entwicklung wirkliche Emanzipation und Gleichberechtigung; die erlassenen Gesetze und Verfassungsartikel werden nur sehr zögerlich umgesetzt. So blieb die Hoffnung unerfüllt, im Zeichen von Modernisierung, Industrialisierung und Verwestlichung der Kultur könne die Lage der Frauen verbessert werden. In traditionellen Kulturen mit ausgeprägtem Fruchtbarkeits- und Mutterkult genoß die Frau oft einen höheren Status als heute.

Während in den sechziger und siebziger Jahren weder die Dependenz- noch die Modernisierungstheoretiker die Rolle der Frau ausreichend berücksichtigt hatten, nahmen in den achtziger Jahren zahlreiche westliche Staaten Elemente der Frauenförderung in ihre Entwicklungspolitik auf. Insbesondere durch die Verwirklichung der sogenannten Grundbedüfnisstrategie sollten in erster Linie Frauen angesprochen werden. Bei diesen Projekten wurden die sozio-kulturellen Rahmenbedingungen aber oft nicht genügend berücksichtigt. So wurde bei Frauen zum Beispiel durch Eingriffe in ihre Landrechte oder durch ihnen neu aufgebürdete Hygienemaßnahmen, die zusätzliche Arbeitsbelastung bedeuteten, Widerstand erzeugt. Auch die Organisation von Vorhaben, die meist von städtischen Frauengruppen koordiniert wurden, die mit den spezifischen Gegebenheiten auf dem Land nicht ausreichend vertraut waren, wirkte sich negativ aus. Politiker und Beamte der Entwicklungsländer wählten aus dem ihnen vorgelegten Programmangebot nur selten Frauenprojekte aus, weil sie deren Notwendigkeit nicht einsahen.[89]

Einen großen Schritt tat die Vierte Weltfrauenkonferenz 1995 in Peking. Erstmals wurde das Recht der Frau auf sexuelle Selbstbestimmung und gleichberechtigte Erbfolge – unabhängig von der jeweiligen Kultur und Religion – gegen den Widerstand einiger fundamentalistischer islamischer Staaten festgeschrieben; Gewaltanwendungen gegen Frauen wurden umfassend dokumentiert. Die Aktionsplattform der Pekinger Konferenz liefert eine wirksame Berufungsgrundlage, um Führungspositionen in Politik, Wirtschaft und Gesellschaft für Frauen zu öffnen und sie dem Ziel der Gleichberechtigung näher zu bringen. Die Abschlußdeklaration verankerte die Pflicht aller Staaten, die Menschenrechte und fundamentalen Freiheiten zu fördern und zu schützen. Erziehung wurde als Menschenrecht und als geeignetes Mittel zur Erlangung der Gleichberechtigung zugleich herausgestellt. Außerdem schrieb man fest, daß die Menschenrechte von Frauen und Mädchen ein unveräußerlicher, integraler und untrennbarer Bestandteil der allgemeinen Menschenrechte seien. Alle schädlichen Tendenzen bestimmter traditioneller, gewohnheitsmäßiger oder moderner Praktiken, mit denen die Rechte der Frau verletzt würden, seien zu verbieten und abzuschaffen. So wurde etwa auch die Beschneidung zum wiederholten Mal verurteilt; Staaten wie Frankreich und Kanada akzeptieren seither die Flucht vor einer Beschneidung als Asylgrund.

Ein internationaler Konsens in dieser Frage allein reicht indes nicht aus; vielmehr muß er vor Ort durchgesetzt werden. Dabei sind die Frauen einerseits aufzuklären und zu motivieren, ihre eigenen Bedürfnisse nicht mehr zurückzustellen, andererseits müssen auch ihre Familien und insbesondere die Männer einbezogen werden, um ihr Verständnis für die Probleme der Frauen zu wecken. So ist es beispielsweise notwendig, für die in der dörflichen Gesellschaft einflußreichen Beschneiderinnen eine neue Verdienstmöglichkeit zu erschließen, um diese Tradition auszutilgen. Sehr hinderlich ist die Haltung insbesondere autoritärer Regime, die auf den kulturellen Relativismus pochen, aus dessen Sicht alle menschlichen Verhaltensnormen und Maßstäbe kulturell determiniert und damit nicht verallgemeinerungsfähig sind.[90] Allerdings bestehen auch Divergenzen zwischen den Frauen der Entwicklungsländer und den Vertreterinnen westlicher Staaten, die sich den Vorwurf des »weiblichen Paternalismus« gefallen lassen mußten.[91] Insgesamt forderte die Weltfrauenkonferenz die Beteiligung von Frauen an Entwicklungsprojekten, gegen die traditionelle Rollenverteilung gerichtete Bildungsprogramme, die Bestrafung von Gewaltanwendung gegen Frauen auch in der Ehe und ihre Beteiligung an politischen Entscheidungsprozessen. Alle 189 teilnehmenden UN-Mitgliedstaaten stimmten diesem Katalog zu.

Auch in Peking wurde deutlich, daß ein Grundproblem der internationalen Entwicklungshilfe darin besteht, wie Frauen dazu gebracht werden können, ihr Schicksal selbst in die Hand zu nehmen. Zunehmend unterstützt man deshalb Vorhaben, die von den betroffenen Frauen selbst initiiert werden. Daß Frauen sehr gut in der Lage sind, ihre Interessen selbst zu vertreten, wenn sie die Möglichkeit dazu haben, zeigen verschiedene historische Beispiele: So gab es bereits im letzten Jahrhundert in den heutigen Entwicklungsländern Frauenbewegungen. Frauen beteiligten sich auch an den Befreiungsbewegungen gegen den Kolonialismus. Sie kämpften im Unabhängigkeitskrieg in Simbabwe als Guerrilleras; manche Frauen stiegen in solchen Organisationen sogar zu Führungskräften auf. Zudem beteiligten sich zahlreiche Frauen der Dritten Welt an oppositionellen Gruppen, mit denen sie sowohl für eine Verbesserung ihrer wirtschaftlichen und gesellschaftlichen Lage als auch gegen diktatorische Regime kämpften. Zu erwähnen sind etwa die Frauen in Chile und Argentinien (*Madres de la Plaza de Mayo*), die für die Aufklärung des Schicksals ihrer verschwundenen Kinder demonstrierten. Auch in Indien und Afrika bekämpfen Frauen das System der Mitgift oder die Beschneidung. Sudanesische Frauen nahmen an der erfolgreichen Oktober-Revolution 1964 gegen das Militärregime von Aboud teil. Es sind insbesondere Zeitungen und Zeitschriften, aber auch Theaterstücke und Lieder, die den Frauen als Medien dienen, um der Öffentlichkeit ihre Absichten und Ansichten mitzuteilen. Auch die Einrichtung einer sogenannten Frauenforschung unterstützt dieses Ziel, im Senegal etwa die *Association of African Women for Research and Development* oder in Neu-Delhi das *Centre for Women's Development*.[92]

Frauen starten aber auch Initiativen, die eine Verbesserung der Lebensverhältnisse zum Ziel haben. Sie schließen sich in Gruppen zusammen, gründen Vereine, Genossenschaften und Selbsthilfegruppen, um ihre Bedürfnisse besser artikulieren und befriedigen zu können. Wird dort eine Frau krank und dadurch arbeitsunfähig, so erhält sie aus dem gemeinsamen Fonds Unterstützung. Da das normale Schulsystem der weiblichen Bevölkerung häufig nicht gerecht wird, und sie oft nicht einmal erreicht, werden von zahlreichen Fraueninitiativen und Nicht-Regierungsorganisationen eigene Bildungsprojekte, wie etwa berufliche und technische Kurse durchgeführt. Auch alternative Formen selbständiger Arbeit werden angeboten, die sich allerdings größtenteils auf das Kunsthandwerk und damit auf eine wirtschaftlich sehr empfindliche Branche konzentrieren.[93] Auch gewerkschaftliche Zusammenschlüsse werden vielerorts trotz des Verbots durch arbeitgeberfreundliche Gesetze gebildet. In Indien wurde 1972 beispielsweise die Frauengewerkschaft SEWA gegründet, die für wirtschaftliche Verbesserungen eintritt, Weiterbildungskurse, Versicherungen für Krankheit, Unfall und Mutterschaft anbietet und die erzeugten Produkte vermarktet. Inzwischen wurde sogar eine eigene Bank gegründet.

Flüchtlinge und Migranten: Eine neue Völkerwanderung?

Für den Wohlstandsbürger in Westeuropa sind Flucht und Vertreibung Phänomene, die ihn gegenwärtig zwar meist nicht persönlich betreffen, ihm als eine mögliche »neue Völkerwanderung« von Armutsflüchtlingen aber doch immer wieder in Nachrichten und Filmen vor Augen geführt werden. Flucht und Vertreibung hatten nach der Konsolidierung der Nachkriegsordnung in Mitteleuropa weltweit keineswegs aufgehört; vielmehr blieben Migrationsbewegungen ständige »Begleiter« der Geschichte des 20. Jahrhunderts. Die Dritte Welt und insbesondere der schwarzafrikanische Kontinent sind nach dem Zweiten Weltkrieg zu Schauplätzen riesiger Massenwanderungen geworden. Je nach Definition für »Flüchtling« befinden sich schätzungsweise zwischen 20 und 200 Millionen Menschen auf der Flucht. Nach den Erfahrungen der ersten Jahrhunderthälfte sprach man Ende der fünfziger Jahre sogar vom »Jahrhundert der Flüchtlinge« (Carl Wingenroth 1959); Ende des Jahrhunderts trifft diese Qualifizierung ebenso zu wie damals.

Zur Erfassung und Linderung des Weltflüchtlingsproblems berief die UNO bereits zu Beginn der fünfziger Jahre im Rahmen der Genfer Flüchtlingskonvention einen Hochkommissar für Flüchtlingsfragen (*United Nations High Commissioner for Refugees* – UNHCR). Außerdem versuchte sie den Terminus »Flüchtling« zu definieren. Ein Flüchtling (*refugee*) ist demnach jede Person, die »aus der begründeten Furcht vor Verfolgung wegen ihrer Rasse, Religion, Nationalität, Zugehörigkeit zu einer bestimmten sozialen Gruppe oder wegen ihrer politischen Überzeugung sich außerhalb des Landes befindet, dessen Staatsangehörigkeit sie besitzt [...]«. Unter Zugrundelegung dieser Definition stieg die von der UNO ermittelte Flüchtlingszahl seit 1975 von etwa 2,4 Millionen Menschen kontinuierlich an. Mit über 18 Millionen erreichte sie 1993 einen vorläufigen Höhepunkt. Mitte der neunziger Jahre gab es etwa 14,5 Millionen.[94]

Kritiker wiesen in der Vergangenheit allerdings wiederholt darauf hin, daß die von der UNO verwendete Definition viel zu eng gefaßt sei. Die systematische Verfolgung von Menschen aufgrund spezifischer Merkmale ist zwar die wichtigste, aber nur *eine* Ursache für Massenflucht und Migration. Weniger offensichtlich ist demgegenüber die Zerstörung der natürlichen, meist wirtschaftlichen Lebensgrundlagen, die das Überleben der Betroffenen ebenfalls gefährden kann. Oft sind es Übervölkerung, Ressourcenknappheit, Wirtschaftsmisere oder ökologische Zerstörung, die zur Flucht aus einem unerträglich gewordenen Leben zwingen. Diese Art der Migration vollzieht sich oft innerhalb der jeweiligen Landesgrenzen und ist von der UNO-Definition deshalb nicht abgedeckt. Rechnet man die in Westeuropa häufig abfällig als »Wirtschaftsflüchtlinge« bezeichneten Migranten hinzu, die auf der Suche nach Arbeit und erträglichen Lebensbedingungen ihre angestammte Heimat verlassen, so schnellt die Migrantenstatistik enorm in die Höhe: 1995 wurden weltweit bis zu 200 Millionen Migranten und Flüchtlinge registriert – nur ein kleiner Teil dieser Menschen betritt dabei jemals die »Türschwelle« der reichen westlichen Welt. Vielmehr vollziehen sich diese Wanderungsbewegungen innerhalb oder im nächsten Umkreis der Länder der Dritten Welt.[95]

Klar dürfte sein, daß das Phänomen der Zwangsmigration in der DrittenWelt vor dem Hintergrund nationalstaatlicher Konsolidierung, des *nation-building*, zu sehen ist, den die ehemaligen Kolonialgebiete seit dem Abzug der europäischen Mächte zu durchlaufen begannen und der noch immer nicht abgeschlossen ist. Unabhängigkeitskämpfer wie Kolonialisten hatten angenommen, dieser Nationsbildungsprozeß (der sich in Europa über mehrere Jahrhunderte erstreckt hatte, von blutigen Kriegen wie von einer enormen Entwicklung des wirtschaftlichen und gesellschaftlichen Potentials begleitet war) könne gewissermaßen übersprungen werden. Die einstigen Kolonien sollten sich mit Inkrafttreten der Unabhängigkeit als »Nationalstaaten« konstituieren. Den meisten Kolonien fehlten jedoch alle Voraussetzungen dafür: Weder bildete die Bevölkerung ein nach ethnischen und kulturellen Gesichtspunkten homogenes »Staatsvolk«, noch entsprach der wirtschaftliche Entwicklungsstand auch nur annähernd dem der westlichen Welt. Das »*nation-building* im Eiltempo« mußte scheitern. Ethnische, territoriale und gesellschaftliche Konflikte als Begleiterscheinungen einer Ordnungs- und Konsolidierungsphase waren unvermeidlich.

Mannigfaltig sind die Symptome, die diese Entwicklung kennzeichneten: Sezessionskriege, zwischenstaatliche Konflikte, Massenvertreibungen, »ethnische Säuberungen«, staatlicher und antistaatlicher Terror und vieles mehr. Wie wichtig offenbar die Bildung eines unter ethnischen und kulturellen Gesichtspunkten einigermaßen einheitlichen »Staatsvolkes« für den Prozeß des *nation-building* ist, verdeutlichte auf besonders eindringliche und blutige Weise die Teilung des indischen Subkontinents in zwei völkerrechtlich eigenständige Staaten. Zwar ist das riesige Staatsgebiet der Republik Indien von einer erstaunlichen Vielfalt an sprachlich-kulturellen sowie sozialen und wirtschaftlichen Differenzen geprägt, doch sind diese vornehmlich regionalen Unterschiede keineswegs so scharf wie die Gegensätze zwischen der muslimischen und der hinduistischen Bevölkerung, die schließlich zur Abspaltung Pakistans führten. Eine 1941 von der britischen Kolonialmacht durchgeführte Volkszählung bezifferte die muslimische Bevölkerung auf circa 92 Millionen; die Moslems stellten demnach rund 24 Prozent der überwiegend hinduistisch geprägten Gesamtbevölkerung (389 Millionen).

Schon 1933 mündete die Furcht vor dem Untergang der muslimischen Identität in den Gedanken der Bildung eines eigenen Staates der Moslems; die Idee zur Gründung »Pakistans« – gebildet aus P(unjab), A(fghanen-Provinz), K(aschmir), S(ind) und (Belutschis)tan – war geboren.[96] In den zwölf Jahren bis zum Ende des Zweiten Weltkriegs wandelte sich die zunächst utopisch anmutende Vorstellung eines eigenständigen Pakistan zum entscheidenden Mobilisierungsfaktor der muslimischen politischen Bewegung. Die um den Erhalt der territorialen Einheit eines unabhängigen Indien bemühten Briten sahen sich 1945 einer von breiten Schichten getragenen muslimischen Separationsbewegung gegenüber. Weitgehend unbeachtet blieb in diesem Zusammenhang allerdings die Tatsache, daß die muslimische Bevölkerung keineswegs nur in den zur Gründung des neuen Staates beanspruchten Provinzen, sondern über den ganzen Subkontinent verstreut lebte. Außerdem waren die »pakistanischen« Provinzen – insbesondere der Punjab – von Millionen von Hindus bewohnt. Der letzte Versuch seitens der Kolonialmacht, den Subkontinent doch noch als Einheit auf der Grundlage föderaler Strukturen zu organisieren, ging 1946 in den blutigen Unruhen zwischen Hindus und Moslems unter, die circa 4700 Tote in Kalkutta forderten. Von der Aussichtslosigkeit ihrer Vermittlungsbemühungen überzeugt, willigte die britische Regierung schließlich in den Teilungsplan ein. Am 15. August 1947, dem Tag der Unabhängigkeit, konstituierte sich der neue Staat auf der Grundlage der Provinzen Belutschistan und Sind sowie von Teilen des Punjab und Bengalens (im äußersten Osten der Kolonie). Im September desselben Jahres erreichten die Unruhen zwischen Hindus und Moslems in vielen Teilen der ehemaligen Kolonie ihren blutigen Höhepunkt. Eine Welle der Panik erfaßte die beiden Bevölkerungsgruppen; das kollektiv aufgestaute Mißtrauen entlud sich in blutigen Ausschreitungen. Eine in ihren Ausmaßen kaum vorstellbare Massenflucht war schließlich die unvermeidliche Folge: Zwischen 6 und 7 Millionen Hindus flüchteten aus den zu Pakistan geschlagenen Gebieten; in umgekehrter Richtung floh eine ähnlich große Anzahl Muslime nach Pakistan. Neuere Schätzungen beziffern die Zahl der Menschen, die bei dieser Fluchtwelle den Tod fanden, auf bis zu eine Million Menschen.[97] Zwar war der »Ausmengungsprozeß« auf dem indischen Subkontinent außerordentlich opferreich, doch darf seine stabilisierende Wirkung nicht unterschätzt werden. Die religiös motivierten Unruhen zwischen Hindus und Moslems fanden danach ein Ende, Indien und Pakistan haben als einheitliche Staatswesen seither – sieht man von der Sezession Bangladeshs (1971) ab – ihren Bestand bewahren können.

Die jüngeren Erfahrungen mit der Migration zeigen indes, daß es den »modernen« Migranten – anders als in früheren Jahrhunderten – kaum mehr möglich ist, auszuwandern und einen Neubeginn in anderen Ländern zu wagen. Sowohl der Mangel an finanziellen Mitteln als auch die Abschottung der »enger« gewordenen Räume sind die Ursachen dafür. Die Zukunft der meisten Flüchtlinge liegt folglich nur in der Rückkehr. Bevor an den Wiederaufbau des jeweiligen Landes zu denken ist, beginnt meist der schwierige und langwierige Prozeß der Repatriierung. Außerordentliche Aufwendungen an Geld und Zeit sind vonnöten, um ein derartiges Unternehmen abzusichern. Denn oft genügt es nicht, lediglich den Rücktransport zu organisieren. Die Heimkehrenden sind nach mehrjährigem Exil in ihrer Heimat meist ebenso entwurzelt wie in den Flüchtlingslagern, die sie gerade verlassen haben. Besonderes Augenmerk muß daher auf der wirtschaftlichen und gesellschaftlichen Wiedereingliederung der Betroffenen liegen.

Die Republik Mosambik ist derzeit vor allem damit beschäftigt, die Wunden eines sechzehnjährigen Bürgerkrieges zu heilen und eine der weltweit größten Flüchtlingsgemeinden zu reintegrieren, die knapp ein Viertel der mosambikanischen Bevölkerung (derzeit schätzungsweise 16,5 Millionen) umfaßte.[98] Der Bürgerkrieg begann bereits ein Jahr nach der Unabhängigkeit von der Kolonialmacht Portugal (25. Juni 1975). Der von der revolutionär-sozialistischen Befreiungsfront FRELIMO geführten Regierung standen die zunächst von Rhodesien, ab 1979 massiv von Südafrika unterstützten Rebellen der RENAMO (»Nationale Widerstandsbewegung«) gegenüber. Die südafrikanische Regierung verfolgte vor allem das Ziel einer Destabilisierung des potentiellen Gegners Mosambik. Die RENAMO-Guerrilla führte dann auch einen Zerstörungskrieg, der das wirtschaftliche und gesellschaftliche Gefüge des Landes schwer schädigte. Massaker an der Zivilbevölkerung, Plünderungen und Brandschatzung kennzeichneten diesen schmutzigen Krieg. Trotz sowjetischer Hilfe (seit Mitte der achtziger Jahre) gelang es der FRELIMO-Regierung nicht, die Aktivitäten der Rebellenbewegung einzudämmen. Die Unberechenbarkeit des RENAMO-Terrors trieb die schutzlose Zivilbevölkerung scharenweise in die Flucht: Schätzungsweise 1,7 Millionen Menschen verließen Mosambik und strömten in die Nachbarländer, insbesondere nach Malawi; weitere 2 Millionen befanden sich innerhalb des Landes auf der Flucht vor den gewalttätigen Rebellen.

Gegen Ende der achtziger Jahre zeichnete sich eine allmähliche Annäherung der beiden Konfliktparteien ab: Südafrikanische Geschäftskreise favorisierten eine Beendigung des Krieges und bemühten sich um einen Wandel in der Außenpolitik ihrer Regierung, weil sie sich wirtschaftliche Vorteile davon versprachen. Die FRELIMO-Regierung »säuberte« unterdessen ihr Parteiprogramm von allen marxistischen Formeln und gab den Weg für eine pluralistische Ordnung frei. 1992 mündeten die zwischen der RENAMO und der FRELIMO in Rom geführten Friedensgespräche nach zähen Verhandlungen in einen Friedensvertrag. Die akute Bedrohung der Zivilbevölkerung fand damit ein Ende; der Weg für eine umfangreiche Rückführung der Kriegsflüchtlinge war geebnet.[99]

Das Ausmaß der Zerstörungen, die Bürgerkrieg, Dürreperioden und Mißwirtschaft hinterlassen hatten, war ungeheuerlich. Weite, vormals subsistenzwirtschaftlich genutzte Flächen waren verwüstet und entvölkert, mehr als die Hälfte der mosambikanischen Bevölkerung war zur Zeit des Friedensschlusses auf Nahrungsmittelhilfen angewiesen. Das ländliche Gesundheitswesen, einst Vorzeigeobjekt der FRELIMO-Regierung, lag zu mehr als 30 Prozent in Trümmern. Straßen- und Bahnverbindungen waren ein vorrangiges Ziel der RENAMO-Sabotage gewesen und daher erheblich in Mitleidenschaft gezogen, manche Gegenden waren völlig von der Außenwelt abgeschnitten. Die Regierung von Mosambik steckte in einem Dilemma: An den äußerst ungünstigen Voraussetzungen für die Rückkehr der Flüchtlinge würde sie aufgrund des chronischen Kapitalmangels kaum etwas ändern können; andererseits war das Land darauf angewiesen, die in ihrer überwiegenden Mehrheit bäuerlichen Flüchtlinge neu anzusiedeln, sollte die katastrophale Versorgungslage verbessert werden. So fiel letztlich die Bürde des Wiederaufbaus in vollem Umfang auf die Schultern der Kriegsflüchtlinge.[100]

Die Mehrzahl der Mosambikaner zeigte sich nach dem Friedensschluß rückkehrwillig. Mitarbeiter des UN-Hochkommissariats für Flüchtlingsfragen hatten gemeinsam mit der Regierung Mosambiks und den Asylländern schon im Vorfeld Pläne für eine geregelte Rückführung erarbeitet. Bis März 1995 waren bereits 1675000 heimgekehrte Kriegsflüchtlinge registriert. Ein besonderes Problem war jedoch die Neuansiedlung in entvölkerten ländlichen Regionen. Zu Recht fürchtete man eine neue Fluchtwelle in die urbanen Zentren des Landes. Um dieser Tendenz gegenzusteuern und eine dauerhafte Neuansiedlung zu gewährleisten, hatte das UNHCR zusammen mit der mosambikanischen Regierung für einige ausgewählte Regionen mit hoher Rückkehrrate Wiederaufbauprojekte in Gang gesetzt: Ziel war es, zunächst die Selbstversorgung der bäuerlichen Bevölkerung auf der Basis kleinbäuerlicher Familienbetriebe zu sichern (im Gegensatz zu den von der FRELIMO in den achtziger Jahren favorisierten, aber unrentablen Staatsfarmen). Dazu wurde in den Wiederaufbau der Gemeindestrukturen investiert: Die Wiederherstellung der Infrastruktur, die Versorgung mit Frischwasser sowie die Gewährung elementarer Dienste in bezug auf Bildung und Gesundheitsvorsorge standen ganz oben auf der Prioritätenliste des UNHCR. Darüber hinaus teilte man den bäuerlichen Heimkehrern Saatgut und landwirtschaftliches Gerät zu, um ihnen den Neuanfang zu erleichtern.[101]

Die Aktivitäten zum Wiederaufbau des ländlichen Mosambik haben besonders ein Problem verdeutlicht, unter dem praktisch alle, von großen Migrationserscheinungen betroffenen Länder zu leiden haben: die oft als *brain drain* bezeichnete Abwanderung von qualifiziertem Fachpersonal aus Wirtschaft, Wissenschaft und Verwaltung. Allein die Wiederherstellung des ländlichen Gesundheits- und Bildungswesens erfordert eine Vielzahl von Lehrkräften und Medizinern, die dem Land während des Bürgerkrieges in großer Zahl verlorengingen. So war noch 1991 nicht einmal die medizinische Grundversorgung von etwa 8 Millionen Mosambikanern gewährleistet. Die Alphabetisierungsrate lag ein Jahr später noch bei einem Wert von nur 33 Prozent. Die Regierung ist sich dieser Mißstände wohl bewußt, doch mangelt es an Mitteln, um Fachpersonal aus anderen Ländern in größerem Umfang »einzukaufen«. Daher ist man bemüht, die im Exil lebenden mosambikanischen Akademiker zur Rückkehr zu bewegen.

Rund 100000 mosambikanische Kriegsflüchtlinge, die in ihrer Not einst die Grenze zu Südafrika überquert hatten, zogen es vor, nach dem Friedensschluß in ihrem Asylland zu verbleiben, das günstigere Verdienst- und Lebensbedingungen zu bieten hat als die Heimat. Im kleinen tritt hier ein Phänomen zutage, dessen Konturen globale Dimension besitzen: die Unterschiedlichkeit der Lebensbedingungen. Selbst innerhalb einer Großregion ist der Lebensstandard nur in den seltensten Fällen identisch. Weltweit betrachtet könnte die Kluft zwischen dem »reichen Norden« und dem »armen Süden«, zwischen den westlichen Industriegesellschaften und den Entwicklungsländern, jedoch kaum breiter sein. Der Nord-Süd-Gegensatz treibt eine noch weit größere Bevölkerungsbewegung als die Zwangsmigration an. Letztlich zielt sie auf den Ausgleich des globalen Wohlstandsgefälles.

Es gibt sehr viele Umstände und Ursachen, die einen Ausgleich von Armut und Reichtum verhindern. Die Migration ist für den Betroffenen eine in vielerlei Hinsicht kostspielige Angelegenheit und mit einer Vielzahl von Risiken verbunden. Nur die wenigsten verfügen über die notwendigen Mittel, weit genug vor der Armut fliehen zu können. Außerdem sind viele Grenzen zu überschreiten, große Distanzen zu überwinden und enorme bürokratische Hürden zu nehmen, soll sich die Migration auf »legalen« Wegen vollziehen und bis nach Europa führen. Die Arbeitsmigration ist ein Problem, das im wesentlichen auf den Entwicklungsländern selbst lastet. Die reiche westliche Welt registriert lediglich an ihren Außengrenzen die ausrollenden Wellen eines kontinuierlichen Bebens, dessen Epizentren weitab in der Dritten Welt liegen: 1994 waren bis zu 100 Millionen legale und illegale Arbeitsmigranten weltweit unterwegs, im gleichen Jahr wurden in Westeuropa aber lediglich 318900 Asylanträge gestellt. Höchstens 20 Prozent dieser Migranten, der Wert bezieht sich auf die gemittelte EU-Anerkennungsquote, fallen unter die Kategorie der »begründeten« Asylsuche (Zwangsmigration).[102]

Das Ausmaß der globalen Arbeitsmigration ist beträchtlich, die genannten Zahlen erfassen aber noch nicht jene Wanderungen, die sich auf nationaler Ebene vollziehen. Landfluchtbewegungen bäuerlicher Bevölkerungen und explosionsartig verlaufende Urbanisierungsprozesse sind äußerst konfliktgeladen, sie verändern den Charakter ganzer Gesellschaften. Solche wirtschaftlich motivierten Migrationsprozesse lassen sich besonders im lateinamerikanischen Raum beobachten. Bemerkenswert ist daran, daß der klassische Einwanderungskontinent seit der Mitte des 20. Jahrhunderts zum Schauplatz großer Binnen- und Auswanderungsbewegungen wurde. Wie kaum eine andere Region der Erde erlebte Lateinamerika in den vergangenen Jahrzehnten ein ungeheures Anwachsen der städtischen Ballungszentren. Knapp drei Viertel der Bewohner Lateinamerikas leben in Städten wie Mexiko-Stadt, São Paulo, Buenos Aires oder Lima, die zu molochartigen Riesen geworden sind. Seit in den dreißiger und vierziger Jahren dieser gewaltige Aufblähungsprozeß begann, hat die Anziehungskraft der Metropolen kaum nachgelassen. Das mittelalterliche »Stadtluft macht frei« klingt wie ein Hohn, angesichts unübersehbarer Armut und erdrückender Lärm- und Abgasbelästigung, die diese Städte ebenso kennzeichnen wie ihre teuren Flaniermeilen und schicken Einkaufszentren.[103]

Auslösendes Moment dieser Land-Stadt-Wanderungen waren wirtschaftliche und demographische Faktoren. Im Zuge des medizinischen Fortschritts war in der ersten Hälfte des 20. Jahrhunderts ein Sinken der Säuglings- und Alterssterblichkeitsrate zu verzeichnen. Der daraus resultierenden Ausweitung des Arbeitskräfteangebots auf dem Land stand jedoch eine sinkende Nachfrage gegenüber. Die starren Besitzverhältnisse in bezug auf den

Boden (Großgrundbesitz), der wachsende Mechanisierungsgrad der Landwirtschaft sowie der Niedergang von Handwerk und Kleingewerbe unter der Last industrieller Billigprodukte führten zur Freisetzung von Arbeitskräften und erhöhten zusätzlich den Konkurrenzdruck auf dem ländlichen Arbeitsmarkt. Der Anstoß zur ersten Landfluchtwelle (Schubfaktoren) ist also eindeutig auf die sich verschlechternden Lebensbedingungen im ländlichen Raum zurückzuführen.[104]

Ist ein solcher Prozeß einmal in Gang gekommen, dann entwickelt er eine Eigendynamik, die im allgemeinen mit einer Veränderung der Migrationsmotive einhergeht. Es wird bald immer schwieriger, die Motive für Landflucht eindeutig und ausschließlich in der Not der Landbevölkerung auszumachen. Gerade die relative Verbesserung der ländlichen Lebensbedingungen beschleunigte – entgegen allen Annahmen – oftmals die Abwanderung jüngerer Generationen. So kündeten neue Medien wie Radio und Fernsehen von dem »modernen« städtischen Leben, selbst das erhöhte Bildungsangebot auf dem Land weckte schließlich Wünsche und Erwartungen, die von der Alltagswirklichkeit der Provinz nicht befriedigt werden konnten.[105]

Am Beispiel der peruanischen Hauptstadt Lima, die 1996 ungefähr 7,2 Millionen Einwohner hatte, läßt sich diese Entwicklung gut nachzeichnen. Die Migration beschränkte sich zumeist auf eine Gruppe von Menschen mit recht einheitlichen Merkmalen: Es überwog eindeutig die Altersgruppe der 15 bis 35jährigen; die Mehrzahl der Migranten war ledig und verfügte darüber hinaus zumeist über eine im Vergleich zur Bevölkerung des Herkunftsortes überdurchschnittliche berufliche oder schulische Qualifikation. Die Konsequenzen dieser »selektiven« Abwanderung waren erheblich. Führten die ersten Abwanderungswellen noch zu einer spürbaren Entlastung des unter Bevölkerungsdruck leidenden ländlichen Raums, so verkehrte sich diese Entwicklung bald in ihr Gegenteil. Gerade das Abwandern gebildeter und befähigter Arbeitskräfte bedeutete einen *brain drain* im kleinen. Die Entwicklungschancen ländlicher Gebiete sanken dadurch im allgemeinen weiter. Unter den Hinterbliebenen erhöhte sich zudem prozentual die Zahl der Alten und Kinder, deren Versorgungslage sich oft verschlechterte.[106]

In jüngerer Zeit haben die großen urbanen Ballungszentren Lateinamerikas als Zielorte wirtschaftlich motivierter Migrationen viel an Attraktivität eingebüßt. Wirtschaftskrisen, staatliche Sparmaßnahmen und das bereits bestehende Überangebot an Arbeitskräften minderten die Chancen, in der Stadt bessere Lebensbedingungen zu finden. Weit günstigere Aussichten versprach die Emigration in die Erste Welt vor der Haustür: die Vereinigten Staaten von Amerika. Bis in die sechziger Jahre hinein forcierten die USA die Migration billiger Arbeitskräfte – vorwiegend Mexikaner –, die sich als Erntehilfen verdingten. Danach wurde jedoch staatlicherseits versucht, den Zuzug einzuschränken. Daß dieses Unterfangen in der Praxis fehlschlug, zeigen die gewaltigen Zahlen illegaler Einwanderer aus allen Teilen Lateinamerikas. Anfang der achtziger Jahre, so lauten Schätzungen, hielten sich 2 bis 6 Millionen Menschen illegal in den Vereinigten Staaten auf. Die Mehrzahl davon bringt nur geringe Kenntnisse und Qualifikationen mit. Die Hoffnung auf eine Besserung der Lebensbedingungen erfüllt sich daher auch in den USA nur selten.[107]

Trotz der überragenden Bedeutung der USA als Migrationsziel dürfen die Wanderungsbewegungen zwischen verschiedenen lateinamerikanischen Staaten nicht aus dem Blick geraten, denn auch dort herrschen Wohlstandsgefälle und unterschiedliche Bedingungen auf den Arbeitsmärkten. Grenzüberschreitende Saisonarbeiter im Bereich der Landwirtschaft sind praktisch überall im zentralen und südlichen Amerika zu finden. Tradition hatte die Anwerbung haitianischer Zuckerrohrschnitter im Nachbarstaat Dominikanische Republik. Mit offizieller Duldung der haitianischen Seite – die Regierung erhielt bis in die achtziger Jahre eine saftige »Vermittlungsprämie« – strömten die Wanderarbeiter in der Zuckersaison zu Zehntausenden in Richtung Osten, arbeiteten dort zu Hungerlöhnen und lebten unter prekären Bedingungen. Erst nach dem Sturz des Diktators Duvalier (1986) geriet diese Praxis zunehmend unter Beschuß und wurde von dominikanischer Seite schließlich offiziell aufgegeben.[108]

Arbeitsmigration ist nicht nur ein individuelles und kollektives Phänomen der Beteiligten, vielmehr ist sie auch eine entscheidende Größe im wirtschaftspolitischen Kalkül von Regierungen.

Auswirkungen und Folgen legaler und illegaler Arbeitsmigration lassen sich weder mit Blick auf das Herkunftsland noch auf die aufnehmende Gesellschaft als eindeutig nachteilig oder vorteilhaft bestimmen. Entscheidend ist oft, ob es sich um permanente oder temporäre Migration handelt. So kann der zeitlich begrenzte Auslandsaufenthalt von Akademikern aus der Dritten Welt für das Herkunftsland doppelt nutzbringend sein: Geldüberweisungen an die Familie in der Heimat verbessern die Zahlungsbilanz, und der Arbeitsmigrant kehrt bald mit neuen Kenntnissen und Berufserfahrungen zurück. Erst die dauerhafte Migration solcher Experten würde einen Verlust für das Herkunftsland bedeuten. Auswanderer mit niederem Qualifikationsniveau stehen Akademikern zumindest im Hinblick auf die »Überweisungsmoral« in das Herkunftsland nicht nach – indisch-stämmige Arbeitsmigranten etwa überwiesen 1980 eine Summe von rund 2,5 Billionen US-Dollar in ihr Heimatland. Daraus ergibt sich, daß von dieser Art der Migration sehr viel mehr Menschen als nur die Migranten selbst betroffen sind. So sind zusätzlich eine Reihe gesamtgesellschaftlich meßbarer Auswirkungen der Migration von Bedeutung: Die massenhafte, permanente Abwanderung aus einer durch Bevölkerungsdruck und Wirtschaftsmisere gekennzeichneten Region etwa kann eine spürbare Entlastung der Zurückbleibenden bedeuten. Arbeitsmigranten haben andererseits oft einen bedeutenden Anteil an der Entwicklung boomender Industrieregionen, in denen kurzfristig überdurchschnittlich viel Arbeitskraft benötigt wird.[109]

Besonders anschaulich lassen sich die Wechselwirkungen zwischen Politik, Wirtschaft und Migration im ostasiatischen Raum – der in den neunziger Jahren schnellstwachsenden Region der Erde – zeigen. Die massenhafte Arbeitsmigration ist in dieser Region ein relativ junges Phänomen. Erst seit den sechziger Jahren des 20. Jahrhunderts begann in Ostasien eine massive Zunahme von Wanderungsbewegungen. Ursächlich verflochten ist diese Entwicklung mit dem wirtschaftlichen und gesellschaftlichen Modernisierungsprozeß, der verschiedene Zonen Ostasiens seit Ende des Zweiten Weltkriegs erfaßte, zugleich aber auch enorme Ungleichgewichte bei der wirtschaftlichen Entwicklung und beim Wohlstandsniveau innerhalb der Region hervorrief.

Vorreiter der Industrialisierung war Japan, dessen Wiederaufbau 1945 eine in die gesamte Region ausstrahlende Dynamik entfaltete. Kapitalintensive Produktion wurde dort konsequent im Mutterland angesiedelt, arbeitsintensive Produktion dagegen ins Ausland verlagert. Das war zu einem beträchtlichen Teil für den wirtschaftlichen Aufstieg der »vier kleinen Tiger« – Hongkong, Taiwan, Singapur und Südkorea waren die Empfänger japanischer Investitionen – verantwortlich. Mittlerweile hat die boomende Wirtschaft auch auf andere Teile der Region übergegriffen: Länder wie Thailand, Malaysia und Indonesien verzeichnen in den neunziger Jahren Wachstumsraten von bis zu 9 Prozent.[110]

Im winzigen Singapur stammten schätzungsweise 10 Prozent der arbeitenden Bevölkerung – ungefähr 175000 Personen – zu Beginn der neunziger Jahre aus anderen asiatischen Ländern. Ähnliches gilt, in etwas geringerem Umfang, auch für Taiwan und Südkorea. Allerdings dürfte in diesen Staaten der Anteil illegaler Arbeitsmigranten wesentlich höher liegen. Länder, die erst seit jüngerer Zeit ein überdurchschnittliches Wirtschaftswachstum verzeichnen (dazu gehört vor allem Malaysia), sind sowohl Importeure als auch Exporteure von Arbeitskräften. Eine Politik ethnischer Bevorzugung der Malayenbevölkerung führt besonders in Malaysia zum Abwandern vieler Chinesen. Die weiträumige Plantagenwirtschaft in den Ostteilen des Inselstaates hingegen gründet auf etwa einer halben Million Arbeitsmigranten philippinischer und indonesischer Herkunft.[111]

Die wichtigsten Arbeitskraft-Exporteure in Ostasien sind die Philippinen, Indonesien und Thailand. Diesen Ländern ist eine im Verhältnis zu deren wirtschaftlichem Wachstum überproportionale Bevölkerungsentwicklung gemein. Sowohl die hohen Rücküberweisungen der Arbeitsmigranten aus dem Ausland als auch die Entlastung des heimischen Arbeitsmarktes treiben die Regierungen dort meist dazu, die Emigration durch geeignete Maßnahmen zu forcieren. Seit Beginn der achtziger Jahre haben sich die Abwanderungszahlen dieser Länder kontinuierlich erhöht. Die Philippinen nahmen eine Vorreiterrolle ein: Von 1980 bis 1989 stieg die jährliche Zahl der Arbeitsmigranten von etwa 157000 auf 525000. Auf einem niedrigeren Niveau gilt ähnliches auch für Thailand und Indonesien. Philippinische und thailändische Migranten können in der Mehrzahl ein durchschnittliches bis gutes Ausbildungsniveau vorweisen, indonesische Gastarbeiter indes haben in den seltensten Fällen eine Schullaufbahn abgeschlossen.[112]

Sowohl die Bevölkerungsentwicklung als auch die zunehmende Umweltzerstörung lassen befürchten, daß künftig mit einem erheblichen Anschwellen der Armutsmigration zu rechnen ist. Selbst wenn optimistische Prognosen zur wirtschaftlichen Entwicklung der Dritten Welt zugrunde gelegt werden, wird die Armut in der Welt weiter zunehmen. Die Erfahrung mit einigen Entwicklungsländern hat zwar gelehrt, daß schon recht geringe Entwicklungsfortschritte den Migrationsdruck in einem Land erheblich vermindern können. Die aktuellen Entwicklungstendenzen lassen jedoch wenig Raum für die Hoffnung, daß derartige Fortschritte kurzfristig und zugleich überall in der Dritten Welt erzielt werden könnten. So steht zu befürchten, daß der Migrationsdruck in vielen Entwicklungsländern kaum nachlassen und das Phänomen der Migration auch zum Begleiter des 21. Jahrhunderts werden wird.[113]

Aktuelle Zahlen bestätigen diese Vermutung. Seit dem Zerfall der Sowjetunion 1991 mußten nach Angaben der Vereinten Nationen mehr als 9 Millionen Menschen wegen interner Konflikte und ethnischer Spannungen ihre Heimat verlassen. Dies ist die größte Bevölkerungsbewegung in einer Region seit dem Zweiten Weltkrieg. Von Tag zu Tag werden die Meldungen monströser, Zahlen wachsen ins Gigantische. Im Sommer 1996 waren in Bangladesh als Folge des durch Wirbelstürme und anhaltende Monsunregenfälle verursachten Hochwassers beispielsweise mehr als 6 Millionen Menschen auf der Flucht. Anfang 1995 gab es in Afrika 6,7 Millionen »offizielle« Flüchtlinge, 3 Millionen Rückkehrwillige (also Alt-Flüchtlinge), 1,9 Millionen intern Vertriebene: insgesamt 11,8 Millionen entwurzelte Menschen; die Dunkelziffern liegen wesentlich höher. So bleibt Afrika vorerst der Kontinent der Flüchtlinge – eine Spitzenposition, die der »schwarze Kontinent« seit Jahrzehnten innehat. Mehr als 40 Prozent aller Flüchtlinge der Welt sind hier zu finden.[114]

Kapitel 3

Politik zwischen Aufbruch und Regression

Die Bewegung der Blockfreien: Vision des Südens

Ökonomisches Wachstum ohne Berücksichtigung sozialer Aspekte kann nicht als Entwicklung bezeichnet werden, und wirtschaftliches Wohlergehen in einem autoritär-repressiven Umfeld widerspricht der Idee einer »modernen« Gesellschaft. Das Ende der Kolonialwirtschaft weckte nicht nur Hoffnungen auf eine bessere wirtschaftliche Lage, sondern auch auf eine bessere politische Zukunft.

In den ersten Jahrzehnten nach ihrer Unabhängigkeit waren die früheren Kolonialländer bemüht, sich nicht von der Ersten Welt vereinnahmen zu lassen. Sie wollten einen politisch und mitunter auch wirtschaftlich möglichst eigenständigen Weg gehen. Zu den bemerkenswertesten Organisationsversuchen dieser Art gehört die Bewegung der Blockfreien, die jahrelang die aktivste und dynamischste Gruppierung von Staaten der Dritten Welt war. Die Bewegung steuerte einen geschickten Kurs: Im Hinblick auf den Ost-West-Konflikt betonte sie die Distanz zu den Militärblöcken und erhob die Forderung nach atomarer Abrüstung. Im Rahmen des Nord-Süd-Konflikts plädierte sie für eine Neue Weltwirtschaftsordnung, und im Bereich der Süd-Süd-Beziehungen ging es ihr um verstärkte wirtschaftliche Zusammenarbeit der Mitgliedsländer. In den achtziger Jahren hatte die Bewegung über hundert Mitglieder, die ungefähr die Hälfte der Weltbevölkerung umfaßten und die Emanzipationsinteressen der meisten ehemals kolonisierten und später unterentwickelten Gesellschaften Asiens, Afrikas und Lateinamerikas vertraten.[1]

Lange Zeit wurde die Blockfreiheit nur als Reaktion auf den Ost-West-Konflikt gedeutet. Der amerikanische Außenminister John Foster Dulles kritisierte die Blockfreien in den fünfziger

Jahren als opportunistisch und »unmoralisch«. Es gehe ihnen vor allem darum, sich aus den Ost-West-Streitigkeiten herauszuhalten und die Blöcke gegeneinander auszuspielen. In der Phase der Entspannungspolitik wurde die Bewegung der Blockfreien als historisch überholt und anachronistisch bezeichnet. Solche Kritik übersah allerdings, daß die Blockfreiheit ihre Wurzeln auch in den antikolonialen Unabhängigkeitsbestrebungen der Dritten Welt hatte. Blockfreiheit war stets »wesentlich ein Reflex auf die besonderen schwierigen gesellschaftlichen, wirtschaftlichen und politischen Strukturen und Probleme von Entwicklungsländern«.[2] Der Blockfreienbewegung ging es entscheidend darum, daß ihre Mitglieder nicht nur Objekte der großen Politik der Industriestaaten waren, sondern als Subjekte der internationalen Beziehungen ernst genommen wurden. Denn eines war klar: Die in dieser Bewegung organisierten Staaten gehörten – wegen ihrer eben erst erlangten Unabhängigkeit, ihrer militärischen Schwäche, ihrer politischen Instabilität oder ihrer wirtschaftlichen Verletzlichkeit – nahezu allesamt zu den Unterprivilegierten in der Hierarchie der Staaten. Deswegen war die Bewegung für ihre Mitglieder auch eine Solidaritäts- und Interessengemeinschaft zur Sicherung nationaler Unabhängigkeit sowie zur Bekämpfung von wirtschaftlichem Neokolonialismus und Fremdbestimmung. Vor allem in den siebziger Jahren, in der Phase der allgemeinen Entspannungspolitik, entfaltete die Blockfreienbewegung eine gewaltige Dynamik. Jetzt ging es nicht mehr primär um Antikolonialismus, sondern vor allem um die Reform des Weltwirtschaftssystems.

Die Blockfreienbewegung entstand nach dem Zweiten Weltkrieg, als die europäischen Kolonialreiche zerfielen und sich das bipolare Blocksystem herausbildete. Blockfreiheit war anfangs Ausdruck des antikolonialen Nationalismus afroasiatischer Staaten sowie der Weigerung zahlreicher neuentstandener Länder, sich in den Ost-West-Konflikt hineinziehen zu lassen. Sehr bald erkannten die neuen Staaten, daß sie viele Gemeinsamkeiten hatten: die Erfahrung von Kolonialismus und Rassismus, Unterentwicklung und wirtschaftlicher Abhängigkeit, militärischer Schwäche und politischer Bedeutungslosigkeit in der internationalen Arena. Aus dieser Erkenntnis ergab sich die naheliegende

Überlegung, gemeinsame Interessen auch gemeinsam zu vertreten.

Protagonisten der organisatorischen Formierung waren Jawaharlal Nehru (Indien), Gamal Abdel Nasser (Ägypten) und Josip Broz Tito (Jugoslawien). Die erste afroasiatische Solidaritätskonferenz, die ursprünglich nichts mit dem Gedanken der Bündnisfreiheit zu tun hatte, fand 1955 in Bandung (Indonesien) statt. An ihr nahmen 29 Staaten teil. Sie verurteilten den Kolonialismus und plädierten für verstärkte kulturelle und wirtschaftliche Zusammenarbeit untereinander.[3] Als Ausdruck des antikolonialen Nationalismus wurde die Bandung-Konferenz zu einem Vorläufer der späteren Blockfreien-Konferenzen. Sicherlich trugen 1956 auch die Suez- und die Ungarnkrise dazu bei, daß sich die Formel von der »Nicht-Zugehörigkeit zu Blöcken« endgültig als Grundlage zwischenstaatlicher Zusammenarbeit etablierte. Auf der ersten Gipfelkonferenz der Blockfreien 1961 in Belgrad wurden die programmatischen Grundlagen der Bewegung gelegt und ihre Prinzipien formuliert: Kampf gegen Imperialismus, Kolonialismus, Apartheid, Rassismus, Vorherrschaft, Einmischung.

Bis zur Konferenz von Kairo (1964) hatten die beiden Supermächte Entspannungsschritte unternommen. Fragen der Entkolonisierung in Afrika und Asien konnten daher im Mittelpunkt der Beratungen stehen. Durch den Beitritt afrikanischer und asiatischer Staaten wurde die Bewegung erheblich ausgeweitet. Diese ersten Konferenzen waren stark vom Ost-West-Konflikt und der Angst um den Weltfrieden beeinflußt. Die sechziger Jahre lassen sich deshalb auch als (sicherheits-)politische Phase der Blockfreienbewegung bezeichnen. Später sahen sich die Blockfreien selbst als »größte Friedensbewegung der Geschichte« (Indira Gandhi), die im internationalen System eine bedeutende »Friedensfunktion« ausübe.

In den sechziger Jahren gewannen im Lager der Blockfreien die Bemühungen um wirtschaftliche Unabhängigkeit an Bedeutung, die siebziger Jahre werden daher auch die ökonomische und entwicklungspolitische Phase der Bewegung genannt. Hintergrund dieser Schwerpunktverlagerung war die Enttäuschung über die geringen Ergebnisse der sogenannten Ersten Entwicklungsdekade der Vereinten Nationen sowie über die wirtschaftlichen Startschwierigkeiten der neuen souveränen Staaten. Die Bewegung der Blockfreien setzte sich fortan weit stärker mit dem Nord-Süd- als mit dem Ost-West-Gegensatz auseinander. Die Gipfelkonferenz von Lusaka (1970) griff den vom tansanischen Präsidenten Julius Nyerere eingebrachten Gedanken der Selbsthilfe auf. Im Vertrauen auf die eigenen Kräfte sollten die in der Dritten Welt vorhandenen Ressourcen zur Befriedigung der menschlichen Grundbedürfnisse genützt werden. In kritischer Auseinandersetzung mit westlich-kapitalistischen Entwicklungsstrategien wurde die Suche nach einem eigenen, den jeweiligen Traditionen eines Entwicklungslandes angepaßten Entwicklungsweg propagiert.[4] Mit stärkerem Selbstbewußtsein als früher trugen die Blockfreien auf den Gipfelkonferenzen von Algier 1973, Colombo 1976 und La Habana 1979 nachdrücklich die Forderung nach einer Neuen Weltwirtschaftsordnung vor.

Auf den Konferenzen der siebziger Jahre rief Nyerere die Mitgliedsländer dazu auf, mehr als zuvor wirtschaftlich zusammenzuarbeiten, um dadurch überkommene Abhängigkeiten von den Industrieländern zu verringern. Er plädierte für eine tendenzielle Umorientierung der Wirtschaftspolitiken der blockfreien Länder fort vom Weltmarkt und hin auf die Regional- und Binnenmärkte der Dritten Welt. Zugleich sollte dadurch die Verhandlungsmacht der Entwicklungsländer in der Weltwirtschaft erhöht werden. Dieser Ansatz zielte darauf ab, die alten, kolonial geschaffenen Nord-Süd-Beziehungen aufzubrechen und die Emanzipationschancen der Dritte-Welt-Länder in Weltwirtschaft und Weltpolitik zu vergrößern.

Das von den Blockfreien entwickelte Konzept einer neuen Weltwirtschaftsordnung erstrebte die »Dekolonisation« auch im ökonomischen Bereich (Souveränität über Rohstoffe, Verstaatlichung ausländischen Besitzes, Kontrolle des ausländischen Privatkapitals), die Erzielung eines größeren Nutzens aus dem System arbeitsteiliger Weltwirtschaft (höhere Preise für Rohstoffe, Öffnung der Industrieländer für Fertigwaren der Entwicklungsländer), die Demokratisierung internationaler Finanz- und Wirtschaftsinstitutionen (Ausbau der Kreditmöglichkeiten für die Entwicklungsländer bei der Weltbank und dem Internationalen Währungsfonds).

In der zweiten Hälfte der siebziger Jahre verschlechterten sich allerdings die Rahmenbedingungen für die Blockfreienbewegung: Der Nord-Süd-Dialog brachte wenig greifbare Ergebnisse, der Ost-West-Konflikt erfuhr mit den Interventionen der UdSSR in Afrika und Afghanistan eine erneute Verschärfung, die Blöcke übten größeren Druck auf die Bewegung aus. Über Rüstungstransfers, Interventionen und Stellvertreterkriege dehnte sich in dieser Phase der Ost-West-Konflikt auf die Dritte Welt aus: Sie wurde gewissermaßen zu dessen »Süddimension«. Hinzu kamen Ausdifferenzierungsprozesse in der Bewegung selber. Je mehr Mitglieder diese umfaßte, desto heterogener wurde die Organisation, sozioökonomisch wie politisch-ideologisch. Auch quantitativ erfuhr die Bewegung eine gewaltige Ausdehnung: Kamen in den sechziger Jahren die Teilnehmer vor allem aus Afrika und Asien (seit 1964 waren alle Mitglieder der Organisation für die Einheit Afrikas und der Arabischen Liga zugleich Mitglieder der Blockfreienbewegung), so gesellten sich in den siebziger Jahren zunehmend Lateinamerikaner hinzu. Was in der Gründungsphase für undenkbar gehalten worden war, trat nun ein: Mitglieder der Bewegung bekriegten sich und die Blockmächte griffen in diese Kämpfe ein. Zu den strukturellen und militärischen kamen sodann vor allem die wirtschaftlichen Probleme. Mit der zweiten Ölkrise (1979) geriet die Weltwirtschaft in erhebliche Turbulenzen, unter denen vor allem die Länder der Dritten Welt zu leiden hatten. Die Exporteinnahmen gingen zurück, das Pro-Kopf-Einkommen sank, die Verschuldung stieg dramatisch an.

Mit der Gipfelkonferenz von La Habana 1979 erhöhten sich die Spannungen innerhalb der Bewegung. In den Jahren zuvor hatte es Bestrebungen gegeben, die Sowjetunion als »natürlichen Verbündeten« der Blockfreien darzustellen, somit das Prinzip der grundsätzlichen Distanz zu den Machtblöcken in Ost und West preiszugeben. Hauptverfechter dieser Tendenz war Kuba, dessen Zugehörigkeit zur Blockfreienbewegung einen besonderen Charakter hatte. Der Inselstaat hatte durch die Revolution von Fidel Castro (1959) die Abhängigkeit von den USA abgeschüttelt und war dadurch für die afroasiatischen Staaten und Kolonialvölker zum Symbol eines erfolgreichen nationalen Befreiungskampfes geworden. Außerdem konnte Kuba für sich in Anspruch nehmen, »Befreiungsbewegungen« in Lateinamerika ebenso wie in Afrika zu unterstützen. Trotz zunehmender wirtschaftlicher Abhängigkeit von der Sowjetunion hatte sich Kuba auch eine weitgehende politische Selbständigkeit bewahrt. Die Karibikinsel verfolgte längere Zeit eine eigenständige außenpolitische Linie, die sich scharf von der sowjetischen Politik der friedlichen Koexistenz abgrenzte. Erst in den siebziger Jahren, nachdem die Politik des kubanischen »Revolutionsexports« auf das lateinamerikanische Festland gescheitert war, schwenkte Fidel Castro auf die außenpolitische Linie der Sowjetunion ein und betrieb unter den Blockfreien eine explizit prosowjetische Politik, die auf der Konferenz von La Habana ihren beredtesten Ausdruck fand.[5]

Das wurde allerdings keineswegs von allen blockfreien Staaten gutgeheißen. Ganz im Gegenteil: Unter der Führung Jugoslawiens lehnte die Mehrheit die kubanische Initiative ab; die Konferenz bestätigte und bekräftigte vielmehr die klassische Philosophie der Blockfreiheit, die grundsätzliche Distanz zu den Machtblöcken. »Grundsätzliche Distanz« bedeutete dabei nicht »Äquidistanz«, denn dies hätte die unabhängige und selbständige Parteinahme der Blockfreien je nach Einschätzung unmöglich gemacht. Wo die Blockfreien standen, wurde zum Beispiel im Bericht Castros über die Beschlüsse von La Habana an die UN-Vollversammlung im Oktober 1979 deutlich. Er legte das Hauptgewicht auf die wirtschaftlichen Forderungen der Blockfreien und verband seine Forderung an die Industrieländer in West und Ost, den Entwicklungsländern mehr Wirtschaftshilfe zukommen zu lassen, mit einem Lob für die »sozialistischen Länder«, die für die Unterentwicklung zwar nicht verantwortlich seien, trotzdem aber die Verpflichtung übernommen hätten, zu deren Überwindung beizutragen.[6]

Je deutlicher sich die Bewegung der Blockfreien in den siebziger Jahren wirtschaftlichen Problemen zuwandte und ihre Gemeinsamkeiten in der Unterentwicklung begründete, desto leichter identifizierten sich auch die lateinamerikanischen Staaten (trotz ihres Bündnisses mit den USA im Rahmen der »Organisation Amerikanischer Staaten«) mit den allgemeinen Prinzipien der Blockfreien, vor allem, wenn sie sich als Vehikel einer politisch-wirtschaftlichen Emanzipation von den USA und als Grundlage für eine Aktionseinheit der Dritten Welt anboten.

In den siebziger Jahren schlossen sich deshalb immer mehr lateinamerikanische Staaten der Blockfreienbewegung an. 1976 wurde auf der Konferenz in Colombo Lateinamerika (wieder auf Initiative Kubas) zu einer der Weltregionen erklärt, die »am stärksten unter der Aggression des Kolonialismus und des Imperialismus gelitten« haben. Die Politik der USA, vor allem die Blockade Kubas, wurde schärfstens verurteilt. 1979 wurde in La Habana sodann der wachsenden Zahl der lateinamerikanischen Mitgliedstaaten und deren »antiimperialistischer« Politik Rechnung getragen. Viele Mitgliedsländer nahmen politische und wirtschaftliche Beziehungen zu Kuba auf, Panama erhielt Unterstützung bei den Bemühungen um eine Revision des Kanalvertrags, und auch in der Schlußdeklaration von La Habana fanden lateinamerikanische Fragen breite Beachtung.[7]

Gleichzeitig traten jedoch die unterschiedlichen Wirtschaftsinteressen der Entwicklungsländer immer deutlicher in den Vordergrund. Es wurde zunehmend schwieriger, bestimmte nationale Interessen und ein hypothetisches »Gesamtinteresse« der Dritten Welt in einer gemeinsamen Verhandlungsposition zu bündeln. Besonders deutlich wurde dies im Kampf um die Erdölpreise. So wies die Deklaration von La Habana zwar den Versuch der Industrieländer zurück, die weltweite Inflation und die drastische Verschlechterung der ökonomischen Situation vieler Entwicklungsländer vor allem als Folge der Erdölpreis-Politik der OPEC-Staaten hinzustellen; die OPEC-Position wurde vielmehr unterstützt. Allerdings bestand bei vielen Blockfreien die berechtigte, schließlich jedoch enttäuschte Erwartung, daß die OPEC-Staaten einen höheren Beitrag zum Ausgleich der enorm angestiegenen Ölrechnungen leisten würden.

Kuba spielte in der Blockfreienbewegung nicht nur wegen der Integration lateinamerikanischer Länder eine wichtige Rolle, sondern auch wegen des politisch-militärischen Engagements in der Dritten Welt, vor allem in Afrika, wo es seinen fortbestehenden Anspruch bekräftigen wollte, militante Vorhut zu sein. Gründe für die starken kubanisch-afrikanischen Kontakte waren zum einen die lange Isolierung Kubas innerhalb Lateinamerikas, zum anderen die kubanische Einschätzung, daß Afrika nicht nur ein revolutionsfähiger Kontinent, sondern auch reif für die Revolution sei. Seit der Revolution war die kubanische Führung bemüht, andere Staaten der Dritten Welt in ihrem Befreiungskampf gegen Kolonialismus und »Imperialismus« zu unterstützen.[8]

Die kubanische Unterstützung von Ländern in Afrika und Asien erfolgte auf entwicklungspolitischem (Entsendung von Fachleuten) und auf militärischem Gebiet (Bereitstellung von Waffen- und Militärhilfe) sowie als organisatorische Süd-Süd-Kooperation (Einberufung der Trikont-Konferenz 1966 nach La Habana). Mitte der siebziger Jahre erreichte das »internationalistische« Engagement Kubas seinen Höhepunkt. Die massive Intervention Kubas in Angola auf Seiten des MPLA wurde von den Blockfreien als Beispiel einer gegen den Expansionismus Südafrikas gerichteten Süd-Süd-Kooperation gewürdigt. Das Horn von Afrika entwickelte sich für die kubanische Außenpolitik allerdings zu einem Problemfall. Die Aktivitäten Kubas in Somalia und Äthiopien wurden auf der Blockfreienkonferenz 1979 stark kritisiert, weil sich der Inselstaat beim Grenzkonflikt in der Ogadenwüste gegen den ehemaligen Verbündeten Somalia stellte und in der Eritreafrage die Position Äthiopiens unterstützte. Diese Afrikapolitik Kubas wurde als Teil der sowjetischen Hegemonial- und Interventionspolitik angesehen, La Habana als Satellit Moskaus abqualifiziert. Als Kuba in der Afghanistan-Frage schließlich gegen die UN-Resolution stimmte, in der die militärische Intervention der Sowjetunion bedauert wurde, schwächte das seinen Anspruch auf eine Führungsrolle innerhalb der Blockfreien-Bewegung und der Dritten Welt weiter.[9]

Die Zusammenarbeit Lateinamerikas mit den Ländern Afrikas und Asiens war stets auch von innenpolitischen Interessen und Machtkonstellationen bestimmt. Seit den sechziger Jahren fand sich so gut wie immer ein lateinamerikanisches Land, das sich für die Identifizierung Lateinamerikas mit der Dritten Welt zeitweise besonders stark machte. Kontinuierlich engagierte sich dabei allerdings nur Kuba. Die Bandbreite der Kooperation zwischen Lateinamerika, Afrika und Asien reichte stets von einer emotional bestimmten Dritte-Welt-Rhetorik bis hin zu gemeinsamen Verhandlungspositionen bei Wirtschaftsforderungen gegenüber den Industriestaaten. Sie erstreckte sich von relativ intensiven Handelsbeziehungen (etwa zwischen Brasilien und Afrika) über die mexikanische Dritte-Welt-Orientierung bis zum kubanischen »proletarischen Internationalismus«. Eine dauerhafte Süd-Süd-Kooperation entwickelte sich jedoch nicht.

Die Würdigung der historischen Wirkung der Blockfreienbewegung bis zum Ende des Kalten Kriegs hat einige bemerkenswerte Ergebnisse festgehalten: Im Rahmen des UN-Systems etablierte sie sich erfolgreich als Interessengruppe; sie ermöglichte ihren Mitgliedern eine aktive Rolle im internationalen System, was letztlich zur Demokratisierung der internationalen Beziehungen beitrug; den antikolonialen Aktivitäten der Blockfreien kam insofern eine wichtige und konstruktive Funktion zu, als durch diesen moralischen und politischen Druck auf die Kolonialmächte zur Beschleunigung und relativen Friedfertigkeit des Dekolonisierungsprozesses beigetragen wurde. Im Ost-West-Konflikt förderte die Bewegung allein schon durch ihre Existenz die multipolaren Tendenzen in der Staatenwelt. Der vielleicht größte Erfolg der Bewegung der Blockfreien besteht darin, daß sie die Nord-Süd-Problematik – etwa durch die Diskussion über eine Neue Weltwirtschaftsordnung – zu einem Dauerthema internationaler Verhandlungen machen konnte. Im Bereich der Süd-Süd-Beziehungen erreichte die Bewegung erstmalig eine Organisation der Dritten Welt außerhalb der bestehenden Machtblöcke. Dadurch wurden Kooperationsstrukturen aufgebaut, die zu einer verstärkten politischen und wirtschaftlichen Zusammenarbeit zwischen den Entwicklungsländern beitrugen.[10]

Viele Ziele wurden aber auch nicht erreicht: Es gelang der Bewegung nicht, alle ihre Mitglieder aus dem Ost-West-Konflikt herauszuhalten, auch Abrüstungsmaßnahmen konnte sie nicht durchsetzen. Die Einheit der Bewegung war des öfteren gefährdet, weil die grundsätzliche Distanz zu den Blöcken wiederholt in Frage gestellt wurde. Vor allem aber blieben die Erfolge in den entscheidenden ökonomischen Fragen der Nord-Süd-Beziehungen und bei der wirtschaftlichen Zusammenarbeit in den Süd-Süd-Beziehungen spärlich. Auch litt ihre moralische Glaubwürdigkeit unter vielerlei Widersprüchlichkeiten zwischen den selbst aufgestellten Normen und der politischen Realität: Die Bewegung forderte friedliche Streitbeilegung, konnte aber Kriege im eigenen Lager nicht verhindern. Sie trat stets für globale Abrüstung ein, viele ihrer Mitglieder aber rüsteten auf. Sie plädierte für soziale Gerechtigkeit und Entwicklungschancen, zahlreiche Mitgliedstaaten betrieben aber selber eine Politik der Unterdrückung und des »internen Kolonialismus«.

Kurz vor dem Ende des Kalten Krieges wurde 1989 auf der Gipfelkonferenz der Blockfreien in Belgrad eine neue Standortbestimmung vorgenommen. Das war erforderlich geworden, da zum einen durch die spürbare Verbesserung des Verhältnisses der Supermächte Bewegung in verschiedene Regionalkonflikte gekommen war, das akut zugespitzte Verschuldungsproblem zum anderen zu noch stärkerer Abhängigkeit vom Norden geführt hatte. Die Resolutionen fielen daher viel milder aus als früher. Kampfbegriffe wie Imperialismus und Neokolonialismus vermied man. Selbst die in den siebziger Jahren massiv vorgetragene Forderung nach einer Neuen Weltwirtschaftsordnung wurde abgeschwächt, Ziel waren nun regelmäßige Nord-Süd-Beratungen über globale Wirtschafts- und Umweltfragen. Der Übergang von Konfrontation zu Kooperation war allenthalben spürbar, und sogar der Internationale Währungsfonds und die Weltbank wurden positiv erwähnt.

In Belgrad beherrschten neue Themen die Diskussion: Menschenrechte, Umweltfragen, Drogenhandel. Die Schlußdeklaration betonte zum ersten Mal das Recht jedes Individuums, »gesellschaftliche, politische, wirtschaftliche, soziale und kulturelle Rechte« wahrzunehmen; die »Förderung von Menschenrechten« wurde zu einem Grundziel der Blockfreienbewegung erklärt.[11] Insgesamt nahmen die Blockfreien 1989 eine Anpassung an die »neuen Realitäten« vor und suchten nach ihrer neuen Position in einer sich rapide verändernden Welt.

Zu Beginn der neunziger Jahre schien es, als habe die Bewegung nach dem Ende des Ost-West-Konflikts und dem beinahe vollständigen Verschwinden des Kolonialismus ihre Grundlagen verloren. Doch besorgte Mitglieder beschworen nun die Gefahren einer unipolaren Welt, in der die Vereinigten Staaten den Ton angeben würden. So lehnten die Blockfreien dann auch einen von den USA angeregten Vorschlag Ägyptens ab, der die Auflösung der Bewegung und ihre Verschmelzung mit der ökonomisch ausgerichteten »Gruppe der 77« vorsah. Unterdessen verlagerte sich das Engagement der Blockfreien immer stärker auf den Bereich Entwicklung. Im April 1996 etwa nahm die Menschenrechtskommission der Vereinten Nationen auf Initiative der bündnisfreien Staaten das »Recht auf Entwicklung« in die Definition der allgemeinen Menschenrechte auf. Vorausgegangen waren intensive Bemühungen um einen Abbau der Konfrontation zwischen westlichen Staaten und Entwicklungsländern, weil der Norden fürchtete, eine Verankerung des »Rechtes auf Entwicklung« als Menschenrecht werde zu einseitigen Forderungen an die reichen Länder führen. Tatsächlich zielt die Entschließung jedoch auf die nationale Verantwortung jedes einzelnen. Zunächst ist jeder Staat aufgefordert, in seinem eigenen Lande günstige Bedingungen für die Entwicklung seiner Staatsbürger zu schaffen. Solch eine Forderung ist nach den antiwestlichen Postulaten der sechziger und siebziger Jahre eine radikale Kehrtwendung. Nach dem Ende der Bipolarität hat die Blockfreienbewegung ihren Charakter grundlegend verändert.

Autoritäre Regime: Das Fehlen »partizipatorischer Entwicklung«

Für die Entwicklung der afrikanischen Befreiungsbewegungen markierte der Zweite Weltkrieg einen Wendepunkt.[12] Die erbitterten Auseinandersetzungen im alten Europa und die Einbeziehung des afrikanischen Kontinents in diesen Kampf wirkten besonders in psychologischer Hinsicht wie ein Katalysator auf den Emanzipationsprozeß in Schwarzafrika. Noch spielten interethnische Probleme für die Unabhängigkeitsbewegungen kaum eine Rolle. Vielmehr konzentrierten sich ihre zumeist in Europa ausgebildeten Anführer auf die Durchsetzung der Gleichberechtigung für die schwarze Rasse. Der Jahrzehnte währenden Unterdrückung und Mißachtung seitens der Europäer stellten sie ihre Forderung nach Freiheit und Ebenbürtigkeit gegenüber. Gekoppelt an die Hoffnung auf gesellschaftlichen Fortschritt, fand diese Forderung ihren Ausdruck im Glauben an den Nationalstaat.[13] Das vorrangige Ziel der afrikanischen Nationalisten war die Machtübernahme in den Kolonien und deren vollständige völkerrechtliche Unabhängigkeit. Dabei übertrugen sie wie selbstverständlich den Nationalstaatsgedanken auf die Kolonialterritorien, übersahen dabei jedoch meist, daß die Errichtung von Nationalstaaten nach aller Erfahrung die Existenz einer nach Sprache, Geschichte und Kultur möglichst homogenen Bevölkerung verlangte. In einigen Ländern Europas bildete die kulturelle Homogenität darüber hinaus die Grundlage für den Aufbau staatlicher Institutionen und die Festlegung der territorialen Grenzen eines Staates. In Afrika gab es praktisch in allen Stammesgesellschaften des Kontinents historisch-kulturelle Identitäten. Die staatlichen Institutionen sowie die Grenzziehungen waren jedoch das Werk der Kolonialherren. Die Grenzen der neuen Staaten umfaßten oft eine Vielzahl verschiedener Sprach- und Kulturgruppen, die keineswegs darauf vorbereitet waren, eine einheitliche »Nation« oder ein »Staatsvolk« zu bilden. Statt eine Neuordnung der kolonialen Territorien zu fordern, übernahmen die afrikanischen Nationalisten die willkürliche Grenzziehung der Kolonialherren und damit zugleich ein Problem, unter dem viele Länder Schwarzafrikas bis heute leiden.[14]

Die Befreiung der Kolonien erfolgte zumeist schrittweise. Großbritannien etwa gab in den fünfziger Jahren dem steigenden Druck der Unabhängigkeitsbewegungen nach, führte Verfassungsreformen durch, richtete parlamentarische Institutionen ein und delegierte Kompetenzen, bis den Kolonien schließlich zu Beginn der sechziger Jahre die vollständige Unabhängigkeit gewährt wurde. In den afrikanischen Gesellschaften führte der Freiheitskampf nach 1945 zu einem hohen Grad an politischer Mobilisierung. Unterschiede zwischen verschiedenen Ethnien und Interessen traten wegen der Konzentration auf den gemeinsamen Gegner zunächst zurück. War jedoch die Unabhängigkeit einmal errungen, dann zeigten sich innerhalb der Allianzen Risse, die sich in der Folgezeit vertieften und häufig in einen zunehmend von Gewalt geprägten Kampf um die Vorherrschaft mündeten. Hatte sich eine Partei (oft zugleich eine Ethnienvertretung) durchgesetzt, dann entdeckte sie den neuen Feind schnell im »Tribalismus« – eine despektierliche Umschreibung für sezessionistische Bestrebungen von im neuen Staat unterdrückten Minderheiten. Von den Machthabern wurde der Erhalt der nationalen Einheit zu einer Frage von Leben und Tod erklärt, die schließlich jede Repressionsmaßnahme rechtfertigte. Damit einher ging meist die Aufhebung der von der Kolonialmacht oktroyierten Verfassung und schließlich die Errichtung einer auf die dominierende Partei und deren Führer zugeschnittene Ordnung: Der Einpartei-Staat war geboren.

Diese Tendenz setzte sich in vielen afrikanischen Ländern durch. Das hatte freilich nicht nur damit zu tun, daß sich europäische Staatsformen und Verfassungen nicht ohne weiteres auf den afrikanischen Kontinent übertragen ließen. Fehlende parlamentarische Tradition trug ebenfalls dazu bei. Die Parteien der Unabhängigkeitsbewegung unterschieden sich in vielerlei Hinsicht von ihren europäischen Vorbildern. Zunächst waren sie weniger deswegen entstanden, um *für* etwas, sondern um *gegen* etwas – den Kolonialismus – zu kämpfen. Sie entwickelten deswegen selten an den Bedürfnissen des Landes orientierte politische Zukunftsentwürfe. Auch fehlte den neuen Politikern Erfahrung mit einer parlamentarischen Ordnung. Ihr Machtanspruch gegenüber den Kolonialherren war absolut und nicht auf Kompromißfindung angelegt. Nachdem die Kolonialmächte ihre Stellungen geräumt hatten, wurde diese Art von politischer Kultur direkt auf den Kampf um die innenpolitische Hegemonie übertragen.[15] Viele Protagonisten der Unabhängigkeitsbewegung waren schließlich von dem Glauben beseelt, daß ein Nachvollzug der europäischen Wirtschaftsentwicklung keinen Raum für demokratische Strukturen lasse. Mit diktatorischen Maßnahmen wollten viele von ihnen die langwierigen parlamentarischen Entscheidungsprozesse umgehen, um so eine maximale Beschleunigung der Entwicklung zu erreichen.[16]

Uganda ist eines der Länder, das Erfahrungen mit einem Einpartei-System gemacht hat. Obwohl sich die Einpartei-Regierung in ihrer »totalitären« Form nur kurz an der Macht halten konnte (1969–1971), zeigten die Jahre davor besonders anschaulich, wie die Spannungen aufgrund eines internen Nord-Süd-Konflikts anschwollen, die Maßnahmen der Regierungspartei repressiver wurden und die Politik schließlich vollständig in einen brutalen Autoritarismus mündete.

Uganda umfaßt ein verhältnismäßig kleines Territorium von etwa 197000 Quadratkilometern Landfläche im Osten des afrikanischen Kontinents. Mitte der neunziger Jahre hatte es circa 17,4 Millionen Einwohner.[17] Seine Staatsgrenzen wurden Ende des 19. Jahrhunderts gezogen, nachdem Großbritannien dieses Gebiet zum britischen Protektorat erklärt hatte (1894). Trotz seiner relativ geringen Größe wird Uganda von einer Vielzahl verschiedener Ethnien bevölkert.

Um die Mitte des 20. Jahrhunderts scheiterte das Projekt der Engländer, mit Hilfe der *Chiefs* eine zentralistische Verwaltungsstruktur für die *gesamte* Kolonie zu schaffen. Die »Chief-Oligarchie« identifizierte sich ausschließlich mit dem Süden und war bemüht, ihre Sonderrolle dort zu behaupten. Die von Protestanten missionierten nilotisch-sprachigen Stämme der Acholi und Langi, die den Nordosten des Landes bevölkerten, unterlagen daher weiterhin direkt der Kontrolle der Kolonialarmee. Gleichwohl entwarfen die Briten eine auf dem Westminster-Modell basierende semi-föderative Verfassung für das unabhängige Uganda, die die Vorherrschaft der Buganda-Oligarchie sichern sollte. Ihre Besonderheit lag in der Festschreibung einiger autonomer Rechte des Südens sowie in der Bestimmung, daß die Präsidentschaft des Gesamtstaates dem jeweiligen Monarchen Bugandas zustehe. Zwar besaß der Präsident gemäß der Verfassung keine exekutiven Kompetenzen, in der Praxis entstand dadurch jedoch ein Ungleichgewicht, das die Integrität des Gesamtstaates dauerhaft in Frage stellte.[18]

Regionalistische Bestrebungen der verschiedenen Ethnien traten zum ersten Mal in den Parteigründungen der fünfziger Jahre hervor. 1954 wurde die *Democratic Party* (DP) gegründet, die unter Führung von Benedict Kiwanuka die Kleinbauern in Buganda sowie alle katholischen Bevölkerungsteile des Landes ansprach. Die zahlreichen Protestanten außerhalb Bugandas unterstützten den 1960 gegründeten *Uganda People's Congress* (UPC) und seinen Führer Apollo Milton Obote. Zudem wurde ein Jahr später die *Kabaka Yekka* (KY, dt. »der Kabaka allein«) gegründet, eine Partei, die in Buganda die royalistisch und protestantisch geprägte Oberschicht repräsentierte und entschieden gegen die Politik der *Democratic Party* auftrat. Die politische Vertretung der Buganda-Bevölkerung hatte sich damit schichtenspezifisch auf zwei konkurrierende Parteien verteilt. Bei den Wahlen zum Buganda-Regionalparlament (1961) gelang es der *Kabaka Yekka*, fast alle Sitze zu erringen. Sie konnte damit automatisch zwanzig der 21 aus Buganda zu delegierenden Abgeordneten in die Nationalversammlung entsenden. Die ersten Wahlen zum Gesamtparlament (April 1962) bescherten dem *Uganda People's Congress* eine Mehrheit, die allerdings nicht für eine Regierungsbildung ausreichte; er ging mit der ebenfalls protestantischen *Kabaka Yekka* eine Regierungskoalition ein, und Obote wurde Premierminister. Am 9. Oktober 1962 führte er das Land in die Unabhängigkeit. Auf den Tag genau ein Jahr später wurde Uganda Republik. Verfassungsgemäß erhielt der Buganda-König Kabaka Frederik Muteesa II. das Amt des Präsidenten.[19]

Die Koalition hielt freilich nicht lange. Das Überwechseln einiger Abgeordneter von der *Democratic Party* und der *Kabaka Yekka* zum *United People's Congress* verhalf Obotes Partei 1964 zu einer Zwei-Drittel-Mehrheit im Parlament, die dieser nutzte, um kurzerhand die Koalition aufzukündigen. Die innenpolitischen Spannungen zwischen dem regierenden Zentrum und dem autonomen Buganda verschärften sich nun weiter, da die Bevölkerung des Südens sich vollständig aus dem parlamentarischen Leben verdrängt sah. 1966 unternahm Präsident Muteesa II. – gestützt auf Teile der Armee und den rechten Flügel des *United People's Congress* – einen vergeblichen Versuch, Premierminister Obote aus seinem Amt zu vertreiben. Dies nahm Obote zum Anlaß, Buganda in seinen Regionalrechten weiter zu beschneiden. Er verhängte den Ausnahmezustand, vertrieb Kabaka Muteesa II. aus dem Präsidentenamt und der Hauptstadt Kampala, entfernte die Buganda-*Chiefs* aus den Regionalparlamenten und erließ im September 1967 eine streng zentralistische, auf seine Person zugeschnittene Präsidialverfassung. Die parlamentarische Vertretung der oppositionellen *Democratic Party* war zu diesem Zeitpunkt auf neun Abgeordnete geschrumpft; ihnen standen etwa siebzig der Regierungspartei *United People's Congress* gegenüber. Doch schränkten innerparteiliche Fraktionsbildungen den Handlungsspielraum des Präsidenten ein. Als 1969 ein Anschlag auf ihn unternommen wurde, setzte Obote weitere Repressionsmaßnahmen durch. Im ganzen Land herrschte nun der Ausnahmezustand, Obote erließ ein Verbot aller politischen Parteien, mit Ausnahme des UPC. Zusätzlich kündigte er in der sogenannten *Common Man's Charta* an, eine entwicklungspolitische Wende nach »links« zu vollführen, um eine gerechtere Verteilung des Wohlstands und die Abschaffung der Klassengesellschaft zu erreichen. Tatsächlich zielte das Projekt darauf, größere Unterstützung seitens der Bevölkerung zu erreichen, es blieb in seinen programmatischen Punkten jedoch nicht viel mehr als ein Stück Papier. Die Errichtung des autoritären Einpartei-Staates führte keineswegs zu einer Beruhigung der innenpolitischen Lage. Vielmehr wuchs die Opposition, bis schließlich 1971 der muslimische Armeechef Idi Amin dem Regime Obotes ein Ende bereitete.[20]

Das Beispiel Uganda zeigt die ganze Fragwürdigkeit eines Einpartei-Staates als entwicklungspolitisches Instrument. Die zwei Fünfjahrespläne (1961–1965 und 1966–1970) der Regierung Obote sollten ausländische Kredite anziehen und boten hierzu einen investitionsfreundlichen Rahmen. Tatsächlich verringerte ausländisches Kapital aus verschiedenen Ländern auch bald die dominierende Rolle der britischen Investoren. Indes scheiterten alle Versuche, den Agrarsektor zu modernisieren. Ende der sechziger Jahre hatte sich der technische Stand der Agrarwirtschaft kaum verändert. Der ohnehin gewichtige Staatsanteil wurde weiter ausgebaut. Mit der Gründung des *Produce Marketing Board* (PMB) wurde 1968 der gesamte Handel mit Lebensmitteln aus den Händen der indischen Kaufleute in die Obhut des Staates übergeführt. Nach seiner politischen »Linkswende« 1969 ging Obote zudem daran, über achtzig Privatunternehmen zu nationalisieren. Mit dieser Transaktion war der Staat im Begriff, zum größten Unternehmer und Arbeitgeber des Landes zu werden.[21]

Umfangreiche Verstaatlichungen wurden auch in vielen anderen schwarzafrikanischen Ländern unternommen. Oft diente die Nationalisierung der Wirtschaft schlicht dem Bedürfnis der herrschenden Eliten, ihre politische Macht ökonomisch zu untermauern. Staat und Verwaltung wurden zum nahezu alleinigen Arbeitgeber, sie absorbierten die nationalen Reichtümer und banden die entstehenden Bildungseliten an sich. Die Folge war, daß weder Investitionskapital noch Fachpersonal für den darbenden Agrarsektor blieben und die Kluft zwischen den wachsenden urbanen Zentren und dem Land sich weiter vertiefte. Damit zerschlug sich auch die zur Zeit der Unabhängigkeit bestehende Hoffnung, der Agrarsektor könne ein wirtschaftliches Standbein Schwarzafrikas werden. Untersuchungen von 1989 schätzten den landwirtschaftlichen Anteil am Bruttoinlandprodukt afrikanischer Länder auf nur etwa 28 Prozent, obwohl in diesem Bereich ungefähr 85 Prozent der arbeitenden Bevölkerung beschäftigt sind. Nicht selten verursachte die chronische Vernachlässigung der landwirtschaftlichen Entwicklung, zusammen mit einer überproportional wachsenden Bevölkerung, Versorgungsengpässe und Hunger.[22] Die Konzentration von Kapital und Produktionsmitteln in den Händen des Staates warf darüber hinaus die für die Innenpolitik vieler afrikanischer Länder zentrale Frage auf: Wer hat die Kontrolle über diese einzigartige Quelle der Wertschöpfung?

In Uganda lautete seit 1971 die Antwort auf diese Frage: die Armee unter ihrem Oberbefehlshaber General Idi Amin. Die anfänglichen Hoffnungen, die vielerorts in das Militärregime gesetzt wurden, sollten schon nach kurzer Zeit bitter enttäuscht werden. Anstelle einer Reaktivierung der republikanischen Verfassung verbot Amin jede politische Aktivität und führte bald darauf eine beispiellose Massensäuberung durch, der vor allem die Stützen des alten Regimes in Armee und Staat sowie Politiker und Intellektuelle zum Opfer fielen. Die blutrünstigen Ausschweifungen des Diktators lenkten zeitweise die Aufmerksamkeit der gesamten Weltöffentlichkeit auf das kleine Land im Osten des schwarzen Kontinents.[23]

So verheerend die Maßnahmen Amins sich auf das soziale Klima im Land auswirkten, so katastrophal waren auch die Folgen für die wirtschaftliche Entwicklung. Der General setzte vor allem auf den Ausbau der Streitkräfte und des Unterdrückungsapparates. Das stark anschwellende Militärbudget zerrüttete praktisch den gesamten Haushalt und legte alle staatlichen Sozialleistungen (Erziehung, Gesundheit) lahm. Darüber hinaus vertrieb Amin die circa 50000 Asiaten, die einst Kleingewerbe, Industrie und Handel dominiert hatten. Die enteigneten Unternehmen gingen zumeist in die Hände von politischen Freunden und Angehörigen des Stammes über, dem der General selbst angehörte. In den acht Jahren seiner Terrorherrschaft (1971–1979) züchtete Amin eine geradezu »kleptokratische« Oligarchie heran, die alle Schlüsselpositionen in Armee, Verwaltung und Wirtschaft besetzte und es zu erheblichem Reichtum brachte. Tatsächlich war seine Machtbasis jedoch äußerst schmal, die Herrschaft nur mit Terror aufrechtzuerhalten. Lediglich die Stämme der Kakwa und Nubier, die das Westnil-Gebiet im Nordwesten bevölkern, stützten die Herrschaft Amins. Sie stellten allerdings nur einen Bevölkerungsanteil von schätzungsweise 0,6 Prozent.[24]

Indessen formierte sich der Widerstand geflohener Anhänger des Ex-Präsidenten Obote unter der Obhut der Regierung von Tansania, das im November 1978 von Amin-Truppen angegriffen worden war. Auf der Moshi-Konferenz (Tansania) im März 1979 wurde die zerstrittene Opposition zur *Uganda National Liberation Front* (UNLF) zusammengeschweißt. Von tansanischen Einheiten unterstützt, marschierte ein etwa tausend Mann starker Trupp in Uganda ein und vertrieb General Amin und seine Cliquen. Die Rückkehr der exilierten Politiker und die Restauration der republikanischen Verfassung führten in der Folgezeit allerdings nicht zu einer Beruhigung der innenpolitischen Lage. Nachdem zwei Interims-Präsidenten innerhalb weniger Monate gestürzt worden waren, kam es schließlich doch noch zur Festlegung eines Termins für die Parlamentswahlen. Die Parteienlandschaft und das Wahlergebnis glichen der Situation in den sechziger Jahren: Dem zurückgekehrten Obote gelang es, nach einem hohen Wahlsieg und erneuten Parlamentarierübertritten eine nur aus Deputierten des *Uganda People's Congress* bestehende Regierung zu bilden. Die Tatsache jedoch, daß das Wahlergebnis von keiner Gruppierung – mit Ausnahme des *United People's Congress* – anerkannt wurde, polarisierte sofort die politische Atmosphäre und lieferte die Rechtfertigung für gewaltsame Umsturzversuche. Viele oppositionelle Gruppierungen gingen in den Untergrund und begannen von dort aus einen Guerrilla-Krieg gegen das Regime. Obote antwortete mit dem Einsatz von Regierungstruppen, die sich in der Folgezeit als kaum beherrschbar erwiesen und willkürlichen Terror in der Bevölkerung verbreiteten.[25]

Schließlich setzte die Guerrilla-Bewegung, begünstigt durch ethnische Konflikte in der Armeeführung, der erneut auf einen Einpartei-Staat zusteuernden Regierung Obote 1985 ein Ende. Einer der herausragenden Führer der Guerrilla – Yoveri Museveni – wurde Präsident. Durch die Einbeziehung von Vertretern aller Landesteile ist es der neuen Regierung seither gelungen, die innenpolitische Situation weitgehend zu stabilisieren. Dennoch kam es immer wieder zu gewaltsamen Ausschreitungen vereinzelter Gruppierungen im Norden des Landes, die sich eindeutig weder sozialem Protest noch reinem Banditentum zuordnen lassen. Bisher gelang es nicht, ein politisches System zu entwickeln, das den Konsens der gesamten Bevölkerung findet und dem Land politische Stabilität bringen könnte.[26]

Die rivalisierenden Gruppen in Uganda vertraten nicht nur unterschiedliche wirtschaftliche und soziale Interessen, sondern sie kämpften größtenteils auch entlang ethnischer Trennungslinien. Jüngere Untersuchungen zeigen eine äußerst resistente Korrelation zwischen ethnischer Gruppe und politischer Partei, die einem nationalen Integrationsprozeß oft abträglich ist.[27]

In Uganda untergrub der ständige Wechsel der Regime jede Möglichkeit langfristiger Entwicklungsplanung. In den siebziger Jahren, während der Diktatur Amins, ging das reale Bruttoinlandprodukt um circa 20 Prozent zurück. Erst die relativ stabile Regierung Präsident Musevenis brachte einen wirklichen Neuanfang.[28] Ein schweres Erbe ist jedoch die durch die Terrordiktatur Amins forcierte Desintegration der Bevölkerung, die ein friedliches Gesellschaftsleben und einen wirtschaftlichen Neubeginn nachhaltig erschwert.[29]

Das Beispiel Ugandas zeigt, daß die Nationwerdung an eine Reihe unabdingbarer Voraussetzungen gebunden ist, die in Schwarzafrika größtenteils nicht gegeben waren. Erprobte westliche Vorbilder und Modelle staatlicher und wirtschaftlicher Ordnung taugten meist nicht. Ob ein stabiles Herrschaftssystem mit autoritären Strukturen wirtschaftlichen Fortschritt herbeiführen kann, ist äußerst ungewiß, und doch scheinen in einigen Ländern der Dritten Welt solche Experimente Erfolg zu haben. Autoritären Regimen in Asien und Lateinamerika gelang es, eine funktionierende Reformpolitik mit positiven wirtschaftlichen Ergebnissen zu betreiben. Oft übernahm das Militär dort eine konstruktive Führungsrolle.[30]

Als Beispiel für den Versuch von Militärs, eine an sozialen Reformen orientierte Modernisierungspolitik zu betreiben, kann das Militärregime von General Juan Velasco Alvarado in *Peru* gelten.[31] Dort war Ende des 19. Jahrhunderts ein Block oligarchischer Interessen entstanden, der bis in die sechziger Jahre hinein das politische und wirtschaftliche Leben des Landes beherrschte. In ihm vereinten sich die aus den lokalen Militärmachthabern des 19. Jahrhunderts (*caudillos*) hervorgegangenen Großgrundbesitzer des Andenlandes – in deren paternalistischer Abhängigkeit die Mehrzahl der bäuerlichen Indiobevölkerung lebte – mit einer Gruppe von Rohstoffhändlern, die vorwiegend Kupfer, Erdöl, Baumwolle und Zucker exportierten. Wegen seines großen Rohstoffreichtums und dessen lukrativer Vermarktung verpaßte Peru die Entwicklung einer importsubstituierenden Industrie, wie sie in den Nachbarländern während der dreißiger Jahre einsetzte. Die Industrialisierung des Landes begann erst nach dem Zweiten Weltkrieg. Neben nordamerikanischen Kapitalgebern etablierte sich dabei auch eine einheimische Industriebourgeoisie, die mit ihren Fertigprodukten allmählich das archaische Wirtschaftsgefüge des Landes durchdrang. Die mit veralteten Verfahren produzierende Rohstoffoligarchie geriet dadurch unter wachsenden Konkurrenzdruck. Der gleichzeitige Ausbau der Infrastruktur löste zudem die bäuerliche Indiobevölkerung aus ihrer räumlichen Isolierung und erhöhte die Mobilität in Stadt und Land.[32]

Diesen Entwicklungen zum Trotz bewahrte die Oligarchie jedoch bis in die fünfziger Jahre hinein ihre politische Vorherrschaft. Die Herrschaftssicherung vollzog sich allerdings nicht auf der Grundlage eines Parteiensystems, sondern durch vielfältige Klientelbildung in entscheidenden gesellschaftlichen Institutionen, ganz gleich, ob die Macht formal in den Händen eines gewählten Präsidenten oder eines militärischen Führers lag. Gegen diese indirekte Form der Herrschaft entstanden schon in den zwanziger Jahren oppositionelle Parteien (Sozialistische Partei, *Alianza Popular Revolucionaria Americana*). Ihre gesellschaftliche Verwurzelung ging jedoch nicht über die fortschrittlichen urbanen Mittelschichten und die zahlenmäßig geringe Industriearbeiterschaft hinaus. Größere Teile der ländlichen Indiobevölkerung konnten nicht mobilisiert werden.

Letztlich führte der geringe parteipolitische Organisierungsgrad nie zu einem tragfähigen parlamentarischen System. In den kurzen parlamentarischen Phasen sorgte ein beschränktes Wahlrecht für den Machterhalt der Oligarchie. Oppositionelle Parteien waren lange Zeit verboten und in den Untergrund gedrängt.[33] Daß der alte Machtblock sich so lange halten konnte, lag auch am Militär. Zwar überschritten die Beziehungen zwischen beiden Gruppierungen nie den informellen Charakter, doch in kritischen Situationen intervenierte das Militär verläßlich zugunsten des oligarchischen Blocks.

Im Verlauf der fünfziger Jahre änderte sich die Einstellung der Armee zu gesellschaftlichen Fragen jedoch grundlegend. Eine verstärkte Professionalisierung und Spezialisierung sowie die steigende Repräsentanz der urbanen Mittelschichten in den militärischen Führungsstäben waren Ursachen für eine zunehmend kritische Haltung gegenüber der oligarchischen Herrschaft. Außerdem stärkte die dem Militär übertragene Unterdrückung von Guerrilla-Aktivitäten in ländlichen Regionen die Überzeugung der Streitkräfte, vor allem die ungebrochene Macht der Oligarchie stehe einer nationalen Integration im Wege. Das Problem der nationalen Sicherheit, das den Ausgangspunkt für die reformistischen Überlegungen in Armeekreisen bildete, wurde in erster Linie als gesellschaftspolitisches Problem begriffen, zu dessen Lösung die Einbeziehung aller sozialen Gruppen in den politischen Entscheidungsprozeß und eine Anhebung des allgemeinen Wohlstandsniveaus erforderlich seien. Der Armee falle in diesem Zusammenhang eine den Staat beratende, je nach Situation sogar führende Rolle zu. Die vordringlichsten Aufgaben bestünden in der Zerschlagung der anachronistischen sozioökonomischen Strukturen: Angestrebt wurden eine größere Effizienz staatlicher Verwaltung; Nationalisierungen in den Bereichen, in denen Monopolbildungen oder ausländisches Kapital die Hoheitsrechte der Nation zu verletzen schienen; die Schlichtung von Klassenkonflikten durch dirigistische Eingriffe in den Wirtschaftsablauf. Ideologisch wurde dieses gesellschaftspolitische Projekt als »Dritter Weg« zwischen Staatssozialismus und westlichem Kapitalismus definiert.[34]

Mit dieser geradezu revolutionären Programmatik trat das peruanische Militär erstmals 1962 in Aktion, nachdem zuvor der Wahlsieg eines Parteienbündnisses der Oligarchie die Geduld der Generäle erschöpft hatte. Die Generäle lösten einige brennende Probleme wie die Bodenverteilung in Südperu, schrieben Neuwahlen aus, die ein Reformbündnis aus Christdemokraten und der *Acción Popular* an die Macht brachten, und zogen sich nach knapp einem Jahr 1963 wieder in die Kasernen zurück. Präsident Fernando Belaúnde Terry (*Acción Popular*) kündigte bei Amtsantritt die Weiterführung aller von den Generälen in die Wege geleiteten Reformvorhaben an. Der Kongreß brachte jedoch sämtliche Projekte der Regierung zu Fall. Je stärker die Regierungspolitik durch Obstruktion und Wirtschaftskrise unter Druck geriet, desto größer wurde die Unzufriedenheit der Bauern und Arbeiter. Die linken Flügel der Reformparteien scherten aus der Regierung aus und solidarisierten sich mit der übrigen außerparlamentarischen Linken, während die Regierung ein einschneidendes Sparprogramm startete, aber der US-Erdölfirma *International Petroleum Company* (IPC) sämtliche Steuerschulden erließ und ihr überdies Monopolrechte für den Vertrieb von Benzin sicherte. In dieser für eine wirksame Reformpolitik aussichtslosen Situation fühlten sich die Streitkräfte erneut auf den Plan gerufen.[35]

Am 3. Oktober 1968 putschte das Militär gegen die Regierung Belaúnde und übernahm die Regierungsgeschäfte. Anstelle eines Parteien- und Organisationsverbots lösten die Militärs lediglich den Kongreß auf. Ihre erste Maßnahme im Bereich der Wirtschaft bestand in der entschädigungslosen Verstaatlichung des Erdölkonzerns IPC; der Tag der Übernahme wurde zum »Tag der Nationalen Würde« erklärt. Die aus der Sicht der Militärs dringendste Aufgabe bestand in einer tiefgreifenden Agrarreform. Der erste »Enteignungsschlag« galt dem archaischen Sektor der Agraroligarchie in den Hochlandregionen, die damit ihre wirtschaftliche Basis weitgehend verlor. Doch auch die agrarindustriellen Unternehmen der Küstengebiete blieben nicht verschont. Für die bäuerliche Bevölkerung zeitigten die Reformen weniger eindeutige Ergebnisse: Ein wesentliches Ziel der Bodenreform bestand in der Steigerung der Produktivität. Um die großen Güter in ihrer bestehenden Form zu erhalten, wurden Genossenschaften eingerichtet. Durch eigens gegründete Interessenvertretungen ließ man die indianische Bevölkerung an dem Transformationsprozeß teilhaben.[36]

Auch im Finanz- und Industriesektor intervenierte die Militärregierung mit einschneidenden Maßnahmen. Einige mit ausländischem Kapital finanzierte Bergbaubetriebe, baustoffproduzierende Unternehmen (Zement, Stahl und Petrochemie) sowie die wichtigsten Kreditinstitute gingen in die Hände des Staates über. Ähnliches geschah im Dienstleistungsbereich, wo der Staat das Eisenbahnwesen, die Telekommunikation und die Energieversorger unter seine Obhut stellte. Allerdings strebten die Generäle keineswegs eine vollständig verstaatlichte Wirtschaft an; ganz im Gegenteil hofften sie, mit gezielten Maßnahmen den Aufbau einer heimischen Privatindustrie zu erreichen. Ein umfangreiches System steuerlicher Anreize und Subventionen sollte das Engagement peruanischer Geldgeber fördern. Die Industriepolitik der Militärs erwies sich aber eindeutig als Mißerfolg, da die heimischen Unternehmer auf die Angebote der Regierung Velasco Alvarado nicht eingingen. Stein des Anstoßes waren die Bestimmungen der Militärs, Gewinnbeteiligung und Mitbestimmungsrechte in den Betrieben zugunsten der Arbeiterschaft einzuführen. Ein Gesetz zum Kündigungsschutz sorgte für unverhohlene Empörung. Außerdem waren die Unternehmer nicht gewillt, die Wirtschaft nach den Spielregeln der Militärregierung zu betreiben. Die Militärs glaubten, einen so fortschrittlichen wirtschaftspolitischen Rahmen geschaffen zu haben, daß die Vertretung von Arbeitnehmer- und Arbeitgeberinteressen in autonomen Organisationen künftig überflüssig sei. Den Unternehmerverbänden, Gewerkschaften und Bauernverbänden setzte die Militärregierung eine Reihe kurzfristig geschaffener Massenorganisationen entgegen, die die soziale Basis des Regimes bilden und die bestehenden Organisationen ausbluten lassen sollten. Tatsächlich war jedoch kaum jemand bereit, dem »korporativistischen« Modell gesellschaftlicher Organisation zu folgen. Schwerer noch wog die Finanzkrise, die 1974 bereits erste Symptome zeitigte. Die Boykotthaltung der Unternehmerschaft verursachte nämlich erhebliche Steuerausfälle und damit ein Finanzierungsloch, das die Regierung nur mit äußerst ungünstigen Auslandskrediten – durch die Enteignung von Investoren aus den USA hatte sie sich bei der nordamerikanischen Bankenwelt sehr in Mißkredit gebracht – stopfen konnte. Hinzu kam eine steigende Inflationsrate, die besonders den unteren Einkommensschichten zu schaffen machte.[37]

1975 wurde Präsident Velasco Alvarado durch seinen ehemaligen Finanzminister General Francisco Morales Bermúdez gestürzt. Mit Bermúdez an der Spitze rückte nun eine Reihe monetaristischer Technokraten in die Schlüsselpositionen des Regierungsapparates. Um die politische Isolierung der Militärregierung zu überwinden, begann die neue Führungsgruppe sofort mit der Suche nach Verbündeten. Aufgrund der wirtschaftlichen Misere fiel die Wahl schnell auf die Unternehmerschaft des Landes. Das ursprüngliche Reformziel – eine Transformation der peruanischen Gesellschaft – wollten die Militärs allerdings nicht fallen lassen, sondern es lediglich mit veränderten Methoden weiter verfolgen. Daß die politische Macht schließlich doch wieder in die Hände ziviler Politiker überging, ist auf eine Welle massiver Streikaktionen der Arbeiterschaft zurückzuführen. Auslöser der mit außerordentlicher Brutalität unterdrückten Protestaktionen waren empfindliche Sparmaßnahmen der Regierung, die versuchte, um jeden Preis die Auflagen des Internationalen Währungsfonds zu erfüllen. Nach einem Wahlsieg gelangte 1980 der von den Militärs gestürzte Fernando Belaúnde Terry wieder in das Amt des Präsidenten. Während der folgenden zehn Jahre bis zum Wahlsieg des Außenseiters Alberto Fujimori 1990 litt das Land unter wachsenden Guerrilla-Aktivitäten, die ganze Landstriche der Andenregion in Kriegsgebiet verwandelten. Auch die anhaltende Wirtschaftskrise erwies sich in der Folgezeit als destabilisierendes Moment für das politische System. Obwohl das Militärregime von Velasco Alvarado wirtschaftlich ganz offensichtlich Mißerfolg hatte, leitete die Politik der Generäle andererseits strukturelle Veränderungen ein, durch die die Errichtung eines Systems parteipolitischer Interessenvertretung gefördert wurde: Die Reformpolitik der Jahre 1968 bis 1975 beschleunigte den Niedergang des oligarchischen Blocks, der über lange Zeit die politische Szene Perus beherrscht hatte, ganz erheblich.[38]

Vergeblich war indes der Versuch der Generäle, Arbeitnehmer- und Arbeitgeberschaft für sich zu gewinnen und in die neuen Institutionen zu integrieren. Das Problem der Legitimität, das nur durch Integration der Gesellschaft zu lösen ist, stellt sich in den Ländern der Dritten Welt in vielerlei Hinsicht. Die zustimmende oder ablehnende Haltung bestimmter Bevölkerungsgruppen gegenüber einer Regierung beruht schließlich keineswegs nur auf deren wirtschaftlichem Erfolg. Legitimität kann sich aus kulturellen und historischen Elementen herleiten oder von einer politischen Integrations- und Identifikationsfigur abhängen. Für Peru gilt, daß die militärischen Führer es letztlich nicht verstanden, bei den ausschlaggebenden Teilen der Gesellschaft Anklang zu finden, Identifikation zu stiften und integrierend zu wirken. Die »Revolution« scheiterte, weil die »Revolutionäre« ideologisch zu weit abseits der Bevölkerung standen.[39]

Am Beispiel *Malaysias* soll exemplarisch eine Entwicklung nachgezeichnet werden, die sich diametral von den »Modellen« Uganda und Peru unterscheidet. Das Territorium des seit 1957 unabhängigen Inselstaates erstreckt sich über zwei Inselteile, die durch das südchinesische Meer voneinander getrennt sind. Die Gesamtfläche des Staates ist etwas kleiner als die der Bundesrepublik Deutschland. Der westliche Teil des Landes – die langgezogene Halbinsel Malaya – bildet die südliche Hälfte des sich in Nord-Süd-Richtung erstreckenden Isthmus Thailands. Dort lebt die überwältigende Mehrheit der Bevölkerung Malaysias (etwa 15 der insgesamt über 18 Millionen Menschen). Die Landesteile Sabah und Sarawak im Nordteil der Insel Borneo bilden die andere Hälfte Malaysias. Die Osthälfte des Landes wird von dem kleinen unabhängigen Sultanat Brunei zerschnitten, das einen Küstenstreifen im Norden der Insel umfaßt.

Die ethnische Zusammensetzung Malaysias ist äußerst vielfältig: Im westlichen Landesteil leben etwa 50000 Ureinwohner. Die größte Bevölkerungsgruppe bilden mit fast 62 Prozent der Bevölkerung (1990) die Malaien. Obwohl sie schon vor mehreren Jahrtausenden aus dem Süden Chinas zugewandert sind, werden sie nicht zur »echten« Ureinwohnerschaft gezählt. Sie sind überwiegend muslimischen Glaubens, wogegen sich bei den »eigentlichen« Ureinwohnern, den sogenannten *Orang Asli*, animistische Religionen erhalten haben. Darüber hinaus wird Malaysia von einer beträchtlichen Zahl Chinesen – knapp 30 Prozent – bevölkert, die im 19. Jahrhundert zuwanderten, um im Zinnabbau, den die Briten betrieben, ihr Geld zu verdienen. Außerdem warben die Engländer für die expandierende Kautschukgewinnung indische Arbeitskräfte an, die heute einen Anteil von 8 Prozent der Gesamtbevölkerung ausmachen.[40]

Die politische Struktur der Inselteile wurde im 19. Jahrhundert noch vorwiegend von (teilweise islamisch geprägten) Sultanaten bestimmt. Wegen wachsender Bedrohung durch Freibeuter in den Küstenregionen gelangten die meisten Sultanate – mit Ausnahme von Brunei – unter die direkte Verwaltung der britischen Krone oder britischer Offiziersfamilien, die einige Gebiete, so die östlichen Landesteile Malaysias, Sarawak und Sabah, bis Mitte des 20. Jahrhunderts praktisch als privaten Besitz verwalteten. Nach der japanischen Besetzung während des Zweiten Weltkrieges fielen die Gebiete wieder an die britische Regierung zurück. Der Westteil des Landes, die Halbinsel Malaya, bestand aus einer Vielzahl kleiner Sultanate, die 1957 schließlich von den Briten als Föderation unter dem Namen Malaysia in die Selbständigkeit entlassen wurden. Im Verlauf der sechziger Jahre wurden dem Land die beiden nördlichen Gebiete Borneos, Sarawak und Sabah, angegliedert, während Singapur 1965 den Staatsverband verließ und seither selbständig ist.

In den malaysischen Kolonialgebieten entstand in den dreißiger und vierziger Jahren eine zum Teil militante Unabhängigkeitsbewegung, die sich in ihrer Zusammensetzung größtenteils an den ethnischen Trennungslinien in der Bevölkerung orientierte. Die gewerkschaftlich gut organisierte chinesische Arbeiterschaft bildete die *Malayan Communist Party* (MCP), deren

Guerrilla-Aktivitäten gegen die britische Dominanz erst 1960 zum Erliegen kamen. Ausdrücklich von den Engländern unterstützt, bildete sich eine weitere Gewerkschaft, die unter dem Namen *Malaysian Trade Union Congress* (MTUC) aktiv ist. Sie wird vor allem von der indischen Bevölkerungsgruppe getragen. Der große Anteil der malaiischen Bevölkerung, auch als *Bumiputra* (Söhne der Erde) bezeichnet, war allerdings in nur sehr geringem Maß in die koloniale Wirtschaft der Briten integriert. Die Mehrheit bewohnte ländliche Regionen und produzierte überwiegend auf Subsistenzniveau. Entsprechend gering waren sie politisch organisiert. Um der wachsenden Politisierung großer Teile der nicht-malaiischen Bevölkerung entgegenzutreten, drängten jedoch vor allem die aristokratischen Eliten der malaiischen Sultanats-Dynastien nach dem Zweiten Weltkrieg auf die Gründung einer Partei. Die aus dieser Initiative entstandene Gruppierung adliger Honoratioren, die *United Malayan National Organisation* (UMNO), schloß daraufhin eine Allianz mit zwei anderen politischen Gruppierungen, der von Chinesen dominierten *Malayan Chinese Association* (MCA) und dem von Indern gegründeten *Malayan Indian Congress* (MIC); letztere Parteien nehmen jedoch in dem vielrassischen Bündnis nur die Position von Juniorpartnern ein. 1957 setzte der aus einer Sultansfamilie stammende Prinz Tunku Abdul Rahman an der Spitze dieser Kräftekonstellation – nach gewonnener Wahl – die Unabhängigkeit von der Kolonialmacht Großbritannien durch.[41]

Als Grundlage der Verfassung für das unabhängige Malaysia diente, wie im Falle einiger schwarzafrikanischer Kolonien, das britische Modell. Malaysia wurde als Bundesstaat konstituiert, der über ein Zweikammernparlament verfügt. Auf Länderebene hat jeder der dreizehn Teilstaaten ein Parlament, eine Landesregierung und ein eigenes Landesoberhaupt. Die Ämter der Landesherren werden entweder von Mitgliedern der Erbdynastien der ehemaligen Sultanate übernommen oder durch die Ernennung eines Gouverneurs besetzt. Das Staatsoberhaupt des Bundes ist ein auf fünf Jahre »gewählter« König, der aus der Versammlung der Länderoberhäupter bestimmt wird. Neben der legislativen und exekutiven Gewalt besteht eine unabhängige

Judikative, der Oberste Gerichtshof. Das malaysische Recht ist britischen Ursprungs, es wird allerdings auch religiöses Recht sowie ethnisches Gewohnheitsrecht berücksichtigt. Beim religiösen Recht handelt es sich vorwiegend um muslimische Rechtsprechung; das trägt dem Umstand Rechnung, daß in Malaysia der Islam Staatsreligion ist. Dennoch blieben sowohl die freie Religionsausübung anderer Konfessionen als auch die Grundlagen der Gewaltenteilung weitgehend unberührt.[42]

Als Premierminister Tunku Abdul Rahman Malaysia 1957 in die Unabhängigkeit führte, war die wirtschaftliche Struktur des Landes noch durch archaische Unterentwicklung gekennzeichnet. Trotz des Reichtums an natürlichen Schätzen beschränkte sich die Rohstoffausbeute auf Kautschuk und Zinn. In diesen Bereichen dominierten ausländische Kapitalgeber, die freilich zunehmend stärker in Konkurrenz zu der dynamischen chinesischen Bevölkerungsgruppe gerieten. Die Chinesen kontrollierten das geringe einheimische Kapital im Zinnbergbau und setzten sich zusehends in den Bereichen Handel, Handwerk und später auch der Industrie durch. Die vorwiegend bäuerliche Malaienbevölkerung arbeitete indes hauptsächlich für den eigenen Unterhalt und begann nur schleppend mit der Intensivierung ihrer landwirtschaftlichen Produktion und der Erzeugung von Exportgütern wie Palmöl, Kakao und Kautschuk. Die Wirtschaftspolitik der Regierung zielte in dieser Zeit vor allem auf den Aufbau einer importsubstituierenden Industrie. Darüber hinaus sollten ausländische Kapitalgeber für das Land interessiert werden. Die ersten drei Fünfjahrespläne (1956–1970) waren erfolgreich, denn die industrielle Produktion konnte tatsächlich gesteigert werden. Es vertieften sich jedoch auch die strukturellen Unterschiede zwischen Stadt und Land sowie die Divergenzen zwischen Chinesen und Malaien. So waren 1970 66,2 Prozent der Bumiputra-Bevölkerung in der Landwirtschaft beschäftigt, nur 12,1 Prozent arbeiteten im Industriebereich. Die nichtmalaiische Bevölkerung dominierte dagegen im Industrie- und Dienstleistungssektor mit einem ähnlichen Anteil von 66,5 Prozent. Noch deutlicher sind die Zahlen zur Verteilung des malaysischen Kapitalvermögens. 1970 verfügten (nur auf der Halbinsel Malaya) die Bumiputras über einen Anteil von 2,4 Prozent, die übrige Bevölkerung besaß 32,3 Prozent des volkswirtschaftlichen Kapitals, die restlichen 63,3 Prozent wurden von ausländischen Investoren kontrolliert.[43] Durch die Ungleichgewichte in der Kapital-, Lohn- und Beschäftigungsstruktur war es schon im Mai 1969 zu blutigen Unruhen zwischen Chinesen und Bumiputras gekommen, die in einer zweijährigen Notstandsherrschaft endeten.[44]

Die Regierung reagierte auf die Strukturkrise mit einer grundlegenden wirtschaftspolitischen Umorientierung. Unter der Führung von Tun Abdul Razak rückte eine junge Generation moderner Technokraten in die Schlüsselpositionen von Regierung und Verwaltung auf und löste die zumeist aristokratische Herrschaftselite ab. Die neue Führungsriege vertrat die Auffassung, der Staat müsse noch stärker als zuvor regulierend in den Wirtschaftsprozeß eingreifen und vor allem einen Strukturwandel herbeiführen. Unter dem Namen *New Economic Policy* (Neue Wirtschaftspolitik) entwickelten die Wirtschaftsplaner eine auf einen Zeitraum von zwanzig Jahren ausgelegte Politik, deren Kernziele darin bestanden, landesweit die Armut zu bekämpfen und den von der Bumiputra-Bevölkerung kontrollierten Anteil an Kapitalvermögen erheblich zu steigern. Die Zielvorgaben für das Jahr 1990 lagen für die Bumiputras bei einem Anteil von 30 Prozent; das nichtmalaiische Kapital sollte im gleichen Zeitraum nur noch mäßig zunehmen (von 32,3 auf 40 Prozent), wohingegen der Anteil des Auslandskapitals auf 30 Prozent gesenkt werden sollte. Die Politik der Bevorzugung der malaiischen Bevölkerung wurde auf vielerlei Weise durchgesetzt: Bei Unternehmensgründungen wurden malaiische Unternehmer weitaus großzügiger behandelt als ihre chinesischen oder indischen Konkurrenten. Zudem schuf man in den verschiedenen Bundesstaaten Institutionen, die Industriegründungen selbst durchführen oder zumindest fördern sollten, um diese später möglichst in malaiische Hände zu überführen. In der Landwirtschaft verfolgte die Regierung eine ähnliche Politik. Dort sollte Neuland erschlossen, die Nahrungsmittelproduktion gesteigert und die überwiegend subsistenzwirtschaftlich orientierte Agrarstruktur aufgebrochen werden. Auch in anderer Hinsicht verfolgte die Regierung Abdul Razak eine Politik staatlich gelenkter Entwicklungsförderung. Mehrere Freihandelszonen, in denen Gewerkschaften nicht aktiv werden durften, sollten ausländisches Kapital anlocken. Der Aufbau einer Konsum- und Exportgüterindustrie wurde gefördert, und in der Landwirtschaft wollte man die Plantagenproduktion ausweiten und darüber hinaus den großen Anteil an ausländischem Kapital reduzieren.[45]

All diese wirtschaftspolitischen Maßnahmen wurden schon seit der Unabhängigkeit von umfangreichen Investitionen im Bildungswesen begleitet. Besonders im Bereich der höheren Ausbildung wurde bis 1990 das Angebot verdoppelt, im Bereich der Hochschulbildung sogar nahezu verdreifacht. Seit Mitte der siebziger Jahre versuchte die Regierung außerdem durch eine Reihe von Maßnahmen, Frauen in die Volkswirtschaft zu integrieren. Die enormen Entwicklungsanstrengungen der zwei Dekaden bis 1990 zeitigten große Erfolge. Das starke durchschnittliche Wachstum des Bruttoinlandprodukts sank in diesem Zeitraum lediglich Mitte der achtziger Jahre unter die Marke von 6,7 Prozent, danach stieg es sogar auf über 9 Prozent an. Mit diesen Werten lag die Wirtschaftsentwicklung deutlich über der Rate des Bevölkerungswachstums. So konnte eine Verringerung der Armut (an der Gesamtbevölkerung gemessen, von 30 auf 18 Prozent) erreicht werden; die Arbeitslosigkeit sank ebenfalls von 8 auf 5 Prozent. Der wirtschaftliche Strukturwandel spiegelte sich vor allem in dem veränderten Verhältnis der Wirtschaftssektoren Landwirtschaft, Industrie und Dienstleistungen zueinander: Von 1960 bis 1990 stieg der Anteil der verarbeitenden Industrie am Bruttoinlandprodukt von etwa 8,6 auf 27 Prozent. Der Anteil der Landwirtschaft fiel auf unter 20 Prozent. Dieses Ergebnis ging aber nicht auf eine Einschränkung der Produktion zurück; im Gegenteil, die Regierung kaufte große Teile der Plantagenwirtschaft aus ausländischer Hand und investierte zielstrebig, um die Produktivität zu steigern. Zudem wurden mehrere Forschungseinrichtungen gegründet, die sich mit spezifischen Problemen der Plantagenwirtschaft beschäftigen sollten. Die Haupterzeugnisse dieses Sektors sind seither Palmöl, Kautschuk, Kakao und Tropenholz. Angesichts der weltweiten Regenwalddiskussion beschloß die Regierung, den Holzeinschlag einzuschränken und zu kontrollieren.[46]

Ebenso wichtig wie die wirtschaftliche Entwicklung der malaysischen Wirtschaft war den Planern die Beteiligung der Bumiputras an der Volkswirtschaft. Das Planziel eines Beteiligungsanteils von 30 Prozent bis 1990 konnte allerdings nicht erreicht werden. Die Malaien mußten sich mit einem Anteil von 20,3 Prozent zufriedengeben – gleichwohl ein enormer Strukturwandel. Diese massive Förderung brachte den Wirtschaftspolitikern scharfe Kritik an ihrer übertriebenen »Großzügigkeit« gegenüber den Bumiputras ein. Protest kam vor allem von chinesischen Unternehmern, und nach den wirtschaftlichen Einbrüchen Mitte der achtziger Jahre erkannte schließlich auch die Regierung, daß ihre Förderung einseitig und nicht immer erfolgreich war. Zu oft mußte sie erleben, daß Bumiputra-Unternehmer aus Mangel an Erfahrung Schiffbruch erlitten oder subventioniertes Eigentum wieder veräußerten. Die Folgekosten hatte zumeist der Staat zu tragen. Der seit 1981 regierende Premierminister Mahathir Bin Mohamad legte deshalb Anfang der neunziger Jahre einen langfristigen Entwicklungsplan mit veränderten Schwerpunkten vor. Nach seiner »Vision für 2020« soll Malaysia zu einem »voll entwickelten Industrieland« werden. Was die Bumiputras betrifft, so leistet die Regierung nach wie vor Unterstützung, macht sie aber von strengeren Auflagen abhängig. Die staatliche Investmentgesellschaft *Permodalan Nasional Berhad* etwa, die 1978 zur Förderung der Malaienbevölkerung gegründet wurde, will ein Ausbildungsprogramm für Bumiputras durchführen und dabei 300000 Unternehmer qualifizieren. Diese neue Wirtschaftspolitik unter dem Namen *New Development Policy* ist eine den veränderten Gegebenheiten angepaßte Neuauflage der *New Economic Policy*. Darauf deutet auch die Bekämpfung der Armut als ein weiterer Schwerpunkt der neuen Politik hin. Der Premierminister beabsichtigt, die Unterschiede in Einkommensniveau und Dienstleistungsangebot zwischen Stadt und Land durch gezielte Investitionen einzuebnen sowie einen allmählichen Rückzug des Staates aus der Wirtschaft vorzunehmen. Am besten wird diese Politik durch ihre beiden grundlegenden Ziele *growth* und *equity* charakterisiert: wirtschaftliches Wachstum und gerechte Verteilung.[47]

Angesichts dieser erstaunlichen Ergebnisse stellt sich die

Frage, welchen Anteil das politische System daran hatte. Das politische Leben Malaysias wurde seit der Unabhängigkeit von der zunächst aristokratisch geprägten Malaien-Partei UMNO (*United Malayan National Organisation*) bestimmt, die unter dem ersten Premierminister Tunku Abdul Rahman die sogenannte *Alliance*-Koalition mit zwei weiteren politischen Kräften einging, die vor allem die Chinesen und Inder vertraten. Dieser Dreierbund entsprach in seiner Zusammensetzung ungefähr der ethnischen Bevölkerungsstruktur Malaysias und bildet seither den Kern einer stabilen Regierung. Die rassisch motivierten Unruhen 1969 brachten die wirtschaftspolitische Wende, der allerdings ein Führungswechsel innerhalb der Regierung vorausging. Nach den Wahlen von 1974 unternahm der zweite Premier Malaysias, Tun Abdul Razak, einen weiteren politischen Integrationsversuch, indem er die *Alliance*-Koalition um einige kleine Parteien, die vor allem auf Länderebene bedeutend waren, erweiterte. Die so entstandene *National Front* sah sich anfangs einer zahlenmäßig schwachen parlamentarischen Opposition gegenüber, die zwischenzeitlich allerdings an Stärke hinzugewonnen hat. Die regierende Koalition wurde jedoch in ihrer Handlungsfähigkeit nicht beeinträchtigt; sie verfügt über eine Zweidrittel-Mehrheit im Parlament – die auch Verfassungsänderungen erlaubt –, besitzt das Vertrauen der meisten Landesregierungen und wird darüber hinaus von den Erbherrschern der ehemaligen Sultanate anerkannt.

In der Koalition ist die Entscheidungsfindung nicht unbedingt demokratisch. Die unumstrittene Führerschaft liegt bei der malaiischen UMNO, deren Parteivorsitzender immer auch Premierminister ist. Innerparteiliche Machtkämpfe sind in der Vergangenheit oft durch Bestechung gelöst worden. Zudem kamen schon oft Fälle persönlicher Bereicherung von UMNO-Mitgliedern ans Licht. Daß solche Machenschaften nicht zu heftigeren Gegenreaktionen und letztlich zu einer Gefährdung des Systems führten, ist sicherlich nur darauf zurückzuführen, daß die Entwicklungsbedingungen für nichtmalaiische Unternehmer – vornehmlich Chinesen – trotz aller Benachteiligungen günstig blieben. Die Anteile dieser Gruppe an der Volkswirtschaft waren zwischen 1970 und 1990 von 32,3 auf 46,2 Prozent gestiegen.[48]

Heftiger Kritik ist vor allem der sogenannte *Internal Security Act* (ISA) ausgesetzt, ein Gesetz aus der Zeit des Kampfes gegen die kommunistische Guerrilla, das die unbefristete Inhaftierung von Personen gestattet, die als »Gefahr für die nationale Sicherheit« gelten. Die Arbeit des sogenannten Berufungsausschusses, der einzigen Instanz, die Widersprüche gegen Inhaftierungen aufgrund des ISA überprüft, vollzieht sich in sehr fragwürdigen Bahnen. Kritiker verweisen immer wieder auf die bald versteckte, bald offene Übereinstimmung zwischen Exekutive und Justiz. Premierminister Mahathirs Innenpolitik trägt stark repressive Züge. Im November 1987 wurden in Malaysia beispielsweise etwa hundert Personen ohne Rechtsgrundlage inhaftiert, drei wichtigen Zeitungen wurde die Druckgenehmigung entzogen sowie ein allgemeines Versammlungsverbot ausgesprochen. Die nicht immer stichhaltige Rechtfertigung der Regierungsmaßnahmen mit der Furcht vor neuerlichen Rassenunruhen zeigt gleichwohl, daß das Ethnienproblem noch immer einen zentralen Platz in der malaysischen Innenpolitik einnimmt. Nicht alle Spannungen zwischen den Bevölkerungsgruppen sind endgültig ausgeräumt, längst nicht alle Teile der Bevölkerung zählen zu den Gewinnern der »Verteilungspolitik«.

Anders als in Uganda und Peru ist in Malaysia das Militär ohne Einfluß auf Gesellschaft und Politik. Tatsächlich trat in der Geschichte des Landes seit der Unabhängigkeit nie eine Krisensituation auf, die nicht innerhalb des gegebenen politischen Rahmens gelöst werden konnte. Der dominierende Parteienblock unter der Führung der UMNO verstand es letztlich immer, die ethnischen Disparitäten sowohl auf politischer als auch auf wirtschaftlicher Ebene durch umfangreiche *integrative* Anstrengungen entscheidend abzuschwächen. Das bedeutende wirtschaftliche Wachstum ermöglichte eine kluge Verteilungspolitik und damit auch den Ausgleich zwischen den Ethnien und den »Klassen«. Politische Integrationsfähigkeit einerseits und wirtschaftlicher Erfolg andererseits haben dem regierenden Parteienbündnis breite Legitimität gesichert und der Kritik an dem autoritären Regierungsstil den Wind weitgehend aus den Segeln genommen.

Die Beispiele Uganda, Peru und Malaysia sollten auch den Zusammenhang zwischen Autoritarismus beziehungsweise Demokratie und sozioökonomischer Entwicklung beleuchten. Denn eine häufig propagierte, aber schon in den siebziger Jahren grundlegend kritisierte These besagt, daß zwischen Entwicklung und Demokratisierung ein kausaler Zusammenhang bestehe. Entwicklung wurde hier immer als wirtschaftlicher Fortschritt verstanden, der den Aufbau eines Wohlfahrtsstaates nach westlichem Vorbild zum Ziel hatte. Angesichts der großen Rückstände und Defizite in Dritte-Welt-Ländern sei für den Nachvollzug eine erhöhte »Geschwindigkeit« erforderlich. Die autoritären Regime, die in vielen Ländern nach der Unabhängigkeit entstanden, interpretierte man dabei als Lokomotiven dieser »Eilzüge«, die sich bei Erreichen eines bestimmten Entwicklungsstandes allerdings selbst überflüssig machen würden. Ein Klassiker der Modernisierungstheorie sagte über die Beziehung zwischen Demokratie und Entwicklung: »Jeder Grad an Freiheit wird mit etwas Verlangsamung der Entwicklung, jeder Grad an Beschleunigung mit etwas Verlust an Freiheit bezahlt.«[49] Sei die gesellschaftliche Struktur in diesen Ländern erst einmal so ausdifferenziert wie in einer modernen Industriegesellschaft, dann ergebe sich eine geradezu zwangsläufige Entwicklung in Richtung auf eine Demokratisierung.[50]

Die politische und wirtschaftliche Entwicklung in der Dritten Welt hat diese Annahme nicht bestätigt. Schon früh ließ sich feststellen, wie »Entwicklungsdiktaturen« zu »Diktaturen ohne Entwicklung« verkamen.[51] Um dieses Phänomen zu erklären, begann die Forschung in den siebziger Jahren eine Reihe nationaler und internationaler Faktoren in ihre Betrachtung mit einzubeziehen. Als sehr fruchtbar erwies sich dabei die Annahme, die Errichtung autoritärer Systeme sei geradezu eine Konsequenz überstürzter Modernisierung. Jetzt lautete die These, die Ungleichzeitigkeit der Entwicklung in verschiedenen sozioökonomischen Bereichen führe zu krisenhaften gesellschaftlichen Verwerfungen, in deren Folge die jeweils »Mächtigsten« eine Herrschaftskoalition schlössen. Die »Dependenztheorie« schließlich steuerte wichtige Erkenntnisse über die exogenen Ursachen wirtschaftlicher Unterentwicklung bei, als sie die ökonomische Abhängigkeit der Entwicklungsländer von den kapitalistischen Zentren im Weltmarktsystem herausarbeitete.[52]

Ist die Auffassung, autoritäre Systeme böten größere Chancen für wirtschaftliches Wachstum, empirisch nicht bestätigt worden, so erscheint hingegen der Befund unabweisbar, daß in zahlreichen Entwicklungsländern die Verwirklichung von Bürgerrechten und politischer Freiheit mit Fortschritten im Gesundheits- und Erziehungswesen einhergeht.[53] Die alte Vorstellung, Demokratisierung sei der wirtschaftlichen Modernisierung zeitlich nachgeordnet, folge dieser aber zwangsläufig, ist nicht länger aufrechtzuerhalten. Die Frage nach dem Verhältnis zwischen Demokratie und Entwicklung bleibt trotzdem unverändert aktuell. Neuerdings wird sogar behauptet, Demokratisierung und wirtschaftliche Entwicklung bedingten einander. Manche sehen demokratische Strukturen inzwischen sogar als notwendige Grundlage für Entwicklung an.[54]

So erstrebenswert Demokratisierungsanstrengungen in den Ländern der Dritten Welt auch sein mögen, sie bergen doch die Gefahr, das westliche Regierungssystem zum Maß aller Dinge zu erheben. Die Grenzen der Übertragbarkeit politischer Modelle sind sichtbar geworden, seit sich die Forschung um größere Sensibilität im Umgang mit kulturellen Eigenheiten der Länder der Dritten Welt bemüht. Für einige Länder Schwarzafrikas ist beispielsweise nachgewiesen worden, daß dort zwei Wertesysteme nebeneinander existieren: traditionelle Organisations- und Besitzformen etwa, die von westeuropäischen Rechtsauffassungen überlagert werden und oft miteinander in Konflikt geraten. Diese höchst komplizierten Gemengelagen machen es nicht leichter, einem Staat »Unterstützungswürdigkeit« zu bescheinigen.[55] In asiatischen Ländern, die zum Teil in der Tradition der konfuzianischen Staats- und Gesellschaftslehre stehen und große wirtschaftliche Entwicklungserfolge verzeichnen, stehen tradierte Auffassungen über das Verhältnis von Staat, Gesellschaft und Individuum noch immer hoch im Kurs. Möglicherweise fiel ihnen gar eine Schlüsselrolle zu. Den europäischen Mustern von Demokratie und Entwicklung entsprechen diese Länder allerdings nicht.[56] Es ist notwendig, den Universalanspruch des westlichen Gesellschafts- und Staatsmodells zu relativieren und auf einige grundlegende Werte wie Menschenrechte und Rechtssicherheit zu reduzieren. Sie können unter den schwierigen sozialen und ökonomischen Bedingungen mancher Entwicklungsländer größere Wirkung entfalten und bessere Überlebenschancen haben als allzu apodiktische Forderungen nach freien Wahlen und der Etablierung eines parlamentarischen Systems.

Politische Partizipation bleibt gleichwohl Mittel und Ziel von Entwicklung; sie ist einer der Bausteine des von Dieter Senghaas entwickelten »zivilisatorischen Hexagons« zur Zivilisierung des Zusammenlebens der Menschen.[57] Dabei darf der Begriff Partizipation nicht auf die »Demokratisierung« und »Dezentralisierung der Entscheidungsstrukturen« reduziert werden. Er umfaßt auch die soziale Teilhabe an den materiellen und kulturellen Gütern einer Gesellschaft sowie den Abbau von sozialer Ungleichheit. Partizipation bedeutet in der Dritten Welt Mobilisierung der Armen als Subjekte einer »Entwicklung von unten«. Eine Antwort auf die Frage nach einer stabilen und langfristigen Demokratisierung in der Dritten Welt gibt die »Stockholmer Initiative zu globaler Sicherheit und Weltordnung«. Dort heißt es: »Demokratie entwickelt sich nicht auf Befehl von außen, sondern muß sich infolge einer internen ›Nachfrage‹ herausbilden. Demokratie wird nicht von oben nach unten verordnet, sondern muß sich von der Basis aus entwickeln.«[58]

Sozialismus als Mittel gesellschaftlicher Emanzipation?

In der Politik der Dritten Welt nahmen sozialistische Experimente breiten Raum ein. Obgleich nach klassisch-marxistischem Verständnis gerade die wirtschaftlich unterentwickelten Regionen der Welt keine Hoffnung auf eine nahende sozialistische Revolution haben durften, nährte revolutionäres Gedankengut die Sehnsucht nach Befreiung von kolonialen, wirtschaftlichen und politischen Zwängen. Aus dem Steinbruch sozialistischer Ideen wurde mancher Baustein für neue Zukunftsentwürfe entnommen. Teils wurden sie realisiert, teils scheiterten sie bereits in den Anfängen. Besonders während der sechziger und siebziger Jahre gerieten diese Experimente in das Spannungsfeld der globalen Auseinandersetzung zwischen Ost und West. Dabei reicht die

Bandbreite von einem Sozialismus *sui generis*, wie er sich in Tansania etablierte, über die schlichte Imitation des Ostblock-Sozialismus in Äthiopien bis hin zu einem emanzipatorischen Sozialismus, wie er von der in Nicaragua gegen die Somoza-Diktatur kämpfenden Guerrilla entwickelt wurde.

Die These, daß die politische Unabhängigkeit der aus kolonialer Herrschaft befreiten Länder nicht automatisch mit ihrer wirtschaftlichen Unabhängigkeit einhergehe, kam bereits in den fünfziger Jahren auf. Nach Auffassung sozialistischer Autoren hat die Integration der neuen Staaten in den kapitalistischen Weltmarkt eine erdrückende Abhängigkeit von der westlichen Welt zur Folge, die kaum Entwicklungsspielraum lasse. Marxistische Autoren nahmen an, daß – verkürzt gesagt – der Weltmarkt ein neokolonialistisches Instrument in den Händen des westlichen Kapitalismus sei, das vor allem der Ausbeutung von Arbeitskraft und natürlichen Ressourcen der unterentwickelten Länder diene. Es kann nicht überraschen, daß sich der alternative Entwurf des Sozialismus in den von kolonialer Herrschaft befreiten Ländern einiger Popularität erfreute.

Obwohl die sozialistischen Bewegungen Schwarzafrikas die grundlegende Ablehnung einer Integration in den kapitalistischen Weltmarkt teilten, bedeutet dies doch nicht, daß der sozialistische Entwicklungsweg hier einem einheitlichen Schema entsprach, im Gegenteil. Die Vielfältigkeit sozialistischer Experimente in Afrika ist zum einen auf den steten Wandel in der Dritte-Welt-Politik des sozialistischen Lagers zurückzuführen, wie die Haltung Moskaus und Pekings zeigt, die sich im Laufe der Zeit für ganz unterschiedliche politische Systeme engagierten.[59] Zum anderen hing diese Vielfalt von den jeweiligen Konzepten und Strategien der afrikanischen »Sozialisten« ab. Aus afrikanischer Sicht stellte sich vieles anders dar, als man in Moskau oder Ost-Berlin glaubte. Die Probleme der Staats- und Nationwerdung sowie ethnische Rivalitäten waren und sind spezifische Probleme Schwarzafrikas. Die Unabhängigkeitsbewegungen – ob sozialistisch oder kapitalistisch orientiert – kamen nicht darum herum, stabile politische Verhältnisse innerhalb bestimmter Staatsgrenzen zu schaffen. Überragendes Ziel war außerdem die schwarze Emanzipation. Dafür bot der Sozialismus mit seinem egalitären Grundansatz zwar einen passenden ideologischen Rahmen; doch waren gerade die sozialistischen Ideen europäischer, also weißer Herkunft. Bald erhob sich die Forderung nach einer »Besinnung auf sich selbst«, und es begann die Suche nach den Wurzeln afrikanischer Kultur. Obgleich europäische Sozialismusmodelle mit einigem Argwohn betrachtet wurden, erwies sich die Idee des Sozialismus letztlich doch als Grundlage neuer politischer Entwürfe für eine »bessere Gesellschaft der Zukunft«, wie sie von Männern wie Julius Nyerere (Tansania), Léopold Senghor (Senegal) oder Kwame Nkrumah (Ghana) ersehnt wurde.

Die Besinnung auf verschüttete schwarzafrikanische Traditionen und Werte förderte einige grundlegende Erkenntnisse über die afrikanische Gesellschaft zutage, derer man sich bei der Gestaltung der Unabhängigkeit hoffte bedienen zu können. So wurde in den traditionellen Formen politischer Entscheidungsfindung beispielsweise ein hohes Maß an Demokratie entdeckt: Stammesführer etwa seien immer um einen möglichst breiten Konsens bemüht gewesen; die Beteiligung aller Glieder der Gesellschaft sei in vorkolonialer Zeit Grundlage des politischen Lebens gewesen. Damit war eine direkte Beziehung zwischen sozialistischen Idealvorstellungen und afrikanischer Tradition hergestellt. Hinsichtlich der Wirtschaftsordnung wurde die Fremdheit des kapitalistischen Systems betont. Weder habe es in Afrika jemals privates Eigentum an Produktionsmitteln gegeben, noch habe hier eine ungerechte Verteilung der Wirtschaftsgüter je zu sozialen Gegensätzen oder gar zur Herausbildung von Klassen geführt. Die traditionale Gesellschaft sei vielmehr von einem Netz sozialer und wirtschaftlicher Verpflichtungen durchzogen gewesen, das dem einzelnen Schutz und Freiraum geboten habe. Sozialismus sei demnach eine Gesellschafts- und Wirtschaftsform, die bereits im vorkolonialen Afrika ansatzweise ihre Verwirklichung gefunden habe.[60]

Die Anknüpfung an alte afrikanische Traditionen verband sich mit der Hoffnung, die nach klassisch-marxistischem Verständnis notwendige Entwicklungsphase des Kapitalismus mit ihren Klassenkämpfen und Sozialkonflikten »überspringen« zu können. Noch hatte sich in den afrikanischen Ländern die kapitalistische Wirtschaftsordnung nicht etablieren können, noch gab es kein verarmtes Industrieproletariat und – von den Kolonialherren abgesehen – keine ausbeutende Bourgeoisie. Das bestärkte die Überzeugung noch, für die afrikanischen Länder bestehe eine Option, den Modernisierungsprozeß auf der Grundlage traditioneller, den Zeitumständen angepaßter Sozialbeziehungen durchführen zu können. Darüber hinaus setzten manche Afrikaner große Hoffnungen in vermeintlich fortschrittliche sozialistische Entwicklungsmethoden. Sozialisierung der Produktion und rationale Planungsmethoden, so der Glaube, müßten unfehlbar zu einer beschleunigten Wirtschaftsentwicklung führen. Im Kontrast zu den beschworenen Gefahren einer Weltmarktintegration verband sich mit dem Schlagwort »Sozialismus« zu Beginn der sechziger Jahre für viele eine verheißungsvolle Perspektive.[61]

Beispielhaft für den Versuch, die agrarisch geprägte Wirtschaft umzugestalten und dabei gesellschaftliche Traditionen zu nützen, ist die Geschichte des unabhängigen *Tansania*. Die »Vereinigte Republik Tansania« besteht zum einen aus dem großen Festlandteil im Südosten des afrikanischen Kontinents, der im Westen von den Gewässern des Tanganyika- und des Malawi-Sees begrenzt wird. Den anderen Teil Tansanias bilden die im Osten vorgelagerten kleinen Inseln Sansibar und Pemba, die dem Staatsverband erst nach der Unabhängigkeit beigetreten sind. Tansania hat etwa 25 Millionen Einwohner.[62] Zu ihnen gehören viele Asiaten und Europäer, die dort auch nach der Unabhängigkeit geblieben sind. Insbesondere die vor allem in den urbanen Küstenzentren Dar-es-Salam und Tanga lebenden Asiaten spielen eine dominierende Rolle im Wirtschaftsleben. Die übrige Bevölkerung besteht aus einer Vielzahl verschiedener Stämme – etwa einhundertzwanzig – in überwiegend ländlichen Regionen. Die ethnische Vielfalt Tansanias ist in politischer Hinsicht kein gravierendes Problem, da weit über 90 Prozent der Völker dem Bantu-Sprachkreis zuzurechnen sind. Einigendes Band ist die gemeinsame Sprache – das Kiswahili –, die nach der Unabhängigkeit gezielt verbreitet wurde und sich als National- und Verwaltungssprache etablieren konnte.[63]

Nach dem Ersten Weltkrieg verwaltete Großbritannien im

Auftrag des Völkerbundes den größten Teil der ehemals deutschen Kolonie unter dem Namen Tanganyika – die Landesteile Ruanda und Burundi fielen unter belgische Verwaltung und bildeten später selbständige Staaten. Hatte Deutschland noch für eine intensive wirtschaftliche Erschließung der Kolonie Deutsch-Ostafrika gesorgt (Eisenbahn- und Straßenbau, Plantagenwirtschaft), um deren Produktion den eigenen Bedürfnissen anzupassen, so beschränkte Großbritannien sich im wesentlichen auf die Verwaltung. Den nach dem Zweiten Weltkrieg einsetzenden Unabhängigkeitsbestrebungen stand die britische Krone relativ gelassen gegenüber.[64]

Wie die gemeinsame Erfahrung im Kampf gegen die Kolonialherren, so wirkte sich auch die wirtschaftliche Umgestaltung auf die Gesellschaftsstruktur Tansanias aus. Die traditionellen afrikanischen Strukturen wurden sowohl durch die rigorosen Methoden der Arbeitskräfterekrutierung wie durch religiöse Missionierung und die Einführung elementarer »westlicher« Bildung zerstört. Unter britischer Herrschaft entstand eine afrikanische Elite-Schicht aus Lehrern, Geistlichen und Verwaltungsbeamten, die zum Kern der Unabhängigkeitsbewegung wurde. Auch Julius Kambarage Nyerere, der spätere Präsident des unabhängigen Tansania, gehörte dazu. Er arbeitete zunächst als Lehrer an einer katholischen Missionsschule in Tabora. Ende der vierziger Jahre ging er zu einem Auslandsstudium nach Edinburgh. Nach seiner Rückkehr 1952 engagierte er sich gemeinsam mit anderen afrikanischen Nationalisten leidenschaftlich für die Unabhängigkeit und trat bald an die Spitze der Unabhängigkeitsbewegung. 1953 wurde er Präsident der *Tanganyika African Association*, die ein Jahr später in der *Tanganyika African National Union* (TANU) aufging. Bis Anfang der sechziger Jahre gelang es Nyerere, seiner Partei die unumstrittene Führerschaft im Land zu sichern. Bei den ersten Wahlen vor der Unabhängigkeit errang die TANU einen glänzenden Sieg. Die ersten Präsidentschaftswahlen bescherten Nyereres Partei 1962, ein Jahr nach der Unabhängigkeit, das erstaunliche Ergebnis von 98 Prozent der Stimmen; Tansania wurde zu einem Einpartei-Staat erklärt.

Als Tanganyika am 9. Dezember 1961 seine völkerrechtliche Unabhängigkeit erhielt, war die wirtschaftliche Struktur des

Landes ganz auf die Produktion für den Weltmarkt ausgerichtet. Hauptexportgüter waren Sisal, Kaffee und Baumwolle, der industrielle Anteil am Bruttoinlandprodukt lag bei lediglich 3,5 Prozent. Die Regierung befolgte die wirtschaftspolitischen Empfehlungen der Weltbank, die im wesentlichen zu einer Modernisierung des Agrarsektors und zur Förderung privater Initiative riet. Zur Verbesserung der Produktivität der Landwirtschaft sei es zunächst erforderlich, die Anbaumethoden und das landwirtschaftliche Gerät zu modernisieren, hieß es. Außerdem sei die breite Siedlungsstreuung der bäuerlichen Bevölkerung ein Problem des Agrarsektors. Eine Effizienzsteigerung setze die Zusammenfassung der Bauern in größeren Siedlungseinheiten voraus. Besonders letzterem Punkt trug die Regierung Rechnung, als sie einen Großteil der im ersten Fünfjahresplan (1964–1969) bereitgestellten Mittel in die Finanzierung von Siedlungsprojekten steckte. Davon erhoffte sich die Regierung Nyerere nicht nur eine Steigerung der Produktion, sondern auch eine Verbesserung der sozialen Dienstleistungen (Erziehung, Gesundheit).[65]

Diese Maßnahmen führten bis 1967 tatsächlich zu einem Anstieg der landwirtschaftlichen Produktion und zur Erhöhung des Exports, die Zahl kleinkapitalistischer Landwirte wuchs. Einzelne Betriebe expandierten, aber viele Bauern mußten ihre Wirtschaften aufgeben, um sich als Lohnarbeiter zu verdingen. Das entstehende Ungleichgewicht kommentierte Präsident Nyerere 1967 skeptisch: »Die kleinkapitalistische Landwirtschaft, die wir jetzt haben, ist nicht wirklich eine Gefahr; aber wir sind auf dem falschen Weg, und wenn wir weiterhin die Entwicklung eines agrarischen Kapitalismus zulassen, ja diese sogar selbst vorantreiben, dann werden wir niemals einen sozialistischen Staat haben.«[66]

Nyerere beschränkte sich nicht auf derartige Feststellungen zum Agrarsektor. Seine Kritik richtete sich vielmehr gegen das kapitalistische Weltmarktsystem an sich. In der berühmten *Arusha Declaration* vom 29. Januar 1967 beschrieb er recht trokken den Kapitalmangel der tansanischen Wirtschaft, der eine Industrialisierung praktisch unmöglich mache. Zugleich gab er eine realistische Einschätzung der Risiken, die eine Abhängigkeit von ausländischem Kapital mit sich bringen würde. Das entwicklungspolitische Ziel seines neuen Kurses bestand im Aufbau eines »sozialistischen« Staates. Dem sowjetischen Entwicklungsmodell mit dem »Primat der Schwerindustrie« erteilte er wegen des heimischen Kapitalmangels und hohen sozialen Kosten eine eindeutige Absage. Die Zukunft des Landes, das seit der Vereinigung mit der Insel Sansibar 1964 den Namen Republik Tansania trug, sah Nyerere in einer effizienten Umgestaltung der Landwirtschaft. Eine Synthese aus traditionellen und modernen Methoden des Wirtschaftens und Zusammenlebens sollte diesen Sektor dynamisieren und zur Quelle heimischer Kapitalakkumulation werden lassen. Als Schlagwort diente ihm der Begriff *Ujamaa*, der den Geist des kommunalistischen Prinzips beschwor. Zwar bezog sich *Ujamaa* ursprünglich auf das gemeinschaftliche Leben der afrikanischen Großfamilie, doch Nyerere erklärte dieses Prinzip zur Grundlage des kollektiven Lebens in den neuen Siedlungen. In den *Ujamaa*-Dörfern sollten die verstreut lebenden Bauernfamilien zusammengefaßt werden, um so im Laufe der Zeit sich selbst tragende, kollektive Formen der Arbeit und Verteilung zu entwickeln.[67]

Solche Ziele erforderten ein hohes Maß an Dynamik, die das 1965 legalisierte Einpartei-System in Tansania nicht zu gewährleisten schien. Das Fehlen einer klaren Trennung zwischen Partei und Staat sowie der stark auf Nyerere zugeschnittene Staatsaufbau bargen die Gefahr einer hierarchischen Erstarrung. Deswegen war die TANU stets bestrebt, keine Kaderpartei, sondern eine Massenpartei zu sein. Diesen Anspruch konnte sie bei einer Mitgliederzahl von ungefähr 2 Millionen Menschen (1977) zweifellos erheben. Darüber hinaus sollte die Art des Parteiaufbaus dem Prinzip der Eigenverantwortlichkeit Rechnung tragen.[68]

Die Bilanz der wirtschaftlichen Entwicklung Tansanias fällt indes nicht günstig aus. Seit Verkündung des *Ujamaa*-Sozialismus wurde eine schier unübersehbare Zahl von Siedlungsprojekten in Angriff genommen. Manche neuangelegten *Ujamaa*-Dörfer prosperierten dank guter natürlicher Rahmenbedingungen, andere wurden auf trockenen Böden gegründet und mußten bald aufgegeben werden. Das eine Mal begrüßten landlose Bauern die staatliche Initiative, das andere Mal wurden die Umsiedlungen gegen den Willen der Betroffenen vorgenommen. Viele der Anstrengungen ließen nur eine geringe konzeptionelle Fundierung erkennen; meist gab es nur vage Vorstellungen vom Endziel. Ihre größten Fehlschläge erlitt die *Ujamaa*-Bewegung bei nomadischen Viehzüchterstämmen; in traditionellen Ackerbauregionen verlief die Durchsetzung des »Agrarsozialismus« noch vergleichsweise erfolgreich. Als ein wirklicher Gegenentwurf zur kapitalistischen Landwirtschaft konnte sich das Konzept des *Ujamaa*-Sozialismus jedoch nicht durchsetzen. Kollektiv bewirtschaftete Betriebe waren eher die Ausnahme in der Landwirtschaft Tansanias, private Betriebe bestanden weiter und profitierten sogar von den staatlichen Förderprogrammen. Insgesamt konnten die Vorteile kollektiver Arbeit bei der Spezialisierung und arbeitsteiligen Bewirtschaftung in den *Ujamaa*-Projekten augenscheinlich nicht genutzt werden. Besonders schädlich war das häufige Eingreifen der Bürokratie, die das Konzept einer »Revolution von unten« praktisch ins Gegenteil verkehrte. Die schleppende Umsetzung des *Ujamaa*-Programms hatte die Ungeduld staatlicher Stellen so provoziert, daß schließlich Zwangsumsiedlungen zum traurigen Höhepunkt einer unsensiblen »Beamtenpolitik« wurden.[69]

Mit Einführung des *Ujamaa*-Sozialismus sank die landwirtschaftliche Produktion sowohl im Verhältnis zur Bevölkerungsentwicklung als auch in absoluten Zahlen. Mitte der siebziger Jahre verursachte eine Forcierung des Umsiedlungsprogramms sogar einen so dramatischen Produktionsrückgang, daß das Land bis in die achtziger Jahre hinein kaum den Nahrungsmittelbedarf der eigenen Bevölkerung erwirtschaften konnte. Seit dieser Zeit weist die Außenhandelsbilanz ein chronisches Defizit auf. Entsprechend schwach war auch die Entwicklung der Industrie. Aufgrund ideologischer Vorbehalte war nie ein ausgereiftes Industrialisierungskonzept erarbeitet worden. Es mangelte an den nötigen Finanzmitteln und in zunehmendem Maß auch an wichtigen Importrohstoffen. Erst während der achtziger Jahre begannen sich die Verantwortlichen von den wirtschaftspolitischen Dogmen der Vergangenheit zu verabschieden. Seither befindet sich Tansania auf einem Kurs der wirtschaftlichen und politischen Öffnung, der die Abkehr vom *Ujamaa*-Sozialismus mit einer Politik der Kapitalanwerbung verbindet. Mit der sich abzeichnenden Dynamisierung der Wirtschaft wird zweifellos von einem der grundlegenden Prinzipien des *Ujamaa*-Programms, einer egalitären tansanischen Gesellschaft, Abschied genommen werden müssen.[70]

Politische Bewegungen in der Dritten Welt, die den Anspruch reklamierten, in irgendeiner Weise sozialistisch zu sein, erweckten naturgemäß das Interesse der Ostblockländer, allen voran der Sowjetunion. Die UdSSR begnügte sich allerdings nicht damit, die Transformationsprozesse in der Dritten Welt zu beobachten, sondern sie hatte eine Entwicklungstheorie parat und war mit praktischen Handlungsanleitungen zur Stelle. In den fünfziger Jahren war man der Auffassung, das sozialistische Modell sei in den unterentwickelten Ländern zunächst nicht praktikabel. Vielmehr müßten diese Länder zuerst eine Übergangsphase durchlaufen, in der die wirtschaftliche Basis für eine sozialistische Gesellschaft erst geschaffen würde. In diesem Zusammenhang griff man auf die Leninsche Theorie des »staatsmonopolistischen Kapitalismus« zurück und verschmolz sie mit dem stalinistischen Entwicklungsmodell. Nach der Strategie des »Staatskapitalismus« war die gesamte Privatwirtschaft unter die Obhut des Staates zu stellen, um den Aufbau einer Schwerindustrie forcieren zu können. Staatliche Planung und bürokratische Lenkung des Wirtschaftsprozesses unter Beteiligung der nationalen Bourgeoisie seien die Kennzeichen dieses »letzten Stadiums« des Kapitalismus vor der proletarischen Revolution. So sei auch rückständigen Ländern ein rascher Übergang zum Sozialismus möglich.

Viele schwarzafrikanische Länder waren damals bereit, den Staatsanteil in der Wirtschaft stark auszuweiten, mancherorts gar die vollständige Kontrolle über das Wirtschaftsleben zu übernehmen. Moskau sah in dieser Entwicklung positive Signale, und die UdSSR unterstützte deshalb anfangs auch eine Reihe von Ländern, die keine Anstalten machten, sich in absehbarer Zeit zum sozialistischen Lager zu bekennen.[71] Die hochgesteckten Erwartungen des Ostblocks wurden in den sechziger Jahren enttäuscht. Die Sowjetunion ging nun dazu über, ihre »Bruderhilfe« auf einzelne, treu ergebene Bewegungen oder Regierungen zu konzentrieren. Damit gewann die sowjetische Dritte-Welt-Politik einen sehr viel entschiedeneren, aggressiveren Charakter als früher. Dieses Vorgehen war freilich, wie sich bald herausstellte, auch mit höheren Kosten verbunden. Gesellschaftliche Krisen in Dritte-Welt-Ländern waren für Moskau immer besonders günstige Momente, um Verbündete zu werben und sie materiell zu unterstützen. Hatte nach solch gezielter, meist militärischer Unterstützung ein Moskau-freundliches Regime dann die Macht erlangt, so war dessen Überleben noch längst nicht gesichert. Zahlreiche Beispiele belegen, welch intensives, die Kräfte der UdSSR oftmals übersteigendes Engagement erforderlich war, um auch nur die Anfangserfolge dieser Politik zu bewahren. Der Rückzug aus allzu gewagten Abenteuern in der Dritten Welt begann so schon vor der Zeit Gorbatschows. Die als Politik der Kosten- und Risikominimierung bei gleichzeitiger Erfolgsmaximierung angelegte Strategie verkehrte sich im Laufe der Zeit in ihr Gegenteil. Das Beispiel *Äthiopiens* zeigt das sehr eindrücklich.

Auf dem Gebiet des heutigen Äthiopien gab es schon vor der imperialistischen Expansion Europas Ende des 19. Jahrhunderts einen Staat, der sich als Monarchie etablieren und sich – abgesehen von der Zeit der italienischen Okkupation (1936–1941) – gegen alle Kolonisierungsbestrebungen europäischer Mächte behaupten konnte. Mit diplomatischem Geschick gelang es dem äthiopischen Kaiser Menelik II. sogar, sein Herrschaftsgebiet mehr als zu verdoppeln.

Die Expansion des Kaiserreiches erstreckte sich auf Gebiete mit reichen natürlichen Ressourcen, deren systematische Ausbeutung die Konsolidierung der Zentralgewalt in Addis Abeba sicherstellen konnte. Der Nachfolger Meneliks, Haile Selassie I. (1914–1974), führte den Zentralisierungsprozeß und die Unterwerfung der eroberten Gebiete weiter fort. Unter seiner Herrschaft wurden einschneidende strukturelle Reformen durchgeführt, die zunächst auf eine effizientere Herrschaftssicherung zielten. So wurden eine Staatsbürokratie und ein zentrales Steuersystem geschaffen, eine, vorwiegend über amerikanische Militärhilfe finanzierte, moderne Armee aufgebaut und ein an westlichen Vorbildern orientiertes Bildungssystem errichtet. Die wirtschaftliche und politische Struktur berührten diese Modernisierungsmaßnahmen jedoch kaum, Äthiopien blieb ein durch enorme Einkommens- und Eigentumsunterschiede gekennzeichneter Agrarstaat. Die aristokratische Grundbesitzerelite führte die kapitalistische Produktionsweise im Landwirtschaftssektor nur zögerlich ein. Der seit Jahrzehnten stagnierende industrielle Anteil am Bruttoinlandprodukt lag in den siebziger Jahren bei etwas über 15 Prozent. Die autokratische Herrschaft des Kaisers schloß praktisch die gesamte Bevölkerung vom politischen Entscheidungsprozeß aus.

Allerdings hatten die Modernisierungsbestrebungen besonders in den urbanen Zentren eine aus dem Bildungswesen, der Verwaltung und der Armee stammende, mittelständische Intelligenz entstehen lassen, die der politischen Bevormundung zunehmend überdrüssig wurde. In den sechziger Jahren radikalisierten sich die Proteste dieser Gruppen nachhaltig, Lehrerstreiks und studentische Demonstrationen heizten die Stimmung an. In Armeekreisen sorgte vor allem der sich ausweitende Konflikt mit der eritreischen Unabhängigkeitsbewegung (Eritrea wurde 1962 in Übereinstimmung mit der UNO dem Kaiserreich angegliedert) für wachsende Unruhe. Der Erdölpreisschock von 1973, eine Hungersnot im Norden des Landes, die von der Regierung totgeschwiegen wurde, sowie Versorgungsengpässe in der Armee führten schließlich 1974 zum Einsturz des geschwächten Systems.[72]

Protagonist der Transformation war die Armee, die zunächst noch versuchte, die konstitutionelle Monarchie zu retten. Doch vergeblich. Ein Militärkomitee (*Derg*), das aus hundertzwanzig Armeeangehörigen unterschiedlicher Herkunft und politischer Überzeugung bestand, übernahm provisorisch die Regierungsgewalt und verbot zugleich jegliche politische Betätigung im Lande. Die zivile und militärische Opposition gegen die autokratische Herrschaft Haile Selassies hätte heterogener nicht sein können. Studenten und Gewerkschaften forderten übereinstimmend die Einsetzung einer Zivilregierung, hatten über eine künftige Reformpolitik aber unterschiedliche Auffassungen. Innerhalb des *Derg* war man sich weder über die Regierungsform noch über den politischen Kurs einig. De facto lag die Macht jedoch in den Händen des Militärs, und innerhalb des *Derg* setzten sich bald die Befürworter einer Militärregierung durch. Unter der Führung von Brigadegeneral Teferi Bante kündigte der

Militärrat noch Ende 1974 ein als »sozialistisch« etikettiertes, jedoch wenig konkretes Reformprogramm an. Unter dem Schlagwort »Äthiopien zuerst« stellte der Rat umfangreiche Verstaatlichungen in Aussicht und betonte, mit Blick auf die sezessionistischen Bewegungen, die Einheit der Nation. Schon 1975 nahmen die sozialen und ökonomischen Reformen unerwartet konkrete Züge an. Zunächst wurden die wichtigsten Unternehmen des Finanz- und Industriesektors verstaatlicht. Bald darauf zerschlug der Militärrat durch entschädigungslose Enteignung die wirtschaftliche Basis der Feudalaristokratie. Um die Bewirtschaftung der Landgüter sicherzustellen, wurden Bauernvereinigungen gegründet, die sich um die Neuverteilung, die Bestellung und Verwaltung des Bodens kümmern sollten. Auch in den Städten wurde eine »Bodenreform« durchgeführt. Man enteignete die Immobilienbesitzer und senkte die oftmals überhöhten Mieten. Eine 1978 begonnene Alphabetisierungskampagne reduzierte die Zahl der Analphabeten innerhalb weniger Jahre von geschätzten 90 Prozent auf knapp die Hälfte. Für die bislang benachteiligte breite Masse der Bevölkerung brachten die ersten Reformjahre eine spürbare Verbesserung der wirtschaftlichen und sozialen Lage.[73]

Die politischen Fundamente der Militärdiktatur waren indessen immer äußerst prekär. Das zeigte schon die Tatsache, daß sich die zivile Reformbewegung in zwei parteipolitische Organisationen spaltete, einerseits in die »Revolutionäre Partei des Äthiopischen Volkes« (EPRP; *Ethiopian People's Revolutionary Party*), die die Maßnahmen der Militärs zwar begrüßte, jegliche Zusammenarbeit aber mit dem Hinweis auf die mangelnde Legitimation des *Derg* kategorisch ablehnte. Auf der anderen Seite stand die »Alläthiopische Sozialistische Bewegung« (MEI'SONE), die den Militärrat zunächst aus taktischen Gründen unterstützte. 1976 spitzten sich die Rivalitäten zwischen Befürwortern und Gegnern der Regierung zu. Gewaltsame Übergriffe gegen die regierungsfeindliche EPRP wurden mit Unterstützung des MEI'SONE von einer Gruppe um Leutnant Mengistu Haile Mariam, den zweiten Mann des *Derg*, lanciert. 1977 kam dann der um eine Verständigung mit der EPRP bemühte Vorsitzende des *Derg*, Teferi Bante, bei einer Schießerei ums Leben. An seine

Stelle trat Mengistu Haile Mariam, ein Berufssoldat, der eine als mittelmäßig geltende Militärakademie in der Nähe von Addis Abeba absolviert hatte. Mit ihm wurde ein Ausgleich mit den oppositionellen Kräften unmöglich. Eine als »Roter Terror« bekanntgewordene, von Haile Mariam initiierte Verhaftungs- und Hinrichtungswelle überzog beinahe zwei Jahre lang das Land und machte auch vor Mitgliedern des MEI'SONE nicht halt. Opfer waren zumeist Intellektuelle und Studenten, die sich in einer der beiden politischen Bewegungen organisiert hatten. Mit dieser Auslöschung der äthiopischen Intelligenz ging eine Zentralisierung und Bürokratisierung der Macht einher.[74]

Bemerkenswert ist in diesem Zusammenhang auch die außenpolitische Dimension der Ereignisse. Nach der Machtergreifung Haile Mariams wechselte Äthiopien seinen Bündnispartner. Bereits 1976 hatte der äthiopische Militärrat mit der UdSSR ein geheimes Abkommen über Militärhilfe unterzeichnet, und im Frühjahr 1977 mußten die Vertretungen der Vereinigten Staaten das Land verlassen. Die Festigung des Regimes, das sich zum Marxismus-Leninismus bekannte, vollzog sich danach unter massiver Hilfeleistung von außen. Das forsche Vorgehen der UdSSR führte allerdings in eine Sackgasse. Das ebenfalls von der Sowjetunion unterstützte Somalia war wegen der Grenzstreitigkeiten im Ogaden mit Äthiopien verfeindet, und eine von Somalia unterstützte Guerrilla nutzte die politische Verunsicherung in Addis Abeba, um weit auf äthiopisches Territorium im Ogaden vorzudringen. Alle sowjetischen Bemühungen um eine Verhandlungslösung scheiterten. Die UdSSR sah sich gezwungen, eine der beiden Seiten aufzugeben. Vorteilhafter erschien die Unterstützung des Regimes von Leutnant Haile Mariam, dessen Herrschaft durch die mit sowjetischer und kubanischer Hilfe erfolgte Niederringung der somalischen Eindringlinge (Ogadenkrieg) schließlich auch gesichert werden konnte.[75]

Was mit radikalen Reformschritten 1975 so schwungvoll begonnen hatte, erstarrte unter Haile Mariam in einem phantasielosen, bürokratisierten Zentralismus. Besonders schwer wogen die Mißerfolge bei der Umstrukturierung des Agrarsektors. Vereinzelt war versucht worden, Staatsfarmen nach sowjetischem Vorbild zu organisieren. Sie erwiesen sich jedoch trotz hoher Subventionszahlungen als völlig unrentabel. Daneben stand die breite kleinbäuerliche Landwirtschaft, der durch die Zentralisierung des nationalen Agrarmarktes nur Nachteile entstanden. Eine Produktivitätssteigerung der Landwirtschaft wurde nicht erreicht. Die Hungerkatastrophe der Jahre 1984/85 und die fortbestehende Abhängigkeit von Nahrungsmittelimporten machten deutlich, daß die Wirtschaftspolitik des Regimes praktisch gescheitert war. Zudem verschlangen der aufgeblähte Militäretat und die Bekämpfung verschiedener sezessionistischer Guerrilla-Bewegungen an den Peripherien des Landes Unsummen.[76]

Die Entmachtung Haile Mariams und der Zusammenbruch des äthiopischen Sozialismus 1991 waren einerseits auf das Scheitern der Wirtschaftspolitik, andererseits aber auch auf die eskalierenden Konflikte an der Peripherie des Landes zurückzuführen. Den ethnischen Minderheiten – zu den wichtigsten zählen die Eritreer, die Tigray und die Oromo –, die für sich Autonomie, mitunter sogar staatsrechtliche Unabhängigkeit reklamierten, antwortete die Regierung mit roher Gewalt, ohne dabei auf die beschränkten eigenen Ressourcen Rücksicht zu nehmen. Den Todesstoß erhielt das Regime, als der neue Generalsekretär der KPdSU, Michail Gorbatschow, Ende der achtziger Jahre einen allgemeinen Rückzug aus den militärischen und politischen Abenteuern in der Dritten Welt einzuleiten begann. Damit fiel der letzte Pfeiler des Regimes.[77]

Die meisten Staaten Lateinamerikas machten andere Erfahrungen mit sozialistischem Gedankengut. In Ländern wie Kuba, Nicaragua und El Salvador wurde Sozialismus vor allem als provokative Formel im Kampf gegen einen weit überlegenen Gegner verwendet, die Vereinigten Staaten von Amerika. Seit Ende des 19. Jahrhunderts intervenierten die USA bald verdeckt, bald offen in den zu ihrer natürlichen politischen und wirtschaftlichen Interessensphäre erklärten lateinamerikanischen Karibikanrainern. Die dort errichteten und von nordamerikanischer Schützenhilfe massiv gestützten Regime waren allzuoft reine Diktaturen – so das Regime des Somoza-Clans in Nicaragua (1937–1979) oder die Batista-Diktatur auf Kuba (1933–1959). Bei den breiten Bevölkerungsschichten konnte die US-Politik zu keinem Zeitpunkt Sympathien erringen; vielmehr wurden die

Vereinigten Staaten unmittelbar mit den repressiven Diktaturen identifiziert. Die einheimische Bevölkerung unterstützte zudem häufig sozialemanzipatorische und patriotische Forderungen. Dem Joch des »imperialistischen Kapitalismus« und seinen »Handlangern« im eigenen Lande wurde mit dem Sozialismus ein radikaler Gegenentwurf gegenübergestellt. Dabei spielte sicherlich auch die Hoffnung auf eine Unterstützung durch den Ostblock eine Rolle.

Revolutionäre Bewegungen, denen ein Umsturz des politischen Systems gelungen war, sahen sich dann um so mehr einer unverhohlenen Feindschaft der USA ausgesetzt. Selbst dort, wo die »Bruderhilfe« der UdSSR noch nicht angelaufen war, gerieten die neuen Regierungen durch Handelsembargos oder von Washington finanzierte Guerrillas schon unter massiven Druck. Die mangelnde Sensibilität der amerikanischen Außenpolitik, besonders während der achtziger Jahre, rührte daher, daß die Vereinigten Staaten in jeder gegen ihren Willen errichteten Regierung eine gefährliche Verletzung ihrer Sicherheitsinteressen erblickten. Dieses Verhalten trug wesentlich zum Scheitern des sozialistischen Experiments im zentralamerikanischen Nicaragua bei.[78]

Der Name »Somoza« steht in diesem Land nicht nur für eine Episode widerrechtlicher Machtaneignung durch den Chef der Sicherheitskräfte, sondern er wurde zum »Markenzeichen« einer ganzen Ära nicaraguanischer Politik. Hintereinander nahmen drei Söhne des Clans Schlüsselpositionen ein; 42 Jahre (1937–1979) dauerte die Herrschaft der Somoza-Dynastie. Das Regime erlebte politische Krisen und machte einen erheblichen Wandel durch, der eine beträchtliche Anpassungsfähigkeit verlangte.

Das wichtigste Instrument der Herrschaftssicherung nach innen war von Anbeginn die Nationalgarde. Die Somozas verstanden es, die *guardia nacional* von der übrigen Gesellschaft abzuschirmen und durch ein geschickt ausgeklügeltes, paternalistisches Klientelsystem zu einem äußerst effizienten Instrument zu machen. Zudem konnten sie auf die Duldung, manchmal sogar die tatkräftige Unterstützung der nicaraguanischen Finanz- und Agraroligarchie zählen. Der dritte Pfeiler der somozistischen Herrschaft war die Unterstützung durch die USA. Ausbildung und Ausstattung der *guardia nacional* wurden zu einem wesentlichen Teil von den Vereinigten Staaten übernommen. Noch wichtiger für die Wirkung nach innen war freilich die Selbstdarstellung der Diktatur, die ständig die guten diplomatischen und wirtschaftlichen Beziehungen zwischen Nicaragua und den USA herausstrich. Außerdem bot sich das Regime an, Schützenhilfe bei amerikanischen Militäraktionen in der Region zu leisten – etwa 1961 bei der Invasion in der Schweinebucht auf Kuba.[79]

Im Laufe der Zeit erwies sich die Familiendiktatur zunehmend als untauglich, den gesellschaftlichen und wirtschaftlichen Wandel aufzufangen.[80] Große Bedeutung für den Verfall des Regimes hatte eine politische Wende, die der seit 1967 allein regierende Anastasio Somoza Debayle vollführte und die den Herrschaftskonsens mit der wirtschaftlichen Elite des Landes verletzte. Mit allen ihm zu Gebote stehenden Mitteln trachtete der Diktator nämlich danach, das vom Somoza-Clan errichtete Wirtschaftsimperium auszuweiten. Als er in bisher von anderen Gruppen dominierte Zweige einbrechen wollte, geriet einer der Grundpfeiler somozistischer Herrschaft ins Wanken – die Profitgarantie für die oligarchischen Kreise der Wirtschaft. Besonders kraß zeigte sich die Maßlosigkeit des Diktators nach dem schweren Erdbeben von 1972, das die Hauptstadt Managua zu großen Teilen zerstörte. Somoza leitete nach der Katastrophe nämlich eine Reihe von Maßnahmen in die Wege, um die konkurrierende Bourgeoisie auszuschalten und seiner Firmengruppe die Gewinne aus dem Wiederaufbau zu sichern.

Die endgültige Abkehr wichtiger Teile des Bürgertums vollzog sich allerdings erst 1978, als einer der Führer der bislang geduldeten gemäßigten Opposition, der Journalist Pedro Joaquín Chamorro, einem Attentat zum Opfer fiel. Obwohl sich die Spuren der Täter nicht eindeutig in den Präsidentenpalast zurückverfolgen ließen, lastete die Öffentlichkeit das Verbrechen dem Diktator an. Selbst die lange Zeit schweigende katholische Kirche ergriff nun unter Führung von Erzbischof Miguel Obando y Bravo Partei für die Opposition und beeindruckte damit selbst die US-amerikanische Öffentlichkeit. Der Sturz des

Regimes war mittlerweile zu einer »nationalen« Forderung geworden; es mußte nur noch ausgehandelt werden, wer der Vollzieher sein sollte.[81]

Schon lange zuvor, 1961, war der vorwiegend im Untergrund agierende *Frente Sandinista de Liberación Nacional* gegründet worden, der bewußt an den ersten nicaraguanischen Nationalhelden Sandino anknüpfte. In Teilen der Bewegung dominierte marxistisches Gedankengut. Bis in die siebziger Jahre hinein blieb der FSLN eher bedeutungslos, doch setzte sich seit 1977 der Gedanke, ein politischer Umsturz sei nur durch eine Massenbewegung zu erreichen, mehr und mehr durch. Angeregt von Humberto und Daniel Ortega Saavedra suchte der FSLN, unter Abschwächung seiner marxistischen Ideologie und in bewußter Betonung des nationalen Programms, Unterstützung in allen gesellschaftlichen Lagern. Nach der Ermordung Chamorros (1978) stand die Befreiungsfront bereit, um die öffentliche Empörung zu kanalisieren. Doch trotz der gewaltigen gesellschaftlichen Mobilisierung gegen den Diktator wurde über das Schicksal des Regimes letztlich im bewaffneten Kampf gegen die gut ausgerüstete *guardia nacional* entschieden. Der FSLN führte diesen Kampf mit der Unterstützung befreundeter Regierungen der Region und unter breiter Anteilnahme der Weltöffentlichkeit. Im Juli 1979 floh Somoza nach Miami; die Revolution hatte gesiegt.[82]

Zerrüttung kennzeichnete das Land nach dem Sturz des Diktators. Während des Befreiungskrieges war es zu gewaltigen Zerstörungen an Fabrikanlagen, Landwirtschaftsbetrieben und an der Infrastruktur gekommen. Zudem war die Ökonomie noch ganz auf den Export ausgerichtet; die Versorgung des eigenen Landes war ungesichert. Tatsächlich bedurfte es einer tiefgreifenden Strukturreform, um die ungleiche Verteilung der gesellschaftlichen Güter zu verändern. Eine wirklich revolutionäre Umverteilung war allerdings nur mit Einschränkungen möglich, weil dadurch das fragile Bündnis zwischen dem sozialrevolutionären FSLN und dem Bürgertum zerbrochen wäre. Den verantwortlichen Politikern war außerdem klar, daß ausländisches Kapital und ein freies nationales Unternehmertum Voraussetzung für den Wiederaufbau waren.

Die schon vor den ersten freien Wahlen (1984) gebildete Regierungsjunta war zunächst ganz vom Geist des Kompromisses geprägt und strebte eine gemischte Wirtschaft an. Die ersten Maßnahmen der Junta richteten sich gegen den privaten Besitz des Diktators. Durch die Überführung seines Vermögens in Volkseigentum gelangte bereits ein beträchtlicher Teil der nicaraguanischen Wirtschaft in die Hände des Staates. Einige ausländische Betriebe sowie das Eigentum verschiedener Grundherren, die ihren Besitz der Gunst Somozas zu verdanken hatten, wurden ebenfalls verstaatlicht. 1980 erreichte der von Staatsbetrieben erwirtschaftete Anteil am Bruttoinlandprodukt schon an die 41 Prozent.[83]

Obwohl bis 1984 Vertreter des bürgerlichen Lagers an der Führung der Regierungsgeschäfte beteiligt waren, ließ der Wille zum Kompromiß auf beiden Seiten spürbar nach. Noch gelang es allerdings, längst überfällige Reformmaßnahmen wie die Auflösung der *guardia nacional* und die Verabschiedung eines Parteien- und Wahlgesetzes gemeinsam durchzuführen. Dem vereinzelt aufflammenden Widerstand marodierender Anhänger der Nationalgarde versuchte die Regierung mit der Errichtung einer zunächst als Berufsarmee konzipierten Sandinistischen Volksarmee (*Ejército Popular Sandinista*) zu begegnen. Die Revolution hatte jedoch kaum eine erste Phase der Konsolidierung überstanden, da erklärte ihr der amerikanische Präsident Ronald Reagan 1981 den Krieg. Mit massiver Unterstützung des CIA gelang die Reorganisation aller konterrevolutionären Kräfte (*Contras*), welche die revolutionäre Regierung in einen zermürbenden Bürgerkrieg verwickelten. Schon 1983 war die Anzahl der *Contra*-Operationen auf nicaraguanischem Territorium so bedrohlich angewachsen, daß der FSLN sich gezwungen sah, die allgemeine Wehrpflicht einzuführen und ein stehendes Heer von etwa 400000 Mann zu unterhalten. Der ohnehin schmale Staatshaushalt und die Beziehungen zum bürgerlichen Bündnispartner gerieten in eine schwere Krise. Gleichzeitig war es den Sandinisten allerdings auch gelungen, ihre Position bei den Wählern auszubauen. Die liberal-konservative Sammlungsbewegung *Coordinadora Democrática* – die wichtigste oppositionelle Kraft – war sich ihres schwachen Rückhalts in der Wählerschaft durchaus bewußt, und sie beschloß trotz eines insgesamt fairen Wahlkampfes, sich nicht an den Wahlen vom November 1984 zu beteiligen. Die bürgerlichen Kräfte wählten bewußt das politische Abseits, um der zu erwartenden FSLN-Mehrheit die demokratische Legitimation zu entziehen. Das Bündnis zwischen Bürgertum und »Sozialrevolutionären« war endgültig zerbrochen.[84]

Der FSLN ging mit 62 Prozent der Stimmen als Sieger aus den Wahlen hervor. Im Januar 1985 wurde Daniel Ortega Saavedra Präsident. Er war schon 1963 der Befreiungsfront beigetreten und hatte in der Bewegung durch zahlreiche Guerrilla-Überfälle von sich reden gemacht. Ende der sechziger Jahre geriet er durch Verrat in die Hände der *guardia nacional*, die ihn nach schweren Folterungen erst 1974 wieder auf freien Fuß setzte. Nach seiner Rückkehr in die Politik übernahm er zusammen mit seinem Bruder Humberto die Führung des FSLN und baute diesen zur wichtigsten politischen Kraft des Landes aus. Ortega wollte das sozialreformerische Programm der Bewegung umsetzen und spürbare Verbesserungen für die verarmte Bevölkerung erreichen. Den Schwerpunkt seiner Sozialpolitik legte er auf den Aufbau eines wirksamen Gesundheitswesens. Tatsächlich konnte eine entscheidende Verbesserung der medizinischen Grundversorgung erreicht werden. Außerdem hatte schon vor den Wahlen eine breite Alphabetisierungskampagne begonnen – die Analphabetenquote lag bei circa 50 Prozent –, die später durch den Ausbau des mittleren und höheren Bildungswesens ergänzt wurde. Einen weiteren Akzent setzten die Sandinisten im Wohnungsbau.[85]

Zur wirtschaftlichen Umgestaltung gab es anfangs im FSLN unterschiedliche Vorstellungen, doch man war sich einig, daß eine Mitarbeit der bürgerlichen Kräfte beim Wiederaufbau des Landes auch nach dem politischen Bruch mit ihnen unverzichtbar sein würde. Die fast nur auf Agrarexport ausgerichtete Wirtschaft war sowohl vom Weltmarkt als auch von der heimischen Privatwirtschaft abhängig. Für eine Übergangsphase vor der geplanten Errichtung einer sozialistischen Gesellschaft entwickelte der FSLN daher das Konzept der *Economía mixta*, das den Staatsanteil an der Volkswirtschaft (1980 ca. 41 Prozent) begrenzte. Seit Mitte der achtziger Jahre wurde daher wieder verstärkt auf private Kleinbauern gesetzt, zumal der Landhunger in einigen Regionen durch die ersten Umverteilungen bei weitem nicht befriedigt worden war. Als grundlegendes Problem der »Gemischten Wirtschaft« erwies sich die mangelnde Abstimmung zwischen Staat und Privatwirtschaft. Von Anfang an stand die Mehrheit der Unternehmer den Projekten der Sandinisten äußerst skeptisch gegenüber. Sie orientierten sich meist nicht an den staatlichen Vorgaben, und viele boykottierten die Koordinationsanstrengungen der Regierung. Das wurde besonders in der nachlassenden Investitionsneigung der Privatwirtschaft deutlich, die vom Staat kaum kompensiert werden konnte.[86]

Die ehrgeizige Wirtschafts- und Sozialpolitik der sandinistischen Führung litt vor allem unter den bürgerkriegsähnlichen Zuständen im Land. Durch Sabotageakte und Guerrilla-Operationen der *Contras* wurde die Wirtschaft des Landes in Mitleidenschaft gezogen. Mangelnde Effizienz der Staatswirtschaft, der Boykott der privaten Unternehmerschaft und der Bürgerkrieg führten dazu, daß die Produktion im Verhältnis zum Bevölkerungswachstum während der achtziger Jahre sank. Nicaragua blieb weiterhin von ausländischen Nahrungsmittellieferungen abhängig. Im Mai 1985 erließen die USA zudem ein totales Handels- und Finanzembargo, das Nicaragua vom wichtigsten Handelspartner abschnitt. Seit 1984 versuchten vor allem die Länder des Ostblocks, das von den USA gerissene Loch im Außenhandel Nicaraguas zu stopfen, aber ihr Engagement konnte diese Lücke nicht schließen. Die Verteidigungsausgaben Nicaraguas fraßen unterdessen bereits an die 50 Prozent des gesamten Staatshaushalts, der, ebenso wie die Außenhandelsbilanz, ohnehin große Defizite aufwies. So war wegen des chronischen Kapitalmangels der Wiederaufbau und die Umstrukturierung der Industrie auf eine den Inlandsbedarf deckende Produktion hin, die den Sandinisten besonders am Herzen lag, nur sehr bedingt möglich. Ende der achtziger Jahre zeigten die Entwicklungsdaten sogar eine deutlich rückläufige Tendenz; eine beispiellose Hyperinflation verschärfte die Krise noch.[87]

Mit dem FSLN als bestimmender politischer Kraft verlief die politische Entwicklung nicht immer demokratisch. Die Nationalversammlung berief zwar eine Verfassungskommission ein, die aus Abgeordneten unterschiedlicher Parteizugehörigkeit bestand, auch wurde der von ihr erarbeitete Entwurf einer repräsentativen, die Gewaltenteilung respektierenden Präsidialverfassung der Bevölkerung zur Diskussion vorgelegt und im Januar 1987 in Kraft gesetzt. Andererseits herrschte seit 1982 fast ununterbrochen Ausnahmezustand, wesentliche Grundrechte waren eingeschränkt, die Kompetenzen des Präsidenten außerordentlich groß. Die Opposition hatte deswegen und auch wegen der Mediendominanz des FSLN nur geringen politischen Spielraum. Politische Justiz tat ein übriges, um Gegner auszuschalten oder einzuschüchtern. Gleichwohl wird man die sandinistische Herrschaft nicht als totalitär bezeichnen können.[88]

Ende der achtziger Jahre machte sich in der Bevölkerung Kriegsmüdigkeit breit. Obwohl die Guerrilla-Aktivitäten der *Contras* seit 1988 abzuflauen begannen, erreichte die Wirtschaftskrise zu diesem Zeitpunkt ihren Höhepunkt. 1989 bot der FSLN – aus einer Position der Defensive – im Rahmen einer mittelamerikanischen Friedensinitiative für 1990 freie Wahlen an. Erst eine lange Reihe von Zugeständnissen seitens der sandinistischen Regierung ließ die zivile Opposition einlenken und den Guerrilla-Krieg der *Contras* zu einem Ende kommen. Unter dem Namen *Unión Nacional Opositora* (UNO) sammelte sich eine Vielzahl politischer Gruppierungen, die vor allem zwei Dinge gemeinsam hatten: die unverhohlene Ablehnung des FSLN und die Aussicht, großzügige Wahlkampfhilfe der USA zu empfangen. Aus dieser heterogenen Gruppe ging schließlich Violeta Barrios de Chamorro als Spitzenkandidatin hervor, obgleich sie mit keiner der in der UNO vertretenen Parteien zu identifizieren war. Die *Unión Nacional Opositora* errang 1990 unter ihrer Führung 55 Prozent der Stimmen. Beobachter sahen die Gründe für den überraschenden Ausgang der Wahl vor allem in der Zermürbung der Bevölkerung. Ein Wahlsieg des FSLN und der langersehnte Friede schienen 1990 unvereinbar. Damit war das Ende der sozialreformerischen Politik der Sandinisten gekommen. Präsidentin Chamorro betrieb vor allem eine strenge Spar- und Sanierungspolitik, um die internationale Kreditwürdigkeit des Landes wiederherzustellen.[89]

Wie die Beispiele Tansania, Äthiopien und Nicaragua zeigen,

waren die Ursachen für die Entstehung sozialistischer Regime in der Dritten Welt außerordentlich vielfältiger Natur. In keinem der drei Länder gelang es ihnen, eindeutige wirtschaftliche Fortschritte zu erzielen. Die Hauptursache dafür ist wohl in der Rolle der Staatsbürokratie im Wirtschaftsprozeß zu suchen. Bei keinem der drei Beispiele kann das allein aber den Mißerfolg des jeweiligen Sozialismus erklären. Vielmehr dürfen etwa die ethnischen Konflikte in Äthiopien oder die weltpolitische Konstellation im Fall Nicaraguas nicht außer acht gelassen werden. Die sozialpsychologische Bedeutung der sozialistischen Bewegungen dagegen ist nur sehr schwer abzuschätzen. Fest steht, daß emanzipatorische Programmelemente zumindest in Tansania und Nicaragua einen bedeutenden Stellenwert hatten und entscheidend zur Überwindung von paternalistischen Abhängigkeitsverhältnissen und politischer Apathie beitrugen. Aber diese Leistungen konnten nicht demokratisch gesichert werden, so daß von den sozialistischen Experimenten letztlich wenig übriggeblieben ist. Die Grundsignaturen der Rückständigkeit, zu deren Überwindung die Sozialisten einst angetreten waren, harren meist noch ihrer Bewältigung. Die Hoffnung auf eine rasche Verbesserung der sozialen und ökonomischen Lage ist größtenteils enttäuscht worden.

Ein wirklicher Wandel trat allerdings nach dem Niedergang der Sowjetunion ein, denn überall auf der Welt kam es zu einer spürbaren Entschärfung ideologischer Konflikte. Sozialismus in den Entwicklungsländern ist heute kaum seriös noch als Bedrohung der »westlich« dominierten Weltordnung zu interpretieren. Vorbei ist auch die Gefahr ideologisch motivierter Stellvertreterkriege. Die Welt ist ein großes Stück »kapitalistischer« geworden. Um Auslandskredite und Entwicklungshilfe zu erhalten, werden die Regierungen in den Ländern der Dritten Welt für lange Zeit nicht umhin können, die Bedingungen des Weltmarktes zu akzeptieren und ihr politisches System der westlichen Welt anzupassen. Eine inspirierende politische Alternative zu kapitalistischem System und demokratischer Ordnung des Nordens ist nicht in Sicht.

Kriegerische Konflikte: Charakteristika der Dritten Welt?

Zwischen 1945 und 1984 wurden 159 Kriege gezählt, von denen lediglich acht in Europa oder den Ländern des Warschauer Paktes stattfanden. Die übrigen suchten die Dritte Welt heim. Krieg ist geradezu ein »Wesensmerkmal« der Dritten Welt. Er bestimmt Leben und Alltag von Millionen Menschen. Von 1945 bis 1984 waren nicht weniger als 77 Länder der Dritten Welt, über 40 Prozent aller völkerrechtlich souveränen Staaten (1984: 174), mindestens einmal an Kriegshandlungen aktiv beteiligt. Die Anzahl der Kriegstoten liegt, den sehr groben Schätzungen zufolge, zwischen 18 und 30 Millionen.[90] Experten prägten das Schlagwort vom anhaltenden, aber weitgehend unbemerkten »Dritten Weltkrieg in der Dritten Welt«.[91]

Für die Kriege nach 1945 lassen sich drei Typisierungen vornehmen: Kriege mit dem Ziel der Erhaltung oder der Umgestaltung eines Herrschaftssystems werden als »Anti-Regime-Kriege« bezeichnet. Alle übrigen Kriege auf dem Territorium eines Staates, bei denen ethnische, kulturelle oder religiöse Inhalte gesellschaftlicher Minderheiten eine herausragende Rolle spielen, werden als »sonstige innerstaatliche Kriege« klassifiziert.[92] Den dritten Typus bilden »zwischenstaatliche Kriege«, in denen sich die Streitkräfte von mindestens zwei Staaten gegenüberstehen. Obwohl es vielfältige Überlagerungen dieser drei Typen gibt, konnte bei mehr als einem Drittel aller Kriege die »Reinform« des Anti-Regime-Krieges ermittelt werden. Auf die übrigen innerstaatlichen Kriege sowie auf die zwischenstaatlichen Konflikte entfiel jeweils ein Anteil von ungefähr 15 Prozent. Der Rest entfällt auf Mischformen dieser drei Kriegs-Typen sowie die gesondert aufgeführten »Dekolonisationskriege« (etwa 9 Prozent).[93]

Der klassische zwischenstaatliche Krieg, wie er noch in der ersten Jahrhunderthälfte vorherrschte, ist inzwischen also vom innerstaatlichen Krieg abgelöst worden. Das ist ein außerordentlich bedeutsamer Befund, weil er auf die internen Stabilitätsmängel von Entwicklungsgesellschaften verweist, die ja auch in vielen anderen Zusammenhängen deutlich werden. Neueste Statistiken sprechen eine noch deutlichere Sprache: 1995 gab es weltweit 35 Kriege und fünfzehn bewaffnete Konflikte. In Afrika tobten zwölf Kriege, in Asien acht. Nur zwei dieser Kriege fanden zwischen Staaten (zwischen Peru und Ecuador sowie zwischen dem Libanon und Israel), alle übrigen innerhalb von Staaten statt. Es muß nicht eigens betont werden, daß diese Kriege nicht nur viel menschliches Leid und enorme materielle Verluste verursachten, sondern auch den politischen Zielen der Dritten Welt schadeten: Sie unterminierten die Glaubwürdigkeit des Konzepts der *collective self-reliance*. Der Golfkrieg zwischen dem Iran und Irak schwächte die OPEC. Die kriegerischen Auseinandersetzungen in Afrika brachten die Organisation für Afrikanische Einheit (OAE) an den Rand der Spaltung. Die zentralamerikanischen Konflikte in El Salvador und Nicaragua zerstörten den Zentralamerikanischen Gemeinsamen Markt. Der Süden konnte nicht mehr mit einer Stimme sprechen.

Seit Beginn der sechziger Jahre ist weltweit eine stete Aufstokkung der Militärbudgets zu beobachten, in den siebziger Jahren expandierten aber vor allem die Rüstungsausgaben in der Dritten Welt. Der ›Palme-Bericht‹ für Abrüstung und Sicherheit sprach 1982 von einem jährlichen Zuwachs in Höhe von 6 Prozent. Dem stand in den Industrieländern lediglich ein Anstieg von einem Prozent gegenüber. Der Anteil der Dritten Welt am internationalen Waffenhandel stieg – bei gravierenden Unterschieden in der regionalen Verteilung – von 50 (1960) auf fast 70 Prozent (1984). Von den geschätzten 318 Milliarden Dollar, die 1975 bis 1979 von den Ländern der Dritten Welt für Rüstung ausgegeben wurden, entfielen allein 158 Milliarden auf die OPEC-Staaten des Nahen Ostens. Die verbleibende Summe verteilte sich auf die übrigen Entwicklungsländer, wobei die Länder Südasiens in der Regel den relativ geringsten Anteil hatten.[94] Seit dem Ende der bipolaren Welt kündigt sich eine Umkehrung in der Entwicklung der Rüstungsausgaben in der Dritten Welt an. Sie gingen weltweit nicht nur insgesamt deutlich zurück, bemerkenswert ist auch die drastische Reduzierung des Gesamtwertes der exportierten konventionellen Großwaffen, der 1992 ungefähr um 50 Prozent niedriger lag als 1989. Die Militärhilfe sank von knapp 21 Milliarden Dollar (1987) auf 4,6 Milliarden Dollar (1993). Es kann für die zukünftige Entwicklung von Krieg und Frieden ein Faktor von großer Bedeutung sein, daß mit dem Ende des Ost-West-Konflikts außen- und sicherheitspolitische Interessen keine entscheidenden Triebkräfte der Entwicklungspolitik mehr sind. In neuester Zeit scheint sich sogar ein Prinzip durchzusetzen, das seit den siebziger Jahren immer wieder beschworen wurde, nämlich die Vergabe von Entwicklungshilfe davon abhängig zu machen, wieviel Rüstungsausgaben sich ein Land leistet. Damit soll in den Empfängerstaaten eine »lokale Friedensdividende« erzeugt werden.[95]

Was die sozialen und ökonomischen Folgen der Aufrüstung angeht, so haben wir es mit gegensätzlichen Auffassungen zu tun. Der Ökonom Emile Benoît fand zu Beginn der siebziger Jahre beispielsweise heraus, daß Ausgaben im Militärbereich einen positiven Einfluß auf Entwicklung und Wachstum der betroffenen Länder haben. Die Ursachen dafür sah Benoît im »Nachfrageeffekt« der Volkswirtschaft und in »modernisierenden« Impulsen etwa bei der Ausbildung des militärischen Personals oder bei Infrastrukturmaßnahmen. Benoît räumte auch einige negative Folgen ein, doch mittlerweile wird generell angenommen, daß die nachteiligen Auswirkungen von Militärausgaben die »modernisierenden« Impulse bei weitem aufwiegen; das um so mehr, als der weitaus größte Teil der Entwicklungsländer seinen Rüstungsbedarf nicht aus eigener Produktion decken kann.[96] Ein Trend zum Aufbau eigener Rüstungsindustrien ist zwar zu erkennen, Waffenproduzenten wie Brasilien, Israel oder Südafrika bilden jedoch die Ausnahme.[97] Schließlich wurde von einigen Experten auf die destabilisierende Wirkung aufmerksam gemacht, die vermehrte Rüstungsausgaben in armen Ländern nach sich ziehen können. Zwar entspricht der Anteil der Rüstungsausgaben am Bruttosozialprodukt in der Dritten Welt ungefähr dem der Industrienationen (etwa 5 Prozent), doch muß dabei bedacht werden, daß Entwicklungsländer einen viel größeren Teil des Sozialprodukts für die Befriedigung der Grundbedürfnisse ihrer Bevölkerungen aufwenden müssen. Einschnitte in diesem Bereich können den sozialen Frieden, soweit er existiert, nachhaltig gefährden.[98]

Unterscheidungen zwischen Anti-Regime-Kriegen, sonstigen innerstaatlichen Kriegen und zwischenstaatlichen Kriegen nehmen vor allem die jeweiligen Ursachenkomplexe in den Blick. Bei Kriegen, in denen eine gesellschaftliche Gruppe ihrer »eigenen« Regierung gegenübersteht, kommen völlig andere Motive ins Spiel als bei Kriegen zwischen etablierten Staaten, so daß die Unterscheidung zwischen innerstaatlichen und zwischenstaatlichen Kriegen grundlegend ist. Zur Verdeutlichung der Kategorisierung nach drei verschiedenen Kriegstypen im folgenden jeweils ein Beispiel.

Was den Anti-Regime-Krieg anbelangt, so liegen bei von diesem Kriegstypus betroffenen Gesellschaften meist große strukturelle Ungleichgewichte hinsichtlich der Verteilung des Wohlstands und der politischen Teilnahmemöglichkeiten vor. Die Spannungen, die sich daraus ergeben, lassen sich so lange eindämmen, wie nur relativ kleine Minderheiten von scharfer Diskriminierung betroffen sind. Entstehen im Zuge von Modernisierungsprozessen aber neue gesellschaftliche Schichten, die sich von den alten Eliten nicht akzeptiert und vertreten fühlen, dann ergeben sich häufig Zweckbündnisse zwischen den diskriminierten Minderheiten und den neuen Schichten, die für das alte Regime gefährlich werden können.

Im Falle des zentralamerikanischen *El Salvador* vermochte eine recht kleine Herrschaftsclique über Jahrzehnte hinweg durch eine geschickte Politik des *divide et impera* diesen bedrohlichen »Schulterschluß« zwischen Unter- und Mittelschichten zu vereiteln. Seit 1931 regierte dort das Militär im Bunde mit der schmalen, überwiegend kaffeeproduzierenden Wirtschaftselite. Namentlich die fünfziger und sechziger Jahre sahen eine Ausweitung und Modernisierung der Kaffeeproduktion, in deren Folge immer mehr Kleinbauern ihre Existenzgrundlagen verloren, vom Land in die Städte emigrierten, aber auch dort keine Arbeit fanden. Gleichzeitig entstand im Zuge der Industrialisierung eine städtische Mittelschicht von Lehrern, Beamten, Studenten und dergleichen, auf deren politische Wünsche die Machthaber zunächst auch eingingen – Parteigründungen und politische Berichterstattung wurden innerhalb bestimmter Grenzen gestattet. In den Städten wurden sogar gewerkschaftliche Aktivitäten erlaubt, während die Militärs auf dem Lande jegliche oppositionelle Regung sofort erstickten.

Im Laufe der sechziger Jahre bildeten sich mehrere von den Mittelschichten getragene reformorientierte Parteien, die auch unzufriedene Teile der Arbeiterschaft absorbierten. Je stimmgewaltiger aber die Opposition auftrat, desto schärfer wurde die staatliche Repression. Bereits 1972 drohte das System zu zerbrechen, als sich anläßlich der Präsidentschaftswahlen eine breite Reformbewegung, die *Unión Nacional de Oposición*, gebildet hatte. Ihr Wahlsieg war nur durch massive Manipulationen zu vereiteln. Zwar konnte die »Koalition« aus Kaffeebaronen und Militärs die Schaltstellen der Macht für weitere sieben Jahre behaupten, das Ende des Regimes zeichnete sich durch die Verhärtung der gesellschaftlichen Fronten aber bereits ab. Der Radikal-Opposition gelang es nämlich, eine schlagkräftige Guerrilla-Bewegung zu organisieren, die das Regime zunehmend in Bedrängnis brachte. Selbst moderate Kreise der Opposition drängten nun immer offener auf die Beseitigung der als unrechtmäßig empfundenen Regierung. Der herrschende Block reagierte darauf mit blutigem Terror und ließ die oppositionellen Gruppierungen von paramilitärischen Verbänden niederknüppeln.

1979 endlich gelang die Ablösung der Militärregierung durch eine moderate und reformwillige Junta. Die Auseinandersetzungen zwischen linker Guerrilla und ultrarechten Kampfeinheiten hatten sich aber bereits »institutionalisiert« und jeglicher Kontrolle durch die moderaten Kräfte entzogen; El Salvador schlitterte förmlich in einen Bürgerkrieg hinein. Kaum ein Jahr später war die Interimsregierung bereits derart unter Druck geraten, daß keine Aussicht auf eine Umsetzung ihres Reformwerks mehr bestand. Resigniert schieden die Reformkräfte aus der Junta aus und schlossen sich der linken Radikal-Opposition an. Deren bewaffneter Arm, der *Frente Farabundo Martí de Liberación Nacional*, bekämpfte die Regierungsarmee seit 1980 zwar mit wachsendem Erfolg, aber eine Entscheidung konnte er nicht erzwingen. Weder gelang es der Guerrilla, die Regierung zu stürzen, noch vermochten die regulären Truppen die Guerrilla aufzureiben. Erst im Januar 1992 wurde der Bürgerkrieg durch einen Friedensvertrag beendet.[99]

Beim zweiten Typus des innerstaatlichen Krieges, dem sezessionistischen Krieg, liegt die Hauptursache meist in der heterogenen ethnisch-kulturellen Zusammensetzung einer Gesellschaft, wie sie für viele Länder der Dritten Welt charakteristisch ist. Gleichberechtigtes Zusammenleben der unterschiedlichen »Kulturen« gibt es hier selten. Schon die kulturelle Dominanz einer Gruppe, die manchmal allein auf ihrer bloßen quantitativen Stärke beruht, kann Ursache für Spannungen oder Konflikte sein. Hinzu kommen oft noch wirtschaftliche und politische Benachteiligungen. Meist erst dann, wenn diese Art der Diskriminierung mit kulturellen Trennungslinien zusammenfällt, sind die Voraussetzungen für eine Besinnung auf die gruppenspezifische Identität gegeben. Kulturelle und ethnische Andersartigkeit wird nun zum mobilisierenden Faktor der benachteiligten Gruppe im Kampf um Selbstbehauptung und Unabhängigkeit.[100]

Im westafrikanischen *Nigeria* kam es bald nach der Unabhängigkeit (1960) zu einem derartigen Sezessionsversuch, der das Land in einen dreijährigen verheerenden Bürgerkrieg stürzte. Die spezifischen Gesellschaftsstrukturen, die diesen blutigen Auseinandersetzungen zugrunde lagen, waren in der vorkolonialen Periode entstanden. Nigeria wird nämlich von drei Mehrheitsvölkern bewohnt, den Hausa-Fulani im Norden (ungefähr 21 Prozent der Bevölkerung), den Yoruba im Südwesten (an die 20 Prozent) sowie den Igbo im Südosten (etwa 17 Prozent). Deren wirtschaftliche, soziale und kulturelle Unterschiede wurden vor allem während der britischen Kolonialherrschaft entscheidend akzentuiert: Im islamisch geprägten Norden des Landes stützten sich die Briten auf die traditionelle Herrscherelite und räumten anderen Schichten keinerlei Partizipationsrechte ein. In den beiden (christlich missionierten) Südteilen des Landes dagegen wurden bereits in den zwanziger Jahren Parteigründungen und politische Partizipation der heimischen Bevölkerung gefördert. Da die wirtschaftliche Erschließung des Landes ihren Ausgangspunkt in den Küstenregionen der Kolonie hatte, waren die beiden Südteile zusätzlich begünstigt. Der Aufbau einer Infrastruktur, der Verstädterungsprozeß sowie die Etablierung des britischen Schulsystems förderten die Mobilität und Flexibilität der Bewohner dort, und insbesondere die Igbo nutzten die Möglichkeiten zur Weiterbildung. Sie stellten dann auch das qualifizierte Fachpersonal in Wirtschaft und Verwaltung.[101]

1960 erhielt Nigeria die Unabhängigkeit. Die neue Verfassung orientierte sich am föderalen britischen Modell, das eine ausgewogene Vertretung der drei Mehrheitsvölker und ihrer Regionen gewährleisten sollte. Nigerias Parteien waren jedoch direkt aus diesen drei Regionen erwachsen und deswegen stark von deren Partikularinteressen geprägt. Auf Bundesebene artete der politische Wettbewerb der jeweiligen »Ethnienparteien« zunehmend in einen Kampf um die Beherrschung der nationalen Organe aus. Korruption, mangelnde Effizienz und ständige Konflikte zeigten, daß der Verfassungsrahmen die Strukturunterschiede der nigerianischen Gesellschaft nicht harmonisieren konnte. Angesichts der schwelenden Krise ergriff Anfang 1966 eine Gruppe junger Offiziere die Initiative und unternahm einen Staatsstreich. Loyalen Truppen unter der Führung eines Igbo gelang sofort darauf ein Gegenputsch, der zur Errichtung eines zentralistischen Einheitsstaates führte.

Da der Norden in diesen Ereignissen eine Verschwörung der wirtschaftlich und gesellschaftlich privilegierten Igbo-Bevölkerung vermutete, rächte sich die Bevölkerung an den in ihrer Region lebenden Igbo in blutigen Pogromen, die schließlich in einen weiteren Staatsstreich mündeten. Unter der Führung von Oberstleutnant Yakubo Gowon übernahm nun der Norden die Macht, und viele Angehörige der Igbo flüchteten in ihre Heimat im Südosten. Da es dort reiche Erdölvorkommen gab, fühlten sich die Igbo schließlich veranlaßt, die Sezession des Südostens zu betreiben: Am 30. Mai 1967 rief der Gouverneur der Südostregion, Oberst Odumegwa Ojukwu, die unabhängige Republik Biafra aus. Versuche, zu einer Verhandlungslösung zu kommen, scheiterten; Bürgerkrieg war unausweichlich. Knapp drei Jahre vermochten sich die biafranischen Verbände gegen die Bundesarmee zu behaupten. Schließlich gab die Materialüberlegenheit der Zentralregierung aber doch den Ausschlag, der Aufstand wurde niedergeschlagen und die Republik Biafra wieder in den Staatsverband eingegliedert.[102]

Abgesehen von dem Konfliktpotential, das in der ethnisch-kulturellen Andersartigkeit des nigerianischen Südostens lag, hatte der biafranische Sezessionsversuch noch andere, für die Dritte Welt typische Hintergründe: Den jungen Staatensystemen in den Regionen der Dritten Welt stand bislang nur vergleichsweise wenig Zeit zur Verfügung, um die inner- und zwischenstaatlichen Kräfteverhältnisse zu konsolidieren. Die Grenzen vieler Entwicklungsländer sind meist erst einige Jahre oder wenige Jahrzehnte alt, so daß ihr Verlauf historisch kaum »begründet«, beinahe willkürlich und daher veränderbar erscheint. Einzelne Ethnien und Länder lassen sich dadurch immer wieder zu dem Versuch verführen, ihr Territorium zu erweitern: insbesondere dann, wenn das Risiko für den Aggressor kalkulierbar scheint.

Ein stehender Begriff in der Diskussion über kriegerische Konflikte in der Dritten Welt ist der des »Stellvertreterkrieges«. Gerade in Mitteleuropa neigte man in der Zeit des Kalten Krieges leicht dazu, im Kampf der ärmlichen Söldnerheere und Guerrilla-Krieger in Urwald, Savanne und Wüste das Ränkespiel der Supermächte zu vermuten; USA und UdSSR hätten auf diese Weise nun doch eine Möglichkeit gefunden, ohne atomare Risiken »heiße« Kriege auszutragen, hieß es. Selbst in der Forschung herrschte lange Zeit kein Konsens darüber, welchen Stellenwert die Einmischung der Supermächte wirklich hatte: Eskalierten Konflikte erst durch die Intervention von außen? Hatten die Supermächte gar aus wirtschaftlichen oder kriegstechnischen Erwägungen ein Interesse an dem Fortgang von Kriegen in der Dritten Welt? Oder griffen Ost und West erst nach dem Ausbruch von Feindseligkeiten ein, um sich als Friedensstifter zu profilieren? Die Antwort auf diese Fragen muß in jedem einzelnen Fall neu gegeben werden. Eines steht jedoch fest: Auch nach dem Untergang der Sowjetunion und dem Ende der bipolaren Welt gibt es in den Entwicklungsländern Kriege; allein für den Zeitraum von Juli 1994 bis Juni 1995 wurden 39 gezählt.[103] Dieser Befund deutet auf eine Beteiligung ganz verschiedener Länder hin, denn tatsächlich ist die Intervention fremder Mächte in regionale Konflikte nach dem Ende des Zweiten Weltkriegs – folgt man der Statistik – zu einem Dauerphänomen geworden. »Federführend« waren hier neben den Supermächten auch einige Regionalmächte der Dritten Welt, die entweder »im Auftrag« handelten oder eigene Interessen verfolgten.

Eine Region, die in ihrer jüngsten Geschichte jeder nur vorstellbaren Form äußerer Einmischung ausgesetzt war, ist der *indochinesische* Raum, mit Laos, Vietnam und Kambodscha. Kambodscha und das benachbarte Vietnam waren seit vorkolonialer Zeit durch eine vehemente Feindschaft getrennt. Die französische Kolonialherrschaft bewahrte das Königreich Kambodscha vor Aufteilung und Untergang. 1953 wurde es unter der Präsidentschaft von Norodom Sihanouk, der als rechtmäßiger Thronfolger die Monarchie abschaffte, unabhängig und erlebte zunächst eine Zeit wirtschaftlicher Blüte. Die Rivalität mit Vietnam hielt jedoch an, ja sie verschärfte sich noch, als das Nachbarland Mitte der sechziger Jahre Schauplatz eines erbitterten Kampfes der USA gegen das kommunistisch geführte Nordvietnam wurde. Im Verlauf des Krieges wurde zunehmend auch kambodschanisches Grenzgebiet in Mitleidenschaft gezogen. Das Land geriet in eine schwere Krise, aus der es Generalstabschef Lon Nol 1970 mit einem Putsch und mit einem eindeutigen Bekenntnis zugunsten der USA »befreite«. Die USA-freundliche Haltung verwickelte das Land jedoch noch stärker in den Vietnamkrieg, denn kambodschanische Kommunisten – denen sich auch der ehemalige Präsident Sihanouk anschloß – kämpften jetzt, unterstützt von Vietnam, der Volksrepublik China und der Sowjetunion, gegen die Militärregierung Lon Nol und die Amerikaner. Fünf Jahre dauerte es, bis die kambodschanischen Kommunisten, die *Khmer Rouge*, unter der Führung von Pol Pot die Hauptstadt Phnom Penh einnehmen konnten. Sie errichteten dort ihre berüchtigte Schreckensherrschaft, die weit über eine Million Opfer forderte. Trotz aller ideologischen Gemeinsamkeiten änderte sich auch jetzt nichts an der traditionellen Rivalität zum Nachbarland Vietnam.[104]

Der gemeinsame Sieg über den ideologischen Feind, die USA, und deren »Handlanger« in Phnom Penh führte also nicht zu einer Entspannung in der Region. Der Grund dafür lag, abgesehen von der latenten Feindschaft zwischen Phnom Penh und Hanoi, in einer Aufsplitterung der Fronten: So arbeitete die Volksrepublik China – eine der Hauptinterventionsmächte im 1973 beendeten Vietnamkrieg – darauf hin, ein möglichst ausgeglichenes Kräfteverhältnis in Indochina zu etablieren und die vietnamesischen Hegemoniebestrebungen durch die Unterstützung Kambodschas zu konterkarieren. Auch die Sowjetunion rang um Einfluß in der Region und hatte deshalb ein offenes Ohr für die vietnamesischen Wünsche. 1978 mündete die Zusammenarbeit zwischen Moskau und Hanoi schließlich in den Beitritt Vietnams zum Wirtschaftsverbund des Ostblocks, dem Rat für Gegenseitige Wirtschaftshilfe (RGW). Kambodscha brach die diplomatischen Beziehungen zum Nachbarn ab und intensivierte seine Beziehungen zur Volksrepublik China. In Hanoi setzte sich deshalb die Ansicht durch, daß nur eine schnelle und entschlossene Invasion des Nachbarlandes und der Sturz des Pol-Pot-Regimes die verfahrene Situation bereinigen könnten. Vietnam rüstete für den »Dritten Indochinakrieg«.

Die Frage war, wie die USA darauf reagieren würden. Um ihre Ausgangsposition vor dem bewaffneten Konflikt mit dem Nachbarn zu stärken, signalisierte die vietnamesische Führung den Vereinigten Staaten Entgegenkommen in strittigen Fragen und hoffte sogar auf diplomatische Anerkennung. Die Volksrepublik China war aber ebenfalls um eine Normalisierung der Beziehungen zu den USA bemüht. Auf amerikanischer Seite wurde zunächst eine Doppelstrategie erwogen, dann aber doch nur die Anerkennung der Volksrepublik China beschlossen. Die diplomatische Niederlage Hanois trieb die vietnamesische Führung nun endgültig in die Arme der Sowjetunion. Im November 1978 schloß Hanoi als Rückversicherung für die Risiken des bevorstehenden Krieges einen Beistandspakt mit der UdSSR.

Zur Jahreswende 1978/79 begann die vietnamesische Invasion Kambodschas, die schon in der ersten Januarwoche mit der Einnahme Phnom Penhs ihr Ende fand. Der Weg in eine friedliche Zukunft des Landes war damit jedoch noch lange nicht frei. Die aus der Hauptstadt geflüchteten Roten Khmer sowie Anhänger des einstigen Präsidenten Sihanouk lieferten der von Hanoi eingesetzten Regierung unter Hang Samrin einen unerbittlichen Guerrilla-Krieg. Bis Mitte der achtziger Jahre versuchte die vietnamesische Führung erfolglos, das Problem gewaltsam zu lösen. Auch auf der internationalen Bühne blieb die Zukunft Kambodschas ein dauernder Streitfall. So verweigerten die Vereinten Nationen der Regierung Hang Samrin die offizielle Anerkennung. Die Großmächte wiederum standen »wohlverteilt« hinter jeweils einer der drei widerstreitenden Kräfte im zerrütteten Kambodscha: China versorgte die Roten Khmer mit Waffen und Munition, die USA unterstützten die Guerrilla-Bewegung von Sihanouk, und die UdSSR stand insgeheim hinter der Politik ihres vietnamesischen Bündnispartners.

Erst in der zweiten Hälfte der achtziger Jahre begann man, neue Lösungsansätze in Betracht zu ziehen.[105] 1989 rief Vietnam seine Truppenkontingente aus dem Nachbarstaat zurück und gab damit den Weg für eine Verhandlungslösung frei. Auf Druck der USA, der UdSSR und Chinas einigten sich die Konfliktparteien Kambodschas schließlich auf die Annahme eines von der UNO ausgearbeiteten Friedensplans (1991). Er sah vor, eine aus allen politischen Kräften des Landes bestehende Interimsregierung zu bilden. Als Hindernis für einen friedlichen Übergang erwiesen sich allerdings die Roten Khmer, die ihre Zustimmung zur UN-Regelung zurückzogen und erneut zu den Waffen griffen. Mittlerweile verfügt Kambodscha über eine neue Verfassung, die den Staat als parlamentarische Monarchie konstituiert. Norodom Sihanouk repräsentiert das Land als königliches Staatsoberhaupt; die Regierung besteht aus einer breiten Koalition verschiedener gemäßigter Kräfte. Die ablehnende Haltung der Roten Khmer konnte den Demokratisierungsprozeß bislang nicht zu Fall bringen; eine Friedenslösung mit den linksradikalen Guerrilleros aber läßt auf sich warten.[106]

In Kambodscha fand im Juni 1995 die dritte internationale Konferenz zur weltweiten Bannung von Landminen statt, auf der sich die Teilnehmer auf ein internationales Verbot von Entwicklung, Herstellung und Handel mit Minen einigten. Der Ort dieser Zusammenkunft war gut gewählt, denn wie kaum ein anderes Land leidet das Königreich unter der grausamen Hinterlassenschaft des Bürgerkrieges. Schätzungsweise 4 bis 7 Millionen Landminen verhindern die landwirtschaftliche Nutzung weiter Landstriche und bedrohen die kambodschanische Zivilbevölkerung. Das Ausmaß der globalen Minenverseuchung ist ungeheuer. Schätzungen sprechen von 100 bis 300 Millionen ausgelegter Minen weltweit. Ähnlich erschreckend ist die Bilanz der Opfer, denn monatlich sterben zwischen 800 und 1200 Personen durch die Einwirkung von Landminen. Abgesehen von den

Schrecken, die die Minen unter der betroffenen Bevölkerung verursachen, hat dieses Problem auch eine gewaltige wirtschaftliche Dimension. Einfache Antipersonenminen sind für 30 Dollar zu haben, die Kosten für ihre Beseitigung belaufen sich jedoch auf bis zu 1000 Dollar. Die Räumung verminter Gebiete ist zudem ein langwieriges Unterfangen, bei dem auf »Handarbeit« kaum verzichtet werden kann.[107] Die Räumung sämtlicher Antipersonenminen hätte 1996 rund 33 Milliarden Dollar gekostet. Allerdings werden nur etwa 100000 Minen jährlich geräumt, 2 bis 5 Millionen jedoch neu verlegt. Bei der gegenwärtigen Räumungsgeschwindigkeit würde eine vollständige Beseitigung mehr als ein Jahrtausend dauern.

Das Beispiel der Landminen zeigt schon, daß allein die Zahlen der Opfer und die Statistiken der Kriegskosten die unmittelbaren und langfristigen Folgen des Phänomens Krieg in der Dritten Welt nicht ausreichend verdeutlichen. Auch die Zivilbevölkerung wird in zunehmendem Maße in das Kriegsgeschehen einbezogen. Im Ersten Weltkrieg waren lediglich 5 Prozent der zivilen Bevölkerung aller kriegführenden Staaten aktiv am Kriegsgeschehen beteiligt, im Vietnamkrieg hingegen waren es bereits 70 bis 90 Prozent der Zivilisten. Nicht mehr eine »Kaste« kriegerischer Militärs, sondern ganze Bevölkerungen tragen im 20. Jahrhundert die Kriege und deren soziale, psychologische und materielle Folgen. So ist es nicht ungerechtfertigt, zumal mit Blick auf die Dritte Welt, von einem »schleichenden« Dritten Weltkrieg zu sprechen – verschiedene Schätzungen sprechen von bis zu 30 Millionen Kriegstoten seit 1945. Kaum zu bestimmen sind dagegen die sozialen Kosten, die in ihrer Tragweite immer erst nach Kriegsende deutlich werden.

Schwere psycho-soziale Schäden hinterläßt in dieser Hinsicht der bewußte Einsatz von Kindern. »Kindsoldaten« waren sowohl auf den Schlachtfeldern der Indochinakriege und in den Kriegen des Nahen Ostens als auch am Befreiungskampf der Sandinisten in Nicaragua und Yoveri Musevenis in Uganda beteiligt. Doch nicht nur in dieser aufgezwungenen Täterrolle werden Kinder Opfer des Krieges. Der Verlust von Familienangehörigen, Mißhandlungen oder erzwungener Wehrdienst verursachen bleibende psychische Schäden und machen Minderjährige zu

Hauptleidtragenden kriegerischer Konflikte.[108] Sobald die Waffen schweigen, wird die gesellschaftliche Zerrüttung in vollem Umfang offenbar: Soziale Strukturen sind zerstört, Mißtrauen und Argwohn erschweren das Zusammenleben. Nach Friedensschluß fehlen oft auch Auffangprogramme für die vielen ehemaligen Soldaten. Die »beschäftigungslosen« Kämpfer haben zumeist keine Aussicht, in ihr altes soziales Umfeld zurückzukehren. Psychische Schäden, die Gewöhnung an Morde und Plünderungen, mangelnde berufliche Qualifikation erschweren den gesellschaftlichen Wiedereinstieg.[109]

Schwere Schäden entstehen auch durch Hunger und Vertreibung, die vielen Kriegen folgen. Gerade in Bürger- und Guerrillakriegen werden oftmals weite Landstriche durch Kriegseinwirkungen in Mitleidenschaft gezogen. Sabotage und Zerstörung von landwirtschaftlichen Produktionseinheiten durch Rebellen einerseits, großflächige Bombardierung und Verminung rebellischer Gebiete durch Regierungstruppen andererseits beeinträchtigen Produktion, Transport und Verteilung von Grundnahrungsmitteln. Darüber hinaus raubt der Kriegsdienst der Landwirtschaft unersätzliche Arbeitskräfte. Während des Biafrakrieges wurde gezielt versucht, Hunger als Kampfmittel zur Bezwingung des Gegners einzusetzen. Nigeria ist aber nur das erste in einer langen Reihe von weiteren Beispielen für diese Art der Kriegführung.

Krieg tötet Leben, zerstört soziale Strukturen, verschlingt große Mengen an Ressourcen, zerrüttet ganze Volkswirtschaften. Doch haben kriegerische Konflikte ausschließlich negative Folgen? Diese Frage muß zynisch erscheinen. Geht man zunächst der Frage nach, ob Kriege für ihre Initiatoren »erfolgreich« ausgingen, so ergibt sich folgendes Bild: Knapp die Hälfte aller Kriege zwischen 1945 und 1984 wurde von den Aggressoren verloren, in einem knappen Drittel der Fälle kam es zu einem militärischen Gleichgewicht. Statistisch ist Krieg als Mittel zur Durchsetzung von politischen und sozialen Interessen also relativ erfolglos. Insgesamt ist das Bild des Krieges in den Ländern der Dritten Welt freilich überaus facettenreich. Der Grenzkonflikt zwischen Indien und Pakistan um das ehemalige Fürstentum Kaschmir hält bereits seit 1947 an, ohne einer friedlichen

Lösung näher zu kommen. Auch der Aufstand gegen das Militärregime in El Salvador führte zu keinem friedvollen Übergang, sondern zu jahrelangem Bürgerkrieg. In Nicaragua und Äthiopien wandten sich die Rebellen dagegen erfolgreich gegen politische und soziale Unterdrückungsregime. Die Veränderungen, die manche dieser Kriege gezeitigt haben, sind also teilweise beträchtlich: Armuts- und Abhängigkeitsverhältnisse wurden aufgebrochen, neue Regierungssysteme entstanden, neue Staatengründungen erfolgten, zwischenstaatliche Kräfteverhältnisse wurden konsolidiert. Man wird daher letztlich nicht umhin können, die Frage nach der Legitimation von Gewaltanwendung im Kontext der Motive von Kriegsinitiatoren von Fall zu Fall zu prüfen.

Es muß allerdings davor gewarnt werden, sozialrevolutionäre Kriege in der Dritten Welt zu begrüßen, mögen die Interessen ihrer Anstifter noch so berechtigt, ihre Motive noch so plausibel erscheinen. Der Außenstehende, der den Versuch unternimmt, das »Ergebnis« des Konflikts mit dessen »Kosten« zu verrechnen, läuft immer Gefahr, die »innere Dynamik« der Gewalt zu unterschätzen. Experten haben wiederholt auf die spontanen Veränderungen in Gesellschaften hingewiesen, die von Bürgerkriegen heimgesucht wurden: Schwelende soziale Konflikte verwandeln sich nach Ausbruch von Feindseligkeiten in alles legitimierende »Realitäten«, die Gesellschaft bricht über diesen Konflikten auseinander, Gewalt »institutionalisiert« sich durch die Schaffung von Apparaten und Organisationen zur Kriegführung. Erringt keine der beiden Seiten einen kurzfristigen Sieg, so entsteht oft eine »Patt«-Situation, in der sich die kriegführenden Parteien dann einrichten; sie zielen jetzt mehr und mehr darauf ab, den Status quo zu zementieren, als den ursprünglichen Kriegszielen zu folgen. Beschlagnahmungen, Raub und Überfälle, die zunächst als unausweichliche Begleiterscheinungen einer »gerechten Sache« galten, bestimmen bald das Bild und untergraben die ursprünglich – je nach Sicht – legitime Fundierung ihres Unternehmens. Enttäuschung über ausgebliebene Siege ernüchtert einst elanvolle Anhänger rasch, es kommt zu Vertrauensverlusten, denen das Regime dann seinerseits gern durch Einschüchterung oder Gewalt begegnet. Brüche in der kriegführenden Partei oder gar ihr Zerfall in rivalisierende Fraktionen, die dann allein ihren privaten Zielen folgen, können leicht am Ende dieser Entwicklung stehen. Beispiele für eine derartige »Degeneration« sind etwa im Kampf der peruanischen Regierung gegen die Guerrilla-Bewegung *Sendero Luminoso* (»Leuchtender Pfad«) sowie im Bürgerkrieg von El Salvador zu finden.[110]

Gelingt es schließlich, die Waffen zum Schweigen zu bringen und den Kreislauf der Gewalt zu unterbrechen, dann kann oft für lange Zeit von »Frieden« noch nicht gesprochen werden. Verhandlungen zur Etablierung eines dauerhaften Friedens hängen ganz von der Art des Krieges, dessen Verlauf, von den Motiven und Zielen sowie den speziellen Positionen der jeweils Beteiligten ab. Eine erste Voraussetzung für Verhandlungsbereitschaft ist meist die Einsicht der Beteiligten, daß der Konflikt von keiner der Seiten gewonnen werden kann. Nicht weniger wichtig ist, daß alle relevanten Kriegsakteure am Verhandlungstisch sitzen. Schon deren Auswahl ist oft eine Kunst für sich. Die weltpolitische Konstellation spielt meist ebenfalls eine entscheidende Rolle. Je stärker ein Krieg früher in das Spannungsfeld der Ost-West-Beziehungen eingebunden war, desto größer war nach dem Ende der bipolaren Welt die Aussicht auf eine Verhandlungslösung. Überhaupt wird die Einigkeit der »Weltgemeinde« bei der Regulierung regionaler Konflikte in Entwicklungsländern künftig von wesentlicher Bedeutung sein.[111]

Ein Beispiel für eine Verhandlungslösung ist El Salvador. Anfang 1992 wurde dort unter Vermittlung der Vereinten Nationen der Bürgerkrieg durch ein Friedensabkommen beigelegt. In El Salvador standen sich seit mehr als elf Jahren die sozialrevolutionäre Guerrilla-Organisation FMLN (*Frente Farabundo Martí de Liberación Nacional*) und die Truppen der von der ultra-konservativen ARENA-Partei geführten Regierung gegenüber. Gegen Ende der achtziger Jahre gelangten beide Konfliktparteien zu der Einsicht, daß der Krieg militärisch nicht zu gewinnen sei. Die sich unterdessen verändernde internationale »Großwetterlage« und die Entspannung im Verhältnis zur Sowjetunion minderten die amerikanischen Befürchtungen hinsichtlich sozialistischer Einflußzonen in Zentralamerika. Als außerdem die (ebenfalls sozialistischen) Sandinisten 1990 die Wahlen im nahen Nicaragua verloren, sank die Bereitschaft der Vereinigten Staaten, die salvadorianische Regierung weiter tatkräftig zu unterstützen.

Kernpunkt des Friedensabkommens in El Salvador war die Neuregelung der Stellung des Militärs in der Gesellschaft. Traditionell verstand sich die Armee als Wahrerin der Ordnung und hatte enge Beziehungen zu den wichtigsten Wirtschaftskreisen des Landes. Nun sollte die Stärke der Streitkräfte auf die Hälfte (etwa 30000 Mann) reduziert, ihre Funktion auf die eines ausführenden Organs beschränkt werden. Mit der strikten Bindung des Militärs an die Verfassung sowie dem Aufbau einer neuen Polizeieinheit aus Anhängern beider Konfliktparteien sollte die Grundlage für rechtsstaatliche Verhältnisse geschaffen werden. Im Gegenzug hatte die Guerrilla alle Waffen niederzulegen und sich als politische Partei zu formieren. Außerdem waren die gesellschaftliche Wiedereingliederung ehemaliger Kämpfer beider Seiten sowie eine begrenzte Agrarreform vorgesehen.

Diese Punkte sind zum größten Teil realisiert worden, und im Frühjahr 1994 fanden demokratische Parlamentswahlen statt. Danach regierte die ARENA-Partei mit absoluter Mehrheit der Mandate. Die neu etablierte Ordnung scheint sich als tragfähig zu erweisen. Trotz des vergleichsweise friedlich verlaufenen Übergangs in El Salvador kam es in vielen Bereichen zu Reibungen. Insbesondere die von Militär und Polizei in der Vergangenheit massenhaft begangenen Menschenrechtsverletzungen bleiben ein Problem. Zwar wurde in Übereinstimmung mit den Friedensvereinbarungen von 1992 bereits eine Hundertschaft verdächtiger Offiziere »zwangspensioniert«, die vollständige Aufklärung der während des Bürgerkrieges begangenen Verbrechen wird wegen der vom Parlament erlassenen Amnestie aber noch lange auf sich warten lassen.[112] Im salvadorianischen Befriedungsprozeß läßt sich die Frage nach dem Gewaltmonopol als eine Kernfrage für die Schaffung und Sicherung von Frieden in den Gesellschaften der Dritten Welt erkennen. Grundlegend für jede Friedensbemühung ist die »Entprivatisierung« der Gewalt.[113]

Menschenrechtsverletzungen und Demokratisierung

Samuel Huntington spricht in einem seiner Bücher von der »dritten Welle« der Demokratisierung in der Neuzeit.[114] Danach erfolgte die erste Welle als Ergebnis der amerikanischen und der Französischen Revolution zwischen 1828 und 1926. Nach den Rückschlägen der Zwischenkriegszeit kam es nach 1945 zur zweiten Welle der Demokratisierung, die bis etwa 1962 anhielt. In der Dritten Welt war diese Welle mit dem Ende der großen Kolonialreiche und mit der Entstehung zahlreicher neuer Nationalstaaten verbunden, die zwar demokratische Verfassungen »von oben« verordnet erhielten, sich aber meist schon bald in nichtdemokratische Einparteisysteme verwandelten. Die »dritte Welle der Demokratisierung« umfaßt die letzten zwanzig Jahre, in denen die Demokratie einen gewaltigen Siegeszug durch die Länder der Dritten Welt antrat. Die anfängliche Demokratie-Euphorie ist angesichts der oftmals gewaltigen Übergangsschwierigkeiten in vielen Entwicklungsländern bereits wieder der Ernüchterung gewichen.[115] Völkermord in Ruanda, Bürgerkrieg in Liberia und Sierra Leone, Menschenrechtsverletzungen im Sudan – nach der Begeisterung zu Beginn der neunziger Jahre hat der Demokratisierungsprozeß in vielen Ländern Schwarzafrikas wieder Rückschläge erlitten. Ethnische Konflikte, manipulierte Wahlen, willkürliche Hinrichtungen sind an der Tagesordnung.

Die politischen und gesellschaftlichen Ausgangsbedingungen für die Etablierung und Festigung von Demokratie sind natürlich von Fall zu Fall verschieden[116], auch kann der Demokratisierungsprozeß uneinheitlich verlaufen, und die Erscheinungsformen von Demokratie können sehr unterschiedlich sein. In Afrika etwa waren die Demokratieforderungen besonders laut zu hören, nachdem die Finanzhilfen aus der Ersten Welt nicht mehr so selbstverständlich flossen. Solche Demokratisierungsprozesse können überall zum Abbau von Mißwirtschaft und Korruption, von Unterdrückung und Willkür beitragen. In Lateinamerika scheint das demokratische Fundament inzwischen relativ fest zu sein, wenn es auch durch die Unfähigkeit der politischen Parteien zur Lösung wirtschaftlicher Probleme und die Politikverdrossenheit der Bevölkerung immer wieder unterhöhlt worden ist. In

Asien wiederum weist der politische Wandel ein vielfältiges Bild auf, ohne daß von einem gleichgerichteten Demokratisierungstrend gesprochen werden könnte.

Trotz mancher Skepsis ist ein wichtiges Ergebnis der politischen Entwicklung in den neunziger Jahren unübersehbar: Der Verfall des Kommunismus und der Druck der westlichen Entwicklungshilfegeber führten in vielen Ländern Afrikas zur Ablösung von Diktaturen und zur Etablierung von Mehrparteiensystemen mit freien Wahlen. Zu den Ursachen dieses Wandels zählt auch die eigenständige Demokratisierungsbewegung auf diesem Kontinent, nachdem ein beschleunigter wirtschaftlicher Verfall den Glauben an die Leistungsfähigkeit von »Entwicklungsdiktaturen« erschüttert hatte. Diese waren an der »unheilvollen Verflechtung autokratischer Herrschaften mit einer bürokratischen Staatsklasse und ausgedehnten Klientelsystemen sowie dem Fehlen einer von der politischen Macht unabhängigen Privatwirtschaft« gescheitert.[117] Es liegt auf der Hand, daß jene gesellschaftlichen Gruppen, die von den früheren Herrschaftsverhältnissen profitierten, den Demokratisierungsprozeß hinauszögern und behindern. Allerdings sind die afrikanischen Autokraten in solchem Ausmaß auf die Zufuhr von Kapital aus den Industrieländern angewiesen, daß sie dem westlichen Drängen auf die Errichtung von Mehrparteiensystemen zumindest äußerlich nachgeben müssen; durch mehr oder minder geschickte Manipulation des demokratischen Prozesses versuchen sie, sich nun eine Legitimation durch Wahlen zu verschaffen.

Die »politische Klasse« Afrikas entstammt meist der Oberschicht, die die von den Europäern übernommene Amtssprache beherrscht, sich an europäischer Bildung und einem europäisch-amerikanischen Lebensstil orientiert. Damit verschwindet aber die Verbindung zu den traditionellen Lebensformen auf dem Land zusehends, die soziale Distanz der Elite zur Bevölkerung hat zugenommen, die breite Masse entfremdet sich ihrer Führungsschicht immer mehr. Die Übertragung europäisch-amerikanischer Verfassungsbestimmungen auf Afrika muß daher keineswegs zur Demokratie, sondern wird wohl eher zur Herrschaft oligarchischer Gruppen führen. Eine derartige Herrschaftsform ist allerdings den früheren Machtstrukturen allemal vorzuziehen, da sie den Weg zu Rechtsstaatlichkeit und bürgerlichen Freiheiten ebnen kann. Man sollte sich jedoch darüber im klaren sein, daß die politischen Organisationsformen in Schwarzafrika auch in Zukunft wenig mit westlich-demokratischen Idealvorstellungen gemein haben werden. Gleichwohl verfügt Afrika über ausgebildete Traditionen politischer Willensbildung. Dabei spielen ethnische Gesichtspunkte eine entscheidende Rolle. Die Rückbesinnung auf diese Tradition und ihre Weiterentwicklung unter Einbeziehung »westlicher« Vorstellungen von Demokratie ist ein langwieriger Prozeß, für den es keine Patentrezepte gibt.[118]

Der Paradigmenwechsel in der Entwicklungszusammenarbeit

Mit der Demokratisierungswelle hat auch in der Entwicklungszusammenarbeit ein Paradigmenwechsel stattgefunden. Immer stärker sehen die Geberländer auf *good governance*, auf die demokratische Grundeinstellung in den Empfängerländern, auf die Achtung der Menschenrechte und die Gewährung bürgerlicher Freiheiten. Das neue Entwicklungsparadigma, das sich Anfang der neunziger Jahre durchgesetzt hat, beruht auf der Einsicht, daß Entwicklung in erster Linie von den internen Rahmenbedingungen der Nehmerländer abhängt. Die deutsche Entwicklungszusammenarbeit mißt die »positiven Bedingungen« an fünf Kriterien: Beachtung der Menschenrechte, Beteiligung der Bevölkerung am politischen Prozeß, Rechtssicherheit, marktfreundliche Wirtschaftsordnung, Entwicklungsorientierung des Staates. Diese 1991 aufgestellten Kriterien wurden zunächst als Bedingungen verstanden, unter denen Hilfe vergeben wird. Schon bald aber setzte sich eine andere Auffassung durch, und Hilfe wird nunmehr angeboten, um diese Rahmenbedingungen überhaupt erst herzustellen (»Positivmaßnahmen«).[119] Während über Notwendigkeit und Legitimität dieses neuen Ansatzes eine umfangreiche Diskussion geführt wird, ist über tatsächliche Erfahrungen mit der Förderung von Demokratie und Menschenrechten in Entwicklungsländern noch wenig Verläßliches bekannt.

Selbst Machthaber, die nicht auf demokratischem Wege an die Macht gelangt sind, haben es in Afrika und anderswo gelernt, auf die Forderungen ihrer westlichen Geldgeber einzugehen. Vielfach hängen sie sich ein demokratisches Mäntelchen um, lassen Wahlen abhalten – die sie zu ihren Gunsten manipulieren –, tolerieren eine Pseudo-Opposition. Von einer wirklichen Demokratisierung kann in solchen Fällen keine Rede sein. Entwicklungshelfer betonen die Notwendigkeit, die Zivilgesellschaft zu stärken: politisch engagierte Gruppen innerhalb der Kirchen, an den Universitäten, in Gewerkschaften oder in Menschenrechtsgruppierungen. Weniger erfolgversprechend sei die Zusammenarbeit mit der politischen Opposition, da diese meist keine überzeugenden Gegenkonzepte zu bieten habe. Insgesamt läßt sich allerdings feststellen, daß das politische Klima sich auch in Afrika positiv verändert hat.

Wahlen sind in der Dritten Welt häufig eher logistische als demokratische Leistungen.[120] Unter großem Aufwand werden Wählerregister erstellt, obwohl vielfach weder die genaue Zahl der Bevölkerung noch die Adressen der Wahlberechtigten bekannt sind. Fast alle Länder südlich der Sahara haben zumindest formal Mehrparteiensysteme eingeführt, was zwar zu einer Konkurrenzsituation zwischen Regierung und Opposition geführt, für die Bevölkerungsmehrheit auf dem Land aber wenig verändert hat. Vor allem Intellektuelle kritisieren die Übernahme von Modellen aus dem Norden, mit denen sich allenfalls die städtischen Eliten identifizieren können. Wichtig sei es demgegenüber, basisdemokratische Strukturen dörflicher Gemeinschaft zu übernehmen, die als Vorbild für die nationale Politik dienen könnten. Auch müsse die Landbevölkerung über regionale Parlamente stärker am politischen Leben beteiligt werden. Meist fällt es afrikanischen Regierungen – nach Jahrzehnten zentralistischer Herrschaft – schwer, ihren Bürgern mehr Selbstbestimmung zuzugestehen. Kenia etwa hat zwar ein pluralistisches System eingeführt, wird aber nach wie vor von Präsident Daniel arap Moi und dessen früherer Einheitspartei mit harter Hand regiert.[121] Es dürfte noch lange dauern, bis man in den afrikanischen Staaten einen Verfassungskompromiß erreicht hat, der liberale und traditionelle Werte vereint und der Identität einer afrikanischen Gesellschaft zwischen Tradition und Moderne entspricht.

Demokratie und Menschenrechte sind eng aufeinander bezogen.[122] Ende 1995 veröffentlichte die angesehene amerikanische Menschenrechtsorganisation *Freedom House* ihre Jahresbilanz über Freiheit und Demokratie.[123] Sie teilt die insgesamt 191 Staaten der Erde, was die politischen Rechte und bürgerlichen Freiheiten anbelangt, in drei Kategorien ein. Danach gab es 76 »freie«, 62 »teilweise freie« und 53 »nicht freie« Länder. Auf die globale Bevölkerung von circa 5,7 Milliarden Menschen bezogen, lebten 1,1 Milliarden (fast 20 Prozent) in freien Gesellschaften, 2,4 Milliarden (etwa 40 Prozent) in teilweise freien und 2,2 Milliarden (knapp 40 Prozent) in nicht freien Gesellschaften. 61 Prozent der Länder (117 von 191) mit 3,1 Milliarden Menschen haben demokratisch gewählte Regierungen. Die Fortschritte sind bemerkenswert, waren es vor zehn Jahren doch erst 42 Prozent aller Staaten. Die Zahlen von *Freedom House* lassen deutlich werden, daß »Freiheit« und »Demokratie« nicht gleichgesetzt werden können. Zu den Indikatoren für das beobachtbare Maß an verwirklichter beziehungsweise beeinträchtigter Freiheit in Demokratien zählen zum Beispiel ethnische Verfolgung, terroristische Bewegungen, Bürger- und Religionskriege.

Von den Großregionen schneidet Afrika am schlechtesten ab: Nur achtzehn der insgesamt 53 Staaten erhielten das Etikett »demokratisch«. »Die ›rot-braunen‹ Allianzen aus Nationalisten und ehemaligen Marxisten-Leninisten, die antiwestlichen Chauvinismus und Fremdenfeindlichkeit an die Stelle des Klassenkampfes setzen, stellen die Berichterstatter von *Freedom House* an die Spitze der Bedrohungen für die Demokratie [...] Der ›islamische Fundamentalismus‹, der von Algerien bis Pakistan durch Gewaltbereitschaft und Terrorismus zahlreiche Staaten destabilisiert hat, wird als zweite große Bedrohung für freiheitliche und demokratische Ordnungen angeführt. Vor allem in Ostasien vermerkt Freedom House den ›schädlichen Trend‹, einen Übergang zu freien Märkten mit autoritären Regierungsformen zu verbinden und zu rechtfertigen.«[124]

Auch die Gefangenenhilfsorganisation *Amnesty International* stellt einen Zusammenhang zwischen Demokratie und Menschenrechtsverletzungen her. 1996 warf sie den Regierungen in aller Welt Versagen bei der Verhinderung schwerer Menschenrechtsverletzungen vor, zu denen es in insgesamt 146 Staaten kam; in 85 Ländern gab es politische Gefangene, in 114 Staaten kam es zu Folter und Mißhandlungen von Gefangenen, in 54 Ländern starben Menschen nach Folterungen, in 63 wurden Menschen von der Staatsmacht ermordet, in 43 sind Menschen verschwunden, sehr wahrscheinlich aus politischen Motiven. In vielen Staaten Lateinamerikas (Brasilien, Guatemala, Haiti, Kolumbien, Mexiko, Peru) seien Menschenrechtsverletzungen ein latentes Risiko für die Bevölkerung, Folter und Mißhandlungen in fast allen Staaten dieser Region Routine, um Informationen und Geständnisse zu erpressen.

Bei der Analyse der Menschenrechtssituation in Ländern der Dritten Welt können die Ergebnisse der Wiener Menschenrechtskonferenz von 1993 zugrundegelegt werden. In der Abschlußerklärung dieser Konferenz wurde erneut die – keineswegs unumstrittene – universelle Gültigkeit der Menschenrechte und die Verpflichtung aller Staaten bekräftigt, diese zu respektieren. Außerdem, das ist für die Dritte Welt von besonderer Bedeutung, lehnte die Wiener Konferenz jegliche Einschränkung individueller Freiheits- und Menschenrechte im Interesse einer nationalen Wirtschaftsentwicklung ab. Vielmehr wurde hervorgehoben, daß Demokratie und die Achtung der Menschenrechte und wirtschaftliche Entwicklung einander stärken und bedingen.

Trotz solcher Erklärungen ist der Westen in seinem Kampf für die Menschenrechte in eine Sackgasse geraten. Staaten mit anderen als den westlich-liberalen Freiheitstraditionen – etwa China – werfen den Industrieländern vor, hinter ihrer Menschenrechtsdiplomatie steckten hegemonistische und machtpolitische Bestrebungen. Die europäische Idee der universalen Rechte des einzelnen Menschen sei nicht auf andere Kulturen übertragbar. Menschenrechtsverachtende Diktaturen stilisieren sich damit von Tätern zu Opfern eines »westlichen Kulturimperialismus« um. Man verweist etwa auf die übergeordnete Bedeutung von Gruppen oder Clans oder auf ein kollektives Menschenverständnis. Mit solchen Argumenten wird die Universalität der Menschenrechte bestritten – um ihre Mißachtung zu legitimieren. Hier zeigt sich an einem besonders sensiblen Punkt jener von Samuel Huntington für die Zeit nach dem Ost-West-Konflikt vorhergesagte »Zusammenprall der Zivilisationen«: Fortschreitende ökonomische Modernisierung fordere geradezu zum kulturellen Widerstand nichtwestlicher Zivilisationen heraus, die dadurch ihre eigene Identität bewahren wollten. Die kulturell-zivilisatorischen Gegensätze, meint Huntington, dürften sich künftig noch weiter vertiefen und zu einem Kriterium für die Gruppierung zwischen den Staaten werden – übrigens ebenso für den Zusammenhalt in Staaten mit konfligierenden kulturell-zivilisatorischen Ethnien.[125]

Die Bedeutung dieses Problems wird an der UN-Menschenrechtskommission in Genf besonders deutlich, die seit längerem durch einen Nord-Süd-Konflikt über Menschenrechte gelähmt wird. So will die Dritte Welt das Recht auf wirtschaftliche und soziale Entwicklung verwirklicht sehen, bevor die universale Gültigkeit westlich geprägter Freiheitsnormen akzeptiert wird. Die Europäer sind bis zu einem gewissen Grad bereit, die Verknüpfung von Entwicklung und Menschenrechten zu unterstützen, da die Herrschaft des Rechts nur in politisch und sozial stabilen Ländern möglich ist. Doch islamische Staaten wehren sich häufig gegen westliche Ideen und verweisen darauf, daß die bürgerlichen Menschenrechte in der europäischen Staatenpraxis entwickelt worden seien und erst die nahezu vollständige Kolonisierung der außereuropäischen Welt durch europäische Staaten deren Anschauungen über Menschenrechte zu weltweit geltendem Recht gemacht hätte. Formal haben die Staaten des Südens mit ihrer Aufnahme in die UNO die Universalität der Menschenrechte zwar anerkannt, tatsächlich aber findet eine heftige Diskussion über Universalismus beziehungsweise Regionalismus im Menschenrechtssystem statt. »Berücksichtigt man, daß Recht ein Kulturgut ist, dann wirft dies zwangsläufig die Frage auf, ob Angehörige außereuropäischer Kulturen die Geltung kulturell fremder Normen hinnehmen müssen, insbesondere dann, wenn diese Normen von ihren früheren Kolonialherren stammen, die sie barbarisch in deren eigenen Heimat mißhandelten und deren Lebensgrundlagen mit Gewalt ausraubten.«[126]

Bei der Debatte über die Menschenrechte treten deutliche Unterschiede zutage. Die ›Afrikanische Menschenrechtscharta‹ und die ›Universelle Islamische Deklaration der Menschenrechte‹ von 1981 stellen nämlich die von den Staaten der Dritten Welt postulierten kollektiven Rechte den klassischen Individualrechten gleich. In diesen Dokumenten finden sich viele Elemente früherer Forderungen nach einer Neuen Weltwirtschaftsordnung wieder. Außerdem enthält die ›Afrikanische Charta‹[127] einen umfangreichen individuellen Pflichtenkatalog: So ist etwa der afrikanische Bürger gehalten, für den Zusammenhalt der Familie zu wirken, jederzeit seine Eltern zu respektieren und sie im Falle der Bedürftigkeit zu ernähren. Mit solchen Normen erlegt der afrikanische Staat seinen Bürgern die Bewahrung von Werten auf, die zur traditionellen Kultur der Gemeinschaftstraditionen der afrikanischen Völker gehörten. Indem Menschenrechte und Pflichten gleichgestellt werden, kann die Afrikanische Menschenrechtscharta als Versuch einer Symbiose afrikanischer Wertvorstellungen mit dem klassischen Menschenrechtsideal verstanden werden.[128] Das islamische Konzept, in dem der Schutz der Menschenwürde auf Pflichten des einzelnen gegenüber der Gemeinschaft der Gläubigen beruht, steht im Gegensatz zur individualistischen Philosophie der abendländischen Menschenrechtsidee.

Unabhängig von dieser großen Debatte wird in allen Demokratisierungs- und Menschenrechtsseminaren sämtlicher entwicklungspolitischer Institutionen immer wieder auf die Voraussetzungen für Demokratie und Entwicklung in den Staaten der Dritten Welt hingewiesen: Dezentralisierung der Macht, Aufbau einer Bürgergesellschaft, Praktizierung der Demokratie im gesellschaftlichen Alltag, Stärkung der lokalen Ebene, Verwirklichung des Rechtsstaats durch eine unabhängige Justiz und eine verfassungstreue Beamtenschaft. Zu den Hindernissen, die in Afrika der Durchsetzung von Demokratie und Menschenrechten im Wege stehen, äußerte sich der nigerianische Literatur-Nobelpreisträger Wole Soyinka kategorisch: »Der Fortschritt auf unserem Kontinent ist verhindert worden von einer Gruppe, die nur einen winzigen Teil unserer riesigen Bevölkerung darstellt, eine selbsternannte und selbstsüchtige Clique, deren Ziel es ist, zu herrschen, mit welchen Mitteln auch immer, vor allem aber auf Kosten unserer gemeinsamen materiellen Ressourcen, deren optimale Entwicklung sie auf diese Weise verhindert hat, und auf Kosten der großen Mehrheit, die diese kleine Minderheit zu repräsentieren vorgibt.«[129]

In vielen Ländern werden Verbrechen gegen die Menschenrechte niemals aufgeklärt, Mörder bleiben nach Wiederherstellung des Friedens oder nach dem Übergang in die Demokratie straffrei, häufig als Inhaber hoher Positionen. In Lateinamerika sind die Militärmachthaber seit längerem von demokratisch gewählten Regierungen abgelöst worden; in den meisten Ländern hat sich die Menschenrechtssituation seither auch spürbar verbessert. Doch die Aufklärung der früheren Verbrechen steht fast überall noch aus. Nur in ganz seltenen Fällen ist es bisher zur Bestrafung von Tätern und zur Entschädigung von Opfern oder deren Angehörigen gekommen. Die Suche nach Wahrheit und Gerechtigkeit gestaltet sich äußerst schwierig, sie ist oft unerwünscht, und meist haben sich die Militärs vor dem Machtwechsel noch selbst amnestiert.[130]

Straflosigkeit für Menschenrechtsverbrechen gehört in jenen lateinamerikanischen Ländern zum Alltag, in denen das Militär und die Sicherheitskräfte während der Diktaturen der vergangenen Jahrzehnte Tausende von Menschen ermordet haben. Bis heute sind auf dem Subkontinent immer noch 90000 bis 100000 Menschen »verschwunden«, die mutmaßlichen Täter unbehelligt geblieben. Ganz offensichtlich muß jede demokratische Regierung Militär und Polizei schonen, wenn sie nicht gestürzt werden will. Daher versuchen viele Regierungen im Unterschied zu ihren rhetorischen Einlassungen auch, die Straffreiheit für Menschenrechtsverletzungen aufrechtzuerhalten, ohne zu bemerken, daß diese Straflosigkeit vielerorts zur Voraussetzung für die Fortdauer von Menschenrechtsverletzungen wird.

Einige Länderbeispiele lassen erkennen, was Straffreiheit dort bedeuten kann: In Peru verkündete Präsident Alberto Fujimori Mitte 1995 eine Generalamnestie für alle, die seit 1980 bei der »Terrorismusbekämpfung« Verbrechen wie Mord oder Folter begangen hatten. Damit wurde ein Schlußstrich unter fünfzehn Jahre Kampf gezogen, bei dem mindestens 5000 Menschen

Opfer staatlicher Willkürmorde geworden waren. In Honduras wurde zwar 1993 ein über tausendseitiger Bericht des Menschenrechtsbeauftragten über die systematische, geheime und organisierte Praxis des »Verschwindenlassens« durch Sicherheitskräfte publiziert. Anfang 1996 entschied das zuständige Gericht jedoch, daß es gegen die angeklagten Mitglieder der Todesschwadrone keinen Prozeß gebe, weil sich die Amnestiegesetze der vorhergehenden Jahre angeblich auch auf Sicherheitskräfte erstrecken würden. Der Staatspräsident begrüßte diese Entscheidung als einen »Beitrag zur Versöhnung«. In Chile taten die Zivilregierungen bisher nur wenig, um die Tausende von Verbrechen aufzuklären, die während der Militärdiktatur von Augusto Pinochet (1973–1990) verübt wurden. Unter dem Druck von Staatsstreichdrohungen brachte die Regierung von Eduardo Frei verschiedene Gesetzesvorlagen ein, die das Ziel haben, die Verfolgung von Menschenrechtsverbrechern so schnell wie möglich zu beenden und einen raschen Schlußstrich unter die ohnehin völlig unzureichende Vergangenheitsbewältigung zu ziehen.

In Brasilien sieht ein Plan vor, die Angehörigen von »Verschwundenen« während der Militärdiktatur von 1964 bis 1985 außergerichtlich zu entschädigen, wodurch Straffreiheit für die Täter »erkauft« wird. Das Amnestiegesetz von 1979, mit dem das Militär die Menschenrechtsverbrecher schützte, hatte gerichtliche Schritte bisher verhindert. In Argentinien hatte das Militärregime in den Jahren 1976 bis 1983 Tausende von Menschen »verschwinden« und ermorden lassen. Durch regelmäßige Demonstrationen hielten die »Mütter von der Plaza de Mayo« die Erinnerung an ihre Kinder wach. Sie forderten Aufklärung und Bestrafung der Schuldigen. Schon bald nach der Übernahme der Regierung durch Raúl Alfonsín setzte 1986 das »Schlußpunktgesetz« der strafrechtlichen Verfolgung und Aufklärung der Verbrechen Grenzen, ein Jahr später drückte das »Gesetz über die Gehorsamspflicht«, das bei allen weisungsgebundenen Soldaten einen Befehlsnotstand vermutete, die Zahl der Anzuklagenden weiter herab. 1995 räumten hochrangige Militärs die Verantwortung der Armee für Entführung, Folter und Mord erstmals ein; bekanntgeworden sind inzwischen Tausende von Fällen, in denen betäubte Häftlinge nackt aus einem Flugzeug in den Atlantik geworfen und auf diese Weise ermordet wurden.[131] In Uruguay verabschiedete das Parlament 1986 ein »Gesetz über die Hinfälligkeit des staatlichen Strafanspruchs«, das einer Amnestie aller während der Militärherrschaft (1973–1980) verübten Verbrechen gleichkam; 1989 wurde es per Referendum bestätigt.

In dem kleinen Land Guatemala sind die Zahlen besonders schockierend. Die UNO-Menschenrechtskommission registrierte 130000 politische Morde, 46000 »Verschwundene« und 300000 Waisenkinder. 1994 wurde die Einsetzung einer »Wahrheitskommission« beschlossen, die ihre Arbeit bisher allerdings nicht aufgenommen hat; kein einziger Fall wurde strafrechtlich verfolgt. Mit einigen Varianten ließe sich diese lange Liste um weitere Länder Lateinamerikas ergänzen: Ähnliche Maßnahmen, die der Vertuschung und strafrechtlichen Amnestierung von Menschenrechtsverbrechen dienen, erfolgten in Paraguay, Panama, Haiti – überall wird Rücksicht auf frühere Machthaber genommen, deren Einfluß in den verschiedensten gesellschaftlichen Bereichen immer noch groß ist. Die Zurückhaltung in der Strafverfolgung deutet zugleich auf die prekäre Lage der jungen Demokratien hin. Trotz der Demokratisierungen besteht somit – gerade in Zusammenhang mit der Menschenrechtsproblematik – kein Anlaß zu Optimismus.

Auswege aus dem Teufelskreis?

Bei allen Erfolgen, die auch zu verzeichnen sind, das Fazit bleibt eindeutig: Die Entwicklungsländer sind weiterhin dringend auf Hilfe angewiesen. Die Situation ist sogar dramatischer denn je. Wer sich ein ungeschminktes Bild vom politischen und moralischen Zustand der Welt am Ausgang des 20. Jahrhunderts machen will, sollte den Bericht der »Ärzte ohne Grenzen« lesen.[132] Die Gefahr, dabei zum Zyniker zu werden, ist groß. Feierliche Erklärungen und manche verklausulierte Resolution internationaler Gremien wirken daneben wie Makulatur. Völkermord und »ethnische Säuberungen« können inzwischen praktisch ohne

Ahndung vor den Toren Europas und seit dem Zerfall Jugoslawiens sogar in Europa geschehen. Andere »Katastrophenbücher« zeichnen nicht minder dramatische Krisenszenarien. Berechnungen des *Club of Rome* zufolge wird im Jahr 2000 etwa ein Viertel der Weltbevölkerung unter der Armutsgrenze – sie liegt derzeit bei 350 Dollar Jahreseinkommen – leben. In Reymer Klüvers Buch ›Das Menschheitsrisiko‹[133] werden fünf Gründe aufgeführt, weshalb nach dem Ende des Kalten Krieges der Nord-Süd-Konflikt menschheitsbedrohend ist: Zum einen führe eine »Bevölkerungsexplosion ungekannten Ausmaßes« zu Massenverelendung und neuen Völkerwanderungen; zum anderen lasteten die ökologischen Konflikte zwischen Nord und Süd schwer auf jeder Entwicklung; des weiteren habe das »wirtschaftliche Mißverhältnis« ungerechter Handelsbedingungen, verfallender Rohstoffpreise und sich verschlechternder Austauschverhältnisse die Schuldenberge der Entwicklungsländer aufgetürmt; außerdem bedeuteten wachsende Rüstungsausgaben und die Anhäufung von Gewaltpotential eine Verschwendung knapper Ressourcen für destruktive Zwecke; schließlich könne die Wiedergeburt fundamentalistischer Ideologien und Religionen zu einem »Wettkampf der Kulturen« führen.

So richtig diese Probleme gesehen werden, so deutlich muß andererseits darauf hingewiesen werden, daß einseitige Schuldzuweisungen zu kurz greifen. Denn es ist eine Tatsache, daß nicht nur handelspolitische Benachteiligung, fallende Rohstoffpreise, Schuldenlasten oder Rüstungsexporte aus den Industrieländern die Krise in den Nord-Süd-Beziehungen erzeugen, sondern genauso korrupte Staatsklassen, ausbeuterische Oligarchien, Diktaturen und falsche entwicklungspolitische Prioritäten. Beide Ebenen wirken zumeist in fataler Weise zusammen.

Dies ändert allerdings nichts daran, daß die wirtschaftlichen Aussichten für viele Länder der Dritten Welt realistischerweise nur skeptisch beurteilt werden können. Ein Großteil von ihnen hat den Anschluß an die Weltwirtschaft verpaßt. In Afrika ist es nur wenigen Ländern – zum Beispiel Mauritius, wo Computerteile, Elektrogeräte und Textilprodukte für den Weltmarkt gefertigt werden – gelungen, sich in die globale Arbeitsteilung einzureihen. Zu Recht schlägt die Weltbank für Schwarzafrika deshalb vor, zunächst Grundvoraussetzungen für Entwicklung in der dortigen Bevölkerung zu schaffen: Ernährung, Gesundheit, Bildung. Erst dann könne an eine wirtschaftliche Entwicklung gedacht werden.

Neue entwicklungs- und friedenspolitische Publikationen verweisen auf die nach wie vor bestehenden Perzeptionsunterschiede bei historisch gewachsenen Konflikten: Die im Westen häufig genannten Bedrohungen, die von den Ländern des Südens ausgehen (Migrationsströme, Umweltkatastrophen), lassen sich plausibel als Ängste vor Macht-, Eigentums- und Identitätsverlusten interpretieren.[134] Diesen teils irrealen Befürchtungen in den reichen Industrieländern müssen die Bedrohungen gegenübergestellt werden, denen die ärmeren Regionen der Erde tatsächlich ausgesetzt sind. Natürlich sind sich alle Verantwortlichen darüber im klaren, daß die Probleme der Entwicklungsländer viele Ursachen haben und es kein Patentrezept zu ihrer Lösung gibt. Die Weltbank rät daher auch zu einer Kombination aus Wirtschaftsreformen, Kontrolle der Staatshaushalte und sozialen Programmen. Übereinstimmung herrscht bei allen Entwicklungstheoretikern darüber, daß ausreichende Ernährung, Bildung und Gesundheitsversorgung sowie Zugang zu sauberem Trinkwasser zu jenen Faktoren zählen, die gegeben sein müssen, um Menschen in den Stand zu versetzen, ihr Leben selber zu gestalten und der Armut zu entkommen.

In vielen Fällen bleibt es aber bei derartigen Überlegungen, die nicht sehr weit von Allgemeinplätzen angesiedelt sind. Bei vielen Entwicklungshilfekritikern ist – ebenso wie bei Entwicklungstheoretikern – angesichts des Scheiterns der »großen Theorien« allgemeine Ratlosigkeit festzustellen. Eine Vielzahl von Indikatoren legt – global betrachtet – eine mangelhafte Erfolgsbilanz der Entwicklungshilfe der letzten Jahrzehnte nahe. Man sollte diese Negativbilanz jedoch nicht als Indiz für die Unwirksamkeit oder gar Schädlichkeit von Entwicklungshilfe nehmen, zumal diese für die meisten Länder ohnehin nur von marginaler Bedeutung ist. Die positiven Beiträge werden oft von einer Weltwirtschaftspolitik überlagert, die der Dritten Welt eher schadet als nützt.[135]

Viele Entwicklungstheoretiker sind der Meinung, daß die gegenwärtigen weltwirtschaftlichen Strukturen soziale und wirtschaftliche Menschenrechte in der Dritten Welt verletzen, nachdem die Liberalisierung des Welthandels in vielen Fällen zur Preisgabe menschenrechtlicher, sozialer und ökologischer Mindeststandards geführt hat.[136] Es sieht nicht so aus, als seien die Industriestaaten bereit – etwa in der Landwirtschaft, in der Textilindustrie oder bei der Verringerung der Umweltbelastungen –, einen größeren Teil der anfallenden Anpassungslasten zu tragen. Ohnehin stellt sich für die Industrieländer die Frage, wie Entwicklungshilfe sinnvoll und effizient eingesetzt werden soll. Einigkeit besteht darin, daß moderne Entwicklungspolitik vor allem der Krisenprävention dienen soll und Teil einer globalen zukunftssichernden Strategie ist, um Risiken einzudämmen. Dabei kommt Entwicklungspolitik auch den Geberländern zugute, da stabile Verhältnisse in den Entwicklungsländern eine wichtige Voraussetzung für einigermaßen geordnete Nord-Süd-Beziehungen sind. Instabilität in den Entwicklungsländern wirkt global belastend, die Flüchtlingsströme werden größer, die Nothilfeprogramme müssen aufgestockt werden, von wirtschaftlicher »Zusammenarbeit« im eigentlichen Sinne des Wortes kann keine Rede sein. Daher bestehen neue Strategien der Entwicklungspolitik auch darin, die politischen Rahmenbedingungen in den Entwicklungsländern zu beeinflussen (Aufbau demokratischer Strukturen, Berücksichtigung ethnischer Gegebenheiten, Rechtsberatung). Wirtschaftliche Strukturanpassungsprogramme, heißt es, müßten Hand in Hand mit sozialen und ökologischen Begleitprogrammen gehen. Die Weltwirtschafts-Gipfelkonferenz in Lyon beschloß Mitte 1996 eine neue »Entwicklungspartnerschaft«, durch welche die fortschreitende Globalisierung zum Nutzen aller, vor allem aber für eine nachhaltige Entwicklung in den armen Ländern eingesetzt werden soll. Dieser Partnerschaft liegt das Prinzip der Solidarität und der gerechten Lastenverteilung zwischen allen Beteiligten am Entwicklungsprozeß zugrunde. Allerdings werden die Entwicklungsländer nicht von ihrer Verantwortung befreit, einen effizienten wirtschaftlichen Kurs einzuschlagen und selbst alle notwendigen Maßnahmen zur Linderung der Armut und für eine gerechte, umweltverträgliche Entwicklung zu ergreifen. Hierzu gehören auch die Etablierung demokratischer Verhältnisse, die Achtung der Menschenrechte und eine transparente, rechtsstaatliche Politik.

Der Generalsekretär des *Club of Rome*, Bertrand Schneider, hat ein Entwicklungskonzept und Strategien zu seiner Umsetzung vorgelegt.[137] Das Entwicklungsziel müsse lauten: Wohlbefinden aller Individuen und Gesellschaften. Um dieses Ziel zu erreichen, bedürfe es einer Reihe von Voraussetzungen: Die Menschen in den Entwicklungsländern müßten an den sie betreffenden Entscheidungen teilhaben. Die Helfer müßten das Vertrauen der Menschen gewinnen, um Einstellungen – bei gleichzeitiger Wahrung von Traditionen – überhaupt verändern zu können. Die Eigeninitiative müsse gefördert werden. Die Nord-Süd-Beziehung solle durch ökonomische Partnerschaft gekennzeichnet sein. Die Umwelt müsse geschont werden. Die Menschen müßten die Marktmechanismen kennen. Die Entwicklungsländer sollten in den internationalen Organisationen stärker zur Geltung kommen. Moderne und traditionelle Technologien sollten sinnvoll verknüpft eingesetzt werden. Die Entwicklung eines Landes habe harmonisch und somit planmäßig zu erfolgen. Alle an Entwicklungsprojekten Beteiligten sollten in einen Dialog eintreten.

Diese Zielvorgaben lesen sich wie eine Zusammenfassung all jener Klagepunkte, die seit Jahrzehnten von Nichtregierungsorganisationen und Entwicklungsländervertretern immer wieder vorgetragen worden sind. Zur Realisierung dieser Prinzipien müssen allerdings viele Voraussetzungen erfüllt sein: Durch Erziehung und Ausbildung müssen Menschen in die Lage versetzt werden, einen eigenen Beitrag zur Entwicklung zu leisten; der demographischen Herausforderung kann nur durch freiwillige Familienplanung begegnet werden; durch klare Rechtsmaßnahmen hinsichtlich des Eigentums an Grund und Boden muß die Abwanderung in die Städte gedrosselt sowie das Interesse an Investitionen und Umweltschutz geweckt werden; die Entwicklungsfinanzierung sollte nichtstaatliche Organisationen (Vereine, Kirchen, Kooperativen) mit einbeziehen, da diese die Verhältnisse und die Bedürfnisse der Menschen vor Ort am besten kennen; schließlich müssen Entwicklungsstiftungen zur Mittelvergabe an die Bedürftigsten und weitere Institutionen zur Umsetzung dieser Strategien gegründet werden.

Angesichts der ins schier Unermeßliche wachsenden Probleme hat nach den weltpolitischen Umbrüchen der neunziger Jahre das Nachdenken über Grundfragen der Entwicklungsproblematik neu eingesetzt. Sehr viel stärker als früher wird nach der ethischen Dimension des Entwicklungsbegriffs gefragt.[138] Außerdem läßt sich in der neueren entwicklungspolitischen Diskussion ein doppelter Paradigmenwechsel feststellen: Während früher den externen Faktoren (koloniales Erbe, weltwirtschaftliche Rahmenbedingungen) breiter Raum gewidmet wurde, erfahren neuerdings die internen Faktoren wie Korruptheit und Korrumpierbarkeit von Eliten in den Entwicklungsländern stärkere Beachtung; die frühere Betonung der wirtschaftlichen Aspekte von Entwicklung ist weitgehend von der Frage nach Demokratisierung abgelöst worden.

So überzeugend die gängigen entwicklungstheoretischen Vorstellungen und die damit verbundene Entwicklungshilfepolitik auch kritisiert werden können, so schwer ist es andererseits, Verbesserungsvorschläge in die Praxis umzusetzen. Natürlich sollten kleptokratische Eliten nicht weiter unterstützt, dafür Märkte geöffnet werden; humanitäre Hilfe ist wichtig; Eigeninteressen müssen geweckt und gefördert, realistische Wechselkurse durchgesetzt werden. Aber wie können solche Vorschläge umgesetzt werden? Patentrezepte gibt es nicht, einfache Antworten sind zumeist falsche Antworten.

Staatliche Entwicklungshilfe wird häufig – das Bundesministerium für Wirtschaftliche Zusammenarbeit verfährt so – an die Erfüllung bestimmter Kriterien gebunden: Einhaltung der Menschenrechte, Gewährleistung rechtsstaatlicher Verhältnisse, Teilhabe der Bürger an der politischen Willensbildung, Schaffung marktwirtschaftlicher Strukturen, entwicklungsfördernde Eigenanstrengungen der Empfängerländer.[139] Sicherlich ist eine gebundene Mittelvergabe angebracht, vor allem, um dem Ziel einer am Menschen orientierten »nachhaltigen Entwicklung« näherzukommen. Problematisch sind allerdings wirtschaftspolitische Auflagen, zumal da der Wirkungszusammenhang von Ordnungspolitik und Entwicklung noch weitgehend ungeklärt ist.

Grundsätzlich ist bei Auflagen zweierlei zu beachten: Zum einen leitet sich aus dem Souveränitätsprinzip der Staaten das Verbot zur Intervention in die »inneren Angelegenheiten« ab; zum anderen folgt für viele Industrieländer aus dem Prinzip der Universalität der Menschenrechte das Recht (und die Pflicht) zur Einmischung in die »inneren Angelegenheiten« eines Staates.

1996 stimmten die Entwicklungsländer auf der neunten UNCTAD-Konferenz in Midrand bei Johannesburg den Vorschlägen der wirtschaftsstarken G7-Länder zu, ihre Märkte der Informationstechnologie zu öffnen, Privatinvestitionen verstärkt zu fördern, ein günstiges Investitionsklima und eine auf Wettbewerb beruhende Rechtsordnung zu schaffen. Dies war zweifellos ein Durchbruch wirtschaftsliberaler Konzepte, wobei die von den Entwicklungsländern betonten sozialen Aspekte vorerst unberücksichtigt blieben. Soll von einer *nachhaltigen* Entwicklung gesprochen werden, wird aber gerade diesem Komplex mehr Aufmerksamkeit geschenkt werden müssen.

Sorgten früher die beiden Blöcke für klare Fronten, so verschwimmen auf den internationalen Konferenzen längst die Linien. In gewisser Weise hat sich auch die »Gruppe der 77« überlebt, die einst gegründet worden war, um dem Westen politische und wirtschaftliche Zugeständnisse abzutrotzen. Wachsende regionale Interessengegensätze und ein sich stetig vergrößernder Abstand zwischen den Ärmsten und den aufstrebenden Schwellenländern gefährden den Zusammenhalt. Nach außen treten sie zwar noch als Einheit auf, aber intern – etwa auf der Habitat-Konferenz 1996 in Istanbul – werden die Unterschiede offenbar, wenn sich Vertreter von Ländern der »Gruppe der 77« gegenseitig widersprechen. Der klassische Nord-Süd-Gegensatz wurde im internationalen Geflecht durch eine regionale Zersplitterung und »Segmentierung« abgelöst.

Es ist schwierig, aber nicht unmöglich, den Teufelskreis von Armut und hohem Bevölkerungswachstum zu durchbrechen. Die Statistiken weisen einen deutlichen Zusammenhang zwischen der Verbesserung der Sozialindikatoren (Lebenserwartung bei Geburt, Kindersterblichkeit, Alphabetisierungsrate) und dem Rückgang des Bevölkerungswachstums aus. Deswegen müssen zuerst das Gesundheitswesen verbessert und das Bildungsniveau gehoben werden. Eine eindeutige Korrelation besteht auch zwischen Entwicklungsniveau und Gebrauch von Verhütungsmitteln: »Während in der Wachstumsregion Südostasien schon 70 bis 80 Prozent der Ehepaare eine der verschiedenen Verhütungsmethoden anwenden, liegt dieser Prozentsatz im subsaharischen Afrika erst bei 14 Prozent. Warum in den Entwicklungsländern in den letzten drei Jahrzehnten die Kinderzahl je Paar von 6,1 auf 3,5 zurückging, ist wesentlich (aber nicht allein) darauf zurückzuführen, daß die Zahl der Paare, die Verhütungsmittel benutzen, von 14 Prozent auf 57 Prozent gestiegen ist.«[140] Die Situation in den Schwellenländern belegt freilich auch, daß Entwicklung das Bevölkerungswachstum weit effizienter drücken kann als alle Verhütungsmittel.

Besonders dringlich ist die Entwicklung in ländlichen Räumen. In Afrika etwa leben 85 Prozent der Bevölkerung auf dem Land. Bisher wurden sie jedoch zugunsten der städtischen Bevölkerung vernachlässigt, da die Regierungen vieler Staaten für ihren Machterhalt vor allem auf die Loyalität der Großstadtbevölkerungen angewiesen waren. Diese Unterstützung wurde auch durch eine Senkung der Preise für Grundnahrungsmittel erkauft, was den erzeugenden Bauern wiederum den Anreiz nahm, über den Eigenbedarf hinaus zu produzieren. [141] Entgegen der landläufigen Meinung besitzen viele afrikanische Staaten genügend landwirtschaftliche Nutzflächen, um ihre Bevölkerung zu ernähren. Es bedarf vor allem der schonenden Nutzung des Bodens, eines arbeitsintensiven Landbaus und attraktiver Preisgefüge, um der Agrarfrage etwas von ihrer Brisanz zu nehmen.

Läßt man die in diesem Buch genannten Hauptprobleme und ihre entwicklungspolitischen Lösungsvorschläge am Ende noch einmal Revue passieren, so bleibt eine merkwürdige Ambivalenz. Je intensiver man sich mit Problemen der Dritten Welt befaßt, desto unsicherer wird man, ob man an Verbesserungsmöglichkeiten glauben soll oder an den Gegebenheiten verzweifeln muß. Die beiden Schlüsselbegriffe dieses Buches – »Aufbruch« und »Elend« in der Dritten Welt – beschreiben diese Ambivalenz. Sie spiegeln zugleich die verschiedenen Positionen der Fachliteratur: »Pessimisten« und »Optimisten« stehen sich, jeweils mit bedenkenswerten Argumenten, gegenüber.

Zwei neuere entwicklungspolitische Werke umfassen in je eigener Weise die riesige Bandbreite von Hoffnung und Verzweiflung. Manfred Wöhlcke kommt in seinem Verfalls- und Selbstzerstörungsszenario zu folgendem Ergebnis: »Die Lage ist schlimm, aber es kommt noch schlimmer. Man kommt der Wahrheit wohl am nächsten, wenn man das Allerschlimmste annimmt. Die menschliche Zivilisation wird der Entropie zum Opfer fallen, wobei es keinen Raum für Zuversicht gibt [...]. Es gibt immer mehr – und längst viel zu viele – Menschen, und von diesen beschäftigen sich immer weniger mit konstruktiven Dingen. Einer rätselhaften Gesetzmäßigkeit folgend, testen wir gleichzeitig alle Wege, die in den Untergang führen. Im Grunde ist es gleichgültig, welcher dieser Wege das Ende letztlich herbeiführen wird. Wenn wir wollen, daß alles gut wird, müßten viele Dinge geändert werden, aber sie können nicht geändert werden, weil die kollektive Intelligenz, die der individuellen Intelligenz in vielen Bereichen überlegen ist, ausgerechnet bei der Frage nach dem Überleben der Menschheit versagt [...]. Es gibt viele zwanghafte Optimisten, die der Meinung sind, daß es schon irgendwie weitergehen wird, weil es immer irgendwie weitergeht. Schön wär's! Die Zukunft wird in der Gegenwart vorbereitet und beginnt *jetzt*. Sie zeigt einen stabilen Trend in die falsche Richtung. Damit beginnt auch das Ende eines schönen Traums. Die Vertreibung aus dem Paradies mündet im Nichts. Der größere Teil der Menschheit marschiert grölend in die Katastrophe; der kleinere Teil resigniert in der angemessenen Mischung aus Ratlosigkeit und Weisheit. Es ist zu spät, um noch Kraft aus der Verzweiflung zu schöpfen.«[142]

Dem hält Franz Nuscheler entgegen: »Warum dieses Buch auch am Schluß nicht in Katastrophenszenarien und Weltuntergangsprophetien schwelgt, hat zwei wesentliche Gründe: Erstens gibt es im Süden nicht nur Rückschritte, sondern auch bemerkenswerte Fortschritte und hoffnungsvolle Ansätze zur Bewältigung von Überlebensproblemen [...]. Der Zwang zur Überlebenssicherung schuf eine ›Kultur der Armut‹ mit eigenen Lebensformen, Bedürfnisstrukturen und Regeln des Zusammenlebens. Afrika ist viel lebendiger als die üblichen Berichte von Kriegen, Hunger und Katastrophen vermuten lassen. Ein zweiter

Grund für die Gegenrede zum entwicklungspolitischen Defätismus liegt in den Chancen der Entwicklungspolitik. [...] Es geht nicht um das Können, sondern um das Wollen. Die Aktionsprogramme der Weltkonferenzen von Rio, Kairo und Kopenhagen konkretisierten in einzelnen Problemfeldern das Prinzip Hoffnung, das Willy Brandt in der Einleitung zum Brandt-Bericht (1980) so formuliert hatte: ›Noch nie hat die Menschheit über so vielfältige technische und finanzielle Ressourcen verfügt, um mit Hunger und Armut fertigzuwerden. Die gewaltige Aufgabe läßt sich meistern, wenn der notwendige gemeinsame Wille mobilisiert wird.‹«[143]

Anmerkungen

Einleitung

1 Vgl. Manfred Loimeier, Zum Beispiel Ken Saro-Wiwa. Göttingen 1996.
2 Wole Soyinka, Der letzte Diktator Nigerias. In: Manfred Loimeier, Zum Beispiel Ken Saro-Wiwa. Göttingen 1996, S. 38 f.
3 Ken Saro-Wiwa, Schlußwort vor dem vom Militär eingesetzten Sondertribunal in Port Harcourt, Rivers State, Nigeria. In: Ken Saro-Wiwa, Flammen der Hölle. Nigeria und Shell. Der schmutzige Krieg gegen die Ogoni. Reinbek bei Hamburg 1996, S. 254 f.
4 Zu Ken Saro-Wiwas Leben vgl. William Boyd, Einleitung. In: Ken Saro-Wiwa, Flammen der Hölle. Nigeria und Shell. Der schmutzige Krieg gegen die Ogoni. Reinbek bei Hamburg 1996, S. 10–18.
5 Ebd., S. 63.
6 Vgl. Detlef Pypke, »Sie nahmen uns die Nacht«. In: Der Spiegel vom 9. 10. 1995, S. 126–129.
7 Vgl. Heinrich Bergstresser und Sibylle Pohly-Bergstresser, Nigeria. München 1991; Herbert Kaufmann, Nigeria. Bonn 1962; Joseph Ki-Zerbo, Die Geschichte Schwarzafrikas. Wuppertal 1979.
8 Zur Problematik von Demokratisierung und Menschenrechten vgl. Claus-Dieter König, Zivilgesellschaft und Demokratisierung in Nigeria. Hamburg 1994.

Kapitel 1

1 Axelle Kabou, Weder arm noch ohnmächtig. Eine Streitschrift gegen schwarze Eliten und weiße Helfer. Basel 1993.
2 Pierre Pradervand, Afrika lebt. Die stille Revolution der afrikanischen Bauern. Zürich 1994. Zu »Überlebensstrategien von afrikanischen Kleinbauern und Nomaden« vgl. auch Thomas Bierschank und Georg Elwert (Hg.), Entwicklungshilfe und ihre Folgen. Ergebnisse empirischer Untersuchungen in Afrika. Frankfurt am Main 1994.
3 Richard F. Behrendt, Die Zukunft der Entwicklungsländer als Problem des Spätmarxismus. In: Michael Bohnet (Hg.), Das Nord-Süd-Problem. München 1971, S. 86–101.
4 Ulrich Menzel, Das Ende der Dritten Welt und das Scheitern der großen Theorie. Frankfurt am Main 1992. Zur Krise der Entwicklungspolitik und damit auch zur Fragwürdigkeit der verwendeten Begrifflichkeiten vgl. auch die provokativen Thesen in Wolfgang Sachs (Hg.), Wie im Westen so auf Erden. Ein polemisches Handbuch zur Entwicklungspolitik. Reinbek bei Hamburg 1993.

[5] Zu folgendem vgl. Reimer Gronemeyer (Hg.), Der faule Neger. Vom weißen Kreuzzug gegen den schwarzen Müßiggang. Reinbek bei Hamburg 1991. Auf die enorme Erblast des Kolonialismus für die fehlende Entwicklung in der Dritten Welt verweisen auch Frank Bliss, Eckehard Ehrenberg und Ernst A. Schmied, Entwicklung und Abhängigkeit. Eine Einführung zur entwicklungspolitischen Bildung. Bad Honnef 1993.

[6] So Asit Datta, Welthandel und Welthunger. München 1993, S. 8.

[7] Pearson-Bericht: Bestandsaufnahme und Vorschläge zur Entwicklungspolitik. Wien 1969. Dieser Vorwurf wird von Entwicklungsexperten auch heute noch erhoben. Neuerdings übt der derzeitige Generalsekretär des *Club of Rome*, Bertrand Schneider, in seinem Buch: Krieg der Hütten. Der Nord-Süd-Skandal: Wie die Industrienationen die armen Länder ausbeuten. München 1995, schonungslose Kritik an den Inhalten und Praktiken der auch zur Förderung von Eigeninteresse und zur Beruhigung des Gewissens geleisteten Entwicklungshilfe.

[8] Vgl. z. B. Siegfried Kohlhammer, Auf Kosten der Dritten Welt? Göttingen 1993.

[9] Hierzu und zum folgenden vgl. Manfred Meyer, Mit weichen Währungen keine Zukunft. In: Frankfurter Allgemeine Zeitung vom 17. 4. 1996, S. 14.

[10] Zum folgenden vgl. Franz Nuscheler, Lern- und Arbeitsbuch Entwicklungspolitik. Bonn 1996, S. 68–91.

[11] Paul Kevenhörster und Dirk van den Boom (Hg.), Afrika. Stagnation oder Neubeginn? Studien zum politischen Wandel. Münster 1996, S. 1 ff.

[12] Dieter Eich, Die strategischen Rohstoffe. Wuppertal 1988, S. 77.

[13] Peter Nunnenkamp, Die wirtschaftlichen Beziehungen zwischen Industrie- und Entwicklungsländern. In: Bundeszentrale für politische Bildung, Aus Politik und Zeitgeschichte B 33/34 (1987), S. 20–34.

[14] Axel Borsdorf, Dritte Welt und Weltwirtschaft. Stuttgart 1989, S. 118.

[15] Manfred Mols, Entwicklungsdenken und Entwicklungspraxis in Lateinamerika, Südostasien und Indien – Gemeinsamkeiten und Unterschiede. In: Peter Birle und Manfred Mols (Hg.), Entwicklungsdiskussion und Entwicklungspraxis in Lateinamerika, Südostasien und Indien. Münster 1993, S. 229–276.

[16] Anneliese Herrmann, Strengere Regeln für den Welthandel. Chancen für weniger Protektionismus? In: IFO-Schnelldienst 3 (1995), S. 3–11.

[17] E. von Pilgrim, Rohstoffpreise bis zuletzt gesunken. In: IFO-Schnelldienst Nr. 7/8 (1995), S. 3–12.

[18] Als »Kardinalproblem« der Nord-Süd-Beziehungen wird die Schuldenproblematik in dem Sammelband von Asit Datta (Hg.), Die neuen Mauern. Krisen der Nord-Süd-Beziehung. Wuppertal 1993, interpretiert.

[19] Franz Nuscheler, Lern- und Arbeitsbuch Entwicklungspolitik. Bonn 1996, S. 312.

[20] CEPAL, External Debt in Latin America: Adjustment Policies and Renegotiations. Santiago de Chile 1985.

[21] Klaus Schröder, Der Weg in die Verschuldungskrise. In: Aus Politik und Zeitgeschichte B 33–34/88 vom 12. 8. 1988, S. 3- 12.

[22] Zum brasilianischen Beispiel vgl. Hartmut Sangmeister, Wirtschaftliche und politische Dimensionen der brasilianischen Verschuldungskrise: Gewinner, Verlierer und Opfer. In: Ibero-Amerikanisches Archiv 15/3 (1989), S. 297–312.

[23] Walter Eberlei, Wege aus der Schuldenkrise: Perspektiven und Optionen für die Großschuldner Lateinamerikas. Duisburg 1991.

[24] Barry Eichengreen und Peter Lindert (Hg.), The International Debt Crisis in Historical Perspective. Cambridge, Mass. 1989.

[25] Franz Nuscheler, Lern- und Arbeitsbuch Entwicklungspolitik. Bonn 1996, S. 317–324.

[26] Louis Emmerij und Enrique Iglesias (Hg.), Restoring Financial Flows to Latin America. Paris 1991.

[27] Vgl. etwa Paul Sandner und Michael Sommer, Banken, Kredite und die »Dritte Welt«. Bd. I: Verschuldung als moderne Form der Ausbeutung? Stuttgart 1992, bes. S. 52.

[28] Willy Brandt, Der organisierte Wahnsinn. Köln 1985, S. 148 ff.

[29] R. E. Feinberg und Ricardo Ffrench-Davis (Hg.), Development and External Debt in Latin America. South Bend, Indiana 1988.

[30] Hartmut Sangmeister, Das Verschuldungsjahrzehnt. Krisenmanagement und Strukturanpassung in Lateinamerika. In: Lateinamerika Jahrbuch 1992, hg. von Albrecht von Gleich u.a. Frankfurt am Main 1992, S. 13–42, hier S. 15.

[31] Ricardo Ffrench-Davis und R. Devlin, Una Breve Historia de la Crisis de la Deuda Latinoamericana. Santiago de Chile 1992. Vgl. auch Reinhard Liehr (Hg.), La deuda pública en América Latina en perspectiva histórica. The Public Debt in Latin America in Historical Perspective. Frankfurt am Main 1995.

[32] Susan George, Der Schuldenbumerang. Reinbek bei Hamburg 1993.

[33] Franz Nuscheler, Lern- und Arbeitsbuch Entwicklungspolitik. Bonn 1996, S. 321–324.

[34] Hartmut Sangmeister, Lateinamerikas soziale Schuld. In: Aus Politik und Zeitgeschichte B4–5/94 vom 28. 1. 1994, S. 20.

[35] Volker Hauff (Hg.), Unsere gemeinsame Zukunft. Der Brundtland-Bericht der Weltkommission für Umwelt und Entwicklung. Greven 1987, S. 46.

[36] In dem Sammelband des Instituts für Auslandsbeziehungen (Hg.), Entwicklung – wohin? Ökonomische, politische, kulturelle und ökologische

Aspekte der Zusammenarbeit mit der »Dritten Welt«. Stuttgart 1991 (= Zeitschrift für Kulturaustausch 4 [1991]) verweist Hans-Jürgen Harborth darauf, daß der gegenwärtige Lebensstandard in den Industrieländern nur dadurch aufrechterhalten werden kann, daß er nur von einer Minderheit der Weltbevölkerung genossen wird. Globales Überleben sei langfristig nur gesichert, wenn dieser »oligarchische Lebensstil« abgebaut werde. Solange aber die Industrieländer damit nicht anfangen, werden die Entwicklungsländer den Rat, im Interesse der Umwelt einen anderen Entwicklungsweg zu gehen, als Heuchelei zurückweisen. Ähnlich argumentiert Karl Bruckmeier, Strategien globaler Umweltpolitik. »Umwelt und Entwicklung« in den Nord-Süd-Beziehungen. Münster 1994.

37 Peter J. Opitz (Hg.), Grundprobleme der Entwicklungsländer. München 1991, S. 230f.

38 Helmut Thielen, Die Einsamkeit der Dritten Welt. Ökonomisch-ökologische Wege aus der Krise des Südens. Bad Honnef 1992, sucht den entwicklungstheoretischen und -politischen Ausweg aus der Krise in den landwirtschaftlichen Räumen der Entwicklungsländer in einer »ruralökologischen Entwicklung«, deren Konkretisierung allerdings nur mangelhaft erfolgt.

39 Manfred Wöhlcke, Umweltzerstörung und Ressourcenplünderung. In: Peter J. Opitz (Hg.), Grundprobleme der Entwicklungsländer. München 1991, S. 222–244.

40 Dirk Kloss, Umweltschutz und Schuldentausch. Neue Wege der Umweltschutzfinanzierung am Beispiel lateinamerikanischer Tropenwälder. Frankfurt am Main 1994, S. 18.

41 Volker Hauff (Hg.), Unsere gemeinsame Zukunft. Der Brundtland-Bericht der Weltkommission für Umwelt und Entwicklung. Greven 1987, S. 152.

42 Josef Herkendell und Eckehard Koch, Bodenzerstörung in den Tropen. München 1991, S. 10–14.

43 Günter Winckler, Desertifikation in den Trockenzonen Afrikas. In: Internationales Afrikaforum 2 (1990), S. 145–149, hier S. 146.

44 Josef Herkendell und Eckehard Koch, Bodenzerstörung in den Tropen. München 1991, S. 11.

45 Hannsjörg Wöll, Die westafrikanischen Feuchtwälder. Bewirtschaftung und Erhaltung – ein Widerspruch? In: Internationales Afrikaforum 2 (1990), S. 151–160, hier S. 153.

46 Manfred Wöhlcke, Der Fall Lateinamerika – Die Kosten des Fortschritts. München 1989, S. 81.

47 Manfred Wöhlcke, Umweltzerstörung und Ressourcenplünderung. In: Peter J. Opitz (Hg.), Grundprobleme der Entwicklungsländer. München 1991, S. 222–244, hier S. 227.

48 Reinhard Wesel, Landwirtschaft und Ernährung. In: Peter J. Opitz (Hg.), Grundprobleme der Entwicklungsländer. München 1991, S. 93–117, hier S. 101.
49 Ebd., S. 106.
50 Neue Zürcher Zeitung vom 26. 10. 1995, S. 48.
51 Hannsjörg Wöll, Die westafrikanischen Feuchtwälder. Bewirtschaftung und Erhaltung – ein Widerspruch? In: Internationales Afrikaforum 2 (1990), S. 151–160, hier S. 154 f.
52 Volker Hauff (Hg.), Unsere gemeinsame Zukunft. Der Brundtland-Bericht der Weltkommission für Umwelt und Entwicklung. Greven 1987, S. 260.
53 Dieter Uthoff, Das Nahrungspotential der Meere – Ein Beitrag zur Lösung der Ernährungsprobleme in der Dritten Welt? In: Edmund Gormsen und Andreas Thimm (Hg.), Armut und Armutsbekämpfung in der Dritten Welt. Mainz 1990, S. 161–191, hier S. 162,176.
54 Volker Hauff (Hg.), Unsere gemeinsame Zukunft. Der Brundtland-Bericht der Weltkommission für Umwelt und Entwicklung. Greven 1987, S. 261 ff.
55 Dieter Uthoff, Das Nahrungspotential der Meere – Ein Beitrag zur Lösung der Ernährungsprobleme in der Dritten Welt? In: Edmund Gormsen und Andreas Thimm (Hg.), Armut und Armutsbekämpfung in der Dritten Welt. Mainz 1990, S. 161–191, hier S. 161 ff.
56 Weltbank (Hg.), Weltentwicklungsbericht 1992 – Entwicklung und Umwelt. Washington 1992, S. 60 ff.
57 Manfred Wöhlcke, Der Fall Lateinamerika – Die Kosten des Fortschritts. München 1989, S. 69 ff.
58 Weltbank (Hg.), Weltentwicklungsbericht 1992 – Entwicklung und Umwelt. Washington 1992, S. 63.
59 Ebd., S. 67 f.
60 Manfred Wöhlcke, Der Fall Lateinamerika – Die Kosten des Fortschritts. München 1989, S. 78.
61 Jacob Emmanuel Mabe und Julian Nida-Rümelin, Energie – Probleme und Perspektiven in den Entwicklungsländern. In: Peter J. Opitz (Hg.), Grundprobleme der Entwicklungsländer. München 1991, S. 154–175, hier S. 164.
62 Ebd., S. 160.
63 Weltbank (Hg.), Weltentwicklungsbericht 1992 – Entwicklung und Umwelt. Washington 1992, S. 139.
64 Jacob Emmanuel Mabe und Julian Nida-Rümelin, Energie – Probleme und Perspektiven in den Entwicklungsländern. In: Peter J. Opitz (Hg.), Grundprobleme der Entwicklungsländer. München 1991, S. 154–175, hier S. 174.
65 Dirk Kloss, Umweltschutz und Schuldentausch. Neue Wege der Um-

weltschutzfinanzierung am Beispiel lateinamerikanischer Tropenwälder. Frankfurt am Main 1994, S. 73.

66 Susan George, Sie sterben an unserem Geld – Die Verschuldung in der Dritten Welt. Reinbek bei Hamburg 1990, S. 209.

67 Helmut Schreiber, »Debt-for-Nature-Swap« – An Instrument against Debt and Environmental Destruction? In: Zeitschrift für Umweltpolitik und Umweltrecht 4 (1989), S. 331–352, hier S. 332.

68 Dirk Kloss, Umweltschutz und Schuldentausch. Neue Wege der Umweltschutzfinanzierung am Beispiel lateinamerikanischer Tropenwälder. Frankfurt am Main 1994, S. 110.

69 Ebd., S. 112.

70 Ebd., S. 114.

71 Paul Kennedy, Preparing for the Twenty-First Century. London 1993, S. 193.

72 Weltbank, Weltentwicklungsbericht 1995. Washington D.C. 1995.

73 United Nations Development Program [UNDP], Bericht über die menschliche Entwicklung 1994. Bonn 1994, S. 42.

74 OECD, The Newly Industrialising Countries. Paris 1988.

75 UNCTAD, Trade and Development Report 1994. New York 1994, S. 49.

76 Weltbank, Weltentwicklungsbericht 1995. Washington D.C. 1995, S. 188 ff.

77 World Bank, The East Asian Miracle. Washington D.C. 1993. Eine ausführliche Diskussion dieses vielbeachteten Berichts erschien in der Zeitschrift World Development 22/4 (1994).

78 Hierzu Werner Draguhn (Hg.), Neue Industriekulturen im pazifischen Asien. Eigenständigkeiten und Vergleichbarkeit mit dem Westen. Hamburg (Institut für Asienkunde) 1993.

79 Vgl. hierzu Frank B. Tipton, Neuere Arbeiten zur Wirtschafts- und Sozialgeschichte Asiens. In: Geschichte und Gesellschaft 22 (1996), S. 267–298.

80 Zitiert nach Economist vom 13. 4. 1996, S. 63.

81 Vgl. Weltbank, Weltentwicklungsbericht 1990. Washington D.C. 1990, S. 171.

82 Klaus Eßer, Neue Konzepte zum Erfolg. Die wirtschaftlichen Herausforderungen Lateinamerikas in den neunziger Jahren. In: Detlef Junker u.a. (Hg.), Lateinamerika am Ende des 20. Jahrhunderts. München 1994, S. 172.

83 Die Zeit vom 26. 4. 1996, S. 9 ff.

84 Siehe dazu ausführlich die Studie der Weltbank. The World Bank, Global Economic Prospects and the Developing Countries. Washington D.C. 1995.

85 Vgl. UNDP, Bericht über die menschliche Entwicklung 1995. Bonn 1995.

[86] Zur jüngsten Entwicklung Haitis vgl. Walther L. Bernecker, Kleine Geschichte Haitis. Frankfurt am Main 1996.

[87] Vgl. dazu Udo E. Simonis, Least Developed Countries – Newly Defined. In: Khushi M. Khan (Hg.), Die ärmsten Länder in der Weltwirtschaft. Hamburg 1992, S. 17–29.

[88] Zu den Konferenzen und deren Vorgeschichte und Ablauf vgl. Khushi M. Khan (Hg.), Die Konferenz der Vereinten Nationen über die am wenigsten entwickelten Länder. Hamburg 1982; Konrad Melchers, Die Zweite Konferenz der Least Developed Countries. In: Khushi M. Khan (Hg.), Die ärmsten Länder in der Weltwirtschaft. Hamburg 1992, S. 179–204.

[89] Khushi M. Khan (Hg.), Die Konferenz der Vereinten Nationen über die am wenigsten entwickelten Länder. Hamburg 1982, S. 55.

[90] UNCTAD, Paris Declaration and Program of Action for the Least Developed Countries for the 1990s. New York 1992, S. 8 f.

[91] UNCTAD, Trade and Development Report 1995. New York 1995, S. 13. Mit der Situation der LLDC beschäftigt sich ausführlich der jährlich von der UNCTAD herausgegebene Bericht ›The Least Developed Countries‹.

[92] ODA (*Official Development Assistance,* Öffentliche Entwicklungshilfe) ist die Bezeichnung für Entwicklungshilfemittel, sofern sie nach den Kriterien des Entwicklungshilfe-Ausschusses der OECD ein Zuschußelement von mindestens 25 Prozent gegenüber kommerziellen Kreditbedingungen haben.

[93] UNDP, Bericht über die menschliche Entwicklung 1995. New York 1995, S. 173 ff.

[94] Vgl. die Rede Nelson Mandelas vor dem Deutschen Bundestag am 22. Mai 1996, abgedruckt in: Das Parlament vom 31. 5. 1996, S. 2 f.

Kapitel 2:

[1] Zit. nach Franz Nuscheler, Lern- und Arbeitsbuch Entwicklungspolitik. Bonn 1996, S. 51.

[2] Zu Definitionen von Hunger und Ernährungsproblemen vgl. Peter von Blanckenburg, Welternährung. Gegenwartsprobleme und Strategien für die Zukunft. München 1986.

[3] Zu folgendem vgl. Rainer Flöhl, Das Seuchenrisiko. In: Frankfurter Allgemeine Zeitung vom 29. 5. 1996, S. 1.

[4] In dem Band der Deutschen Welthungerhilfe (Hg.), Hunger. Ein Report. Bonn 1993, wird jegliche Hoffnung auf eine schnelle Beseitigung des Hungers, wie sie noch vor zwanzig Jahren mit der Fixierung auf die »Große Revolution« ihr euphorisches Zeichen fand, aufgegeben.

[5] Peter von Blanckenburg, Welternährung. Gegenwartsprobleme und Strategien für die Zukunft. München 1986, S. 61 ff.

[6] Zum folgenden vgl. Hartmut Sangmeister, Wirtschaftliche und politische Dimensionen der brasilianischen Verschuldungskrise. Gewinner, Verlierer und Opfer. In: Ibero-Amerikanisches Archiv 15/3 (1989), S. 297–312.

[7] Zum Leben der städtischen Bevölkerung Brasiliens unter den Bedingungen von Massenarmut vgl. Hans Füchtner, Städtisches Massenelend in Brasilien. Seine Entstehungsgeschichte, Ursachen und Absicherung durch politische Herrschaft und soziale Kontrolle. Mettingen 1991.

[8] Zu folgendem vgl. Joachim von Braun, Hunger und Armut in den Entwicklungsländern. In: Aus Politik und Zeitgeschichte B 24–25/96 vom 12. 6. 1996, S. 27–35.

[9] Vgl. The World Bank, World Development Report 1995. Oxford, New York 1995.

[10] Weltbevölkerungsbericht 1996. Welt im Wandel. Bevölkerung, Entwicklung und die Zukunft der Stadt. Bonn 1996, S. 1.

[11] Zu den Wachstumsperspektiven der Megastädte in der Dritten Welt vgl. Metropolen. Zufluchtsort der Armen. In: Der Spiegel vom 3. 6. 1996, S. 156–171.

[12] Vgl. das monographische Heft zur »strukturellen Armutsbekämpfung« der von der Deutschen Stiftung für Internationale Entwicklung herausgegebenen Zeitschrift E+Z (Entwicklung und Zusammenarbeit) 37/5–6 (1996).

[13] Vgl. Fred Scholz, Hilfe zur Selbsthilfe. Wirkungsvolle Ansätze zur Armutsbekämpfung. In: Geographische Rundschau 45/5 (1993), S. 284–289.

[14] Weltbank, Weltentwicklungsbericht 1990. Die Armut. Bonn 1990.

[15] Bronislaw Geremek, Geschichte der Armut. München 1988.

[16] Hierzu Carola Donner-Reichle, Nach dem Weltsozialgipfel. In: E+Z 37/5–6 (1996), S. 152 f.

[17] Hierzu vgl. Carola Kaps, Agrarforscher im Kampf gegen den Hunger. In: Frankfurter Allgemeine Zeitung vom 18. 9. 1993, S. 13.

[18] Carola Kaps, Das kostbare Naß – in vielen Teilen der Erde herrscht Wassernot. In: Frankfurter Allgemeine Zeitung vom 25. 3. 1996, S. 12.

[19] Zur Grameen-Bank und zur Kritik an ihren Methoden vgl. Karin Adelmann, Kredit als Menschenrecht. In: Publik-Forum (Zeitschrift kritischer Christen, Oberursel) Nr. 12 vom 28. 6. 1996, S. 19 f.

[20] Vgl. Thomas Fues, Soziale Prioritäten in der Entwicklungszusammenarbeit. Die 20:20-Initiative im Umsetzungsprozeß. Hg. vom NRO-Forum Weltsozialgipfel. Bonn (Friedrich-Ebert-Stiftung) 1996.

[21] Joachim von Braun, Hunger und Armut in den Entwicklungsländern.

Dimensionen, Fortschritte und Lehren aus erfolgreicher Politik. In: Aus Politik und Zeitgeschichte B 24–25/96 vom 12. 6. 1996, S. 35.

22 Grundlegend zum Zusammenhang von Armut und menschlicher Entwicklung: Bericht über die menschliche Entwicklung 1996, hg. von der Deutschen Gesellschaft für die Vereinten Nationen. Bonn 1996.

23 Franz Nuscheler und Ernst Fürlinger (Hg.), Weniger Menschen durch weniger Armut? Bevölkerungswachstum – globale Krise und ethische Herausforderung. Salzburg 1994.

24 Zit. nach E+Z 35/8 (1994), S. 187.

25 Einen guten Überblick über viele Aspekte der Bevölkerungsentwicklung liefert: Weltbevölkerung und Entwicklung. Die Herausforderungen des globalen Bevölkerungswachstums, hg. von der Deutschen Gesellschaft für die Vereinten Nationen. Bonn 1993/94. Vgl. auch Weltbevölkerung. Wird der Mensch zur Plage? Hamburg 1994 (= ZEIT-Punkte Nr. 4, 1994).

26 Vgl. Habitat-Konferenz in Istanbul. In: Frankfurter Allgemeine Zeitung vom 3. 6. 1996, S. 9.

27 Vgl. Metropolen. Zufluchtsort der Armen. In: Der Spiegel vom 3. 6. 1996, S. 156–171.

28 Leo Wieland, Mexikos bezaubernde Metropole wächst, dürstet und atmet schwer. In: Frankfurter Allgemeine Zeitung vom 26. 6. 1996, S. 3.

29 Vgl. Thomas Reichart, Im Sog der Riesenstädte. In: Frankfurter Allgemeine Zeitung vom 1. 6. 1996, S. 15.

30 Zur Verstädterung Lateinamerikas vgl. Jürgen Bähr und Günter Mertins, Die lateinamerikanische Großstadt. Verstädterungsprozesse und Stadtstrukturen. Darmstadt 1995.

31 Angaben nach Gerd Kohlhepp, Bevölkerungswachstum und Verstädterung in Lateinamerika. In: Hans-Georg Wehling (Redaktion), Lateinamerika. Stuttgart 1982, S. 84.

32 Nach Josef Schmid, Bevölkerung. In: Dieter Nohlen und Peter Waldmann (Hg.), Dritte Welt. Gesellschaft – Kultur – Entwicklung. München 1987, S. 95–105; vgl. auch Herwig Birg, Die Weltbevölkerung. Dynamik und Gefahren. München 1996.

33 Zit. nach E+ Z 35/8 (1994), S. 187.

34 Die folgende Zusammenfassung nach Marion Muhr, Überbevölkerung gebannt? In: Das Parlament vom 14. 7. 1995, S. 14.

35 Josef Schmid, Bevölkerung. In: Dieter Nohlen und Peter Waldmann (Hg.), Dritte Welt. Gesellschaft – Kultur – Entwicklung. München 1987, S. 101 f.

36 Für eine Kombination von Entwicklung und Geburtenkontrolle im Rahmen einer »armutsorientierten Weltsozialpolitik« zur Begrenzung des Bevölkerungswachstums plädieren Franz Nuscheler und Ernst Fürlinger (Hg.), Weniger Menschen durch weniger Armut? Bevölkerungswachstum – globale Krise und ethische Herausforderung. Salzburg 1994.

Auf die Bedeutung des »Kulturrelativismus« als ethische Grundlage jeder Bevölkerungs- und Entwicklungspolitik verweist Klaus M. Leisinger, Hoffnung als Prinzip. Bevölkerungspolitik mit menschlichem Antlitz. Herausgegeben von der Deutschen Stiftung Weltbevölkerung und der Deutschen Welthungerhilfe. Hannover 1994.

37 Vgl. Bryant Robey u.a., Familienplanung in Entwicklungsländern erfolgreich. In: E+Z 35/8 (1994), S. 195–198: »Die Fertilitätsraten sind [in den Entwicklungsländern] viel schneller gefallen als beim demographischen Übergang in Europa. Selbst in armen und von der Entwicklung relativ unberührten Ländern haben neue Anschauungen Fuß gefaßt, und mehr Paare haben kleinere Familien. Die Fruchtbarkeit sank gerade in den achtziger Jahren, als in vielen Entwicklungsländern die Wirtschaft stagnierte oder gar zurückfiel.«

38 Franz Nuscheler, Internationale Migration. Flucht und Asyl. Opladen 1995, S. 19.

39 Hans-Martin Große-Oetringhaus, Kein Platz für Tränen. Geschichten von Kindern in der »Dritten Welt«. Wuppertal 1986, S. 10.

40 Unicef, Zur Situation der Kinder in der Welt 1994. New York 1994, S. 34–37, S. 51 f., Tabellen.

41 Ellen Ismail, Massenmedien im Leben der sudanesischen Frauen. Sankt Augustin 1985, S. 17.

42 Unicef, Zur Situation der Kinder in der Welt 1994. New York 1994, S. 24, S. 76 f.

43 Ebd., S. 78 f.

44 Bernd Wacker (Hg.), Die letzte Chance? Adoptionen aus der Dritten Welt. Reinbek bei Hamburg 1991, S. 71.

45 So wurden, nach einer Untersuchung von *terre des hommes* im indischen Poona, 90 Prozent von zweihundert Kindern aus diesem Grund zur Adoption freigegeben. Vgl. ebd., S. 86 f.

46 Ebd., S. 71–87.

47 Ebd., S. 204.

48 Achim Schrader, Bildung/Ausbildung. In: Dieter Nohlen und Peter Waldmann (Hg.), Dritte Welt. Gesellschaft – Kultur – Entwicklung. München 1987, S. 105–108.

49 Nach Peter Waldmann, Studenten. In: Dieter Nohlen und Peter Waldmann (Hg.), Dritte Welt. Gesellschaft – Kultur – Entwicklung. München 1987, S. 561 f.

50 Giangi Schibotto, Unsichtbare Kindheit. Frankfurt am Main 1993, S. 170 f.

51 Franz Nuscheler, Internationale Migration. Flucht und Asyl. Opladen 1995, S. 57–68, 153 f. Assefa Bequele und Jo Boyden (Hg.), Combating Child Labour. Genf 1988, S. 93–108.

52 Agisra Aktionsgemeinschaft gegen internationale und rassistische Ausbeutung (Hg.), Frauenhandel und Prostitutionstourismus. München 1990, S. 274 f.

53 Ebd., S. 120–136. Zur Situation der Straßenkinder in Lateinamerika gibt es viel Literatur. Vgl. neuerdings Kerstin Schimmel, Straßenkinder in Bolivien. Frankfurt am Main 1994; Manfred Liebel, Wir sind die Gegenwart. Kinderarbeit und Kinderbewegungen in Lateinamerika. Frankfurt am Main 1994; Stefan Roggenbruck, Straßenkinder in Lateinamerika. Frankfurt am Main 1993; Alice Strobl, Tötet unsere Kinder nicht. Vom Schicksal brasilianischer Straßenkinder. Graz 1994; Peter Strack (Hg.), Kein Papst kein Che. Jugendliche in Lateinamerika. Göttingen 1995; Roland E. Jung, Kinder der Welt. Hamburg 1995.

54 Vgl. o.V.: Mehr als 27 Millionen Menschen weltweit auf der Flucht. In: Handelsblatt vom 16. 11. 1995, S. 1.

55 Giangi Schibotto, Unsichtbare Kindheit. Kinder in der informellen Ökonomie. Frankfurt am Main 1993, S. 50 ff.

56 Anne Schneppen, Eine ganze Generation wächst mit grauenhaften Bildern heran. In: Frankfurter Allgemeine Zeitung vom 18. 6. 1996, S. 13.

57 Franz Nuscheler, Internationale Migration. Flucht und Asyl. Opladen 1995, S. 114 f.

58 Zit. nach Hans-Martin Große-Oetringhaus und Franz Nuscheler, Kinderhände. Kinderarbeit in der Dritten Welt. Baden-Baden 1988, S. 147.

59 Unicef, Zur Situation der Kinder in der Welt 1994. New York 1994, S. 12, 34–37.

60 Franz Nuscheler, Internationale Migration. Flucht und Asyl. Opladen 1995, S. 139 ff.; Giangi Schibotto, Unsichtbare Kindheit. Kinder in der informellen Ökonomie. Frankfurt am Main 1993, S. 18 ff.

61 Ebd., S. 136–158.

62 Ekkehard Launer und Renate Wilke-Launer, Zum Beispiel Frauenalltag. Göttingen 1990, S. 17 ff.

63 Giangi Schibotto, Unsichtbare Kindheit. Frankfurt am Main 1993, S. 100.

64 Ebd., S. 13.

65 Klaus Otto Nass, Tropfen auf den heißen Stein. Reportagen und Analysen zum Nord-Süd-Problem. Baden-Baden 1994, S. 59.

66 Christa Wichterich, Frauen in der Dritten Welt. Bonn 1984, S. 37 f.

67 New Internationalist (Hg.), Frauen – Ein Weltbericht. Berlin 1986, S. 79 ff.

68 Ebd.

69 Constanze Stelzenmüller, Das Tabu ist gebrochen. In: Die Zeit vom 1. 9. 1995.

70 Giangi Schibotto, Unsichtbare Kindheit. Frankfurt am Main 1993, S. 101.

71 New Internationalist (Hg.), Frauen – Ein Weltbericht. Berlin 1986, S. 68 f.

72 Christa Wichterich, Frauen in der Dritten Welt. Bonn 1984, S. 42–49.

73 New Internationalist (Hg.), Frauen – Ein Weltbericht. Berlin 1986, S. 71.

74 Unicef, Zur Situation der Kinder in der Welt 1994. New York 1994, S. 86.

75 Jutta Berninghausen und Birgit Kerstan (Hg.), Die unsichtbare Stärke. Frauenarbeit in der Dritten Welt. Entwicklungsprojekte und Selbsthilfe. Saarbrücken 1984, S. 40–43.

76 Ekkehard Launer und Renate Wilke-Launer, Zum Beispiel Frauenalltag. Göttingen 1990, S. 39; Helga Reimann, Frauen. In: Dieter Nohlen und Peter Waldmann (Hg.), Dritte Welt. Gesellschaft – Kultur – Entwicklung. München 1987, S. 212.

77 Jin-Woo Lee, Familie / Asien. In: Dieter Nohlen und Peter Waldmann (Hg.), Dritte Welt. Gesellschaft – Kultur – Entwicklung. München 1987, S. 190 ff.; Christa Wichterich, Stree Shakti. Frauen in Indien. Von der Stärke der Schwachen. Bornheim-Merten 1986.

78 Anton Vorbichler, Familie in Afrika. In: Dieter Nohlen und Peter Waldmann (Hg.), Dritte Welt. Gesellschaft – Kultur – Entwicklung. München 1987, S. 187 ff.; Ellen Ismail, Massenmedien im Leben der sudanesischen Frauen. Sankt Augustin 1985, S. 17.

79 Helga Reimann, Frauen. In: Dieter Nohlen und Peter Waldmann (Hg.), Dritte Welt. Gesellschaft – Kultur – Entwicklung. München 1987, S. 211.

80 Peter Waldmann, Familie in Lateinamerika. In: Dieter Nohlen und Peter Waldmann (Hg.), Dritte Welt. Gesellschaft – Kultur – Entwicklung. München 1987, S. 192–195; Dagmar Kusche, Zwischen Tradition, Resignation und Widerstand. Zur Situation der Frauen in den lateinamerikanischen Gesellschaften. In: Zentralinstitut für Lateinamerika-Studien der Universität Eichstätt, Lateinamerika. Geschichte und Gegenwart. Eichstätt 1991, S. 167–184.

81 Helga Reimann, Frauen. In: Dieter Nohlen und Peter Waldmann (Hg.), Dritte Welt. Gesellschaft – Kultur – Entwicklung. München 1987, S. 212.

82 Christa Wichterich, Frauen in der Dritten Welt. Bonn 1984, S. 19 ff.

83 Ebd., S. 31–36.

84 Ebd., S. 29 ff.

85 Dagmar Kusche, Zwischen Tradition, Resignation und Widerstand. Zur Situation der Frauen in den lateinamerikanischen Gesellschaften. In: Zentralinstitut für Lateinamerika-Studien der Universität Eichstätt. Lateinamerika. Geschichte und Gegenwart. Eichstätt 1991, S. 194 f.

86 Christa Wichterich, Frauen in der Dritten Welt. Bonn 1984, S. 26–29.

87 Ebd., S. 7–15.

[88] Helga Reimann, Frauen. In: Dieter Nohlen und Peter Waldmann (Hg.), Dritte Welt. Gesellschaft – Kultur – Entwicklung. München 1987, S. 214 f.
[89] Christa Wichterich, Frauen in der Dritten Welt. Bonn 1984, S. 58–69.
[90] Constanze Stelzenmüller, Das Tabu ist gebrochen. In: Die Zeit vom 1. 9. 1995, S. 14.
[91] Christa Wichterich, Frauen in der Dritten Welt. Bonn 1984, S. 16.
[92] Ebd., S. 54–57.
[93] Ebd., S. 40 f.
[94] United Nations High Commissioner for Refugees (Hg.), UNHCR-Report 1995/96, S. 272.
[95] Franz Nuscheler, Internationale Migration. Flucht und Asyl. Opladen 1995, S. 28 f.
[96] Percival Spear, The Oxford History of Modern India, 1740–1947. Oxford 1965, S. 355–363.
[97] Frank R. Pfetsch (Hg.), Konflikte seit 1945. Asien, Australien und Ozeanien. Freiburg, Würzburg 1991, S. 14–17.
[98] United Nations High Commissioner for Refugees (Hg.), UNHCR-Bericht 1995/96, S. 190.
[99] Frank R. Pfetsch (Hg.), Konflikte seit 1945. Schwarzafrika. Freiburg, Würzburg 1991, S. 102–106.
[100] Julie Barbero-Baconnier, When Peace Breaks Out – Mozambican Refugees. A Study in Socio-Economic Reintegration. In: International Migration 31 (1993), S. 603–606.
[101] United Nations High Commissioner for Refugees (Hg.), UNHCR-Report 1995/96, S. 190 f.; Julie Barbero-Baconnier, When Peace Breaks Out – Mozambican Refugees. A Study in Socio-Economic Reintegration. In: International Migration 31 (1993), S. 613 f.
[102] United Nations High Commissioner for Refugees (Hg.), UNHCR-Report 1995/96, S. 277.
[103] Jürgen Bähr und Günter Mertins, Die lateinamerikanische Groß-Stadt. Darmstadt 1995, passim.
[104] Peter Imbusch, Flucht und Migration in Lateinamerika. In: Erdmann Gormsen und Andreas Thimm (Hg.), Migration in der Dritten Welt. Mainz 1993, S. 141 f.
[105] Jürgen Bähr, Bevölkerungswachstum und Wanderungsbewegungen in Lateinamerika. Jüngere Entwicklungstendenzen anhand eines Literaturüberblickes. In: Erdmann Gormsen und Karl Lenz (Hg.), Lateinamerika im Brennpunkt. Berlin 1987, S. 128 ff.
[106] Ebd., S. 132–137.
[107] Peter Imbusch, Flucht und Migration in Lateinamerika. In: Erdmann Gormsen und Andreas Thimm (Hg.), Migration in der Dritten Welt. Mainz 1993, S. 140 f.

108 Stephen Castles und Mark Miller, The Age of Migration. Houndmills 1993, S. 150 f.

109 Reginald Appleyard, International Migration and Development – An Unresolved Relationship. In: International Migration 30 (1992), passim.

110 Reginald Appleyard, International Migration in East Asia. Situation and Issues. In: International Migration 31 (1993), S. 266 ff.

111 Ebd., S. 268 ff. Stephen Castles und Mark Miller, The Age of Migration. Houndmills 1993, S. 159 f.

112 J. N. Sarmiento, The Asian Experience in International Migration. In: International Migration 29 (1991), S. 196–202.

113 Hans-Joachim Hoffmann-Nowotny, Weltbevölkerung und Weltmigration – eine zukunftsorientierte Analyse. In: Schweizerisches Institut für Auslandsforschung (Hg.), Das Flüchtlingsproblem – eine Zeitbombe? Zürich 1991, S. 76 ff., 97; Peter Opitz, Die weltweiten Flüchtlings- und Wanderungsbewegungen. Erlangen 1993, S. 15–19.

114 Vgl. Walter Gorenflos, Keine Angst vor der Völkerwanderung. Hamburg 1995. Peter J. Opitz, Menschen auf der Flucht. In: Ders. (Hg.), Weltprobleme. München 1982, S. 341–387; vgl. auch ders., Weltweit auf der Flucht. In: Geographische Rundschau 45/11 (1993), S. 680–685. Zum Gesamtzusammenhang vgl. auch Ogata Sadako (Hg.), Die Lage der Flüchtlinge in der Welt. UNHCR-Report 1994. Bonn 1994.

Kapitel 3:

1 Volker Matthies, Die Blockfreien. Ursprünge, Entwicklung, Konzeptionen. Opladen 1985. Zur Blockfreienbewegung insgesamt vgl. die Bibliographie von Klaus Fritsche, Blockfreiheit und Blockfreienbewegung. Eine Bibliographie. Hamburg 1984.

2 Volker Matthies, Die Blockfreien. Ursprünge, Entwicklung, Konzeptionen. Opladen 1985, S. 13.

3 Vgl. Horst Sasse, Die asiatisch-afrikanischen Staaten auf der Bandung-Konferenz. Frankfurt am Main 1958; Hans-Eberhard Heyke, Die asiatisch-afrikanische Konferenz von Bandung vom 18.–24. April 1955. Zur Deutung der politischen Leitmotive und Kräfte. Köln 1964; Dieter Schröder, Die Konferenzen der »Dritten Welt«. Hamburg 1968.

4 Zu diesem Konzept vgl. Johann Galtung, Self-Reliance. München 1983. Vgl. auch Khushi M. Khan und Volker Matthies, Collective Self-Reliance. Programme und Perspektiven der Dritten Welt. München 1978.

5 Hierzu ausführlich Gerhard Baumann, Die Blockfreien-Bewegung. Konzept-Analyse-Ausblick. St. Augustin 1982, bes. S. 97 ff.

6 Peter Meyns, Die Bewegung der blockfreien Länder nach der Gipfelkonferenz von Havanna. In: Europa-Archiv 3 (1980), S. 89–98.

7 Vgl. Robert K. Furtak, Lateinamerika und die Bewegung der Blockfreien. Zur Frage einer Solidarisierung Lateinamerikas mit Afrika und Asien. Hamburg 1980 (Institut für Iberoamerika-Kunde, Arbeitsunterlagen und Diskussionsbeiträge Nr. 9); Institut für Iberoamerika-Kunde (Hg.), Lateinamerika und die Blockfreien. Hamburg 1983 (Aktueller Informationsdienst Lateinamerika 8–9/83).

8 Wolf Grabendorff, Kubas Engagement in Afrika, Ebenhausen (Stiftung Wissenschaft und Politik) 1978.

9 Bruno Engel, Die Bewegung der Blockfreien nach der sowjetischen Intervention in Afghanistan. In: Europa-Archiv 16 (1981), S. 485–492.

10 In Anlehnung an Volker Matthies, Blockfreiheit. In: Andreas Boeckh (Hg.), Internationale Beziehungen. Theorien, Organisationen, Konflikte. München 1984, S. 74–79.

11 Klaus Fritsche, Die 9. Gipfelkonferenz der Blockfreien in Belgrad. In: Jahrbuch Dritte Welt 1991. München 1990, S. 228- 235.

12 Basil Davidson, Which Way Africa? The Search for a New Society. Harmondsworth 1967, S. 60.

13 Ebd., S. 56–59.

14 J. Isawa Elaigwu und Ali A. Mazrui, Nation-building and Changing Political Structures. In: Ali A. Mazrui (Hg.), General History of Africa. Bd. VIII, Berkeley 1993, S. 437–441.

15 Dirk Berg-Schlosser (Hg.), Die politischen Probleme der Dritten Welt. Hamburg 1972, S. 180 f.

16 Ebd., S. 182 f.

17 Rolf Hofmeier (Hg.), Afrika Jahrbuch 1993. Opladen 1994, S. 316; vgl. 1969: 9,5 Mio. Einwohner, nach Dirk Berg-Schlosser, Political Stability and Development. A Comparative Analysis of Kenya, Tanzania, and Uganda. Boulder, London 1990, S. 107.

18 Ebd., S. 116.

19 Rolf Hofmeier und Mathias Schönborn (Hg.), Politisches Lexikon Afrika. München 1987, S. 417 ff.

20 Dirk Berg-Schlosser, Political Stability and Development. A Comparative Analysis of Kenya, Tanzania, and Uganda. Boulder, London 1990, S. 100.

21 Ebd., S. 102 f.

22 Joseph Lukyamuzi, Political Problems in Africa. In: Internationales Afrikaforum 25/1 (1989), S. 85 f.

23 Rolf Hofmeier und Mathias Schönborn (Hg.), Politisches Lexikon Afrika. München 1987, S. 420 f.

24 Dirk Berg-Schlosser, Political Stability and Development. A Compara-

tive Analysis of Kenya, Tanzania, and Uganda. Boulder, London 1990, S. 103 f., 119.

25 Volker Weyel, Uganda: Macht und Leben. In: Europa-Archiv 38/14 (1983), S. 421–430.

26 Rolf Hofmeier, Uganda. In: Dieter Nohlen und Franz Nuscheler (Hg.), Handbuch der Dritten Welt. Bd. 5, Hamburg 1993, S. 209–214. Im Mai 1996 fanden zum ersten Mal seit sechzehn Jahren Präsidentschaftswahlen statt, aus denen Museveni als klarer Sieger hervorging. Sein unterlegener Hauptrivale erklärte das Wahlergebnis für ungültig, da es angeblich auf Wahlfälschung beruhte.

27 Heribert Weiland, Der schwierige Weg zur Demokratie in Afrika. Voraussetzungen, Chancen und Rückschläge. In: Heinrich Oberreuter und Heribert Weiland (Hg.), Demokratie und Partizipation in Entwicklungsländern. Paderborn 1994, S. 25 f.

28 Rolf Hofmeier, Uganda. In: Dieter Nohlen und Franz Nuscheler (Hg.), Handbuch der Dritten Welt. Bd. 5, Hamburg 1993, S. 214–219.

29 Dirk Berg-Schlosser, Political Stability and Development. A Comparative Analysis of Kenya, Tanzania and Uganda. Boulder, London 1990, S. 111.

30 Lucian W. Pye, Die Rolle der Armeen im Prozeß politischer Modernisierung. In: Dirk Berg-Schlosser (Hg.), Die politischen Probleme der Dritten Welt. Hamburg 1972, S. 236.

31 Zur Entwicklung Perus im 20. Jahrhundert vgl. Lewis Taylor, Peru. In: Hans Werner Tobler und Walther L. Bernecker (Hg.), Handbuch der Geschichte Lateinamerikas. Bd. 3: Das 20. Jahrhundert. Stuttgart 1996, S. 761–819.

32 Dietmar Dirmoser, Peru. Reformkapitalismus vom Reißbrett. In: Reiner Steinweg (Hg.), Militärregime und Entwicklungspolitik. Frankfurt am Main 1989, S. 194–197.

33 Ebd., S. 196 f.

34 Ebd., S. 198, 201 ff.

35 Ebd., S. 198 ff.

36 Alain Rouquié, The Military and the State in Latin America. Berkeley 1987, S. 312–316.

37 Dietmar Dirmoser, Peru. Reformkapitalismus vom Reißbrett. In: Reiner Steinweg (Hg.), Militärregime und Entwicklungspolitik. Frankfurt am Main 1989, S. 203–209.

38 Harald Fuhr, Peru. In: Peter Waldmann und Heinrich-Wilhelm Krumwiede (Hg.), Politisches Lexikon Lateinamerika. München 1992, S. 264–275.

39 Dirk Berg-Schlosser (Hg.), Die politischen Probleme der Dritten Welt. Hamburg 1972, S. 191–202.

40 Rüdiger Sielaff, Malaysia. In: Dieter Nohlen und Franz Nuscheler (Hg.), Handbuch der Dritten Welt. Bd. 3, Hamburg 1992, S. 457–463.

41 Ebd., S. 458–465.

42 Klaus-A. Pretzell, Malaysia. Ein politisches Profil. In: Südostasien aktuell, 13/4 (1994), S. 334–337.

43 Klaus-A. Pretzell, Malaysias Entwicklungsplan. In: Südostasien aktuell 10/4 (1991), S. 346–349.

44 Rüdiger Sielaff, Malaysia. In: Dieter Nohlen und Franz Nuscheler (Hg.), Handbuch der Dritten Welt. Bd. 3, Hamburg 1992, S. 460–465.

45 Ebd., S. 464–469.

46 Klaus-A. Pretzell, Malaysias Entwicklungsplan. In: Südostasien aktuell 10/4 (1991), S. 346–349.

47 Ebd.

48 Klaus-A. Pretzell, Malaysia. Ein politisches Profil. In: Südostasien aktuell 13/4 (1994), S. 334 ff.

49 Richard Löwenthal (1983), zit. nach Rainer Tetzlaff (Hg.), Perspektiven der Demokratisierung in Entwicklungsländern. Hamburg 1993, S. 276.

50 Gunter Schubert und Werner Vennewald, Einige Überlegungen zum Stand der politikwissenschaftlichen Demokratisierungsforschung. In: Rainer Tetzlaff (Hg.), Perspektiven der Demokratisierung in Entwicklungsländern. Hamburg 1993, S. 271.

51 Gerald Braun, Vom Scheitern des europäischen Fortschrittsmodells in der Dritten Welt. In: Heinrich Oberreuter und Heribert Weiland (Hg.), Demokratie und Partizipation in Entwicklungsländern. Paderborn 1994, S. 106 f.

52 Gunter Schubert und Werner Vennewald, Einige Überlegungen zum Stand der politikwissenschaftlichen Demokratisierungsforschung. In: Rainer Tetzlaff (Hg.), Perspektiven der Demokratisierung in Entwicklungsländern. Hamburg 1993, S. 273–281.

53 Vgl. Weltbank, Weltentwicklungsbericht 1991. Entwicklung als Herausforderung. Washington D.C. 1991, S. 11.

54 Hans-Peter Repnik, »Good Governance«, Demokratie und Dritte Welt. Politische Konditionalität für Entwicklungshilfe? In: Heinrich Oberreuter und Heribert Weiland (Hg.), Demokratie und Partizipation in Entwicklungsländern. Paderborn 1994, S. 136 ff.

55 Ebd., S. 140 f.

56 Franz-Nuscheler, Demokratie, ein fragiler Exportartikel. In: Jochen Hippler (Hg.), Demokratisierung der Machtlosigkeit. Politische Herrschaft in der Dritten Welt. Hamburg 1994, S. 229.

57 Dieter Senghaas, Wohin driftet die Welt? Frankfurt am Main 1994, S. 24.

58 Zit. nach Franz Nuscheler, Demokratie, ein fragiler Exportartikel. In: Jochen Hippler (Hg.), Demokratisierung der Machtlosigkeit. Politische Herrschaft in der Dritten Welt. Hamburg 1994, S. 233.

59 Vgl. Elizabeth Kridl Valkenier, Die Sowjetunion und die Dritte Welt. In: Europa-Archiv 5 (1973), S. 162–172.

60 Dieter Lösch, Sozialismus in Afrika. Hamburg 1990, S. 135 ff.

61 Ebd., S. 127 ff.

62 Institut für Afrikakunde (Hg.), Afrika-Jahrbuch 1993. Opladen 1994, S. 308.

63 Rolf Hofmeier, Tanzania. In: Dieter Nohlen und Franz Nuscheler (Hg.), Handbuch der Dritten Welt. Bd. 5, Bonn 1993, S. 178 ff.

64 Mathias Schönborn, Tanzania. In: Rolf Hofmeier und Mathias Schönborn, Politisches Lexikon Afrika. München 1987, S. 186 f.

65 Bernard Achiula, Rückkehr zu traditionellen Formen? Köln 1993, S. 11–17.

66 Julius Nyerere, Freedom and Socialism. Uhuru na Ujama. London 1969, S. 344.

67 Ebd., S. 231–250, 346–353.

68 Mathias Schönborn, Eine Demokratie in Tansania. In: Werner Pfennig, Klaus Voll und Helmut Weber (Hg.), Entwicklungsmodell Tansania. Sozialismus in Afrika. Frankfurt am Main 1980, S. 221 f. Rolf Hofmeier, Tanzania. In: Dieter Nohlen und Franz Nuscheler (Hg.), Handbuch der Dritten Welt. Bd. 5, Bonn 1993, S. 196 f.

69 Bernard Achiula, Rückkehr zu traditionellen Formen? Köln 1993, S. 32–66.

70 Rolf Hofmeier, Tanzania. In: Dieter Nohlen und Franz Nuscheler (Hg.), Handbuch der Dritten Welt. Bd. 5, Bonn 1993, S. 187–195. Vgl. auch Karl Vorlaufer, Tanzania und Kenya. »Sozialistische« und »kapitalistische« Entwicklungsmodelle für Afrika? In: Geographische Rundschau 41/11 (1989), S. 602–612.

71 Dieter Lösch, Sozialismus in Afrika. Hamburg 1990, S. 98–104.

72 Volker Matthies, Äthiopien, Eritrea, Somalia, Djibouti. Das Horn von Afrika. München 1992, S. 72–75. Kathrin Eikenberg, Äthiopien. In: Dieter Nohlen und Franz Nuscheler (Hg.), Handbuch der Dritten Welt. Bd. 5, Bonn 1993, S. 37–41.

73 Stephan Brüne, Äthiopien. Zwischen Staatsstreich und militärgestützter Revolution. In: Reiner Steinweg (Hg.), Militärregime und Entwicklungspolitik. Frankfurt am Main 1989, S. 140–145.

74 Stephan Brüne, Äthiopien. In: Rolf Hofmeier und Mathias Schönborn, Politisches Lexikon Afrika. München 1987, S. 22 ff.

75 Sam C. Sarkesian, Marxist-Leninist Regimes in Black Africa. Prospects for the Future. in: Uri Ra'anan u.a., Third World Marxist-Leninist

Regimes. Strength, Vulnerability and U.S. Policy. Washington 1985, S. 92 ff.

[76] Kathrin Eikenberg, Äthiopien. In: Dieter Nohlen und Franz Nuscheler (Hg.), Handbuch der Dritten Welt. Bd. 5, Bonn 1993, S. 40–49.

[77] Volker Matthies, Äthiopien, Eritrea, Somalia, Djibouti. München 1992, S. 79–84, 95 f.

[78] Wolfgang Dietrich, Nicaragua. Entstehung, Charakter und Hoffnung eines neuen Weges. Heidelberg 1988, S. 71–87.

[79] Ebd., S. 105–110. Richard L. Millett, From Somoza to the Sandinistas. The Roots of Revolution in Nicaragua. In: Wolf Grabendorff, Heinrich-W. Krumwiede und Jörg Todt (Hg.), Political Change in Central America. Internal and External Dimensions. Boulder, London 1984, S. 37 ff.

[80] Michael Krennerich, Nicaragua. In: Dieter Nohlen und Franz Nuscheler (Hg.), Handbuch der Dritten Welt. Bd. 5, Bonn 1993, S. 215 ff.

[81] Donald Castillo Rivas, Reasons for the Success of the Nicaraguan Revolution. In: Wolf Grabendorff, Heinrich-W. Krumwiede und Jörg Todt (Hg.), Political Change in Central America. Internal and External Dimensions. Boulder, London 1984, S. 53–59.

[82] Richard L. Millett, From Somoza to the Sandinistas. The Roots of Revolution in Nicaragua. In: Wolf Grabendorff, Heinrich-W. Krumwiede und Jörg Todt (Hg.), Political Change in Central America. Internal and External Dimensions. Boulder, London 1984, S. 45–52.

[83] Informationsbüro Nicaragua 1985, S. 24–28.

[84] Wolfgang Dietrich, Nicaragua. Entstehung, Charakter und Hoffnung eines neuen Weges. Heidelberg 1988, S. 192–213, 390–394.

[85] Michael Krennerich, Nicaragua. In: Dieter Nohlen und Franz Nuscheler (Hg.), Handbuch der Dritten Welt. Bd. 5, Bonn 1993, S. 226–229.

[86] Christoph Links, Sandinismus. Ein Versuch mittelamerikanischer Emanzipation. Köln 1992, S. 56–78.

[87] Michael Krennerich, Nicaragua. In: Dieter Nohlen und Franz Nuscheler (Hg.), Handbuch der Dritten Welt. Bd. 5, Bonn 1993, S. 212–222.

[88] Wolfgang Dietrich, Nicaragua. Entstehung, Charakter und Hoffnung eines neuen Weges. Heidelberg 1988, S. 213–216.

[89] Eric Selbin, Modern Latin American Revolutions. Boulder u.a. 1993, S. 127–133.

[90] Gerald Braun, Die Dritte Welt als Schauplatz von Krieg und Bürgerkrieg. In: Der Bürger im Staat 35 (1985), S. 206–216, hier S. 209. Vgl. auch Helmut Nuhn, Kriegerische Konflikte nach 1945 und ihre Bedeutung für die Dritte Welt. In: Geographische Rundschau 38/11 (1986), S. 585–593.

[91] István Kende, Local Wars in Asia, Africa and Latin America, 1945–1969. Budapest 1972.

92 Vgl. David Hamburg, Ethnische Konflikte. Ursachen, Eskalation und präventive Vermittlung. In: Europa-Archiv 4 (1993), S. 117–122.

93 Klaus Jürgen Gantzel und Jörg Meyer-Stamer (Hg.), Die Kriege nach dem Zweiten Weltkrieg bis 1984. München 1986, S. 17f., 62–66.

94 Ebd., S. 107.

95 Vgl. Veronika Büttner und Joachim Krause (Hg.), Rüstung statt Entwicklung? Sicherheitspolitik, Militärausgaben und Rüstungskontrolle in der Dritten Welt. Baden-Baden 1995; Frank Sandvoss, Friedensdividende oder Neue Arbeitslosigkeit? Demobilisierungsprogramme im subsaharischen Afrika. In: Jahrbuch Dritte Welt 1994. München 1993, S. 64–67; Veronika Büttner, Rüstungsausgaben und Entwicklungshilfe. In: Jahrbuch Dritte Welt 1993. München 1992, S. 61–74; Stockholm International Peace Research Institute (Hg.), SIPRI-Report. Die Kriege der Welt. Das sowjetische Erbe. Die Verbreitung von Massenvernichtungswaffen. Göttingen 1993.

96 Zum lateinamerikanischen Fall vgl. Walther L. Bernecker und Thomas Fischer (Hg.), Unheimliche Geschäfte. Schweizer Rüstungsexporte nach Lateinamerika im 20. Jahrhundert. Zürich 1991.

97 Michael Brzoska, Rüstung und Dritte Welt. München 1981, S. 37–61.

98 Gerald Braun, Die Dritte Welt als Schauplatz von Krieg und Bürgerkrieg. In: Der Bürger im Staat 35 (1985), S. 206–216, hier S. 211.

99 Harald Jung, The Civil War in El Salvador. In: Wolf Grabendorff, Heinrich-W. Krumwiede und Jörg Todt (Hg.), Political Change in Central America. Internal and External Dimensions. Boulder 1984, S. 82–93. Vgl. auch Petra Bendel (Hg.), Zentralamerika. Frieden – Demokratie – Entwicklung? Politische und wirtschaftliche Perspektiven in den 90er Jahren. Frankfurt am Main 1993; Heinrich W. Krumwiede, Die Beendigung des Bürgerkrieges in El Salvador. In: Jahrbuch Dritte Welt 1993. München 1992, S. 120–136; zum Anteil der Vereinten Nationen am Zustandekommen des Friedens vgl. The United Nations and El Salvador, 1990–1995. New York 1995.

100 Khushi M. Khan und Volker Matthies (Hg.), Regionalkonflikte in der Dritten Welt. München 1981, S. 45–49.

101 Harald Voss, Nigeria. Integration des Staatswesens durch das Militär und verspielte Chancen des wirtschaftlichen Aufschwungs. In: Reiner Steinweg (Hg.), Militärregime und Entwicklungspolitik. Frankfurt am Main 1989, S. 158ff.

102 Frank R. Pfetsch, Konflikte seit 1945. Schwarzafrika. Würzburg 1991, S. 128–131. Auch für Ken Saro-Wiwa war der Biafrakrieg ein entscheidender Einschnitt in seinem Leben, da die Ogoni von Biafra in die Sezession einbezogen worden waren, ohne gefragt worden zu sein. Hieraus erklärt sich Saro-Wiwas Gegnerschaft gegen das neue Staatsgebilde, das

ihm bis zuletzt verhaßt blieb. Saro-Wiwas Roman »Sozaboy« – sein wichtigster Roman – verarbeitet den Biafrakrieg. In ihm werden die psychologischen Bewegkräfte des Menschen, der den Alptraum des Bürgerkrieges durchlebt, ausgeleuchtet. Man könnte den Roman eine Art Simplizissimus auf nigerianisch nennen; der naive Held ist entwurzelt, die Handlungsstruktur weist pikareske Züge auf. Mene, der »Nicht-Held« des Romans, sucht nach seiner Frau und seiner Mutter. Dabei rennt er einem Phantom nach, da beide bereits in den ersten Kriegstagen ums Leben gekommen sind.

103 Jahrbuch Frieden 1996. München 1995, S. 78 f.

104 Gerhard Will, Sieg ohne Ende. Die Entfaltung der Konflikte in Indochina seit 1975. In: Dieter Senghaas (Hg.), Regionalkonflikte in der Dritten Welt. Baden-Baden 1989, S. 85–94. Vgl. auch Ben Kiernau, The Pol Pot Regime. Race, Power and Genocide in Cambodia under the Khmer Rouge, 1975–1979. New Haven 1996.

105 Ebd., S. 100–109; Frank R. Pfetsch, Konflikte seit 1945. Asien, Australien und Ozeanien. Würzburg 1991, S. 220–224.

106 Peter Schier, Die Zusammensetzung der Königlichen Regierung von Kambodscha. In: Südostasien aktuell 12/6 (1993), S. 469 f.

107 Angelika Beer, Erfolgreich, aber (noch) nicht am Ziel. Die internationale Kampagne gegen Landminen. In: Jahrbuch Frieden 1996. München 1995, S. 241–251.

108 Volker Matthies, Kriegsschauplatz Dritte Welt. München 1988, S. 125–132.

109 Frank Sandvoss, Friedensdividende oder Neue Arbeitslosigkeit? Demobilisierungsprogramme im subsaharischen Afrika. In: Jahrbuch Dritte Welt 1994. München 1993, S. 64–67.

110 Peter Waldmann, Gesellschaften im Bürgerkrieg. Zur Eigendynamik entfesselter Gewalt. O. O. 1996 (Manuskript) passim.

111 Heinrich-W. Krumwiede, Regulierungsmöglichkeiten von Bürgerkriegen. Grundlegende Fragen, Hypothesen und Probleme für komparativ orientierte Einzelfallanalysen. O. O. 1995 (Manuskript) passim.

112 Ders., Vorzüge und Probleme der »verhandelten Revolution« in El Salvador. In: Rafael Sevilla und Edelberto Torres Rivas (Hg.), Mittelamerika. Abschied von der Revolution? Bad Honnef 1995, S. 29–36.

113 Dieter Senghaas (Hg.), Regionalkonflikte in der Dritten Welt. Baden-Baden 1989, S. 17–25.

114 Samuel Huntington, The Third Wave. Democratization in the Late Twentieth Century. Norman, London 1991.

115 Huntington selbst spricht neuerdings nicht mehr von einem universellen Trend hin zur Demokratie, sondern hält diese letztlich nur im westlichen Kulturkreis für möglich. Vgl. ders., The Clash of Civilizations? In: Foreign Affairs 72/3 (1993), S. 33–49.

116 Zu folgendem vgl. Heinrich Oberreuter und Heribert Weiland (Hg.), Demokratie und Partizipation in Entwicklungsländern. Politische Hintergrundanalysen zur Entwicklungszusammenarbeit. Paderborn 1994, S. 7–10. Zu exemplarischen Fällen von Demokratisierung in Entwicklungsländern vgl. auch Rainer Tetzlaff (Hg.), Perspektiven der Demokratisierung in Entwicklungsländern. Hamburg 1992; Gunter Schubert u.a. (Hg.), Demokratisierung und politischer Wandel. Theorie und Anwendung des Konzeptes der strategischen und konfliktfähigen Gruppen. Münster 1994.

117 Nach Peter Molt, Wahlen sind zu begrüßen, auch wenn sie nicht unseren Kriterien entsprechen. In: Frankfurter Allgemeine Zeitung vom 25. 1. 1993, S. 10.

118 Vgl. Franz Ansprenger, Politische Geschichte Afrikas im 20. Jahrhundert. München 1992. Der Autor weist auf die großen Schwierigkeiten hin, welche die Demokratie in einem Kontinent mit fast überall noch patrimonialen Strukturen hat. Alle möglichen Regierungssysteme sind auf dem schwarzen Kontinent schon ausprobiert worden (und gescheitert): autoritäre Regime (mit oder ohne Einheitspartei), Militärdiktaturen, Mischformen, »gelenkte Demokratien«, sozialistische Optionen, nachdem parlamentarische Verfassungen in Anlehnung an das Westminstermodell oder das französische Vorbild nicht funktioniert hatten. Allerdings ist bisher die Suche nach einem spezifisch afrikanischen Weg gleichfalls erfolglos geblieben.

119 Vgl. das Schwerpunktheft ›Demokratie und Rechtsstaat‹ von E+Z 37/3 (1996) sowie Peter P. Waller, Die Menschenrechtsorientierung in der Entwicklungszusammenarbeit. In: Rainer Tetzlaff (Hg.), Menschenrechte und Entwicklung. Bonn 1993, S. 53–77.

120 Vgl. Ulrike Scheffer, Wege zur Demokratie in Afrika. In: Frankfurter Allgemeine Zeitung vom 8. 7. 1996, S. 12.

121 Zum kenianischen Beispiel vgl. anschaulich Peter P. Waller, Positivmaßnahmen und politische Konditionalität. In: E+Z 37/3 (1996), S. 75 f.; allgemein zum Zusammenhang von »nation-building« und Demokratie in Afrika vgl. Günter Krabbe, Nur in wenigen Fällen gelingt ein Machtwechsel durch den Stimmzettel. In: Frankfurter Allgemeine Zeitung vom 28. 12. 1993, S. 3.

122 Vgl. Etienne-Richard Mbaya, Demokratie – Entwicklung – Menschenrechte. In: Internationales Afrikaforum 1 (1993), S. 71–87.

123 Zum folgenden vgl. Leo Wieland, Drei Hauptgefahren für die Freiheit: »Rot-braune« Allianzen, Wirtschaftsautokraten, radikale Muslime. In: Frankfurter Allgemeine Zeitung vom 19. 12. 1995, S. 6.

124 Ebd.

125 Zur Universalität von Menschenrechten vgl. die Debatte in Hilmar

Hoffmann und Dietmar Kramer (Hg.), Anderssein, ein Menschenrecht. Über die Vereinbarkeit universaler Normen mit kultureller und ethnischer Vielfalt. Weinheim 1995.

126 Seyed Shahram Iranbomy, Die Menschen vor dem Machtmißbrauch der Herrschenden schützen. In: Das Parlament vom 22./29. 12. 1995, S. 17.

127 Vgl. Christian Much, Die afrikanische Charta der Menschenrechte und der Rechte der Völker. In: Europa-Archiv 1 (1988), S. 17–26.

128 Seyed Shahram Iranbomy, Die Menschen vor dem Machtmißbrauch der Herrschenden schützen. In: Das Parlament vom 22./29. 12. 1995, S. 17.

129 Zit. nach E+Z 35/1 (1994), S. 28. Interne Probleme politischer und wirtschaftlicher Art in Afrika beschreiben Stefan Klein und Manja Karmon-Klein, Die Tränen des Löwen. Leben in Afrika. Zürich 1992. Zu den wichtigsten Entwicklungshindernissen zählen nach diesen Autoren »Staaten als Beute, Ministerämter als Lehen, politische Macht als Instrument der Selbstbereicherung«.

130 Vgl. Lateinamerika: Schatten der Vergangenheit. In: ai-Journal 5 (1996), S. 6–15. Zur Lage der Menschenrechte und zur juristischen Aufarbeitung von Menschenrechtsvergehen in Lateinamerika vgl. auch: Menschenrechtsprobleme in Lateinamerika. Deutsche Sektion der Internationalen Juristen-Kommission. Mit Beiträgen von Joachim Henkel u.a. Heidelberg 1991 sowie Rainer Huhle, Demokratisierung mit Menschenrechtsverbrechern? Die Debatte um die Sanktion von Menschenrechtsverletzungen in den lateinamerikanischen Demokratien. In: Detlef Nolte (Hg.), Lateinamerika im Umbruch? Wirtschaftliche und politische Wandlungsprozesse an der Wende von den 80er zu den 90er Jahren. Münster 1991, S. 75–108. Detlef Nolte (Hg.), Vergangenheitsbewältigung in Lateinamerika. Frankfurt am Main 1996.

131 Zur juristischen Aufarbeitung von Menschenrechtsverletzungen in Argentinien bis 1993 vgl. Liliana Schwarzbach, Die juristische Aufarbeitung von Menschenrechtsverletzungen in Argentinien. In: Lateinamerika. Analysen, Daten, Dokumentation. Beiheft Nr. 13, September 1993: Menschenrechte in Lateinamerika. Zum Optimismus kein Anlaß. Hamburg 1993, S. 15–20.

132 François Jean (Hg.), Humanitäre Katastrophen im letzten Jahrzehnt des 20. Jahrhunderts. Völker in Not. Bericht der Internationalen Hilfsorganisation »Ärzte ohne Grenzen«. Bonn 1995. Vgl. auch, zu den hoffnungslosen Entwicklungsperspektiven der menschlichen Gesellschaft, Manfred Wöhlcke, Soziale Entropie. Die Zivilisation und der Weg allen Fleisches. München 1996.

133 Reymer Klüver, Das Menschheitsrisiko. Szenarien des Nord-Süd-Konflikts. Weinheim, Berlin 1994.

134 So Mir A. Ferdowsi (Hg.), Die Welt der 90er Jahre. Das Ende der Illusionen. Bonn 1995.

135 Reinhard Stockmann und Wolf Gaebe (Hg.), Hilft die Entwicklungshilfe langfristig? Bestandsaufnahme zur Nachhaltigkeit von Entwicklungsprojekten. Opladen 1993.

136 Frank Braßel und Michael Windfuhr, Welthandel und Menschenrechte. Bonn 1995.

137 Bertrand Schneider, Krieg der Hütten. Der Nord-Süd-Skandal. Wie die Industrienationen die armen Länder ausbeuten. München 1995.

138 Exemplarisch etwa bei Klaus M. Leisinger und Vittorio Hösle (Hg.), Entwicklung mit menschlichem Antlitz. Die Dritte und die Erste Welt im Dialog. München 1995.

139 Vgl. Thomas Wissing, Die gegenwärtige Diskussion über die Kriterien bei der Vergabe staatlicher Entwicklungshilfe. Frankfurt am Main 1994.

140 Franz Nuscheler, Lern- und Arbeitsbuch Entwicklungspolitik. Bonn 1996, S. 217.

141 Vgl. hierzu Klaus Otto Nass, Tropfen auf den heißen Stein. Reportagen und Analysen zum Nord-Süd-Problem. Baden-Baden 1994. Als neuere, breit angelegte Darstellung der Entwicklungsprobleme Afrikas vgl. Uwe Hoering und Christa Wichterich, Kein Zustand dauert ewig. Afrika in den neunziger Jahren. Göttingen 1995.

142 Manfred Wöhlcke, Soziale Entropie. Die Zivilisation und der Weg allen Fleisches. München 1996. S. 231 f.

143 Franz Nuscheler, Lern- und Arbeitsbuch Entwicklungspolitik. Bonn 1996, S. 522 f.

Abkürzungen

ADB	*Asian Development Bank*
ACPC	*Association of Coffee Producing Countries*
CARICOM	*Caribbean Community*
EAEC	*East African Economic Congregation*
ECOWAS	*Economic Congregation of West African States*
EPRP	*Ethiopian People's Revolutionary Party*
FAO	*Food and Agriculture Organization*
FMLN	*Frente Farabundo Martí de Liberación Nacional*
FRELIMO	*Frente de Libertação de Moçambique*
FSLN	*Frente Sandinista de Liberación Nacional*
G7	Gruppe der sieben wichtigsten Industrieländer
GATT	*General Agreement on Tariffs and Trade* (Allgemeines Zoll- und Handelsabkommen)
HDI	*Human Development Index*
IDA	*International Development Association*
IPC	*International Petroleum Company*
ITTA	*International Tropical Timber Agreement*
IWF	Internationaler Währungsfonds
LDC	*Less Developed Countries*
LLDC	*Least Developed Countries*
MANTHOC	*Movimento de niños y adolescentes trabajadores hijos de obreros cristianos*
MCCA	*Mercado Común Centroamericano*
MOSOP	*Movement for the Survival of the Ogoni People*
MPLA	*Movimento Popular de Libertação de Angola* (Volksbefreiungsbewegung Angolas)
NAFTA	*North American Free Trade Agreement*
NNPC	*Nigerian National Petroleum Corporation*
OAE	Organisation für Afrikanische Einheit
ODA	*Official Development Assistance* (Öffentliche Entwicklungshilfe
OECD	*Organization for Economic Cooperation and Development* (Organisation für wirtschaftliche Zusammenarbeit und Entwicklung)
OPEC	*Organization of Petroleum Exporting Countries* (Organisation der erdölexportierenden Länder)
RENAMO	*Resistencia Nacional Moçambicana* (Nationale Widerstandsbewegung von Mosambik)
RGW	Rat für Gegenseitige Wirtschaftshilfe

TFAP	*Tropical Forest Action Program*
UMNO	*United Malayan National Organization*
UNCED	*United Nations Conference on Environment and Development*
UNCTAD	*United Nations Conference on Trade and Development* (Welthandelskonferenz)
UNDP	*United Nations Development Program*
UNESCO	*United Nations Educational, Scientific and Cultural Organization*
UNHCR	*United Nations High Commissioner for the Refugees*
UNICEF	*United Nations International Children's Emergency Fund* (Internationaler Kinderhilfsfonds)
UNLF	*Uganda National Liberation Front*
UNO	*United Nations Organization* (Vereinte Nationen)
UPC	*Uganda People's Congress*
WWF	*World Wildlife Fund*
WTO	*World Trade Organization* (Welthandelsorganisation)

Literatur

Achiula, Bernard, Rückkehr zu traditionellen Formen? Köln 1993.

Agisra Aktionsgemeinschaft gegen internationale und rassistische Ausbeutung (Hg.), Frauenhandel und Prostitutionstourismus. München 1990.

Ansprenger, Franz, Politische Geschichte Afrikas im 20. Jahrhundert. München 1992.

Bähr, Jürgen und Günter Mertins, Die lateinamerikanische Großstadt. Verstädterungsprozesse und Stadtstrukturen. Darmstadt 1995.

Baumann, Gerhard, Die Blockfreien-Bewegung. Konzept-Analyse-Ausblick. St. Augustin 1982.

Berg-Schlosser, Dirk (Hg.), Die politischen Probleme der Dritten Welt. Hamburg 1972.

Berg-Schlosser, Dirk, Political Stability and Development. A Comparative Analysis of Kenya, Tanzania, and Uganda. Boulder, London 1990.

Bierschank, Thomas und Georg Elwert (Hg.), Entwicklungshilfe und ihre Folgen. Ergebnisse empirischer Untersuchungen in Afrika. Frankfurt am Main 1994.

Birg, Herwig, Die Weltbevölkerung. Dynamik und Gefahren. München 1996.

Birle, Peter und Manfred Mols (Hg.), Entwicklungsdiskussion und Entwicklungspraxis in Lateinamerika, Südostasien und Indien. Münster 1993.

Blanckenburg, Peter von, Welternährung. Gegenwartsprobleme und Strategien für die Zukunft. München 1986.

Bliss, Frank, Eckehard Ehrenberg und Ernst A. Schmied, Entwicklung und Abhängigkeit. Eine Einführung zur entwicklungspolitischen Bildung. Bad Honnef 1993.

Boeckh, Andreas (Hg.), Internationale Beziehungen. Theorien, Organisationen, Konflikte. München 1984 (Pipers Wörterbuch zur Politik, Bd.5, hg. v. Dieter Nohlen).

Bohnet, Michael (Hg.), Das Nord-Süd-Problem. München 1971.

Borsdorf, Axel, Dritte Welt und Weltwirtschaft. Stuttgart 1989.

Brandt, Willy, Der organisierte Wahnsinn. Köln 1985.

Braßel, Frank und Michael Windfuhr, Welthandel und Menschenrechte. Bonn 1995.

Brzoska, Michael, Rüstung und Dritte Welt. München 1981.

Büttner, Veronika und Joachim Krause (Hg.), Rüstung statt Entwicklung? Sicherheitspolitik, Militärausgaben und Rüstungskontrolle in der Dritten Welt. Baden-Baden 1995.

Castles, Stephen und Mark Miller, The Age of Migration. Houndmills 1993.

Datta, Asit (Hg.), Die neuen Mauern. Krisen der Nord-Süd-Beziehung. Wuppertal 1993.
Datta, Asit, Welthandel und Welthunger. München 1993.
Deutsche Welthungerhilfe (Hg.), Hunger. Ein Report. Bonn 1993.
Dietrich, Wolfgang, Nicaragua. Entstehung, Charakter und Hoffnung eines neuen Weges. Heidelberg 1988.
Draguhn, Werner (Hg.), Neue Industriekulturen im pazifischen Asien. Eigenständigkeiten und Vergleichbarkeit mit dem Westen. Hamburg (Institut für Asienkunde) 1993.
Eberlei, Walter, Wege aus der Schuldenkrise: Perspektiven und Optionen für die Großschuldner Lateinamerikas. Duisburg 1991.
Eich, Dieter, Die strategischen Rohstoffe. Wuppertal 1988.
Eichengreen, Barry und Peter Lindert (Hg.), The International Debt Crisis in Historical Perspective. Cambridge, Mass. 1989.
Emmerij, Louis und Enrique Iglesias (Hg.), Restoring Financial Flows to Latin America. Paris 1991.
Feinberg, R. E. und Ricardo Ffrench-Davis (Hg.), Development and External Debt in Latin America. South Bend, Indiana 1988.
Ferdowsi, Mir A. (Hg.), Die Welt der 90er Jahre. Das Ende der Illusionen. Bonn 1995.
Ffrench-Davis, Ricardo und R. Devlin, Una Breve Historia de la Crisis de la Deuda Latinoamericana, Santiago de Chile 1992.
Fritsche, Klaus, Blockfreiheit und Blockfreienbewegung – Eine Bibliographie. Hamburg 1984.
Füchtner, Hans, Städtisches Massenelend in Brasilien. Seine Entstehungsgeschichte, Ursachen und Absicherung durch politische Herrschaft und soziale Kontrolle. Mettingen 1991.
Gantzel, Klaus Jürgen und Jörg Meyer-Stamer (Hg.), Die Kriege nach dem Zweiten Weltkrieg bis 1984. München 1986.
George, Susan, Sie sterben an unserem Geld – Die Verschuldung in der Dritten Welt. Reinbek bei Hamburg 1990.
George, Susan, Der Schuldenbumerang. Reinbek bei Hamburg 1993.
Gorenflos, Walter, Keine Angst vor der Völkerwanderung. Hamburg 1995.
Gormsen, Erdmann und Andreas Thimm (Hg.), Armut und Armutsbekämpfung in der Dritten Welt. Mainz 1990.
Gormsen, Erdmann und Andreas Thimm (Hg.), Migration in der Dritten Welt. Mainz 1993.
Gronemeyer, Reimer (Hg.), Der faule Neger. Vom weißen Kreuzzug gegen den schwarzen Müßiggang. Reinbek bei Hamburg 1991.
Große-Oetringhaus, Hans-Martin, Kein Platz für Tränen. Geschichten von Kindern in der »Dritten Welt«. Wuppertal 1986.

Große-Oetringhaus, Hans-Martin und Franz Nuscheler, Kinderhände. Kinderarbeit in der Dritten Welt. Baden-Baden 1988.
Hauff, Volker (Hg.), Unsere gemeinsame Zukunft. Der Brundtland-Bericht der Weltkommission für Umwelt und Entwicklung. Greven 1987.
Hippler, Jochen (Hg.), Demokratisierung der Machtlosigkeit. Politische Herrschaft in der Dritten Welt. Hamburg 1994.
Hoering, Uwe und Christa Wichterich, Kein Zustand dauert ewig. Afrika in den neunziger Jahren. Göttingen 1995.
Hoffmann, Hilmar und Dietmar Kramer (Hg.), Anderssein, ein Menschenrecht. Über die Vereinbarkeit universaler Normen mit kultureller und ethnischer Vielfalt. Weinheim 1995.
Hofmeier, Rolf und Mathias Schönborn (Hg.), Politisches Lexikon Afrika. München 1987.
Huntington, Samuel, The Third Wave. Democratization in the Late Twentieth Century. Norman/London 1991.
Institut für Auslandsbeziehungen (Hg.), Entwicklung – wohin? Ökonomische, politische, kulturelle und ökologische Aspekte der Zusammenarbeit mit der »Dritten Welt«. Stuttgart 1991 (= Zeitschrift für Kulturaustausch 4, [1991]).
Jean, François (Hg.), Humanitäre Katastrophen im letzten Jahrzehnt des 20. Jahrhunderts. Völker in Not. Bericht der Internationalen Hilfsorganisation »Ärzte ohne Grenzen«. Bonn 1995.
Jung, Roland E., Kinder der Welt. Hamburg 1995.
Junker, Detlef u.a. (Hg.), Lateinamerika am Ende des 20. Jahrhunderts. München 1994.
Kabou, Axelle, Weder arm noch ohnmächtig. Eine Streitschrift gegen schwarze Eliten und weiße Helfer. Basel 1993.
Kaiser, Martin und Norbert Wagner, Entwicklungspolitik. Grundlagen, Probleme, Aufgaben. Bonn 1991.
Kende, István, Local Wars in Asia, Africa and Latin America: 1945–1969. Budapest 1972.
Kennedy, Paul, Preparing for the Twenty-First Century. London 1993.
Kevenhörster, Paul und Dirk van den Boom (Hg.), Afrika. Stagnation oder Neubeginn? Studien zum politischen Wandel. Münster 1996.
Khan, Khushi M. und Volker Matthies, Collective Self-Reliance: Programme und Perspektiven der Dritten Welt. München 1978.
Khan, Khushi M. und Volker Matthies (Hg.), Regionalkonflikte in der Dritten Welt. München 1981.
Khan, Khushi M. (Hg.), Die Konferenz der Vereinten Nationen über die am wenigsten entwickelten Länder. Hamburg 1982.
Khan, Khushi M. (Hg.), Die ärmsten Länder in der Weltwirtschaft. Hamburg 1992.

Ki-Zerbo, Joseph, Die Geschichte Schwarzafrikas. Wuppertal 1979.
Kiernau, Ben, The Pol Pot Regime. Race, Power and Genocide in Cambodia under the Khmer Rouge, 1975–1979. New Haven 1996.
Kloss, Dirk, Umweltschutz und Schuldentausch. Neue Wege der Umweltschutzfinanzierung am Beispiel lateinamerikanischer Tropenwälder. Frankfurt am Main 1994.
Klüver, Reymer, Das Menschheitsrisiko. Szenarien des Nord-Süd-Konflikts. Weinheim, Berlin 1994.
Kohlhammer, Siegfried, Auf Kosten der Dritten Welt? Göttingen 1993.
König, Claus-Dieter, Zivilgesellschaft und Demokratisierung in Nigeria. Hamburg 1994.
Launer, Ekkehard und Renate Wilke-Launer, Zum Beispiel Fraunenalltag. Göttingen 1990.
Leisinger, Klaus M., Hoffnung als Prinzip. Bevölkerungspolitik mit menschlichem Antlitz. Herausgegeben von der Deutschen Stiftung Weltbevölkerung und der Deutschen Welthungerhilfe. Hannover 1994.
Leisinger, Klaus M. und Vittorio Hösle (Hg.), Entwicklung mit menschlichem Antlitz. Die Dritte und die Erste Welt im Dialog. München 1995.
Liebel, Manfred, Wir sind die Gegenwart. Kinderarbeit und Kinderbewegungen in Lateinamerika. Frankfurt am Main 1994.
Links, Christoph, Sandinismus. Ein Versuch mittelamerikanischer Emanzipation. Köln 1992.
Loimeier, Manfred, Zum Beispiel Ken Saro-Wiwa. Göttingen 1996.
Lösch, Dieter, Sozialismus in Afrika. Hamburg 1990.
Matthies, Volker, Die Blockfreien. Ursprünge, Entwicklung, Konzeptionen. Opladen 1985.
Matthies, Volker, Kriegsschauplatz Dritte Welt. München 1988.
Mazrui, Ali A. (Hg.), General History of Africa. Bd. VIII, Berkeley 1993.
Menzel, Ulrich, Das Ende der Dritten Welt und das Scheitern der großen Theorie. Frankfurt am Main 1992.
Nass, Klaus Otto, Tropfen auf den heißen Stein. Reportagen und Analysen zum Nord-Süd-Problem. Baden-Baden 1994.
New Internationalist (Hg.), Frauen – Ein Weltbericht. Berlin 1986.
Nohlen, Dieter und Franz Nuscheler (Hg.), Handbuch der Dritten Welt, Bd.5. Hamburg 1993.
Nohlen, Dieter und Peter Waldmann (Hg.), Dritte Welt. Gesellschaft-Kultur-Entwicklung. München 1987 (= Pipers Wörterbuch zur Politik, Bd.6).
Nolte, Detlef (Hg.), Vergangenheitsbewältigung in Lateinamerika. Frankfurt am Main 1996.
Nuscheler, Franz, Internationale Migration. Flucht und Asyl. Opladen 1995.
Nuscheler, Franz, Lern- und Arbeitsbuch Entwicklungspolitik. Bonn 1996.

Nuscheler, Franz und Ernst Fürlinger (Hg.), Weniger Menschen durch weniger Armut? Bevölkerungswachstum – globale Krise und ethische Herausforderung. Salzburg 1994.
Oberreuter, Heinrich und Heribert Weiland (Hg.), Demokratie und Partizipation in Entwicklungsländern. Politische Hintergrundanalysen zur Entwicklungszusammenarbeit. Paderborn 1994.
OECD, The Newly Industrialising Countries. Paris 1988.
Opitz, Peter J. (Hg.), Grundprobleme der Entwicklungsländer. München 1991.
Opitz, Peter, Die weltweiten Flüchtlings- und Wanderungsbewegungen. Erlangen 1993.
Pfetsch, Frank R. (Hg.), Konflikte seit 1945. Asien, Australien und Ozeanien. Freiburg, Würzburg 1991.
Pfetsch, Frank R. (Hg.), Konflikte seit 1945. Schwarzafrika. Freiburg, Würzburg 1991.
Pradervand, Pierre, Afrika lebt. Die stille Revolution der afrikanischen Bauern. Zürich 1994.
Roggenbruck, Stefan, Straßenkinder in Lateinamerika. Frankfurt am Main 1993.
Sachs, Wolfgang (Hg.), Wie im Westen so auf Erden. Ein polemisches Handbuch zur Entwicklungspolitik. Reinbek bei Hamburg 1993.
Sadako, Ogata (Hg.), Die Lage der Flüchtlinge in der Welt. UNHCR-Report 1994. Bonn 1994.
Sandner, Paul und Michael Sommer, Banken, Kredite und die »Dritte Welt«. Bd. I: Verschuldung als moderne Form der Ausbeutung? Stuttgart 1992.
Saro-Wiwa, Ken, Flammen der Hölle. Nigeria und Shell: Der schmutzige Krieg gegen die Ogoni. Reinbek bei Hamburg 1996.
Schibotto, Giangi, Unsichtbare Kindheit. Frankfurt am Main 1993.
Schneider, Bertrand, Krieg der Hütten. Der Nord-Süd-Skandal: Wie die Industrienationen die armen Länder ausbeuten. München 1995.
Schröder, Dieter, Die Konferenzen der »Dritten Welt«. Hamburg 1968.
Schweizerisches Institut für Auslandsforschung (Hg.), Das Flüchtlingsproblem – eine Zeitbombe? Zürich 1991.
Senghaas, Dieter (Hg.), Regionalkonflikte in der Dritten Welt. Baden-Baden 1989.
Senghaas, Dieter, Wohin driftet die Welt? Frankfurt am Main 1994
Steinweg, Reiner (Hg.), Militärregime und Entwicklungspolitik. Frankfurt am Main 1989.
Stockmann, Reinhard und Wolf Gaebe (Hg.), Hilft die Entwicklungshilfe langfristig? Bestandsaufnahme zur Nachhaltigkeit von Entwicklungsprojekten. Opladen 1993.
Tetzlaff, Rainer (Hg.), Menschenrechte und Entwicklung. Bonn 1993.

Tetzlaff, Rainer (Hg.), Perspektiven der Demokratisierung in Entwicklungsländern. Hamburg 1993.
The World Bank, Global Economic Prospects and the Developing Countries. Washington D.C. 1995.
Thielen, Helmut, Die Einsamkeit der Dritten Welt. Ökonomisch-ökologische Wege aus der Krise des Südens. Bad Honnef 1992.
Tobler, Hans Werner und Walther L. Bernecker (Hg.), Handbuch der Geschichte Lateinamerikas, Bd.3: Das 20. Jahrhundert. Stuttgart 1996.
UNCTAD, Paris Declaration and Program of Action for the Least Developed Countries for the 1990s. New York 1992.
UNCTAD, Trade and Development Report 1994. New York 1994.
UNCTAD, Trade and Development Report 1995. New York 1995.
UNDP, Bericht über die menschliche Entwicklung 1994. Bonn 1994.
UNDP, Bericht über die menschliche Entwicklung 1995. Bonn 1995.
Unicef, Zur Situation der Kinder in der Welt 1994. New York 1994.
United Nations High Commmissioner for Refugees (Hg.), UNHCR-Report 1995/96.
Weltbank, Weltentwicklungsbericht 1990. Die Armut. Bonn 1990.
Weltbank, Weltentwicklungsbericht 1995. Washington D.C. 1995.
Weltbevölkerungsbericht 1996. Welt im Wandel: Bevölkerung, Entwicklung und die Zukunft der Stadt. Bonn 1996.
Weltbevölkerung und Entwicklung. Die Herausforderungen des globalen Bevölkerungswachstums. Hg. von der Deutschen Gesellschaft für die Vereinten Nationen. Bonn 1993/94.
Wichterich, Christa, Frauen in der Dritten Welt. Bonn 1984.
Wichterich, Christa, Stree Shakti. Frauen in Indien: Von der Stärke der Schwachen. Bornheim-Merten 1986.
Wissing, Thomas, Die gegenwärtige Diskussion über die Kriterien bei der Vergabe staatlicher Entwicklungshilfe. Frankfurt am Main 1994.
Wöhlcke, Manfred, Der Fall Lateinamerika – Die Kosten des Fortschritts. München 1989.
Wöhlcke, Manfred, Soziale Entropie. Die Zivilisation und der Weg allen Fleisches. München 1996.
World Bank, The East Asian Miracle. Washington D.C. 1993.

Dank

Es ist für einen einzelnen Wissenschaftler ein recht komplexes Unterfangen, eine Überblicksdarstellung über die Hauptentwicklungsprobleme der Dritten Welt zu schreiben, hochgesteckt auch der Anspruch, die wichtigsten Probleme zu identifizieren und korrekt zu analysieren; zu unterschiedlich sind die Aspekte, zu heterogen die einzelnen Beispiele. Das vorliegende Buch dürfte die Komplexität des Themas verdeutlicht haben. Wählt man die eher allgemeine Ebene, so bleiben die Aussagen zu unspezifisch; arbeitet man primär exemplarisch, so sind die Beispiele oft nicht verallgemeinerungsfähig genug. Hinzu kommt, daß zumindest drei Kontinente – Afrika, Asien, Lateinamerika – mit höchst unterschiedlichen politischen Gegebenheiten, gesellschaftlichen Strukturen, ethnischen Gruppen, wirtschaftlichen Entwicklungsniveaus und einem sehr unterschiedlichen kulturellen Hintergrund zu berücksichtigen sind. Schließlich sind Erkenntnisse der verschiedensten Bereiche zu verarbeiten: Wirtschaft, Sozialwissenschaften, Politik, Anthropologie, Ökologie, Geschichte, Demographie.

Um die Fülle der Themen und des Materials in etwa zu bewältigen, war ich auf die Unterstützung durch die Mitarbeiterinnen und Mitarbeiter am Lehrstuhl für Auslandswissenschaft der Universität Erlangen-Nürnberg angewiesen: Sören Brinkmann, Marcus Meyer, Andreas Klaußecker, Kristina Birn, Uwe Weiss. Sie haben für diesen Band systematisch bibliographiert, Material aufbereitet, Entwürfe erstellt und kritische Ratschläge erteilt. Ohne ihre Hilfe läge das Buch in seiner jetzigen Form nicht vor. Eine große Hilfe waren auch Frau Margit Boscher und Frau Eva Gerl, die bei der Reinschrift der Texte und der Bewältigung vieler Computerprobleme stets zuverlässig arbeiteten. Ihnen allen sage ich meinen herzlichen Dank. Für verbleibende Fehler und Mängel bin allerdings ich allein verantwortlich.

Walther L. Bernecker

Register

Der Autor

Walther L. Bernecker, geb. 1947, arbeitete von 1973 bis 1976 am Lehrstuhl für Neuere und Neueste Geschichte der Universität Augsburg, war 1984/85 Feodor-Lynen-Stipendiat der Alexander von Humboldt-Stiftung am »Center for Latin American Studies« der Universität Chicago und hatte von 1988 bis 1992 den Lehrstuhl für Neuere Allgemeine Geschichte an der Universität Bern inne. Seit 1992 ist er Ordinarius für Auslandswissenschaft (Romanischsprachige Kulturen) an der Universität Erlangen-Nürnberg.
Zahlreiche Veröffentlichungen, u.a. ›Industrie und Außenhandel. Zur politischen Ökonomie Mexikos im 19. Jahrhundert‹ (1987); ›Die Handelskonquistadoren. Europäische Interessen und mexikanischer Staat im 19. Jahrhundert‹ (1988); ›Schmuggel, Illegalität und Korruption im Mexiko des 19. Jahrhunderts‹ (1989); ›Unheimliche Geschäfte. Schweizer Rüstungsexporte nach Lateinamerika im 20. Jahrhundert‹ (Hg., zus. mit Thomas Fischer; 1991); ›Der Kampf um die »Grüne Hölle«. Quellen und Materialien zum Chaco-Krieg (1932–1935)‹ (Hg., zus. mit Florian Meister; 1993); ›Development and Underdevelopment in America. Contrasts of Economic Growth in North and Latin America in Historical Perspective‹ (Hg., zus. mit Hans Werner Tobler; 1993); ›Handbuch der Geschichte Lateinamerikas. Bd. 3: Lateinamerika im 20. Jahrhundert‹ (Hg., zus. mit Hans Werner Tobler; 1996); ›Kleine Geschichte Haitis‹ (1996).

20 Tage im 20. Jahrhundert

Herausgegeben von Norbert Frei, Klaus-Dietmar Henke und Hans Woller

20 Tagesereignisse aus den letzten hundert Jahren bilden den Ausgangspunkt für eine umfassende Darstellung der historischen, gesellschaftlichen und kulturellen Entwicklung vom Beginn des Jahrhunderts bis zum Ende des Jahrtausends. Als Ergebnis liegt damit eine Bilanz des 20. Jahrhunderts vor.

Volker R. Berghahn
Sarajewo, 28. Juni 1914
Der Untergang des alten Europa
dtv 30601 (1997)

Dietrich Beyrau
Petersburg, 25. Oktober 1917
Die russische Revolution und der Aufstieg des Kommunismus
dtv 30602 (1998)

Hans Woller
Rom, 28. Oktober 1922
Die totalitäre Herausforderung
dtv 30603 (1998)

Jürgen Osterhammel
Shanghai, 30. Mai 1925
Die chinesische Revolution
dtv 30604 (1997)

Ulrich Herbert
Auschwitz, 17. Juli 1942
Rassenideologie, Genozid und Ausrottungspolitik
dtv 30605 (1998)

Jost Dülffer
Jalta, 4. Februar 1945
Der Zweite Weltkrieg und die Entstehung der bipolaren Welt
dtv 30606 (1998)

Detlef Bald
Hiroshima, 6. August 1945
Die nukleare Bedrohung
dtv 30607 (1998)

Dietmar Rothermund
Delhi, 15. August 1947
Das Ende kolonialer Herrschaft
dtv 30608 (1998)

Franz Knipping
Rom, 25. März 1957
Die Einigung Europas
dtv 30609 (1998)

Robert D. Johnson
Washington, 20. Januar 1961
Der amerikanische Traum
dtv 30610 (1998)

Helmut Mejcher
Sinai, 5. Juni 1967
Krisenherd Naher und Mittlerer Osten
dtv 30611 (1998)

Norbert Frei
Paris, 13. Mai 1968
Kulturprotest und Gesellschaftsreform
dtv 30612 (1998)

Brigitte Röthlein
Mare Tranquillitatis, 20. Juli 1969
Die wissenschaftlich-technische Revolution
dtv 30613 (1997)

Wilfried Loth
Helsinki, 1. August 1975
Entspannung und Abrüstung
dtv 30614 (1998)

Harold James
Rambouillet, 15. November 1975
Die Globalisierung der Wirtschaft
dtv 30615 (1997)

Mária Huber
Moskau, 10. März 1985
Die Auflösung des sowjetischen Imperiums
dtv 30616 (1998)

Franz J. Brüggemeier
Tschernobyl, 26. April 1986
Die ökologische Herausforderung
dtv 30617 (1998)

Klaus-Dietmar Henke
Berlin, 9. November 1989
Die deutsche Frage
dtv 30618 (1998)

Walther L. Bernecker
Port Harcourt, 10. November 1995
Aufbruch und Elend in der Dritten Welt
dtv 30619 (1997)

Lutz Niethammer
Boston, 26. Dezember 2000
Schöne neue Welt: Erwartung und Erfahrung
dtv 30620 (1998)

Deutsche Geschichte der neuesten Zeit im dtv

Herausgegeben von Martin Broszat, Wolfgang Benz und Hermann Graml in Verbindung mit dem Institut für Zeitgeschichte, München.

Peter Burg
Der Wiener Kongreß
dtv 4501

Wolfgang Hardtwig
Vormärz
dtv 4502

Hagen Schulze
Der Weg zum Nationalstaat
dtv 4503

Michael Stürmer
Die Reichsgründung
dtv 4504

Wilfried Loth
Das Kaiserreich
dtv 4505

Richard H. Tilly
Vom Zollverein zum Industriestaat
dtv 4506

Helga Grebing
Arbeiterbewegung
dtv 4507

Hermann Glaser
Bildungsbürgertum und Nationalismus
dtv 4508

Michael Fröhlich
Imperialismus
dtv 4509

Gunther Mai
Das Ende des Kaiserreichs
dtv 4510

Klaus Schönhoven
Reformismus und Radikalismus
dtv 4511

Horst Möller
Weimar
dtv 4512

Peter Krüger
Versailles
dtv 4513

Corona Hepp
Avantgarde
Moderne Kunst, Kulturkritik und Reformbewegungen nach der Jahrhundertwende
dtv 4514

Fritz Blaich
Der Schwarze Freitag
dtv 4515

Deutsche Geschichte der neuesten Zeit im dtv

Martin Broszat
Die Machtergreifung
dtv 4516

Norbert Frei
Der Führerstaat
dtv 4517

Bernd-Jürgen Wendt
Großdeutschland
Außenpolitik und Kriegsvorbereitung des Hitler-Regimes · dtv 4518

Hermann Graml
Reichskristallnacht
dtv 4519

Hartmut Mehringer
Emigration und Widerstand
dtv 4520

Lothar Gruchmann
Totaler Krieg
dtv 4521

Wolfgang Benz
Potsdam 1945
dtv 4522

Wolfgang Benz
Die Gründung der Bundesrepublik
dtv 4523

Dietrich Staritz
Die Gründung der DDR
dtv 4524

Kurt Sontheimer
Die Adenauer-Ära
dtv 4525

Ludolf Herbst
Option für den Westen
dtv 4527

Peter Bender
Die »Neue Ostpolitik« und ihre Folgen
Vom Mauerbau bis zur Vereinigung
dtv 4528

Thomas Ellwein
Krisen und Reformen
Die Bundesrepublik seit den sechziger Jahren
dtv 4529

Helga Haftendorn
Sicherheit und Stabilität
Außenbeziehungen der Bundesrepublik zwischen Ölkrise und NATO-Doppelbeschluß
dtv 4530

Gegen das Vergessen – Taschenbücher über das Dritte Reich

Jan-Pieter Barbian:
Literaturpolitik im Dritten Reich
dtv 4668

Hans Buchheim/ MartinBroszat/Hans-Adolf Jacobsen/ Helmut Krausnick:
Anatomie des SS-Staates
dtv 4637

Martin Broszat:
Der Staat Hitlers
dtv 4009
Nach Hitler
dtv 4474

Dimension des Völkermords
Hrsg. v. Wolfgang Benz
dtv 4690

Karl Dietrich Erdmann:
Deutschland unter der Herrschaft des Nationalsozialismus
dtv 4220

Lothar Gruchmann:
Der Zweite Weltkrieg
dtv 4010

Rudolf Höß:
Kommandant in Auschwitz
Autobiographische Aufzeichnungen
dtv 2908

Ian Kershaw:
Hitlers Macht
dtv 4582

Kurt Meier:
Kreuz und Hakenkreuz
Die evangelische Kirche im Dritten Reich
dtv 4590

Die Rückseite des Hakenkreuzes
Absonderliches aus den Akten des Dritten Reiches
Hrsg. v. Beatrice und Helmut Heiber
dtv 2967

Bernd Rüthers:
Entartetes Recht
dtv 4630

Legenden, Lügen, Vorurteile
Ein Wörterbuch zur Zeitgeschichte
Hrsg. v. Wolfgang Benz
dtv 4666

Die Dachauer Hefte

Heft 1: **Die Befreiung**
dtv 4606

Heft 2: **Sklavenarbeit im KZ**
dtv 4607

Heft 3: **Frauen. Verfolgung und Widerstand**
dtv 4608

Heft 4: **Medizin im NS-Staat**
dtv 4609

Heft 5: **Die vergessenen Lager**
dtv 4634

Heft 6: **Erinnern oder Verweigern**
dtv 4635

Heft 7: **Solidarität und Widerstand**
dtv 4667

Heft 8: **Überleben und Spätfolgen**
dtv 4705

dtv-dokumente

Die Reihe bietet Materialien zu einem weit gespannten Spektrum an Themen. Verfassungsdokumente, Vertragstexte, Reden, Protokolle, persönliche Berichte, Briefe oder Tagebuchaufzeichnungen erhellen das jeweilige Thema lebendig und facettenreich. So vereinen die Bände Information und Anschaulichkeit, bieten spannende Lektüre und einen reichhaltigen Materialfundus für Forschung und Lehre, aber auch für alle, die es genauer wissen wollen.

Hexen und Hexenprozesse in Deutschland
dtv 2957

Der Prozeß Jeanne d'Arc
dtv 2909

Mozart
Dokumente seines Lebens
dtv 2927

Tagebuch aus Moskau 1931-1939
dtv 2971

Die Rückseite des Hakenkreuzes
Absonderliches aus den Akten des Dritten Reiches
dtv 2967

Rudolf Höß:
Kommandant in Auschwitz
Autobiographische Aufzeichnungen
dtv 2908

Helmuth J. von Moltke:
Briefe an Freya 1939-1945
dtv 2970

Hans Graf von Lehndorff:
Ostpreußisches Tagebuch
Aufzeichnungen eines Arztes aus den Jahren 1945-1947
dtv 2923

Stalins Lager in Deutschland
1945 – 1950
dtv 2966

DDR
Dokumente zur Geschichte der Deutschen Demokratischen Republik 1945-1985
dtv 2953

Die »Koalition der Vernunft«
Deutschlandpolitik in den 80er Jahren
dtv 2974

Wann bricht schon mal ein Staat zusammen!
Die Debatte über die Stasi-Akten auf dem 39. Historikertag 1992
dtv 2965

Die Sowjetunion
Band 1:
Staat und Partei
Band 2:
Wirtschaft und Gesellschaft
dtv 2948/2949

Die Sowjetmenschen 1989 - 1991
Soziogramm eines Zerfalls
dtv 2964

Gesellschaft
Politik
Wirtschaft

Christoph
Buchheim:
Industrielle Revolutionen
dtv 4622

Noam Chomsky:
Wirtschaft und Gewalt
dtv 4665

Ralf Dahrendorf:
Der moderne soziale Konflikt
dtv 4628

Erich Fromm:
Arbeiter und Angestellte am Vorabend des Dritten Reiches
dtv 4409

Klaus P. Hansen:
Die Mentalität des Erwerbs
Erfolgsphilosophien amerikanischer Unternehmer
dtv 4656

Gerd Hardach:
Der Marshall-Plan
Auslandshilfe und Wiederaufbau in Westdeutschland 1948-1952
dtv 4636

Eric J. Hobsbawm:
Nationen und Nationalismus
dtv 4677

Indianische Realität
Nordamerikanische Indianer in der Gegenwart
Herausgegeben von Wolfgang Lindig
dtv 4614

Lothar Laux /
Astrid Schütz:
»Wir, die wir gut sind«
Die Selbstdarstellung von Politikern
dtv 4683

Hans van der Loo/
Willem van Reijen:
Modernisierung
Projekt und Paradox
dtv 4573

Herbert Marcuse:
Der eindimensionale Mensch
Studien zur Ideologie der fortgeschrittenen Industriegesellschaft
dtv 4623

Peter Cornelius
Mayer-Tasch:
Politische Theorie des Verfassungsstaates
dtv 4557

Jörg P. Müller:
Demokratische Gerechtigkeit
dtv 4610

Manfred Wöhlcke:
Soziale Entropie
Die Zivilisation und der Weg allen Fleisches
dtv 4687

Lebendiges Mittelalter

Joachim Bumke:
Höfische Kultur
Literatur und Gesellschaft im hohen Mittelalter
dtv 4442

Umberto Eco:
Kunst und Schönheit im Mittelalter
dtv 4603

Heinrich Fichtenau:
Lebensordnungen des 10. Jahrhunderts
Studien über Denkart und Existenz im einstigen Karolingerreich
dtv 4577

Karl August Fink:
Papsttum und Kirche im abendländischen Mittelalter
dtv 4619

Ferdinand Gregorovius:
Geschichte der Stadt Rom im Mittelalter
Vollständige Ausgabe in 7 Bänden
Herausgegeben von Waldemar Kampf
dtv 5960

Karl Jordan:
Heinrich der Löwe
dtv 4601

Ernst H. Kantorowicz:
Die zwei Körper des Königs
dtv 4465

Lebendiges Mittelalter
Ein Lesebuch
Hrsg. v. Brigitte Hellmann
dtv 4669

Richard Kieckhefer:
Magie im Mittelalter
dtv 4651

Jacques Le Goff:
Die Intellektuellen im Mittelalter
dtv 4581

Norbert Ohler:
Reisen im Mittelalter
dtv 30057
Sterben und Tod im Mittelalter
dtv 30383

Pierre Riché:
Die Karolinger
dtv 4559

Steven Runciman:
Geschichte der Kreuzzüge
dtv 4670

Ferdinand Seibt:
Karl IV.
Ein Kaiser in Europa
dtv 4641

Karl-Ferdinand Werner:
Die Ursprünge Frankreichs bis zum Jahr 1000
dtv 4653

Die Geheimnisse der Genies

Kurt R. Eissler:
Goethe
Eine psychoanalytische Studie
1775-1786
2 Bände / dtv 4457

»Die psychoanalytische Studie liest sich weithin wie eine ›normale‹ Biographie, nur daß ihr Scharfsinn, ihr Einfühlungsvermögen, ihre Genauigkeit und Materialfülle das normale Maß weit überschreiten.«
Thomas Anz

»Das wichtigste, klügste und resultatreichste psychologische Werk über Goethe.«
Peter von Matt

Kurt R. Eissler:
Leonardo da Vinci
Psychoanalytische Notizen zu einem Rätsel
2 Bände im Schuber
dtv 59026
Für dieses Buch erhielt der renommierte Psychoanalytiker den Sachbuchpreis der Süddeutschen Zeitung 1993.

»Anregend und profund zugleich, dazu in Abschnitten leicht zu lesen, geht diese Analyse Leonardos, eines der begabtesten und undurchdringlichsten Menschen überhaupt, weit über das Fachbuch hinaus.«
Günter Metken

Literatur und Geschichte zum Nachschlagen

Herbert A. und
Elisabeth Frenzel
Daten deutscher Dichtung
Chronologischer Abriß der deutschen Literaturgeschichte in 2 Bänden
Band 1
Von den Anfängen bis zum jungen Deutschland
dtv 3003
Band 2
Vom Realismus bis zur Gegenwart
dtv 3004

Horst Dieter Schlosser
dtv-Atlas zur deutschen Literatur
dtv 3219

Leopold Hirschberg
Der Taschengoedeke
Bibliographie deutscher Erstausgaben
dtv 3026

Der Kleine Pauly
Lexikon der Antike
Herausgegeben von Konrat Ziegler, Walther Sontheimer und Hans Gärtner
5 Bände
dtv 5963

Michael Grant und
John Hazel
Lexikon der antiken Mythen und Gestalten
Mit 390 Abbildungen, Stammbäumen und Karten
dtv 3181

Klaus-Jürgen Matz
Wer regierte wann?
Regententabellen zur Weltgeschichte
dtv 3294

Werner Hilgemann und
Hermann Kinder
dtv-Atlas zur Weltgeschichte
2 Bände
dtv 3001 und
dtv 3002

Konrad Fuchs und
Heribert Raab
Wörterbuch zur Geschichte
dtv 3364

Georg Denzler und
Carl Andresen
Wörterbuch Kirchengeschichte
dtv 3245